Walter Buchegger
Marianne Roth

Zivilprozessrecht

Sammlung kommentierter Fälle

5. Auflage

2018

Casebook

 VERLAG
ÖSTERREICH

Univ.-Prof. Dr. Walter Buchegger
Institut für Zivilprozessrecht, Insolvenzrecht und Vergleichendes
Prozessrecht, Johannes-Kepler-Universität Linz, Österreich

Univ.-Prof. Dr. Marianne Roth, LL.M. (Harvard)
Fachbereich Privatrecht, Paris-Lodron-Universität Salzburg,
Österreich

© 2004, 2006 und 2011 Springer-Verlag/Wien
© 2013 und 2018 Verlag Österreich GmbH
www.verlagoesterreich.at
Gedruckt in Ungarn

Satz: Druckreife Vorlage der Autoren
Druck: Prime Rate Kft., Budapest, Ungarn

Gedruckt auf säurefreiem, chlorfrei gebleichtem Papier

Bibliografische Information der Deutschen Bibliothek
Die Deutsche Bibliothek verzeichnet diese Publikation in der Deutschen
Nationalbibliografie; detaillierte bibliografische Daten sind im Internet über
http://dnb.d-nb.de abrufbar.

ISBN 978-3-7046-6490-7 4. Aufl Verlag Österreich
ISBN 978-3-7046-8046-4 5. Aufl Verlag Österreich

Zur fünften Auflage

Mit der fünften Auflage wurde unser bewährtes Konzept, Fälle aus allen Teilen des zivilgerichtlichen Verfahrensrechts darzustellen, behutsam auf den neusten Stand gebracht.

Die seit der letzten Auflage ergangenen Novellen des nimmermüden Gesetzgebers wurden eingearbeitet, der Leser auf Fragen, die sich nunmehr stellen, hingewiesen. Abermals haben wir uns bemüht, aktuelle Beispiele aus der Rechtsprechung zu reflektieren.

Für Hinweise aus der Leserschaft sind wir dankbar, dienen sie doch der Pflege des Werks in der Auflage.

Wir danken Herrn Dr. *Klaus Markowetz,* PGDipICA (London) und Herrn Mag. *Christian Jetzinger* sowie Herrn Mag. *Tobias Kunz* und Herrn Mag. *Christian Mittermair* für ihre Unterstützung.

Unser besonderer Dank gebührt Frau *Claudia Erhartmaier,* die wiederum in unermüdlicher Arbeit die technische Aufbereitung des Werks durchgeführt hat.

Zur ersten Auflage

Mit Recht beklagt die Praxis immer wieder, dass die zivilprozessrechtliche Ausbildung an den Universitäten allzu theoretisch ausgerichtet sei. Unser Werk versucht dies zu korrigieren, indem es den Lehrstoff im streitigen zivilgerichtlichen Verfahren praxisbezogen aufbereitet. Es bietet einerseits den Studierenden eine Veranschaulichung der abstrakten Materie, anderseits aber auch durch die Behandlung diffiziler Fälle einer Auseinandersetzung mit der aktuellen Lehre und Judikatur. Selbstverständlich konnten wir hier nur eine Auswahl treffen. Wir sind aber bemüht, weitere prozessuale Problemstellungen aufzugreifen, und gern bereit, entsprechende Vorschläge unserer Leserschaft zu berücksichtigen.

Linz/Salzburg, im Juli 2018

Walter Buchegger   **Marianne Roth**

Inhaltsverzeichnis

Erstes Buch: Zivilprozessrecht
Streitiges Erkenntnisverfahren

Erster Teil

Gerichte

Zweiter Teil

Verfahren erster Instanz

Dritter Teil

Urteile

Vierter Teil

Rechtsmittel

Zweites Buch: Exekutionsrecht

Erster Teil

Exekution

Zweiter Teil

Sicherung

Drittes Buch: Insolvenzrecht

Erster Teil

Materielles Insolvenzrecht

Zweiter Teil

Insolvenzverfahren als Konkurs

Dritter Teil

Sanierungsplan und Sanierungsverfahren

Vierter Teil

Internationales Insolvenzrecht

Viertes Buch: Außerstreitverfahrensrecht

Erster Teil

Ehe- und Familiensachen

Zweiter Teil

Verlassenschaftsverfahren

Dritter Teil

Abstammungsverfahren

Abkürzungsverzeichnis

aA	anderer Ansicht
AB	Ausschussbericht
ABGB	Allgemeines Bürgerliches Gesetzbuch vom 1. 6. 1811 JGS 946 idgF
ABlEG	Amtsblatt der Europäischen Gemeinschaften (seit 1958 bzw. 1968) zitiert mit Band (Jahr) Seite
aE	am Ende
aF	alte Fassung
AGB	Allgemeine Geschäftsbedingungen
AHG	Amtshaftungsgesetz vom 18. 12. 1948 BGBl 1949/20 idgF
AktG	Aktiengesetz vom 31.3.1965 BGBl 98 idgF
AKV	Alpenländischer Kreditorenverband
aM	anderer Meinung
AMFG	Arbeitsmarktförderungsgesetz BGBl 1969/31 idgF
AMPFG	Arbeitsmarktpolitik-Finanzierungsgesetz BGBl 1994/315
AnfO	Anfechtungsordnung vom 10. 12. 1914 RGBl 337 idgF
AngG	Angestelltengesetz vom 11. 5. 1921 BGBl 292 idgF
Anm	Anmerkung
AnwBl	Österreichisches Anwaltsblatt (seit 1970); zitiert mit Jahr, Seite (Abhandlungen) oder Jahr/Nummer (Entscheidungen)
AO	Ausgleichsordnung vom 10. 12. 1914 RGBl 337, wv am 10. 9. 1934 BGBl II 221 außer Kraft seit 1.7.2010
APSG	Arbeitsplatz-Sicherungsgesetz 1991 BGBl 1991/683 idgF
Arb	Sammlung von arbeitsrechtlichen Entscheidungen der Gerichte und Einigungsämter; hrsg. vom BMJ (1922 ff; vorher 1900 bis 1918: Sammlung von Entscheidungen der kk Gewerbegerichte; hrsg. vom k.u.k. Justizministerium; 1919 bis 1921: Sammlung von Entscheidungen der Gewerbegerichte und Einigungsämter; hrsg. vom Staatsamt für Justiz); zitiert mit Nummer
ARD	Aktuelles Recht zum Dienstverhältnis; seit 1947; zitiert mit Heft Seite
arg	argumento; argumentum (folgt aus)
ARS	Sammelmappe für die Rechtspfleger-Besprechungen (hrsg. von der Arbeitsgemeinschaft der Rechtspfleger in Außerstreitsachen beim BG Innere Stadt Wien; seit 1958); zitiert mit Nummer
Art	Artikel
ASGG	Arbeits- und Sozialgerichtsgesetz vom 7. 3. 1985 BGBl 104 idgF
ASVG	Allgemeines Sozialversicherungsgesetz vom 9. 9. 1955 BGBl 189 idgF
AtomHG	Atomhaftpflichtgesetz vom 29. 4. 1964 BGBl 117 idgF
AußStr-BegleitG	Außerstreit-Begleitgesetz BGBl I 2003/112 idgF
AußStrG	Außerstreitgesetz BGBl I 2003/111 idgF
AVG	Allgemeines Verwaltungsverfahrensgesetz vom 21. 7. 1925 BGBl 274 wv am 31. 1. 1991 BGBl 51 idgF
BBG 2009	Budgetbegleitgesetz 2009 BGBl I 2009/52
BBG 2011	Budgetbegleitgesetz 2011 BGBl I 2010/111
BeilNR	Beilagen zu den Stenographischen Protokollen der Sitzungen des Nationalrats; s auch BlgNR
BFG	Beteiligungsfondsgesetz vom 18.2.1982 BGBl 1983/111 idgF
BG	Bezirksgericht; Bundesgesetz
BGB	(deutsches) Bürgerliches Gesetzbuch vom 18. 8. 1896 dRGBl 195 idgF
BGBl	Bundesgesetzblatt; zitiert mit Band, Jahr/Nummer

BGH	(deutscher) Bundesgerichtshof
BGOG Wien	Bezirksgerichtsorganisationsgesetz Wien vom 9. 5. 1985 BGBl 203 idgF
BlgNR	Beilage(n) zu den stenographischen Protokollen des Nationalrats
BMVRDuJ	Bundesministerium für Verfassung, Reformen, Deregulierung und Justiz
BMJ	Bundesministerium für Justiz, s. auch BMVRDuJ
BMSVG	Betriebliches Mitarbeiter- und Selbständigenvorsorgegesetz BGBl I 2002/100
BPG	Betriebspensionsgesetz BGBl 1990/282 idgF
Brüssel I-VO	siehe EuGVVO
Brüssel Ia-VO	siehe EuGVVO 2012
B-VG	Bundes-Verfassungsgesetz vom 1. 10. 1920 BGBl 1 wv 1929 BGBl 1930/1 idgF
BVG	Bundesverfassungsgesetz(e)
BWG	Bundesgesetz über das Bankwesen (Bankwesengesetz), erlassen im Rahmen des Finanzmarktanpassungsgesetzes vom 30.7.1993 BGBl 532 (samt V des BMF vom 6.9.1994 BGBl 730) idgF
CIM	Einheitliche Rechtsvorschriften für den Vertrag über die internationale Eisenbahnbeförderung von Gütern, Anhang B zum COTIF idgF
COTIF	Übereinkommen vom 9.5.1980 über den internationalen Eisenbahnverkehr BGBl 1985/225 idgF
dBGBl	Bundesgesetzblatt für die Bundesrepublik Deutschland; zitiert mit Jahr, Teil, Seite
dL, dhL	deutsche (herrschende) Lehre
dM, dhM	deutsche (herrschende) Meinung
dR, dhR	deutsche (herrschende) Rechtsprechung
DRdA	Das Recht der Arbeit (1951 ff); bis 1955 zitiert mit Heft, Seite; seit 1955 zitiert mit Jahr, Seite
dRGBl	deutsches Reichsgesetzblatt; zitiert mit Jahr, (Teil) Seite
DSG	Datenschutzgesetz vom 18. 10. 1978 BGBl 565 idgF
DSG 2000	Datenschutzgesetz 2000 vom 13.7.1999 BGBl I 1999/165 idgF
dZPO	deutsche Zivilprozessordnung vom 30. 1. 1877 dRGBl 83
E	Entscheidung, Erkenntnis
EB	Erläuternde Bemerkungen
EBG	Eisenbahnbeförderungsgesetz BGBl 1988/180 idgF
ecolex	Fachzeitschrift für Wirtschaftsrecht (seit 1990); zitiert mit Jahr, Seite
EFSlg	Ehe- und Familienrechtliche Entscheidungen, herausgegeben von F. Hluze und P. Litzlfellner; zitiert mit Nummer
EGEO	Einführungsgesetz zur Exekutionsordnung vom 27. 5. 1896 RGBl 78, wv am 2. 12. 1952 BGBl 1953/6, idgF
EGJN	Einführungsgesetz zur Jurisdiktionsnorm vom 1. 8. 1895 RGBl 110 idgF
EGZPO	Einführungsgesetz zur Zivilprozessordnung vom 1. 8. 1895 RGBl 112 idgF
EheG	Ehegesetz vom 6. 7. 1938 dRGBl I 807 idgF
EidablegungsG	Eidablegungsgesetz vom 3. 5. 1868 RGBl 33 idF StGBl 1945/47
EKEG	Bundesgesetz über Eigenkapital ersetzende Gesellschafterleistungen (Eigenkapitalersatz-G – EKEG), verlautbart als Art I GIRÄG 2003 BGBl I 2003/92 idgF
EMRK	siehe MRK
EO	Exekutionsordnung vom 27. 5. 1896 RGBl 79 idgF
EO-Nov 1991	Exekutionsordnungs-Novelle 1991 BGBl 1991/628
EO-Nov 1995	Exekutionsordnungs-Novelle 1995 BGBl 1995/519
EO-Nov 2000	Exekutionsordnungs-Novelle 2000 BGBl I 2000/59
EO-Nov 2003	Exekutionsordnungs-Novelle 2003 BGBl I 2003/31

EO-Nov 2005	Exekutionsordnungs-Novelle 2005 BGBl I 2005/68
EO-Nov 2008	Exekutionsordnungs-Novelle 2008 BGBl I 2008/37
EO-Nov 2014	Exekutionsordnungs-Novelle 2014 BGBl I 2014/69
EO-Nov 2016	Exekutionsordnungs-Novelle 2016 BGBl I 2016/100
EPG	Eingetragene Partnerschaft-Gesetz v. 30. 12. 2009 BGBl I 2009/135 idgF
Ergbd	Ergänzungsband
ErläutRV	Erläuterungen zur Regierungsvorlage
ERS	Sammlung von Rechtsmittelentscheidungen in Exekutionssachen, hrsg. von der Arbeitsgemeinschaft der Rechtspfleger in Exekutionssachen beim Exekutionsgericht Wien, zitiert mit Jahr, Nummer
ErwSchG	Erwachsenenschutz-Gesetz BGBl I 2013/158
2. ErwSchG	2. Erwachsenenschutz-Gesetz BGBl I 2017/59
EuGH	Europäischer Gerichtshof
EuGVVO	Verordnung (EG) Nr 44/2001 des Rates vom 22.12.2000 über die gerichtliche Zuständigkeit und die Anerkennung und die Vollstreckung gerichtlicher Entscheidungen in Zivil- und Handelssachen, ABl L 12/1 vom 16.1.2001
EuGVVO 2012	Verordnung (EU) Nr 1215/2012 des Europäischen Parlaments und des Rates vom 12.12.2012 über die Zuständigkeit und die Anerkennung und die Vollstreckung von Entscheidungen in Zivil- und Handelssachen, ABl L 2012/351 vom 20.12.2012
EuInsVO	Verordnung (EG) Nr 1346/2000 des Rates vom 29. Mai 2000 über Insolvenzverfahren, ABl L 160/1 vom 30.6.2000
EuInsVO 2015	Verordnung (EU) Nr 848/2015 des Rates vom 20. Mai 2015 über Insolvenzverfahren, ABl L 141, 1 vom 6.6.2015 idgF
EUMediatG	EU-Mediations-Gesetz BGBl I 2011/21 idgF
eV	einstweilige Verfügung
EvBl	Evidenzblatt der Rechtsmittelentscheidungen (bis 1938); zitiert mit Jahr/Nummer; seit 1946 Beilage zur ÖJZ, zitiert mit ÖJZ Jahr/Nummer
EWR	Europäischer Wirtschaftsraum
ExMin	Existenzminimum
FamRÄG 2009	Familienrechts-Änderungsgesetz 2009 BGBl I 2009/75
FBG	Firmenbuchgesetz vom 11. 1. 1991 BGBl 10 idgF
FN	Fußnote
FS	Festschrift
GAngG	Gutsangestelltengesetz BGBl 1923/538 idgF
GBG	Allgemeines Grundbuchsgesetz vom 2. 2. 1955 BGBl 39 idgF
GB-Nov 2012	Grundbuchs-Novelle 2012 BGBl I 2012/30
GebAG	Gebührenanspruchsgesetz vom 19. 2. 1975 BGBl 136 idgF
GEG	Gerichtliches Einbringungsgesetz vom 18. 9. 1962 BGBl 1962/288 idgF
GEN	Gerichtsentlastungsnovelle
GenG	Gesetz über die Erwerbs- und Wirtschaftsgenossenschaften vom 9. 4. 1873 RGBl 70 idF BGBl 1974/81, 1976/91, 1982/371 idgF
GenIG	Genossenschaftsinsolvenzgesetz RGBl 1918/105 idgF
Geo	Geschäftsordnung für die Gerichte I. und II. Instanz vom 1. 3. 1930 BGBl 74, wv durch BGBl 1951/264, idgF
GesBR	Gesellschaft Bürgerlichen Rechts
GesRZ	Der Gesellschafter, Zeitschrift für Gesellschaftsrecht (seit 1972); zitiert mit Jahr, Seite
GewO	Gewerbeordnung vom 29.11.1973 BGBl 1974/50 wv BGBl I 1994/194 idgF
GGG	Gerichtsgebührengesetz vom 27. 11. 1984 BGBl 1984/501 idgF
GIN 2006	Gerichtsgebühren- und Insolvenzrechts-Novelle 2006 BGBl I 2006/8

GIRÄG 2003	Gesellschafts- und Insolvenzrechtsänderungsgesetz 2003 BGBl I 2003/92 idgF
GlU	Sammlung von zivilrechtlichen Entscheidungen des kk Obersten Gerichtshofes, hrsg. von Julius Glaser und Josef Unger, fortgeführt von Josef Walther, Leopold Pfaff, Josef Schey und Vinzenz Krupsky (1853 bis 1897); zitiert mit Nummer
GlUNF	Sammlung von zivilrechtlichen Entscheidungen des kk Obersten Gerichtshofes, Neue Folge; begonnen von Julius Glaser und Josef Unger, fortgeführt von Leopold Pfaff, Josef Schey, Vinzenz Krupsky, Emil Schrutka von Rechtenstamm und Heinrich Steppan (1898 bis 1915); zitiert mit Nummer
GmbH	Gesellschaft mit beschränkter Haftung
GmbHG	Gesetz vom 6. 3. 1906 über Gesellschaften mit beschränkter Haftung RGBl 58 idgF
GO	siehe Geo
GOG	Gerichtsorganisationsgesetz vom 27. 11. 1896 RGBl 217 idgF
GP	Geschäftsperiode, Gesetzgebungsperiode
GS	Gedenkschrift
hA	herrschende Auffassung, herrschende Ansicht
HaRÄG	Handelsrechts-Änderungsgesetz – HaRÄG BGBl I 2005/120
HfD	Hofdekret
HeimArbG	Heimarbeitsgesetz 1960 BGBl 1961/105 (Wv) idgF
HG	Handelsgericht
HGB	Handelsgesetzbuch vom 10.5.1897 dRGBl 219, in Österreich eingeführt durch dRGBl 1938 I 1999, idgF bis 31.12.2006
hL	herrschende Lehre
hM	herrschende Meinung
hRsp	herrschende Rechtsprechung
Hrsg	Herausgeber
hrsg	herausgegeben
Hs	Halbsatz
HS	Handelsrechtliche Entscheidungen (seit 1961), begründet von Gustav Stanzl, fortgef von Gerhard Friedl, ab Band IX von Johannes Wolfgang Steiner, unter Mitarbeit von Ernst Gall, Marianne Händschke, Peter Holeschofsky und Peter Jabornegg (Bände I bis XVII mit Ergbd 1939 bis 1958); ab Band XXV hrsg. von Peter Jabornegg und Martin Karollus unter Mitarbeit von Gabriele Polte; zitiert mit Nummer
HVertrG	Bundesgesetz über die Rechtsverhältnisse der selbständigen Handelsvertreter (Handelsvertretergesetz 1993) vom 11. 2. 1993 BGBl 88 idgF
idF	in der Fassung
idgF	in der geltenden Fassung
idR	in der Regel
IEG	Insolvenzrechtseinführungsgesetz (früher: Kaiserliche Verordnung über die Einführung einer Konkursordnung, einer Ausgleichsordnung und einer Anfechtungsordnung RGBl 1914/337) gemäß Art III IRÄG 1997 BGBl I 114 idgF
IESG	Insolvenz-Entgeltsicherungsgesetz vom 2. 6. 1977 BGBl 1977/324 idgF
ieS	im engeren Sinn
iFamZ (bis 2007 FamZ)	Interdisziplinäre Zeitschrift für Familienrecht
IIRG	Bundesgesetz über das Internationale Insolvenzrecht BGBl I 2003/36 idgF
Ins-Nov 2002	Insolvenzrechts-Novelle 2002 BGBl I 2002/75 idgF
InsO	(deutsche) Insolvenzordnung vom 5. Oktober 1994 dBGBl I 1994 S 2866 idgF

InsR	Insolvenzrecht
IO	Bundesgesetz über das Insolvenzverfahren (Insolvenzordnung), mit RGBl 1914/337 als KO verlautbart, seit dem IRÄG 2010 (BGBl I 2010/29) als IO in Kraft idgF
IPRG	Bundesgesetz vom 15. 6. 1978 BGBl 304 über das internationale Privatrecht (IPR-Gesetz) idgF
IRÄ-BG	Insolvenzrechtsänderungs-Begleitgesetz BGBl I 2010/58
IRÄG 1982	Insolvenzrechtsänderungsgesetz vom 1. 7. 1982 BGBl 370
IRÄG 1994	Insolvenzrechtsänderungsgesetz vom 4. 3. 1994 BGBl 153
IRÄG 1997	Insolvenzrechtsänderungsgesetz 1997 BGBl I 114 (ausgegeben am 12. 9. 1997, die Kundmachung ersetzte BGBl I 1997/106, ausgegeben am 19. 8. 1997)
IRÄG 2002	siehe InsNov 2002
IRÄG 2010	Insolvenzrechtsänderungsgesetz 2010 vom 20. 5. 2010 BGBl I 2010/29
IRÄG 2017	Insolvenzrechtsänderungsgesetz 2017 BGBl I 2017/122
ISA	Insolvenzschutzverband für Arbeitnehmer
iSd	im Sinn des (der)
IV	Insolvenzverwalter
IVEG	Insolvenzverwalter-Entlohnungsgesetz BGBl I 1999/73 idgF
ivm	im Verein mit; in Verbindung mit
iwS	im weiteren Sinn
JA	Justizausschuss
JAB	siehe AB
JABl	Amtsblatt der österreichischen Justizverwaltung (1921 bis 1938, 1945 ff); zitiert mit Jahr/Nummer
JAP	Juristische Ausbildung und Praxis-Vorbereitung (seit 1990); zitiert mit Jahr, Seite
JB	Judikatenbuch des Obersten Gerichtshofes
JBl	Juristische Blätter (1872 bis 1938, 1946 ff); zitiert mit Jahr, Seite
JEV	Journal für Erbrecht und Vermögensnachfolge (seit 2007); zitiert mit Jahr, Seite
Jg	Jahrgang
JM	Justizminister, Fragenbeantwortung des Justizministeriums
JME	Justizministerialerlass
JMV	Justizministerialverordnung
JN	Jurisdiktionsnorm vom 1. 8. 1885 RGBl 111 idgF
JWG	Jugendwohlfahrtsgesetz vom 9. 4. 1954 BGBl 99 idgF
KindNamRÄG 2013	Kindschafts- und Namensrechts-Änderungsgesetz 2013 BGBl I 2013/15
KO	Konkursordnung vom 10. 12. 1914 RGBl 337, siehe IO
krit	kritisch
KO-Nov 93	Konkursordnungs-Novelle 1993 BGBl 974
KSchG	Konsumentenschutzgesetz vom 8. 3. 1979 BGBl 140 idgF
KSV	Kreditschutzverband von 1870
KTS	Zeitschrift für Insolvenzrecht. Konkurs–Treuhand–Sanierung (deutsch; bis 1988: „Konkurs-, Treuhand- und Schiedsgerichtswesen"); zitiert mit Jahr, Seite
LG	Landesgericht
LGVÜ	Übereinkommen vom 16.9.1988 über die gerichtliche Zuständigkeit und die Vollstreckung gerichtlicher Entscheidungen in Zivil- und Handelssachen, ABl L 319/9 (BGBl 1996/448)
LGVÜ II	Übereinkommen vom 30.10.2007 über die gerichtliche Zuständigkeit und die Vollstreckung von Entscheidungen in Zivil- und Handelssachen, ABl L 339/3
LGZ, LGZRS	Landesgericht für Zivilrechtssachen

LPfG	Lohnpfändungsgesetz vom 16. 02. 1955 BGBl 51; außer Kraft ab 1. 3. 1992 nach Maßgabe des Art XXXIII Z 1 EO-Nov 1991
LS	Leitsatz
MGA	Manzsche Große Ausgabe der österreichischen Gesetze
MietS	Mietrechtliche Entscheidungen, hrsg. von Viktor Heller und Oskar Radl, jetzt Heller/Jensik/Ladislav (Entscheidungen seit 1922); zitiert mit Nummer
MinE	Ministerialentwurf
MoMiG	(deutsches) Gesetz zur Modernisierung des GmbH-Rechts und zur Bekämpfung von Missbräuchen dBGBl I 2008 Nr 46 S 2026
MR	Medien und Recht; zitiert mit Heft, Seite
MRG	Mietrechtsgesetz vom 12. 11. 1981 BGBl 520 idgF
MRK	Konvention zum Schutz der Menschenrechte und Grundfreiheiten vom 4. 11. 1950 BGBl 1958/210, 1964/59 idgF
MS	siehe MietS
MuttSchG	Mutterschutzgesetz 1979 BGBl 221 (Wv) idgF
MV	Masseverwalter
mwN	mit weiteren Nachweisen
nF	neue Fassung
NJW	Neue Juristische Wochenschrift (deutsch; seit 1947/48 ff); zitiert mit Jahr, Seite
NO, NotO	Notariatsordnung vom 25. 7. 1871 RGBl 75 idgF
Nowak	Rudolf Nowak (Hrsg.) Entscheidungen des kk Obersten Gerichtshofes in Zivilsachen (1889 bis 1898); zitiert mit Nummer
NowakNF	Entscheidungen des kk Obersten Gerichtshofes in Zivil- und Justiz-verwaltungssachen, veröffentlicht von diesem Gerichtshofe; Fortset-zung der von Rudolf Nowak begründeten Sammlung (1898–1918); zi-tiert mit Nummer
NRsp	Neue Rechtsprechung des OGH, Jahresbeilage zur ÖJZ (seit 1988); zitiert mit Jahr/Nummer
NWG	Notwegegesetz vom 7. 7. 1896 RGBl 140 idgF
NZ	Österreichische Notariatszeitung (1858–1938, 1949 ff); zitiert mit Jahr, Seite
Ob	Aktenzeichen der Entscheidungen des OGH in Zivilrechtssachen
ÖBA	Österreichisches Bankarchiv (seit 1953) zitiert mit Jahr, Seite
OG	Offene Gesellschaft
OGH	Oberster Gerichtshof
OGHG	Bundesgesetz vom 19.6.1968 über den Obersten Gerichtshof BGBl 328 idgF
OLG	Oberlandesgericht
OrgHG	Organhaftpflichtgesetz vom 19. 5. 1967 BGBl 181 idgF
ÖJZ	Österreichische Juristenzeitung (1946 ff); zitiert mit Jahr, Seite; das Evidenzblatt der Rechtsmittelentscheidungen seit 1946 wird zitiert mit EvBl Jahr/Nummer
ÖVC	Österreichischer Verband der Vereine Creditreform (bevorrechteter Gläubigerschutzverband seit 1. Juni 2007 BGBl II 2006/442)
ÖZW	Österreichische Zeitschrift für Wirtschaftsrecht (seit 1974); zitiert mit Jahr, Seite
PatMarkR-Nov 2014	Patent- und Markenrechts-Novelle 2014 BGBl 2013/126
PKG	Pensionskassengesetz BGBl 1990/281 idgF
PV	Parteienvernehmung
RAO	Rechtsanwaltsordnung vom 6. 7. 1868 RGBl 96 idgF
RATG	Rechtsanwaltstarifgesetz vom 22. 5. 1969 BGBl 189 mit angeschlos-senem Rechtsanwaltstarif (RAT) idgF
RdW	Österreichisches Recht der Wirtschaft; zitiert mit Jahr, Seite
RG	Reichsgericht

RGBl	Reichsgesetzblatt
RGZ	Entscheidungen des Reichsgerichts in Zivilsachen (deutsch, 1880 bis 1945); zitiert mit Jahr (Band)/Nummer
RIW	Recht der internationalen Wirtschaft (deutsch, seit 1954); zitiert mit Jahr, Seite
RL	Richtlinie
RLG	Rechnungslegungsgesetz vom 28. 6. 1990 BGBl 475 idgF
RPflA	siehe ARS
RPflE	siehe ERS
RPflG	Rechtspflegergesetz vom 12. 12. 1985 BGBl 560 idgF
RRAG	Revisionsrekurs-Anpassungsgesetz vom 13. 12. 1989 BGBl 654
RS	Rechtssatz
Rsp	Rechtsprechung
RStDG	Richter- und Staatsanwaltsdienstgesetz vom 14. 12. 1961 BGBl 305 idgF
RV	Regierungsvorlage
Rz	Randzahl
RZ	Österreichische Richterzeitung (1907 bis 1938, 1954 ff); Abhandlungen zitiert mit Jahr, Seite; Entscheidungen zitiert mit Jahr/Nummer
S	Satz; Seite; siehe (am Satzanfang)
s	siehe
SchiedsRÄG 2006	Schiedsrechts-Änderungsgesetz 2006 BGBl I 2006/7
SchiedsRÄG 2013	Schiedsrechts-Änderungsgesetz 2013 BGBl I 2013/118
2. StabG 2012	2. Stabilitätsgesetz 2012 BGBl I 2012/35
SWRÄG 2006	Sachwalterrechts-Änderungsgesetz 2006 BGBl I 2006/92
SchuNov	Schuldenberatungs-Novelle BGBl I 2007/73
SVDolmG	Sachverständigen- und Dolmetschergesetz vom 19.2.1975 BGBl 1975/137 idF BGBl I 1998/168 idgF
SozBeG	Sozialbetrugsgesetz BGBl I 2004/152 idgF
SozSi	Soziale Sicherheit, Zeitschrift für die Österreichische Sozialversicherung (seit 1948); zitiert mit Jahr, Seite
SpR	Spruchrepertorium des Obersten Gerichtshofes
StaatenimmunitätsÜ	Europäisches Übereinkommen vom 16. 5. 1972 über Staatenimmunität BGBl 1976/432 samt Zusatzprotokoll vom 22. 5. 1985 BGBl 1985/149 idgF
StenProt	Stenographisches Protokoll
StGB	Strafgesetzbuch vom 23. 1. 1974 BGBl 60 idgF
StGBl	Staatsgesetzblatt für die Republik Österreich; zitiert mit Jahr/Nummer
StPO	Strafprozessordnung vom 23. 5. 1873 RGBl 119, wv am 9. 12. 1975 BGBl 631 idgF
stR, stRsp	ständige Rechtsprechung
StVG	Strafvollzugsgesetz vom 26. 3. 1969 BGBl 144 idgF
SV	Sachverständiger
SWK	Österreichische Steuer- und Wirtschaftskartei (seit 1925); zitiert mit Jahr, Seite
SZ	Entscheidungen des österreichischen Obersten Gerichtshofes in Zivil- und Justizverwaltungssachen, veröffentlicht von seinen Mitgliedern (seit 1919); zitiert mit Band/Nummer
TP	Tarifpost
UGB	Unternehmensgesetzbuch dRGBl 1897/219, als HGB in Österreich eingeführt durch dRGBl 1938 I 1999, seit dem HaRÄG (BGBl I 2005/120) als UGB in Kraft idgF
URG	Unternehmensreorganisationsgesetz, Art XI IRÄG 1997 BGBl I 114 idgF
UrlG	BG betreffend die Vereinheitlichung des Urlaubsrechtes und die Einführung einer Pflegefreistellung BGBl 1976/390 idgF

V	Verordnung
v	vom, von
VAG	Versicherungsaufsichtsgesetz vom 18. 10. 1978 BGBl 569 idF BGBl I 1999/194 idgF
VBG	Vertragsbedienstetengesetz 1948 BGBl 86 idgF
VersRdSch	Die Versicherungsrundschau, Fachzeitschrift für Sozial- und Vertragsversicherung (seit 1946); zitiert mit Jahr Seite
VfGG	Verfassungsgerichtshofsgesetz vom 12. 5. 1953 BGBl 85 idgF
VfGH	Verfassungsgerichtshof
VfSlg	Sammlung der Erkenntnisse und wichtigsten Beschlüsse des Verfassungsgerichtshofes, neue Folge (1921 bis 1933, 1946 ff); zitiert mit Nummer
VGebG	Vollzugsgebührengesetz Art I BGBl I 2003/31
VKG	Väter-Karenzgesetz BGBl 1989/651 idgF (vor dem 01.01.2002 E-KUG – Eltern-Karenzurlaubsgesetz)
VTVO	Verordnung (EG) Nr. 805/2004 des Europäischen Parlamentes und des Rates vom 21. April 2004 zur Einführung eines europäischen Vollstreckungstitels für unbestrittene Forderungen, Abl. 2004 Nr. L 143, 15 idgF
VU	Versäumungsurteil
VwGH	Verwaltungsgerichtshof
VwSlgNF	Erkenntnisse und Beschlüsse des Verwaltungsgerichtshofes, Neue Folge, hrsg. von Lennkh, Putz, Kaniak, Hrdlitzka und Ondraczek (seit 1946) zitiert mit Nummer
WBl, wbl	Wirtschaftsrechtliche Blätter (seit 1987); zitiert mit Jahr, Seite
WEG 2002	Wohnungseigentumsgesetz 2002 BGBl I 2002/70 idgF
WGN 1989	Erweiterte Wertgrenzen-Novelle vom 29. 6. 1989 BGBl 343
WGN 1997	Erweiterte Wertgrenzen-Novelle 1997 BGBl I 140 (ausgegeben am 29. 12. 1997)
WKRK	Wiener Konsularrechtskonvention vom 24. 4. 1963 BGBl 1969/318 idgF
Z	Ziffer
ZAS	Zeitschrift für Arbeitsrecht und Sozialrecht (seit 1966); zitiert mit Jahr, Seite
ZBl	Zentralblatt für die Juristische Praxis (1883–1938); zitiert mit Jahr, Seite oder Jahr/Nummer
ZfRV	Zeitschrift für Rechtsvergleichung (1960 ff); zitiert mit Jahr, Seite
ZIK	Zeitschrift für Insolvenzrecht und Kreditschutz (seit 1995) zitiert mit Jahr, Seite bzw Jahr/Nummer (Seite)
ZinsO	Zeitschrift für das gesamte Insolvenzrecht (deutsch, seit 1998), zitiert mit Jahr, Seite
ZIP	Zeitschrift für Wirtschaftsrecht (deutsch, seit 1980; bis 1982 Zeitschrift für Wirtschaftsrecht und Insolvenzpraxis); zitiert mit Jahr, Seite
ZPO	Zivilprozessordnung vom 1. 8. 1895 RGBl 113 idgF
ZustG	Bundesgesetz vom 1. 4. 1982 BGBl 200 über die Zustellung behördlicher Schriftstücke (Zustellgesetz) idgF
ZVN 1983	Zivilverfahrens-Novelle 1983 BGBl 1983/135
ZVN 2002	Zivilverfahrens-Novelle 2002 BGBl I 2002/76
ZVN 2004	Zivilverfahrens-Novelle 2004 BGBl I 2004/128
ZVN 2009	Zivilverfahrens-Novelle 2009 BGBl I 2009/30
ZVR	Zeitschrift für Verkehrsrecht (seit 1956); Abhandlungen zitiert mit Jahr, Seite; Entscheidungen mit Jahr/Nummer
ZZP	Zeitschrift für Zivilprozess, begründet von Hermann Busch (deutsch; 1879–1943, 1950/51 ff); zitiert mit Band, Seite
ZZPInt	Zeitschrift für Zivilprozess International, herausgegeben von Dieter Leipold und Rolf Stürner (deutsch; 1996 ff); zitiert mit Band, Seite

Literaturverzeichnis

Angst/Jakusch/Mohr	Peter Angst, Werner Jakusch und Franz Mohr, Exekutionsordnung samt Einführungsgesetz, Nebengesetzen und sonstigen einschlägigen Vorschriften, MGA, 15. Auflage (Wien 2012)
Angst/Oberhammer	Peter Angst und Paul Oberhammer (Hrsg) und Bearbeiter, Kommentar zur Exekutionsordnung, 3. Auflage (Wien 2015), zitiert mit Autor in Angst § und Rz
Bajons	Ena-Marlis Bajons, Zivilverfahren, Grundlehren des Prozesses und der Exekution (Wien 1991); zitiert mit Rz
Ballon/Nunner-Krautgasser/ Schneider	Oskar J. Ballon, Bettina Nunner-Krautgasser, Birgit Schneider, Einführung in das Zivilprozessrecht, Streitiges Verfahren, 13. Auflage (Wien 2018); zitiert mit Rz
Bartsch/Heil	Robert Bartsch und Rudolf Heil, Grundriß des Insolvenzrechts, 4. Auflage (Wien 1983)
Bartsch/Pollak	Robert Bartsch und Rudolf Pollak, Kommentar zur Konkurs-, Ausgleichs- und Anfechtungsordnung, 2 Bände, 3. Auflage (Wien 1937); zitiert mit Band, Seite bzw. Anmerkung
Bartsch/Pollak/Buchegger	siehe *Buchegger, InsR*
BeitrZPR I, II, III, IV, V, VI	Beiträge zum Zivilprozeßrecht I (Wien 1982), II (Wien 1986), III (Wien 1989), hrsg. von Walter Buchegger und Richard Holzhammer; Beiträge zum Zivilprozeßrecht IV (Wien 1991), V (Wien 1995), VI (Freistadt 2002) hrsg. von Walter Buchegger
Blomeyer	Arwed Blomeyer, Zivilprozeßrecht, Erkenntnisverfahren, 2. Auflage (Berlin 1985), 1. Auflage (Berlin 1963) reprint Berlin 2012
Braun, InsO	Berhard Braun und Bearbeiter, InsO mit EuInsVO, Kommentar, 7. Auflage (München 2017), zitiert mit *[Autor]* in Braun, [§ der InsO] oder [Art der EuInsVO] und [Rz]
Buchegger	Walter Buchegger, Insolvenzrecht, 3. Auflage (Wien 2017)
Buchegger, Ausgleichserfüllung	Walter Buchegger, Die Ausgleichserfüllung (Wien 1988)
Buchegger, InsR I, II/1, II/2, III, IV	Bartsch/Pollak/Buchegger, Österreichisches Insolvenzrecht, Kommentar, Walter Buchegger (Hrsg) und Bearbeiter, Band I, 4. Auflage (Wien 2000), Band II/2, 4. Auflage (Wien 2004), Band III, 4. Auflage (Wien 2002), Band IV, 4. Auflage (Wien 2006)
Buchegger, InsR 1. ZB	Walter Buchegger (Hrsg.), Österreichisches Insolvenzrecht, Kommentar, Erster Zusatzband zu Bartsch/Pollak/Buchegger (Wien 2009)
Buchegger/Deixler-Hübner/ Holzhammer	Walter Buchegger, Astrid Deixler-Hübner und Richard Holzhammer, Praktisches Zivilprozeßrecht I – Streitiges Verfahren, 6. Auflage (Wien 1998)
Buchegger/Markowetz, AußStrVf	Walter Buchegger und Klaus Markowetz, Außerstreitverfahrensrecht – Grundstudium in dreißig Schwerpunkten, 2. Auflage (Freistadt 2018)

Buchegger/Markowetz, ExR	Walter Buchegger und Klaus Markowetz, Exekutionsrecht, 2. Auflage (Wien 2017)
Buchegger/Markowetz, ZPR	Walter Buchegger und Klaus Markowetz, Grundriss des Zivilprozessrechts – Streitiges Erkenntnisverfahren (Wien 2016)
Burgstaller, EZPR	Alfred Burgstaller, Europäisches Zivilprozeßrecht (Freistadt 2001)
Burgstaller, Pfandrecht	Alfred Burgstaller, Das Pfandrecht in der Exekution (Wien 1988)
Burgstaller/Deixler-Hübner/Dolinar	Alfred Burgstaller, Astrid Deixler-Hübner und Hans Dolinar, Praktisches Zivilprozeßrecht II – Außerstreitverfahren und Exekutionsverfahren, 5. Auflage (Wien 1997)
Burgstaller/Neumayr/Geroldinger/ *Schmaranzer,* IZVR	Alfred Burgstaller, Matthias Neumayr, Andreas Geroldinger und Gerhard Schmaranzer (Hrsg.) und Bearbeiter, Internationales Zivilverfahrensrecht, 3 Bände 20. Auflage 2016 (Wien, Loseblatt, ab 2003)
M. Bydlinski	Michael Bydlinski, Der Kostenersatz im Zivilprozeß (Wien 1992)
M. Bydlinski, ZPO	Michael Bydlinski, Zivilprozessordnung und Jurisdiktionsnorm samt Einführungsgesetzen, mit Kommentar zur ZVN 2002 (Wien 2002)
P. Bydlinski/Kerschner, BR	Bürgerliches Recht, acht Bände: Band I Peter Bydlinski, Allgemeiner Teil, 7. Auflage (Wien 2016); Band II Silvia Dullinger, Schuldrecht Allgemeiner Teil, 6. Auflage (Wien 2017); Band II Christian Rabl und Andreas Riedler, Schuldrecht Besonderer Teil, 6. Auflage (Wien 2017); Band IV Gert Iro, Sachenrecht, 6. Auflage (Wien 2016); Band V Ferdinand Kerschner/Katharina Sagerer-Forić, Familienrecht, 6. Auflage (Wien 2017); Band VI Bernhard Eccher, Erbrecht, 6. Auflage (Wien 2016); Band VII Brigitta Lurger und Martina Melcher, Internationales Privatrecht, 2. Auflage (Wien 2017); Band VIII Peter Bydlinski, Silvia Dullinger, Bernhard Eccher, Gert Iro, Ferdinand Kerschner, Brigitta Lurger, Martina Melcher, Christian Rabl und Andreas Riedler und Katharina Sagerer-Foric, Prüfungstraining, Fallrepetitorium mit Lösungen, 5. Auflage (Wien 2017)
Czernich/Kodek/Mayr	Dietmar Czernich, Georg E. Kodek und Peter G. Mayr (Hrsg.), Europäisches Gerichtsstands- und Vollstreckungsrecht, 4. Auflage (Wien 2014)
Cranshaw/Hinkel	Friedrich L. Cranshaw und Lars Hinkel (Hrsg) und Bearbeiter, Gläubigerkommentar zum Anfechtungsrecht, 2. Auflage (Heidelberg 2015)
Danzl, Geo	Karl-Heinz Danzl, Kommentar zur Geschäftsordnung für die Gerichte I. und II. Instanz, Online-Ausgabe, 7. Update (Stand 15.3.2017, rdb.at)
De Boor	Hans Otto de Boor, Gerichtsschutz und Rechtssystem (Leipzig 1941)
Deixler-Hübner	Astrid Deixler-Hübner, Die Nebenintervention im Zivilprozeß (Wien 1993)
Deixler-Hübner, AußStr	Astrid Deixler-Hübner, Außerstreitverfahrensrecht (Wien 2017)
Deixler-Hübner, EO	Astrid Deixler-Hübner (Hrsg) und Bearbeiter, Kommentar zur Exekutionsordnung, 5 Bände, 25. Auflage 2018 (in Teil-

	lieferungen, Wien seit 1999/2000); zitiert mit *Autor* in Deixler-Hübner, Paragraph und Rz
Deixler-Hübner/Klicka	Astrid Deixler-Hübner und Thomas Klicka, Zivilverfahren, Erkenntnisverfahren und Grundzüge des Exekutions- und Insolvenzrechts, 10. Auflage (Wien 2017)
Deixler-Hübner/Neumayr	Astrid Deixler-Hübner und Matthias Neumayr, Musterakt Zivilverfahren, 2. Auflage (Wien 2017)
Deixler-Hübner/Roth	Astrid Deixler-Hübner und Marianne Roth, Der Zivilprozeß in der Praxis, 4. Auflage (Wien 2005)
Dellinger, BWG	Markus Dellinger (Hrsg.), Bankwesengesetz – Kommentar, Loseblatt in fünf Mappen, 9. Auflage (Wien 2017)
Dellinger/Mohr	Markus Dellinger und Franz Mohr, Eigenkapitalersatzgesetz, Kommentar (Wien 2004) zitiert mit Rz
Dellinger/Oberhammer/Koller	Markus Dellinger, Paul Oberhammer und Christian Koller, Insolvenzrecht, 3. Auflage (Wien 2014), 4. Auflage (im Erscheinen 2018)
Denkschrift	Denkschrift zur Einführung einer Konkursordnung, einer Ausgleichsordnung und einer Anfechtungsordnung (Wien 1914)
Dolinar	Hans Dolinar, Ruhen des Verfahrens und Rechtsschutzbedürfnis (Wien 1974)
Dolinar/Roth, ZPR	Hans Dolinar und Marianne Roth, Zivilprozeßrecht, 15. Auflage (Wien 2017)
Dullinger, Aufrechnung	Silvia Dullinger, Handbuch der Aufrechnung (Wien 1995)
Duursma-Kepplinger,	Henriette-Christine Duursma-Kepplinger, Die Haftungsordnung im Gesellschaftskonkurs, 4 Bände (Wien 2009)
Duursma-Kepplinger/Duursma/ Chalupsky, EuInsVO	Henriette-Christine Duursma-Kepplinger, Dieter Duursma und Ernst Chalupsky, Europäische Insolvenzverordnung, Kommentar (Wien 2002)
Engelhart/Hoffmann/Lehner/ Rohregger/Vitek	Karl F. Engelhart, Klaus Hoffmann, Stefan Lehner, Michael Rohregger, Claudia Vitek, Rechtsanwaltsordnung (RAO), 10. Auflage (im Erscheinen)
Faistenberger	Christoph Faistenberger, Neubearbeiter von Gschnitzer 2. Auflage (siehe dort)
Fasching	Hans W. Fasching, Zivilprozeßrecht, Lehr- und Handbuch, 2. Auflage (Wien 1990); zitiert mit Rz
Fasching I bis IV, Ergbd	Hans W. Fasching, Kommentar zu den Zivilprozeßgesetzen, IV Bände + Ergänzungsband (Wien 1959 bis 1974) zitiert mit Band, Seite bzw. Rz
Fasching/Konecny	Hans W. Fasching (Begr.), Andreas Konecny (Hrsg) und Bearbeiter: Kommentar zu den Zivilprozessgesetzen, 3. Auflage: 1. Band (Wien 2013), 2. Band, 1. Teilband (Wien 2015), 2. Band, 2. Teilband (Wien 2016), 2. Band, 3. Teilband (Wien 2015), 3. Band, 1. Teilband (Wien 2017), 3. Band, 2. Teilband (Wien 2018), 4. Band, 2. Teilband (Wien 2016); zitiert mit [*Autor*] in Fasching/Konecny [§] und [Rz] 2. Auflage: 4. Band, 1. Teilband (Wien 2005), 5. Band, 1. Teilband (Wien 2008), 4. Band, 1. Teilband (Wien 2005), 5. Band, 2. Teilband (Wien 2010), Ergänzungsband zum Zustellrecht (Wien 2008); zitiert mit [*Autor*] in Fasching/ Konecny [§] und [Rz]

Feil, AußStrG — Erich Feil, Kurzkommentar zum Außerstreitgesetz, 3. Auflage (Wien 2016)

Feil, EO — Erich Feil, Exekutionsordnung – Kommentar, 5. Auflage (Wien 2011)

Feil, IO — Erich Feil, Insolvenzordnung – Praxiskommentar, 8. Auflage (Wien 2014)

Feil/Marent, AußStrG — Erich Feil und Karl Heinz Marent, Außerstreitgesetz – Kommentar, 2. Auflage (Wien 2008)

Feil/Marent, EO — Erich Feil und Karl Heinz Marent, Exekutionsordnung – Kommentar (Wien 2008)

Feldbauer-Durstmüller/Mayr — Birgit Feldbauer-Durstmüller und Stefan Mayr (Hrsg), Unternehmenssanierung in der Praxis (Wien 2009)

Feldbauer-Durstmüller/Schlager — Birgit Feldbauer-Durstmüller und Josef Schlager (Hrsg), Krisenmanagement (Wien 2007)

Feldbauer-Durstmüller/Schlager[2] — Birgit Feldbauer-Durstmüller und Josef Schlager (Hrsg), Krisenmanagement – Sanierung – Insolvenz, 2. Auflage (Wien 2002)

Feldbauer-Durstmüller/Stiegler — Birgit Feldbauer-Durstmüller und Harald Stiegler (Hrsg), Krisenmanagement (Linz 1994)

Feuchtinger/Lesigang — Günther Feuchtinger und Michael Lesigang, Praxisleitfaden Insolvenzrecht, 4. Auflage (Wien 2014)

Fink, InsR — Herbert Fink, Insolvenzrecht, 10. Auflage (Wien 2017)

Fink, Privatkonkurs — Herbert Fink, Der neue Privatkonkurs (Wien 1994)

FS Wohlgenannt — Rainer P. Born (Hrsg.), Philosophie – Wissenschaft – Politik. Festschrift Rudolf Wohlgenannt zum 60. Geburtstag (Wien 1985); zitiert mit *Autor* in FS Wohlgenannt

Fucik/Kloiber — Robert Fucik und Barbara Kloiber, Außerstreitgesetz Kurzkommentar (Wien 2005)

Georgiades — Apostolos Georgiades, Die Anspruchskonkurrenz im Zivilrecht und Zivilprozeßrecht (München 1968)

Gitschthaler — Edwin Gitschthaler, Unterhaltsrecht, 3. Auflage (Wien 2015)

Gitschthaler/Höllwerth — Edwin Gitschthaler und Johann Höllwerth, Kommentar zum Außerstreitgesetz, Band I AußStrG (Wien 2013), Band II AußStrG Nebengesetze (Wien 2017)

Graf-Schimek/Koller — Caroline Graf-Schimek und Christian Koller, Casebook Zivilverfahrensrecht, 3. Auflage (Wien 2016)

Gschnitzer — Franz Gschnitzer, Lehrbuch des Österreichischen bürgerlichen Rechts, sechs Bände (Wien 1963 bis 1966), als E-Book verfügbar (Berlin Heidelberg 2013)
2. Auflage: Christoph Faistenberger, Österreichisches Familienrecht (Wien 1979)
Christoph Faistenberger, Österreichisches Erbrecht (Wien 1984)
Christoph Faistenberger, Heinz Barta, Gottfried Call und Bernhard Eccher, Österreichisches Sachenrecht (Wien 1985)
Christoph Faistenberger, Heinz Barta und Bernhard Eccher, Österreichisches Schuldrecht, Allgemeiner Teil (Wien 1986, korrigierter Nachdruck 1991)
Christoph Faistenberger, Heinz Barta und Bernhard Eccher Österreichisches Schuldrecht, Besonderer Teil und Schadenersatz (Wien 1988)
Christoph Faistenberger und Heinz Barta, Bürgerliches Recht – Allgemeiner Teil (Wien 1992)

Habscheid	Walter Habscheid, Der Streitgegenstand im Zivilprozeß und im Streitverfahren der Freiweilligen Gerichtsbarkeit (Bielefeld 1956)
Jauernig/Hess	Othmar Jauernig und Burkhard Hess, Zivilprozessrecht, 30. Auflage (München 2011)
Holzhammer, Handelsrecht	Richard Holzhammer, Allgemeines Handelsrecht und Wertpapierrecht, 8. Auflage (1998)
Holzhammer, InsR	Richard Holzhammer, Österreichisches Insolvenzrecht. Konkurs und Ausgleich, 5. Auflage (Wien 1996)
Holzhammer, ZPR	Richard Holzhammer, Österreichisches Zivilprozeßrecht 2. Auflage (Wien 1976)
Holzhammer, ZVR	Richard Holzhammer, Österreichisches Zwangsvollstreckungsrecht, 4. Auflage (Wien 1994)
Holzhammer/Roth, ExR	Richard Holzhammer und Marianne Roth, Exekutionsrecht, 7. Auflage (Freistadt 2009), 8. Auflage (Freistadt 2011), zitiert mit Auflage
Holzhammer/Roth, BR	Richard Holzhammer und Marianne Roth, Bürgerliches Recht mit IPR, 6. Auflage (Wien 2004)
Jauernig/Berger	Othmar Jauernig, fortgeführt von Christian Berger, Zwangsvollstreckungs- und Insolvenzrecht, 23. Auflage (München 2010)
Jauernig, BGB	Othmar Jauernig, Bürgerliches Gesetzbuch: BGB, 17. Auflage (München 2018)
Jabornegg/Artmann, UGB	Peter Jabornegg und Eveline Artmann, Kommentar zum UGB, Band 1, 2. Auflage (Wien 2010), Band 2, 2. Auflage (Wien 2017); zitiert mit *Autor* in Jabornegg/Artmann § und Rz
Jelinek/Zangl, IO	Wolfgang Jelinek und Sylvia Zangl, Insolvenzordnung, Taschenkommentar, 8. Auflage (Wien 2010)
Karollus, EKEG	Martin Karollus, Kommentierung des EKEG in Buchegger (Hrsg), Österreichisches Insolvenzrecht – Kommentar, 1. Zusatzband (Wien 2009)
Klauser/Kodek	Alexander Klauser und Georg E. Kodek, Jurisdiktionsnorm und Zivilprozessordnung, 17. Auflage (Wien 2012), 18. Auflage im Erscheinen (Wien 2018)
Kletečka/Schauer	Andreas Kletečka und Martin Schauer, ABGB-ON, Kommentar (Wien 2010); zitiert mit *Autor* in Kletečka/Schauer § und Rz
Klicka/Oberhammer/Domej	Thomas Klicka, Paul Oberhammer und Tanja Domej, Außerstreitverfahren, 5. Auflage (Wien 2014), 6. Auflage im Erscheinen (Wien 2018)
Kodek, Privatkonkurs	Georg E. Kodek, Handbuch Privatkonkurs. Die Sonderbestimmungen für das Konkursverfahren natürlicher Personen, 2. Auflage (Wien 2015)
Kodek/Mayr	Georg E. Kodek und Peter G. Mayr, Zivilprozessrecht, 3. Auflage (Wien 2016), 4. Auflage im Erscheinen (Wien 2018)
König, Anfechtung	Bernhard König, Die Anfechtung nach der Insolvenzordnung, 5. Auflage (Wien 2014)
König, EV	Bernhard König, Einstweilige Verfügungen im Zivilverfahren, 5. Auflage (Wien 2017)
Konecny	Andreas Konecny, Der Anwendungsbereich der einstweiligen Verfügung (Wien 1992)

Konecny, IRÄG 2010   Andreas Konecny (Hrsg.), IRÄG 2010 – Insolvenzrechts-änderungsgesetz 2010, ZIK Spezial (Wien 2010)

Konecny/Schubert   Andreas Konecny und Günter Schubert (Hrsg.) und Bearbeiter, Kommentar zu den Insolvenzgesetzen, 2 Bände (in Teillieferungen, Wien, seit 1997) zitiert mit *Autor* in Konecny/Schubert § und Rz

Koziol/Bydlinski/Bollenberger,
ABGB   Helmut Koziol, Peter Bydlinski und Raimund Bollenberger (Hrsg.) und Bearbeiter, Kurzkommentar zum ABGB. Allgemeines bürgerliches Gesetzbuch, Ehegesetz, Konsumentenschutzgesetz, IPR-Gesetz, Rom I-, Rom II- und Rom III-VO, 5. Auflage (Wien 2017)

Koziol/Welser   Helmut Koziol und Rudolf Welser, Grundriss des bürgerlichen Rechts, Band 1 fortgeführt von Andreas Kletečka, 14. Auflage (Wien 2014) zitiert mit Rz

Krejci   Heinz Krejci, UGB, ABGB, Kommentar (Wien 2007)

Lackenberger   Michael Lackenberger, Handbuch Forderungsexekution (Wien 2009)

Langer, AußStrG   Hans Langer, Außerstreitgesetz 2003, 2. Auflage (Wien 2007)

Laurer/M. Schütz/Kammel/Ratka,
BWG   H. René Laurer, Melitta Schütz, Armin Kammel und Thomas Ratka, Bankwesengesetz – Kommentar, 4. Auflage (Wien 2017)

Lichtenberg/Pochmarski/Tanczos/
Kober, Berufung   Christoph Lichtenberg, Konstantin Pochmarski, Alfred Tanczos und Christina Kober, Berufung in der ZPO, 3. Auflage (Wien 2016)

Lichtenberg/Pochmarski, Beschluss   Christoph Lichtenberg und Konstantin Pochmarski, Beschluss und Rekurs in der Zivilprozessordnung (Wien 2006)

Mankowski/Müller/J. Schmidt   Peter Mankowsi, Michael Müller und Jessica Schmidt, EuInsVO 2015, Europäische Insolvenzverordnung 2015, Kommentar (Berlin 2016), zitiert mit Autor, Art und Rz

Materialien   Materialien zu den neuen österreichischen Civilprozeßgesetzen, zwei Bände (Wien 1897) hrsg. vom k. u. k. Justizministerium

Maurer   Ewald Maurer, AußStrG neu – Außerstreitgesetz und Außerstreitbegleitgesetz (Wien 2004)

Maurer/Schrott/Schütz   Ewald Maurer, Robert Schrott und Werner Schütz, Außerstreitgesetz – Kommentar (Wien 2006)

Mayr, EO-Nov 1991   Peter G. Mayr, Die Exekutionsordnungs-Novelle 1991 (Wien 1992)

Mayr/Albrecht, EO-Nov 1995   Peter G. Mayr (Hrsg.), Isabel Albrecht, Die Exekutionsordnungs-Novelle 1995 (Wien 1995)

Mayr/Fucik, AußStrVf   Peter G. Mayr und Robert Fucik, Verfahren außer Streitsachen (Wien 2013)

Mayr/Fucik, Einführung   Peter G. Mayr und Robert Fucik, Einführung in die Verfahren außer Streitsachen (Wien 2017)

Mayrhofer   Heinrich Mayrhofer, System des österreichischen allgemeinen Privatrechts, Das Recht der Schuldverhältnisse – Allgemeine Lehren, 3. Auflage des von Armin Ehrenzweig begründeten Werks (Wien 1986)

Mohr   Franz Mohr (Hrsg), Die Insolvenzordnung samt Nebengesetzen, verweisenden und erläuternden Anmerkungen und

	ausführlichen Hinweisen auf die Rechtsprechung, 11. Auflage (Wien 2012); Entscheidungen zitiert mit E-Nummer
Mohr, EuKoPfVO	Franz Mohr, Die vorläufige Kontenpfändung, EuKoPfVO (2014)
Mohr, Fahrnisexekution	Franz Mohr, Fahrnisexekution (Wien 1996)
Mohr, Insolvenzrecht 2002	Franz Mohr, Insolvenzrecht 2002, Insolvenzrechtsnovelle 2002, Europäische Insolvenzverordnung (Wien 2002)
Mohr, IRÄG 1997	Franz Mohr, Insolvenzrechtsänderungsgesetz 1997 (Wien 1997)
Mohr, Lohnpfändung	Franz Mohr, Die neue Lohnpfändung (Wien 1991)
Mohr, Privatinsolvenz	Franz Mohr, Privatinsolvenz, 3. Auflage (Wien 2018)
Mohr, Privatkonkurs	Franz Mohr, Privatkonkurs, 2. Auflage (Wien 2007)
Mohr, Sanierungsplan	Franz Mohr, Sanierungsplan und Sanierungsverfahren, (Wien 2010)
Mohr, URG	Franz Mohr, Unternehmensreorganisationsgesetz – URG (Wien 1997)
Mohr, Zwangsversteigerung	Franz Mohr, Die neue Zwangsversteigerung (Wien 2000)
Mohr/Pimmer/Schneider	Franz Mohr, Herbert Pimmer und Birgit Schneider, EO Exekutionsordnung, 16. Auflage (Wien 2017)
Muhri/Stortecky	Georg Muhri und Felix Stortecky, Das neue Insolvenzrecht – Kurzkommentar, 6. Auflage (Wien 2010)
Musielak	Hans-Joachim Musielak, Die Grundlagen der Beweislast im Zivilprozess (Berlin 1975)
Musielak/Stadler	Hans-Joachim Musielak und Max Stadler, Grundfragen des Beweisrechts (München 1984); zitiert mit Rz
Neumayr/Nunner-Krautgasser	Matthias Neumayr und Bettina Nunner-Krautgasser, Exekutionsrecht, 4. Auflage (Wien 2018)
Nikisch	Arthur Nikisch, Der Streitgegenstand im Zivilprozess (Tübingen 1935)
Nunner, Freigabe	Bettina Nunner, Die Freigabe von Konkursvermögen (Wien 1998)
Nunner-Krautgasser, Staaten	Bettina Nunner-Krautgasser, Insolvenzverfahren für Staaten – mögliche Wege aus der Krise (Wien 2013)
Nunner-Krautgasser, Schuld	Bettina Nunner-Krautgasser, Schuld, Vermögenshaftung und Insolvenz (Wien 2007)
Nunner-Krautgasser/Reissner	Bettina Nunner-Krautgasser und Gert-Peter Reissner, Praxishandbuch Insolvenz und Arbeitsrecht (Wien 2012)
Obermaier, Kostenhandbuch	Josef Obermaier, Kostenhandbuch, Kostenersatz im Zivilprozess und im Verfahren außer Streit, 3. Auflage (Wien 2018)
Petsch/Reckenzaun/Bertl/Isola	Wolfgang Petsch, Axel Reckenzaun, Romuald Bertl und Alexander Isola, Praxishandbuch Konkursabwicklung, 2. Auflage (Frankfurt/Wien 2003)
Petschek/Stagel	Georg Petschek und Friedrich Stagel, Der österreichische Zivilprozeß (Wien 1963)
PraktZPR I	Walter Buchegger, Astrid Deixler-Hübner und Richard Holzhammer, Praktisches Zivilprozeßrecht I Streitiges Verfahren, 6.Auflage (Wien 1998)
PraktZPR II	Alfred Burgstaller, Astrid Deixler-Hübner und Hans Dolinar, Praktisches Zivilprozeßrecht II, Außerstreitverfahren und Exekutionsverfahren, 5. Auflage (Wien 1997)
Rechberger, AußStrG	Walter H. Rechberger (Hrsg) und Bearbeiter, Kommentar zum Außerstreitgesetz, 2. Auflage (Wien 2013)

Rechberger, ZPO   Walter H. Rechberger und Mitarbeiter, Kommentar zur ZPO, 4. Auflage (Wien 2014)

Rechberger/Oberhammer   Walter H. Rechberger und Paul Oberhammer, Exekutionsrecht, 5. Auflage (Wien 2009)

Rechberger/Simotta   Walter H. Rechberger und Daphne-Ariane Simotta, Grundriss des österreichischen Zivilprozessrechts – Erkenntnisverfahren, 9. Auflage (Wien 2017), zitiert mit Rz

Rechberger/Simotta, ExV   Walter H. Rechberger und Daphne-Ariane Simotta, Exekutionsverfahren, 2. Auflage (Wien 1992)

Rechberger/Seeber/Thurner   Walter H. Rechberger, Thomas Seeber und Mario Thurner, Insolvenzrecht, 3. Auflage (Wien 2018)

Reckenzaun   Axel Reckenzaun, IRÄG 2017 – Textausgabe mit Anmerkungen für die Praxis, 2. Auflage (Wien 2017)

Riedler, Zivilrecht   Andreas Riedler (Hrsg.), Zivilrecht, acht Bände: Band I, Andreas Riedler, Allgemeiner Teil, 6. Auflage (Wien 2015); Band II, Andreas Riedler, Schuldrecht Allgemeiner Teil, 5. Auflage (Wien 2015); Band III, Andreas Riedler, Schuldrecht Besonderer Teil – Vertragliche Schuldverhältnisse, 5. Auflage (Wien 2015); Band IV, Andreas Riedler, Schuldrecht Besonderer Teil – Gesetzliche Schuldverhältnisse, 4. Auflage (Wien 2015); Band V, Andreas Riedler, Sachenrecht, 4. Auflage (Wien 2015); Band VI, Familienrecht, Andreas Riedler, Ferdinand Kerschner und Erika Wagner, 3. Auflage (Wien 2015); Band VII, Peter Apathy, Erbrecht, 5. Auflage (Wien 2015); Band VIII, Andreas Riedler und Ferdinand Kerschner, Internationales Privatrecht, 4. Auflage (Wien 2015)

Rosenberg/Schwab/Gottwald   Leo Rosenberg, Karl Heinz Schwab und Peter Gottwald, Zivilprozessrecht, 18. Auflage (München 2018)

Roth, ZPR   Marianne Roth, Zivilprozessrecht, 2. Auflage (Wien 2015)

Roth/Duursma-Kepplinger   Marianne Roth und Henriette Duursma-Kepplinger, Exekutions- und Insolvenzrecht, 10. Auflage (Wien 2016)

Rummel, ABGB   Peter Rummel (Hrsg), Kommentar zum Allgemeinen bürgerlichen Gesetzbuch in zwei Bänden, 3. Auflage, Band I (Wien 2000), Band II, 1. Teilband und 2. Teilband (Wien 2002), 1. Ergbd. (Wien 2003); zitiert mit *Autor* in Rummel, Paragraph und Rz (2. Auflage Band I Wien 1990, Band II Wien 1992)

Rummel/Lukas   Peter Rummel und Meinhard Lukas (Hrsg.), Kommentar zum Allgemeinen bürgerlichen Gesetzbuch, 4. Auflage: Teilband §§ 1 – 43 (Wien 2015), Teilband §§ 231 – 284h (Wien 2015), Teilband §§ 285 – 446 (Wien 2016), Teilband §§ 531 – 824 (Wien 2014), Teilband §§ 825 – 858 (Wien 2015), Teilband §§ 859 – 916 (Wien 2014), Teilband §§ 1035 – 1150 (Wien 2017); zitiert mit *Autor* in Rummel/Lukas, ABGB, § und Rz

Schneider/Frank/Kirschbichler/Moravec/Roth, ERV   Martin Schneider, Peter Frank, Ursula Kirschbichler, Wolfgang Moravec und Peter Roth, Der Elektronische Rechtsverkehr mit den Gerichten (ERV) (Wien 1999 mit Ergänzungsheft 1999)

Schopper/Vogt   Alexander Schopper und Nikolaus Vogt, Eigenkapitalersatzgesetz (Wien 2004)

Schumacher, Anleitung	Hubertus Schumacher, Richterliche Anleitungspflichten. Grundlagen, Praxisfragen, Orientierungslinien, Grenzen (Wien 2000)
Schumacher, Zwangsvollstreckung	Hubertus Schumacher, Zwangsvollstreckung auf Wertpapiere (Wien 1995)
Schwimann, ABGB	Michael Schwimann (Hrsg), Praxiskommentar zum Allgemeinen Bürgerlichen Gesetzbuch samt Nebengesetzen, 3. Auflage: Band 1 (Wien 2005), Band 2 (Wien 2005), Band 3 (Wien 2006) Band 4 (Wien 2006), Band 5 (Wien 2006), Band 6 (Wien 2006), Band 7 (Wien 2005) und Ergänzungsband (Wien 2007); zitiert mit *Autor* in Schwimann, ABGB, § und Rz
Schwimann/Neumayr, ABGB	Michael Schwimann und Matthias Neumayr (Hrsg) und Bearbeiter, ABGB Taschenkommentar mit EheG, EPG, KSchG, ASVG und EKHG, 4. Auflage (Wien 2017); zitiert mit *Autor* in Schwimann § und Rz
Schwimann/Kodek, ABGB	Michael Schwimann und Georg E. Kodek (Hrsg), Praxiskommentar zum Allgemeinen Bürgerlichen Gesetzbuch samt Nebengesetzen, 4. Auflage: Band 1 (Wien 2011), ErgBd 1 a (Wien 2013), Band 2 (Wien 2012), Band 3 (2012), Band 4 (Wien 2014), Band 5 (Wien 2014), ErgBd 5 a (2015), Band 6 (Wien 2016), Band 7 (Wien 2016), Band 8 (Wien 2017); zitiert mit *Autor* in Schwimann/Kodek, ABGB, § und Rz
Schwimann/Kodek, ABGB	Michael Schwimann und Georg E. Kodek (Hrsg), Praxiskommentar zum Allgemeinen Bürgerlichen Gesetzbuch samt Nebengesetzen, 5. Auflage: Band 1 (im Erscheinen)
Senoner	Erwin Senoner, Handbuch der Kostendeckung. Das Kostendeckungserfordernis im Insolvenz- und Zwangsvollstreckungsrecht (Wien 1999)
Sigmund-Akhavan Aghdam, InsR	Jutta Sigmund-Akhavan Aghdam, Insolvenzrecht in der Praxis, 3. Auflage (Wien 2017)
Sprung	Rainer Sprung, Konkurrenz von Rechtsbehelfen im zivilgerichtlichen Verfahren (Wien 1966)
Stein/Jonas	Friedrich Stein, Martin Jonas und Bearbeiter, Kommentar zur Zivilprozeßordnung, 23. Auflage (Tübingen seit 2014)
Straube, GmbHG	Manfred Straube (Hrsg) und Bearbeiter, Wiener Kommentar zum GmbH-Gesetz, Stand 102. Lfg. (Wien 2018)
Straube, UGB	Manfred Straube, Thomas Ratka und Roman Alexander Rauter (Hrsg) und Bearbeiter, Wiener Kommentar zum Unternehmensgesetzbuch, 3. Auflage Stand 65. Lfg. (Wien 2018)
Tades/Hopf/Kathrein/Stabentheiner, ABGB	Helmuth Tades, Gerhard Hopf, Georg Kathrein und Johannes Stabentheiner, ABGB und alle wichtigen Nebengesetze, Manz Große Gesetzesausgabe, 2 Bände, 37. Auflage (Wien 2009)
Thomas/Putzo	Heinz Thomas und Hans Putzo (Hrsg), Zivilprozessordnung, 39. Auflage (München 2018), zitiert mit Auflage
Uhlenbruck	Wilhelm Uhlenbruck, Heribert Hirte, Heinz Vallender (Hrsg) und Bearbeiter, Insolvenzordnung, Kommentar, 14. Auflage (München 2015), 15. Auflage im Erscheinen (München 2018)
Vogler	Daniela Vogler, Die internationale Zuständigkeit für Insolvenzverfahren (Wien, Graz 2004)

Wagner/Knechtel, NotO   Kurt Wagner und Gerhard Knechtel, NO online – Kommentar zur Notariatsordnung, 6. Auflage (Wien 2010), online aktualisiert

Welser   Rudolf Welser, Grundriss des bürgerlichen Rechts, Band II 14. Auflage (Wien 2015), 15. Auflage im Erscheinen (Wien 2018)

Werschitz/Muhri   Otto Werschitz und Georg Muhri, Grundzüge der Insolvenzordnung, 2. Auflage (Wien 2018)

Erstes Buch

Zivilprozessrecht

Streitiges Erkenntnisverfahren

Gerichte

I. Zulässigkeit des Rechtswegs

Fall 1

a) Adam verbüßt eine Freiheitsstrafe wegen schweren Diebstahls. Im Rahmen des Strafvollzugs ist er regelmäßig in der Buchbinderei der Gefangenenanstalt tätig. Bis zu seiner Entlassung werden ihm für seine Arbeitsstunden 2.000 Euro gutgeschrieben und dieser Betrag bei der Entlassung ausbezahlt. Adam errechnet aus dem Strafvollzugsgesetz einen Betrag von 2.220 Euro. Wo hat er die Differenz von 220 Euro einzufordern?

b) Bedam verrichtet aufgrund eines Angebots des Staatsanwalts statt einer Strafe für Diebstahl gemeinnützige Arbeiten in einem Tierheim für einen Tierschutzverein. Als er von einer dort Beschäftigten einen Hund übernehmen will und gleichzeitig mit ihr an das Halsband greift, beißt der irritierte Hund ihn ins Bein. Wo hat Bedam seinen Schadenersatzanspruch von 5.000 Euro einzufordern?

Kommentar

a) Nach § 182 StVG ist mit dem Vollzug des StVG primär der Bundesminister für Verfassung, Reformen, Deregulierung und Justiz (BMVRDJ) betraut. Zur Beantwortung der Frage, ob Forderungen von Strafgefangenen gegen die Republik Österreich unter § 1 JN subsumierbar sind oder im Verwaltungsweg geltend gemacht werden müssen, ist zweierlei zu prüfen:

▶ Entstand durch die Verrichtung der Arbeiten zwischen ihm und der Republik Österreich ein privatrechtlicher Arbeitsvertrag?

Das wird vom StVG verneint, das die Heranziehung von Strafgefangenen zu Arbeitsleistungen ebenso hoheitlich regelt wie deren Vergütung:

Jeder Strafgefangene ist gemäß *§ 44 StVG zur Arbeit verpflichtet;* dabei ist auf Gesundheitszustand, Alter, Kenntnisse und Fähigkeiten, Strafdauer, Führung, Fortkommen nach der Entlassung und persönliche Neigungen angemessene Rücksicht zu nehmen (§ 47 StVG). Das Ausmaß der Arbeitszeit richtet sich nach den Gepflogenheiten in der gewerblichen Wirtschaft (§ 50 StVG).

Die *Höhe der Vergütung regelt § 52 StVG* durch Festlegung von Stundensätzen für unterschiedliche Arbeitsarten. Für besondere Leistungen kann eine außerordentliche Vergütung bis zum Höchstmaß einer Monatsvergütung der höchsten Vergütungsstufe gewährt werden (§ 53 StVG).

Von einem Konsens über Arbeitsleistung und -entlohnung kann also nicht gesprochen werden.

▶ Ergibt die Prüfung einen Hinweis auf öffentliches Recht?

§ 1 ABGB definiert „bürgerliches Recht" (§ 1 JN) als Inbegriff der Gesetze, welche die privaten Rechte und Pflichten der Einwohner eines Staates unter sich bestimmen.

Strafgefangene stehen in einem besonderen Gewaltverhältnis (Subjektion), das der Staat durch die Strafvollzugsbehörden nach Maßgabe richterlicher Entscheidung und gesetzlicher Regelung im StVG ausübt (vgl. schon ÖJZ 1989/158; SZ 56/33; siehe *Fasching* Rz 100 zur *Subjektionstheorie*).

Nach zutreffender herrschender Meinung ist die **Subjektstheorie mit der Subjektionstheorie zu verknüpfen:** Ist bei einem Rechtsverhältnis ein Teil der Staat **und** übt dieser hoheitliche Gewalt aus, so liegt kein privatrechtlicher Anspruch vor (vgl. etwa *Schauer* in Kletečka/Schauer, ABGB-ON[1.02] zu § 1 ABGB Rz 7; *Kodek* in Rummel/Lukas, ABGB[4], I, zu § 1 ABGB Rz 29 und zur unterstützenden Heranziehung der Interessentheorie Rz 30 ff).

Die öffentlich-rechtliche Natur dieses Rechtsverhältnisses prägt auch daraus resultierende Ansprüche (§ 1 JN; vgl. dazu etwa JBl 1988, 594; SZ 56/33).

Der Staat übt im vorliegenden Fall Hoheitsgewalt aus; er handelt mithin nicht als Träger von Privatrechten iSd Art 17 B-VG, schließt keinen Vertrag!

Der Anspruch des Adam gehört daher nicht vor die Gerichte. Eine Klage wäre mangels Zulässigkeit des Rechtswegs als unzulässig zurückzuweisen. *Adam hat seinen Anspruch im Verwaltungsverfahren bei der Vollzugsdirektion (§ 84 StVG) geltend zu machen.*

Ein *Rekurs* gegen den Zurückweisungsbeschluss mag nach den allgemeinen Rechtsmittelvoraussetzungen zulässig sein (die duae-conformae-Sperre des § 528 Abs 2 Z 2 ZPO kommt wegen Klagezurückweisung ohne Sachentscheidung aus formellen Gründen nicht zum Tragen), es wird ihm aber der Erfolg versagt bleiben. Nach Abweisung seines Rekurses durch das Rekursgericht bleibt Adam schon in Ermangelung eines 5.000 Euro übersteigenden Entscheidungsgegenstands in der Rekursinstanz der Revisionsrekurs versagt (absolute Unzulässigkeit des Revisionsrekurses, § 528 Abs 2 Z 1 ZPO).

b) Es ist zu unterscheiden, ob Bedam einem Dritten von der Strafvollzugsanstalt im gelockerten Vollzug (§ 126 StVG) zur Arbeitsleistung zugewiesen wurde oder ob es sich um einen Fall der Diversion (Arbeiten zu gemeinnützigen Zwecken und Tatfolgenausgleich) handelt:

Wird ein Strafgefangener im *gelockerten Vollzug* von der Strafvollzugsbehörde einem Dritten zur Arbeitsleistung zugewiesen, so ist dieser in die *Erfüllung der hoheitlichen*

Aufgaben des Strafvollzugs unmittelbar eingebunden; er ist deshalb *Organ im Sinn des § 1 Abs 2 AHG* und haftet dem *Strafgefangenen* für schuldhaft zugefügte Schäden (EvBl 1996/117, 703).

Anders bei der in diesem Fall vorliegenden Diversion (§§ 198 ff StPO), die eine zusätzliche Verfahrensoption für den Beschuldigten darstellt und auf einem Angebot des öffentlichen Anklägers beruht, strafersetzende gemeinnützige Arbeiten unentgeltlich zu erbringen und Tatfolgenausgleich zu leisten.

Hier besteht deshalb *keine Arbeitspflicht des Beschuldigten,* weil dieser die Diversion beenden und durch sein Verhalten die Fortsetzung des Strafverfahrens bis zur Verhängung einer Geld- oder Freiheitsstrafe herbeiführen kann.

Daher begründet Diversion kein hoheitliches Verhältnis, eine Amtshaftung des Bundes ist ausgeschlossen (vgl. zum Wesen der Diversion etwa SZ 2008/140); auch ist der befasste Tierschutzverein bzw. das Tierheim nicht als Organ iSd § 1 Abs 2 AHG anzusehen.

Dennoch entsteht kein Vertrag. Den Bund treffen in Diversionsfällen die Unfallschutzvorschriften der §§ 76 bis 84 StVG: Der Schaden ist bei der Vollzugsdirektion einzufordern.

Beachte! Der aufgrund der Unfallschutzbestimmungen erlassene Leistungsbescheid nach dem ASVG unterliegt als Sozialrechtssache (§ 65 ASGG) der Nachprüfung durch die Arbeits- und Sozialgerichte auf dem Weg sukzessiver Zuständigkeit.

II. Inländische Gerichtsbarkeit – internationale Zuständigkeit

Fall 2

Pierre aus Paris mit Wohnsitz in Hall arbeitet aufgrund eines in Paris abgeschlossenen Vertrags mit Unterbrechungen ein Jahr lang im französischen Generalkonsulat in Innsbruck. Nach Beendigung des Arbeitsverhältnisses mit der Republik Frankreich will er angeblich ausständigen Arbeitslohn von 12.000 Euro einklagen.

Kommentar

Frankreich ist dem Europäischen Übereinkommen vom 16.5.1972 über Staatenimmunität, BGBl 1976/432, nicht beigetreten: Art 5 Abs 1 dieses Übereinkommens, der Arbeitsverhältnisse zwischen einem Vertragsstaat und einer physischen Person betrifft, die Arbeitsleitungen in einem anderen Vertragsstaat zu erbringen hat, kann daher nicht herangezogen werden. Überhaupt sei am Rande bemerkt, dass dem Europäische Übereinkommen über Staatenimmunität nur sieben Mitgliedsstaaten angehören: Belgien, Deutschland, Großbritannien, Luxemburg, Niederlande, Österreich, Schweiz und Zypern. Deshalb wird seit geraumer Zeit über eine universelle Lösung der Staatenimmunitätsfrage (etwa für den Bereich der EU) nachgedacht.

Die Wiener Konsularrechtskonvention, BGBl 1969/318, wurde von Frankreich zwar ratifiziert, ist aber auf den vorliegenden Fall deshalb nicht anwendbar, weil diese nur dann zum Tragen kommt, wenn als Vertragspartner des Arbeitsverhältnisses der französische Generalkonsul in Innsbruck belangt wird (Art 43 und 45 WKRK) und nicht die Republik Frankreich selbst.

Nach den allgemeinen Grundsätzen des Völkerrechts (Art 9 B-VG iVm Art IX EGJN) besteht Immunität, wenn der Staat hoheitlich handelt *(acta iure imperii)*. Immunitäten aber verwehren dem einzelnen Staat die Ausübung der inländischen Gerichtsbarkeit.

Wird er aber als Träger von Privatrechten tätig *(acta iure gestionis),* erhält er mithin Arbeitsleistungen aufgrund eines Arbeitsvertrags, so besteht kein Exemtionsgrund und er unterliegt der *inländischen Gerichtsbarkeit* (vgl. *Herndl,* Zur Frage der Staatenimmunität, JBl 1962, 15; siehe dazu auch *Matscher* in Fasching/Konecny[3] I zu Art IX EGJN Rz 222 ff; JBl 1962, 43, 1988, 459 Anm *Böhm;* SZ 62/111; Vgl. 2 Ob 156/03k, 4 Ob 227/13f EvBl-LS 2014/138, 839 f, RIS-Justiz RS0045581).

Damit ist noch nichts darüber ausgesagt, welchem bürgerlichen Recht das Vertragsverhältnis unterliegt. Ist es französisches, so ist dieses vom österreichischen Gericht anzuwenden, sofern dieses zuständig ist.

Das Vorliegen inländischer Gerichtsbarkeit löst indes noch nicht die Frage nach der *internationalen Zuständigkeit:*

Sowohl für Frankreich als auch für Österreich gelten die Regelungen der Brüssel Ia-VO (EuGVVO 2012). Die internationale Zuständigkeit richtet sich daher aufgrund des vorliegenden Auslandsbezugs direkt nach den Normen der Verordnung, die insoweit die nationalen Zuständigkeitsbestimmungen der JN verdrängt (*Vorrang des Europarechts*):

Grundsätzlich ist nach Art 4 iVm Art 63 Brüssel Ia-VO der Wohnsitz oder Sitz des Beklagten allgemeiner Gerichtsstand.

Dies ist mangels Exemtion auch auf einen privatrechtlich handelnden Staat auszudehnen.

Für individuelle Arbeitsverträge gelten indes die Bestimmungen des 5. Abschnitts der Brüssel Ia-VO (Art 20 bis 23 Brüssel Ia-VO) unbeschadet der Art 6, 7 Nr. 5 und bei Klagen gegen den Arbeitgeber des Art 8 Nr. 1 Brüssel Ia-VO (Art 20 Abs 1 Brüssel Ia-VO) als geschlossenes Zuständigkeitssystem; die übrigen Regelungen der Art 4 bis 9 Brüssel Ia-VO werden durch den 5. Abschnitt derogiert (vgl. *Mayr* in Czernich/Kodek/ Mayr[4], Europäisches Gerichtsstands- und Vollstreckungsrecht, zu Art 20 Brüssel Ia-VO Rz 5 ff; ebenso *Simotta* in Fasching/Konecny[2], V/1, noch zum korrespondierenden Art 18 EuGVVO Rz 4 f).

Unberührt bleiben aufgrund des Verweises in Art 20 Brüssel Ia-VO die Bestimmungen der Art 6 Brüssel Ia-VO (Zuständigkeit gegenüber Personen in Drittstaaten) und Art 7 Nr. 5 Brüssel Ia-VO (Gerichtsstand der Zweigniederlassung) und Art 8 Brüssel Ia-VO (Klagen gegen den Arbeitgeber).

Ein Konsulat ist nicht zum Zweck der Erwerbstätigkeit errichtet und daher keine Zweigniederlassung im Sinn der Verordnung (vgl. *Czernich* in Czernich/Kodek/Mayr[4], Europäisches Gerichtsstands- und Vollstreckungsrecht, zu Art 7 EuGVVO 2012 Rz 168; *Simotta* in Fasching/Konecny[2], V/1 zum Art 5 Nr. 5 EuGVVO, der den Gerichtsstand der Niederlassung regelte, Rz 372 zur Betriebsbezogenheit der Klage).

Eine Prorogation (Art 25 und 26 Brüssel Ia-VO) ist nach Maßgabe des Art 23 Brüssel Ia-VO in zwei Fällen zulässig: Wenn die Gerichtsstandsvereinbarung nach Entstehung der arbeitsrechtlichen Streitigkeit eingegangen wird oder wenn sie dem Arbeitnehmer die Befugnis einräumt, andere als im 5. Abschnitt angeführte Gerichte anzurufen.

Pierre hat gemäß Art 21 Brüssel Ia-VO die Wahl: Er kann

▪ in Frankreich klagen, weil dort der Arbeitgeber seinen Sitz hat (Art 21 Abs 1 lit a iVm Art 63 Brüssel Ia-VO) obwohl sich das Arbeitsverhältnis auf in Österreich erbrachte Leistungen bezieht; es gelten dann die französischen nationalen Zuständigkeitsbestimmungen;

▪ den Gerichtsstand des Art 21 Abs 1 lit b sublit ii Brüssel Ia-VO heranziehen und dort klagen, wo er seine Arbeitsleistungen erbracht hat; dann hätten österreichische Gerichte das Wort.

Für die Geltendmachung von Entgeltansprüchen ist innerstaatlich das Arbeitsgericht zuständig, in dessen Sprengel der Kläger die Arbeitsleistungen erbringen musste (§§ 4 Abs 1 Z 1 lit c, 50 Abs 1 Z 1 ASGG); sachlich zuständig ist der Gerichtshof (§ 3 ASGG), hier mithin das LG Innsbruck als Arbeits- und Sozialgericht.

Art 21 Abs 1 Brüssel Ia-VO beschränkt die Wahlmöglichkeit des Klägers gemäß § 4 Abs 1 lit a bis d ASGG auf die lit c (Ort der Arbeitsleistung). § 4 Abs 1 lit e ASGG betrifft den Fall der Arbeitskräfteüberlassung aus einem anderen EWR-Staat und mithin nicht den vorliegenden Fall.

Ob Pierre vom Innsbrucker Konsulat eingestellt wurde, bleibt für die Gerichtsstandsermittlung ohne Belang.

III. Gerichtspersonen und Gerichtsbesetzung

Fall 3

Adam klagt Bedam vor dem LG Wels auf Zahlung von 100.000 Euro aus Kauf. Adam beantragt einen Senatsprozess. Zu prüfen ist die Entscheidung hierüber, wenn Adam

a) seine Klage vor Entscheidung über den Senatsantrag um 10.000 Euro aus einem Darlehen erweitert,

b) nur die Hälfte seiner Kaufpreisforderung von 200.000 Euro begehrt hat und den Senatsantrag in der vorbereitenden Tagsatzung stellt?

Bedam erhebt die Einrede der Unzuständigkeit: Beide Prozessparteien seien eingetragene Unternehmer.

Kommentar

a) Antrag auf Senatsbesetzung

▶   In Gerichtshofsachen entscheidet grundsätzlich ein Einzelrichter (§ 7a Abs 1 JN). Übersteigt der Streitgegenstand an Geld oder Geldeswert den Betrag von 100.000 Euro, so entscheidet auf Antrag einer Partei in erster Instanz ein Dreiersenat (§ 7a Abs 2 JN).

Besteht der Streitgegenstand nicht oder nicht ausschließlich in Geld, so sind die Bewertungsvorschriften der §§ 54 bis 60 JN anzuwenden.

Adam hat keinen 100.000 Euro übersteigenden Streitgegenstand aufzuweisen, sein Antrag ist daher zwar zulässig, aber als unbegründet abzuweisen.

Seine nachträgliche Klagerweiterung um 10.000 Euro aus einem anderen Rechtsgeschäft legitimiert ihn *nicht* zu einer erneuten Antragstellung, selbst wenn das Darlehen mit dem Kauf in einem tatsächlichen oder rechtlichen Zusammenhang steht und die beiden Forderungen iSd § 55 Abs 1 Z 1 JN zusammenzurechnen sind (§ 7a Abs 2 S 1 JN verweist auf die §§ 54 bis 60 JN).

Sein Antrag ist daher mangels hinreichenden Streitwerts abzuweisen, ein zweiter mangels Rechtzeitigkeit als unzulässig zurückzuweisen (§ 7a Abs 2 S 1 letzter Hs JN; vgl. etwa OLG Linz, 2 R 229/93).

▶   Adams Kaufpreisforderung beträgt 200.000 Euro, er hat aber nur die Hälfte seiner Kapitalforderung eingeklagt; Streitwert ist daher die volle Höhe seiner Forderung (*Teileinklagung*, § 55 Abs 3 JN). Da §§ 7a Abs 2

Hs 1 und 55 Abs 4 JN aufeinander verweisen, wäre dem Senatsantrag des Adam stattzugeben, hätte er ihn schon in der Klage gestellt. Der Senatsantrag ist wegen Verspätung unzulässig und daher zurückzuweisen.

Merke! Die Regeln des § 55 Abs 1 bis Abs 3 JN sind für die Gerichtsbesetzung maßgebend (§ 55 Abs 4 JN).

b) Unzuständigkeitseinrede

Bedam hat die Unzuständigkeitseinrede erhoben (§ 239 Abs 3 ZPO). Das Gericht kann schon vor der vorbereitenden Tagsatzung anordnen, dass über Prozesseinreden abgesondert verhandelt wird (§ 260 ZPO) oder die Entscheidung in der vorbereitenden Tagsatzung selbst treffen (§ 261 ZPO).

Prozesseinreden sind, so ihre Begründetheit nicht offensichtlich ist, zu bescheinigen. Entsteht ein Streit über die Unternehmereigenschaft der Parteien, so wird das Gericht eine abgesonderte Verhandlung anordnen.

Ansonsten steht es dem Adam frei, die Überweisung der Rechtssache nach § 261 Abs 6 ZPO an das nicht offenbar unzuständige Handelsgericht zu beantragen.

Das Adressatgericht hat die neue Verhandlung mit Benützung eines allfälligen Protokolls über die erste Verhandlung (wenn das Erstgericht über Zurückweisung und Überweisung nicht *vor,* sondern *in* der vorbereitenden Tagsatzung entschieden hat) und aller sonstigen Prozessakten durchzuführen und im Sinn des § 138 ZPO (Anknüpfung an die bisherigen Verfahrensergebnisse) einzuleiten (§ 261 Abs 6 S 6 ZPO). Vor diesem Gericht stehen dem Bedam freilich wieder alle *Prozesseinreden* offen, solange sie nicht mit der ersten Unzuständigkeitseinrede in Widerspruch stehen (§ 261 Abs 6 S 7 ZPO).

Für eine Überweisung an das LG als Handelsgericht ist allerdings zu beachten, dass nicht bloß die (firmenbücherlich eingetragene) Unternehmereigenschaft die sachliche Zuständigkeit begründet, es muss das Rechtsgeschäft auf Seiten des Beklagten ein unternehmensbezogenes sein (§ 51 Abs 1 Z 1 JN). Es genügt also für Bedam nicht, bloß die Unternehmereigenschaft der Parteien vorzubringen; er muss dartun, dass *er dieses* Geschäft als *unternehmensbezogenes* abgeschlossen hat, widrigenfalls seiner Einrede der Erfolg versagt bleibt.

Dringt Bedam mit seiner Einrede durch, so bleibt hier dasselbe Gericht zuständig, da an Orten ohne selbständige Handelsgerichte die Gerichtshöfe erster Instanz die Handelsgerichtsbarkeit ausüben (§§ 50 und 51 Abs 1 Z 1 iVm 52 JN), sofern, wie im vorliegenden Fall der Wert des Streitgegenstands die Grenze des § 49 Abs 1 JN übersteigt. Die Sache ist auf Antrag des Bedam als Handelssache zu führen (§ 259 Abs 3 ZPO).

Bedam kann bei Teileinklagung durch Adam (siehe oben) und der im vorliegenden Fall verbundenen Überschreitung der Grenze des § 7a Abs 1

JN in der ihm nun vom LG Wels als Handelsgericht abverlangten Klagebeantwortung den Antrag stellen, die Rechtssache vor den Kausalsenat zu
bringen. Dieser besteht aus zwei Berufsrichtern und einem fachmännischen
Laienrichter aus dem Handelsstand (§ 7 Abs 2 JN).

Bedam wird aber an einem solch aufwändigen Verfahren nur dann ein Interesse haben,
wenn nach seiner Einschätzung die Fachkunde eines Laienrichters zur Bewältigung des
vorliegenden Prozessstoffs dienlich ist.

Fall 4

Der Linzer Klang bringt gegen den Kirchdorfer Beck eine Mahnklage
auf Zahlung von 2.500 Euro wegen einer Fahrzeugreparatur nach einem
Verkehrsunfall beim BG Kirchdorf/Krems ein. Beck erhebt Einspruch gegen den Zahlungsbefehl.

a) Der Richter R weist Klang in der mündlichen Verhandlung auf eine
erdrückende Beweislage hin, belehrt ihn, dass gegen ein Urteil bei diesem
Streitwert die Berufung nur in eingeschränktem Maß zusteht und rät ihm
zu einem Vergleich mit Beck.

b) Klang erfährt während des Verfahrens, dass Beck ein Nachbar und
guter Bekannter des R ist.

c) Klang erfährt während des Verfahrens, dass Beck der Neffe des
Kirchdorfer Bezirksgerichtsvorstehers ist.

d) Klang lehnt das BG Kirchdorf ab.

Kommentar

a) Der Richter hat im Parteienprozess eine umfassende Prozessleitungspflicht: Zum einen trifft ihn eine die rechtsunkundige Partei schützende
Manuduktionspflicht (§ 432 ZPO), zum anderen hat er seinen ihm im
Rahmen der diskretionären Gewalt zukommenden Prozessleitungspflichten
(§ 182 ZPO) nachzukommen.

Die richterlichen Hinweise, die geeignet sind, den Klang von einer weiteren Prozessführung abzuhalten, begründen allerdings noch keine Befangenheit des Richters:

Dass dieser eine bestimmte Rechtsansicht äußert (hier einen Hinweis
auf § 501 ZPO), begründet für sich noch keinen Befangenheitsgrund (OGH
24.4.1986 JUS 18, 14), auch genügt die bloße Besorgnis der Befangenheit
nicht (OLG Wien 27.3.1937 RZ 1937, 233; LG Wien 3.12.1981 EFS
39.057, 7.5. 1987 EFS 54.917, 1.12.1988 EFS 57.657).

Klang wird daher mit einem Ablehnungsantrag gegen R (§§ 19 Z 2, 22
JN), den er beim Gerichtsvorsteher des BG Kirchdorf einzubringen hätte,
keinen Erfolg haben.

b) Hat Klang aufgrund des Bekanntschaftsverhältnisses des Beck zu R richterliche Befangenheit zu besorgen und hat R keine Selbstmeldung vorgenommen, so steht Klang der Ablehnungsantrag nach § 19 Z 2 JN iVm §§ 22 ff JN offen, sofern er diesen *sofort ab Kenntnis in der Verhandlung und ohne weiteres Vorbringen zur Sache* einbringt (§ 21 Abs 2 JN), sonst verschweigt er sich:

Annahme des Verzichts (vgl. dazu RIS-Justiz RS0046040 [T3, T4]; RIS-Justiz RS0045982 [T4, T6]; RS0046042), vgl. erweiternd OLG Wien 34 R150/15a sowie RIS-Justiz RS0045977. Siehe *Ballon* in Fasching/Konecny[3] I, zu § 21 JN Rz 2.

Das Ablehnungsverfahren ist ein *Zwischenstreit,* über dessen Kosten nach den Regeln des Ausgangsverfahrens unabhängig von dessen Ausgang zu entscheiden ist (RIS-Justiz RS0126588). Die Beck hat dem Klang die Kosten seiner Rekursbeantwortung nach §§ 41, 50 ZPO zu ersetzen (3 Ob 18/14i; 9 Ob 47/14y). S. dazu OLG Wien 34 R150/15a.

Bei hinreichender Konkretisierung und Glaubhaftmachung des Befangenheitsgrunds wird Klangs Ablehnungsantrag Erfolg haben: Der nach der Geschäftsverteilung am BG Kirchdorf stellvertretende Richter hat den Prozess an Stelle des R fortzusetzen.

c) Der Gerichtsvorsteher ist im vorliegenden Verfahren nicht erkennender Richter. Die Frage der Ausgeschlossenheit und Ablehnung des über den Ablehnungsantrag Entscheidungsberechtigten stellt sich mithin nur bei mangelnder Selbstmeldung oder gleichzeitiger Ablehnung des V.

Gleich ob die Ablehnung des R begründet ist oder nicht, der Vorsteher darf aufgrund seines Naheverhältnisses zum Beklagten nicht darüber entscheiden. Vielmehr hat er als Ablehnungsstelle (§ 22 Abs 1 JN) seine Ausgeschlossenheit von der Entscheidung über den Antrag auszusprechen und dies dem übergeordneten LG – im vorliegenden Fall dem LG Steyr – anzuzeigen. Unterlässt er dies, so kann Klang die Ausgeschlossenheit des über den Ablehnungsantrag Berechtigten geltend machen und auch V ablehnen. Dann entscheidet das LG Steyr über die Ablehnungsanträge (§ 23 JN).

Dem Antrag gegen V (Ablehnung wegen Ausgeschlossenheit, § 19 Z 1 JN) ist mithin stattzugeben, weil die Objektivität der Ablehnungsstelle nicht gewährleistet ist.

Der Antrag gegen R (Ablehnung wegen Befangenheit, § 19 Z 2 JN) ist jedoch abzuweisen (nach der Diktion des Gesetzes „Zurückweisung", § 24 Abs 2 JN) (oben a), außer Klang vermag darzutun, dass die disziplinären Befugnisse des V *insbesondere* gegenüber R diesem eine unvoreingenommene Entscheidungsfindung nicht mehr ermöglichen.

Klang hat also genau auszuführen, warum er gerade *diesen* Richter für befangen hält.

Die Rechtssache bleibt also nach der Entscheidung des LG Steyr bei R.

d) Das Gesetz sieht die Ablehnung eines ganzen Gerichts nicht vor, weil das Rechtsinstitut der Ablehnung personen- und nicht institutionsbezogen ist. Nach hR müsste K schon dartun, dass jeder einzelne Richter des BG Kirchdorf befangen sei (ÖJZ 1989, 79/18).

Ein Gericht kann überdies nicht abgelehnt werden, weil der Gerichtspräsident (beim LG) oder Vorsteher (beim BG) befangen oder ausgeschlossen ist (SSV-NF 1988 1/2).

Eine erfolgreiche Ablehnung aller Richter des BG Kirchdorf wegen ihrer dienstrechtlichen Stellung dem Vorsteher gegenüber würde dazu führen, dass kein stellvertretender Richter – so wie es die Geschäftsverteilung vorzusehen hat (§ 15 ff Geo) – die Rechtssache übernehmen könnte.

Zwar ist diesfalls das BG Kirchdorf verpflichtet, dem im Instanzenzug übergeordneten Gericht zu berichten, dass es an der Ausübung der Gerichtsbarkeit gehindert ist (§ 30 JN).

Da hier aber schon das LG über die Ablehnung entschieden hat, würde die Pflicht zur Meldung entfallen:

Die Umstände sind dem LG bekannt. Dieses hätte eine *amtswegige (notwendige) Delegation* (§ 30 JN) der Rechtssache an ein Gericht gleicher Gattung durchzuführen.

Fall 5

Adam klagt Bedam vor dem LG Wels auf Zahlung von 160.000 Euro aus offenen Kaufpreisforderungen.

a) Das Gericht lässt den Gmundner Zeugen Z durch das BG Gmunden als ersuchtes Gericht vernehmen.

b) Der erkennende Senat (§ 7a JN) beauftragt eines seiner Mitglieder, den Richter R, die Zeugeneinvernahme des Z in Wels durchzuführen.

Kommentar

a) Es herrscht der **Grundsatz der sachlichen Unmittelbarkeit:** Alle Beweismittel sind vom erkennenden Gericht aufzunehmen.

Die Beweisaufnahme durch einen ersuchten Richter ist dann gänzlich unzulässig, wenn zum ersuchten Gericht eine *Videokonferenzschaltung* besteht bzw. aufgebaut werden kann, weil dies in aller Regel keine Mehrkosten verursacht; es gelten die Bestimmungen des § 277 ZPO (vgl. Buchegger/Markowetz, ZPR, 135, 281; *Frauenberger* in Fasching/Konecny[3] III/1, zu § 328 ZPO Rz 6/1); ausnahmsweise tritt die Beweisaufnahme vor dem ersuchten Richter dann an die Stelle der Videokonferenzschaltung, wenn dies aus Gründen der Verfahrensökonomie zweckmäßiger oder aus besonderen Gründen (zB. Verbindung mit einem Lokalaugenschein) erforderlich ist.

Der vor dem erkennenden Gericht vernommene Zeuge hat Anspruch auf Ersatz der Reisekosten, der Aufenthaltskosten am Ort der Vernehmung sowie für entstandene Zeitversäumnis. Die Zeugengebühren, ihre Geltendmachung und die Entscheidung darüber regeln §§ 2 bis 23 GebAG.

Die *Ausnahmen vom Grundsatz der Unmittelbarkeit* nennt § 328 ZPO *taxativ.* Im vorliegenden Fall ließe sich die Vernehmung durch ein **ersuchtes Gericht** nur bei fehlenden Voraussetzungen für eine Videokonferenzvernehmung (§ 277 ZPO) mit § 328 Abs 1 Z 3 ZPO rechtfertigen

Die zu erstattenden Kosten müssten im Verhältnis zum Streitgegenstand einen unverhältnismäßig großen Aufwand darstellen. Dies ist nicht der Fall, wenn man die Fahrtkosten von Gmunden nach Wels und retour (§ 6 ff GebAG) samt Aufenthaltskosten (§ 13 GebAG) und das Verpflegungsgeld für wahrscheinlich eine Mahlzeit (§ 14 GebAG) mit dem Streitgegenstand vergleicht.

Die (Un)Verhältnismäßigkeit des Aufwands ist nach der Höhe des Streitwerts zu ermitteln. Vgl. dazu *Frauenberger* in Fasching/Konecny[3] III/1, zu § 328 ZPO Rz 6 ff.

Das erkennende Gericht hätte den Zeugen selbst vernehmen müssen. Wer sich die Berufung nach § 496 Abs 1 Z 2 ZPO offen halten möchte, muss eine Rechtshilfeverfügung an ein ersuchtes Gericht sofort **nach § 196 ZPO rügen** (vgl. in diesem Sinn *Fucik* in Rechberger, ZPO[4] zu § 196 ZPO Rz 1 und 2; ebenso *Höllwerth* in Fasching/Konecny[3] II/3, zu § 196 ZPO Rz 1 und 14).

Anders dagegen etwa *Rechberger/Simotta*, ZPO[9] Rz 805, die über § 196 Abs 2 ZPO jeglichen Anwendungsbereich des § 196 ZPO mit dem Argument, § 196 ZPO kollidiere mit § 496 Abs 1 Z 2 ZPO und mangelnder Dispositivität des Prozessrechts leugnen. Vgl. zum Meinungsstand *Ballon/Nunner-Krautgasser/Schneider*, ZPR[13] Rz 312.

b) Erkennt ein Senat (§ 7a JN), so gilt für den **beauftragten Richter** nach § 328 ZPO das Gleiche wie für den ersuchten: Der erkennende Senat hätte die Zeugenvernehmung selbst durchzuführen (§ 34 Abs 2 JN).

Fall 6

Amalie wird an der Hüfte operiert. Da sich nach der Operation die Schmerzen nicht legen und an eine Remobilisierung nicht zu denken ist, fordert sie 70.000 Euro Schadenersatz vom Krankenhausbetreiber wegen eines unterlaufenen ärztlichen Kunstfehlers.

Da Amalie sich den Prozess gegen den zahlungsunwilligen Betreiber nicht leisten kann, wird ihr über ihren Antrag Verfahrenshilfe bewilligt. Das Gericht bestellt einen Gutachter aus dem Fachbereich der orthopädischen Chirurgie; für die Hälfte der Sachverständigengebühren haftet der Beklagtenvertreter. Das Erstgericht bestimmt die Sachverständigengebühren mit 3.000 Euro und erlegt beiden Parteien zu gleichen Teilen die Kosten des Sachverständigenbeweises auf.

a) Der Revisor erhebt Rekurs gegen den Grundsatzbeschluss über die Verteilung der Ersatzpflicht und macht überdies Überhöhung geltend. Weder der Sachverständige noch die Prozessparteien beteiligen sich am Rekursverfahren.

b) Der Sachverständige erhebt Rekurs gegen den Sachverständigengebührenfestsetzungsbeschluss: Ihm stünden in Wahrheit 3.700 Euro zu.

Kommentar

Dreierlei sei diesem Fall vorangestellt:

▪ *Zur Verfahrenshilfe siehe unten VII.* Amalie hat nachzuweisen, dass ihre Einkommens- und Vermögensverhältnisse eine Prozessführung nicht zulassen. Dazu hat sie anhand des Formblatts ZPForm1 eine Vermögenserklärung abzugeben. Weiters darf ihre Prozessführung nicht offenbar mutwillig oder aussichtslos sein. Dann wird ihr Verfahrenshilfe gewährt, es werden ihr die Gerichtskosten gestundet und im Anwaltsprozess ein Verfahrenshilfeanwalt beigegeben.

▪ *Zum Rekursrecht siehe unten 4. Teil. III.* § 521a ZPO bestimmt, dass *nach Streitanhängigkeit erhobene Rekurse zweiseitig* sind, dem Rekursgegner eine Zweitschrift der Rekursschrift zuzustellen ist und diesem Gelegenheit zur schriftlichen Rekursbeantwortung zu geben ist. Rekursbeantwortungsfrist und Rekursfrist sind stets gleich lang (Grundsatz des fair trial, Art 6 Abs 1 MRK). Einseitig sind vor Streitanhängigkeit erhobene Rekurse (weil der Gegner noch nicht in den Prozess einbezogen wurde) und bloß verfahrensleitende Beschlüsse.

Im vorliegenden Fall handelt es sich mithin um zweiseitige Rekurse.

▪ *Extrajudizialrekurse* sind solche Rekurse, die nicht von einer Prozesspartei, sondern von einem Dritten erhoben werden.

a) Der *Revisor* (§ 280 Geo) ist ein unter anderem mit der Überprüfung der Gebührenbestimmung betrauter Beamter (§ 7 Abs 4 GEG) beim LG. Zu seinen Aufgaben siehe §§ 280 bis 283a Geo.

Hat der Bund, so wie im vorliegenden Fall, Kosten einer Amtshandlung, die den Betrag von 300 Euro übersteigen, zu berichtigen, so hat das Gericht gemäß § 2 GEG mit Beschluss auszusprechen, welche Partei in welchem Umfang diese Kosten zu ersetzen hat *(Grundsatzbeschluss iSd § 2 Abs 2 GEG)*.

Die Auslagen für einen Sachverständigen sind Teil der (hereinzubringenden) Prozesskosten (§ 1 Z 5 lit c GEG). Da die Republik nach Beschluss gemäß § 2 Abs 2 GEG die Hälfte der Sachverständigenkosten zu ersetzen hätte, handelt es sich beim Rekurs des Revisors um einen gegen den Grundsatzbeschluss zu den Prozesskosten.

Dies auch und gerade dann, wenn die Gebührenhöhe und ihre Bestreitungsverteilung unterschiedliche Lasten für die Republik mit sich gebracht hätte.

Rekurse gegen Grundsatzbeschlüsse gemäß § 2 Abs 2 GEG sind vom Rekurssenat zu entscheiden (vgl. OLG Linz 3 R 90/12v, OLG Innsbruck 4 R 58/12a, OLG Wien 15 R 165/11m).

b) Das LG hat die Gebühren des gerichtlich beeideten und zertifizierten Sachverständigen nach dem SDG (Sachverständigen- und Dolmetschergesetz 1975/137 idgF) nach den Bestimmungen der §§ 24 ff GebAG zu bestimmen.

Bloße Rekurse gegen die Gebührenhöhe sind gemäß § 8a JN bei den Landes-, Handels- und Oberlandesgerichten nicht von einem Rekurssenat, sondern *vom Einzelrichter zu entscheiden.*

Kosten- und Sachverständigengebührenbeschlüsse der Rekursinstanz unterliegen keinem weiteren Rechtszug (§ 528 Abs 2 Z 3 und 5 ZPO).

IV. Zuständigkeit

Fall 7

Der Linzer Adam vermietet dem Linzer Bedam seine Garage in Steyr. Als Bedam dort statt eines PKW Koks einlagert, klagt ihn Adam auf Zahlung von 16.000 Euro Schadenersatz wegen vertragswidriger Benützung und Verschlechterung der Bestandsache. Der Klage legt er eine Urkunde bei, aus der hervorgeht, dass die Parteien alle Streitigkeiten aus dem Bestandverhältnis vor dem LG Linz austragen wollen. Zu prüfen sind die Zuständigkeit des LG Linz und die Prorogabilität auf das BG Linz.

Kommentar

a) Streitigkeiten aus dem Bestandverhältnis fallen in die Eigenzuständigkeit der Bezirksgerichte (§ 49 Abs 2 Z 5 JN). Eigenzuständigkeiten sind *nicht prorogabel* (§ 104 Abs 2 JN).

Die vorgelegte Urkunde ist daher ebenso belanglos wie der Betrag der Klageforderung. Das LG Linz ist sachlich unzuständig. Es hat, weil eine

Prozessvoraussetzung fehlt, die Schadenersatzklage a limine mit Beschluss als unzulässig zurückzuweisen.

Der Kläger kann binnen der Notfrist von vierzehn Tagen ab Zustellung des Zurückweisungsbeschlusses die Überweisung der Rechtssache an ein nicht offenbar unzuständiges Gericht beantragen (§ 230a ZPO).

b) Für Bestandstreitigkeiten ist jenes BG ausschließlich zuständig, in dessen Sprengel das Grundstück liegt (*Realgerichtsstand*, § 83 Abs 1 JN), hier das BG Steyr. Da aber der Realgerichtsstand kein Zwangsgerichtsstand ist, können die Parteien durch Prorogation (§ 104 Abs 1 JN) jedes andere BG, mithin auch das BG Linz für ihre Bestandrechtssache zuständig machen.

Fall 8

Der Linzer Klang vermietet den ersten Stock seiner Villa in Gmunden auf drei Jahre dem Linzer Ehepaar Beck, das dort die Wochenenden verbringen will. Dafür gewährt Herr Beck dem Klang ein Darlehen von 28.800 Euro auf drei Jahre. Die Mietzinse werden mit den Darlehenszinsen kompensiert.

a) Nach Ablauf der Bestandzeit klagt Klang beim BG Linz das Ehepaar Beck als einheitliche Streitpartei auf Übergabe der Gmundner Wohnung. Zu prüfen ist, wie sich Klang gegen eine Zurückweisung der Klage wegen örtlicher Unzuständigkeit wehren kann, wenn die Zurückweisung a limine oder auf Unzuständigkeitseinrede der Beklagten erfolgt.

b) Herr Beck erhebt beim BG Linz eine Widerklage gegen Klang auf Rückzahlung des Darlehens von 28.800 Euro.

Kommentar

a) Für *Bestandstreitigkeiten* ist das Bezirksgericht (Eigenzuständigkeit gemäß § 49 Abs 2 Z 5 JN) der gelegenen Sache dispositiv ausschließlich (§ 83 JN) zuständig, mithin hier das BG Gmunden.

Der Kläger kann binnen vierzehn Tagen nach der a-limine-Zurückweisung der Klage beantragen, dass diese an das Bezirksgericht Gmunden überwiesen wird (§ 230a ZPO).

Das Erstgericht hebt den Zurückweisungsbeschluss auf und überweist unanfechtbar an das namhaft gemachte nicht offenbar unzuständige Adressatgericht; die Gerichtsanhängigkeit bleibt aufrecht.

Das Adressatgericht kann seine Unzuständigkeit nur noch wahrnehmen, wenn der Beklagte rechtzeitig die Unzuständigkeitseinrede erhebt. Es kommt nur eine Weiterverweisung an ein Drittgericht, nicht aber eine Zurückverweisung an das Erstgericht in Frage.

Über die *Unzuständigkeitseinrede* ist mündlich zu verhandeln.

Das LG Linz ist sachlich unprorogabel und örtlich prorogabel unzuständig. Da eine unprorogable Unzuständigkeit gegeben ist, kommt eine Heilung nur nach § 104 Abs 3 JN in Betracht.

Das unzuständige Gericht hat den Parteien vor der Entscheidung die Gelegenheit zu einer Heilung der Unzuständigkeit nach den Bestimmungen des § 104 Abs 3 JN oder dem Kläger zu einem Antrag auf Überweisung der Rechtssache an das zuständige Gericht (§ 261 Abs 6 ZPO) zu geben (§ 182 Abs 2 S 2 ZPO).

Zur *Erledigung des Überweisungsantrags* siehe § 261 Abs 6 ZPO:

Das Erstgericht hat dem Überweisungsantrag stattzugeben, wenn es das angegebene Adressatgericht für nicht offenbar unzuständig hält. Der Überweisungsbeschluss bindet die Parteien sowie das Adressatgericht und ist unanfechtbar; Kostenrekurs ist statthaft.

Das Verfahren vor dem Erst- und Zweitgericht bildet eine Einheit:

Gerichts- und Streitanhängigkeit bleiben bestehen, was für befristete Klagen wichtig ist; das Zweitgericht setzt das Verfahren nahtlos fort.

Die Kosten einer Unzuständigkeitseinrede und des Zuständigkeitsstreits trägt jedenfalls der Kläger (Kostenseparation); sie sind dem Beklagten gleich im Überweisungsbeschluss zuzusprechen (Kostennote).

Die Einrede des Fehlens der inländischen Gerichtsbarkeit iSd internationalen Zuständigkeit oder der sachlichen oder örtlichen Unzuständigkeit kann der Beklagte vor dem Adressatgericht nur vor Einlassung in die Hauptsache und nur insoweit erheben, als sein Vorbringen nicht mit früheren Behauptungen in Widerspruch steht.

b) Es sind die *formellen und materiellen Voraussetzungen der Widerklage* zu prüfen (Wahlgerichtsstand der Widerklage, § 96 JN):

- Die *materiellen Voraussetzungen* müssen nur *alternativ* vorliegen:

Konnexität, Kompensabilität oder Präjudizialität des Gegenstands der Widerklage mit dem der Hauptklage (§ 96 Abs 1 JN).

- Die *prozessualen Voraussetzungen* müssen *kumulativ* gegeben sein:

Prorogabilität, Parteienidentität, Einbringung der Widerklage vor Schluss der mündlichen Verhandlung erster Instanz über die Hauptklage (§ 96 Abs 2 JN). Auch kann erst nur dann von einer Widerklage die Rede sein, wenn die Erstklage bereits streitanhängig ist.

Ob das Erstgericht zuständig ist, wird nicht geprüft. Daher bleibt es für die rechtmäßig anhängig gemachte Widerklage zuständig, auch wenn die Vorklage in der Folge wegen Unzuständigkeit zurückgewiesen oder überwiesen wird (GlUNF 3677, LGZ Wien EFSlg

60.711), weil der Gerichtsstand der Widerklage die Möglichkeit der Prozessverbindung nicht voraussetzt (*Simotta* in Fasching/Konecny[3] I, zu § 96 JN Rz 51/1, 7/3, 7/4; *Mayr* in Rechberger, ZPO[4] zu § 96 Rz 4).

Auch *Prorogabilität* wäre gegeben: Die Wertzuständigkeit des LG ist prorogabel, die Parteien können die Zuständigkeit des BG für eine 28.800-Euro-Klage vereinbaren (§ 104 Abs 2 JN).

Beachte! Die ***Wertzuständigkeitsgrenze des BG (§ 49 Abs 1 JN)*** liegt bei ***15.000 Euro*** (zuletzt BGBl I 2014/7).

Hier fehlt es allerdings an der formellen Voraussetzung der *Parteienidentität*. Die Beklagten der Erstklage bilden keine materielle Streitgenossenschaft (§ 11 Z 1 ZPO), sondern ob der besonderen Beschaffenheit des Klaganspruchs eine einheitliche Streitpartei (§ 14 ZPO):

Sie verschmelzen zu einer einzigen Partei, mit welcher der Kläger der Zweitklage nicht identisch ist.

Daher ist diese mit Beschluss als unzulässig zurückzuweisen.

Herrn Beck bleibt es unbenommen, binnen 14 Tagen nach a-limine-Zurückweisung der Zweitklage deren Überweisung an das LG Linz zu beantragen (§ 230a ZPO, oben a).

Fall 9

a) Der Linzer Darlehensnehmer D hatte nacheinander von den Geldverleihern G1 8.000 Euro, G2 9.000 Euro und G3 17.000 Euro geliehen.

b) Vom Geldverleiher G hatten nacheinander die Linzer Darlehensnehmer D1 8.000 Euro, D2 9.000 Euro und D3 17.000 Euro geliehen.

Die Darlehen werden zur Rückzahlung fällig. Zu prüfen ist die Möglichkeit von Parteienhäufungen.

Kommentar

a) G1 und G2 und G3 stehen weder in einer Rechtsgemeinschaft noch in einer Sachverhaltsgemeinschaft, können also keine materiellen Streitgenossen sein. Ihre Streitgegenstände (Darlehensforderungen) sind aber gleichartig, weshalb eine formelle Streitgenossenschaft in Betracht kommt *(§ 11 Z 2 ZPO):*

Die Streitwerte sind daher nicht zusammenzurechnen; für jeden einzelnen Anspruch muss dasselbe Prozessgericht zuständig sein. Das trifft auf G1 und G2 zu, die gemeinsam den D beim BG Linz klagen könnten, wogegen sich G3 an das LG Linz wenden müsste.

Beachte! Die *Wertzuständigkeitsgrenze des BG (§ 49 Abs 1 JN)* liegt bei 15.000 Euro. Diese Wertgrenze steht der Bildung einer formellen Streitgenossenschaft im Sinn des § 11 Z 2 ZPO im Weg.

Daher muss *§ 227 Abs 2 ZPO* aushelfen: Auch wenn nicht zusammenzurechnen ist, können mehrere Ansprüche gegen denselben Beklagten gehäuft werden; bei unterschiedlicher Wertzuständigkeit geht die des Gerichtshofs vor. Mithin können G1 und G2 und G3, ohne eine Streitwertsumme zu bilden, als *formelle Streitgenossen* beim LG Linz eine *Gemeinschaftsklage* gegen D erheben. D erscheint merklich entlastet, weil er sich einen weiteren Prozess vor dem BG Linz erspart *(Grundsatz der Prozessökonomie)*.

Beachte! § 227 Abs 1 ZPO ermöglicht die Anspruchshäufung in derselben Klage, wenn das Prozessgericht für jeden Anspruch zuständig und dieselbe Verfahrensart zulässig ist. Die Norm verweist auf § 55 JN, der eine Zusammenrechnung nur vorsieht, wenn die geltend gemachten Ansprüche in einem rechtlichen Zusammenhang stehen oder wenn eine materielle Streitgenossenschaft (§ 11 Z 1 ZPO) gegeben ist. Beides liegt in unserem Fall nicht vor.

b) G wird an einer gemeinsamen Erledigung aller drei Klagen interessiert sein, wogegen D1 und D2 durch eine Verhandlung mit D3 vor dem Gerichtshof ungerechtfertigt belastet würden.

Auch hier handelt es sich um gleichartige Streitgegenstände, die – ohne Zusammenrechnung – bei gleicher Zuständigkeit eine formelle Streitgenossenschaft ermöglichen. Allerdings bietet § 227 ZPO keine Hilfe mehr:

Er erlaubt die Häufung nicht zusammengerechneter (nämlich gleichartiger) Ansprüche nur „gegen denselben Beklagten". Dem G stehen aber drei Beklagte gegenüber. Daher bleibt es bei § 11 Z 2 ZPO:

Die sachliche und örtliche Zuständigkeit des Gerichts muss hinsichtlich jedes einzelnen Beklagten begründet sein. G muss also zwei Prozesse führen: gegen D1 und D2 als formelle Streitgenossen vor dem BG Linz und gegen D3 allein vor dem LG Linz.

Freilich könnte der Prozess G gegen D3 aufgrund der Prorogabilität der landesgerichtlichen Wertzuständigkeit mit den beiden vor dem BG laufenden Verfahren gegen D1 und D2 verbunden werden. Die Streiteinlassung des D3 vor dem BG heilt die prorogable Unzuständigkeit des BG Linz.

Fall 10

Adam Lustig aus Linz, der halbtags in Steyr beschäftigt ist, hat dort die Eva Häuslich kennen und lieben gelernt. Das Brautpaar macht gemeinsam mit dem Bruder der Braut, dem Unternehmer Ernst Häuslich aus Wels, eine Verlobungsreise nach Zell am Ziller. Dort bestellt es beim Tischler Klang eine Schlafzimmereinrichtung für 18.000 Euro. Adam Lustig verpflichtet sich, 9.000 Euro nach Lieferung zu zahlen.

Eva Häuslich verpflichtet sich, weitere 9.000 Euro in drei Monatsraten zu entrichten, und Ernst Häuslich verbürgt sich für die ganze Schuld. Sie unterschreiben einen Auftragsschein mit der Klausel „zahlbar und klagbar in Zell am Ziller". Bald darauf wendet sich Adam einer Linzerin zu und die Verlobung geht in Brüche. Die Möbel werden dem Adam geliefert, niemand will sie bezahlen. Klang klagt die drei Schuldner gemeinsam beim BG Zell am Ziller.

a) Die Beklagten erheben kurz vor Schluss der mündlichen Verhandlung die Unzuständigkeitseinrede. Zu prüfen ist die Rechtzeitigkeit.

b) Der Kläger beantragt die Überweisung der Gemeinschaftsklage. Zu ermitteln ist das Adressatgericht.

Kommentar

Die Klausel „zahlbar und klagbar in Zell am Ziller" kombiniert die Vereinbarung eines Erfüllungsorts mit einer Prorogation. Der Wahlgerichtsstand des Erfüllungsorts (§ 88 Abs 1 JN) böte dem Kläger nur die Möglichkeit, wegen 18.000 Euro beim übergeordneten LG Innsbruck zu klagen (die Streitwerte materieller Streitgenossen sind zusammenzurechnen, §§ 55 Abs 1 Z 2, 55 Abs 2 JN); die Prorogation auf einen Ort, wo sich nur ein BG befindet, begründet auch die Unterwerfung unter die sachliche Zuständigkeit dieses BG (ZBl 1923 180).

Allerdings handelt es sich hier um ein *Verbrauchergeschäft*: Erfüllungsort und prorogierter Ort müssen sich mit dem Wohnsitz, gewöhnlichen Aufenthalt oder Beschäftigungsort der beklagten Verbraucher decken *(§ 14 Abs 1 KSchG).*

Da dies bei keinem Beklagten zutrifft, ist die Klausel prozessual unwirksam und das BG Zell am Ziller sachlich und örtlich unzuständig. Und eine – zulässige – Prorogation nach Entstehung des Rechtsstreits (§ 14 Abs 1 aE KSchG) liegt nicht vor.

Ernst Häuslich ist zwar Unternehmer, seine Bürgschaft aber ein „Verbrauchergeschäft", weil sie nicht zum Betrieb seines Unternehmens gehört.

a) Unprorogable Unzuständigkeiten (sowie der Mangel internationaler Zuständigkeit) heilen nur mit Streiteinlassung durch einen qualifizierten Beklagtenvertreter (Rechtsanwalt, Notar) oder nach protokollierter richterlicher Belehrung (§§ 104 Abs 3 JN; 14 Abs 2 KSchG).

In diesem Fall besteht absolute Anwaltspflicht, da die 5.000-Euro-Grenze (§ 27 Abs 1 ZPO) überschritten und das Gericht wertzuständig ist. Daher kann der Rechtsanwalt die Unzuständigkeitseinrede nur bis zur Streiteinlassung erheben.

b) Dem Klang steht für die Überweisung der Gemeinschaftsklage kein gemeinsames Adressatgericht zur Verfügung. Er kann aber die Überweisung der Klage gegen Adam und Eva an das LG Steyr und gegen Ernst an das LG Wels begehren.

§ 93 Abs 1 JN normiert den ***Wahlgerichtsstand der Streitgenossenschaft:*** Mangels eines gemeinschaftlichen besonderen Gerichtsstands (zB. der gelegenen Sache für Miteigentümer) können mehrere *materielle Streitgenossen* zusammen beim allgemeinen Gerichtsstand eines von ihnen (bei Haupt- und Nebenschuldnern: eines Hauptschuldners) geklagt werden. Doch wird Prorogabilität vorausgesetzt.

Eine ***Prorogation bei Verbrauchergeschäften*** ist nur auf das Gericht des Wohnsitzes, gewöhnlichen Aufenthalts oder Beschäftigungsorts des beklagten Verbrauchers zulässig. Da sich der Beschäftigungsort des Adam mit dem Wohnsitz der Eva deckt (Steyr), können beide zusammen dort geklagt werden; hinsichtlich des Ernst findet sich keine örtliche Übereinstimmung, daher muss er bei seinem allgemeinen Gerichtsstand in Wels geklagt werden.

Adam und Eva stehen in ***Rechtsgemeinschaft,*** bilden also eine materielle Streitgenossenschaft (§ 11 Z 1 ZPO); ihre Streitwerte sind zusammen zu rechnen, die Streitwertsumme von 12.000 Euro ist maßgebend für die sachliche Zuständigkeit (§ 55 Abs 1 Z 2 JN): LG Steyr.

Merke! Die Unterscheidung zwischen materieller und formeller Streitgenossenschaft hat zweifache Bedeutung:
1. Bei formellen Streitgenossen wird keine Streitwertsumme gebildet.
2. Formelle Streitgenossen unterliegen nicht dem Wahlgerichtsstand der Streitgenossenschaft (*Simotta* in Fasching/Konecny[3] I, zu § 96 JN Rz 1).

Fall 11

Der Linzer Schnellreinigungsdienst S kauft vom Wiener Erzeuger E eine Reinigungsmaschine um 20.000 Euro. Er unterschreibt einen Bestellschein, auf dessen Rückseite unter den AGB die Klausel aufscheint, dass für alle Klagen aus diesem Rechtsverhältnis das Gericht der Niederlassung des Verkäufers zuständig ist. E zediert seine Forderung an das Salzburger Bankhaus B. Dieses klagt den zahlungsunwilligen S beim LG Salzburg unter Vorlage des Bestellscheins.

Kommentar

Die Prorogation ist einerseits nicht hinreichend nachgewiesen und im Übrigen unwirksam:

a) Die Prorogation wirkt auch für und gegen *Universal- und Singularsukzessoren* der Vertragspartner (s. schon *Wahle* zu Rspr 1930, 140; vgl. *Schoibl* in BeitrZPR IV, 165; *Simotta* in Fasching/Konecny[3] I, zu § 104 JN Rz 13, 98 ff; vgl. 3 Ob 2325/96z wbl 1997, 527 = ecolex 1998, 138).

Der klagende Zessionar des E muss aber nicht nur die Prorogation, sondern auch die Zession urkundlich nachweisen (§ 104 Abs 1 JN, vgl. Rspr 1930, 113 sowie LGZ Wien EvBl 1937/438; vgl. auch ZfRV 1995, 158; s. *Schoibl* in BeitrZPR IV, 165 f, *Simotta* in Fasching/Konecny[3] I, zu § 104 JN Rz 98 ff, 100; s. wiederum 3 Ob 2325/96z wbl 1997, 527 = ecolex 1998, 138). Einen solchen Nachweis hat B nicht erbracht.

b) Zwar *fehlt die namentliche Benennung des Gerichtsorts,* es reicht aber hin, wenn die *österreichische internationale Zuständigkeit vereinbart* wird (*Simotta* in Fasching/Konecny[3] I, zu § 104 JN Rz 97). *Zu einer solchen Vereinbarung hatten S und E aber keinen Anlass.* Die österreichische inländische Gerichtsbarkeit im Sinn internationaler Zuständigkeit gilt gemäß § 27a Abs 1 JN für sie kraft Gesetz.

Bei *Vereinbarung eines bestimmten forums* genügte der Hinweis auf die Niederlassung des Verkäufers, wenn der Niederlassungsort in der Urkunde genannt ist (JBl 1932, 544; *Simotta* in Fasching/Konecny[3] I, zu § 104 JN Rz 78 f): Da im Bestellschein Wien als Sitz des E aufscheint, ließe sich das Handelsgericht Wien als vereinbarter Gerichtsstand bestimmen (Kausalklage gemäß § 51 Abs 1 Z 1 JN).

Nun rückt durch die Rechtsnachfolge der Zessionar in die Zuständigkeitsvereinbarung derart ein, dass auch für ihn das ursprünglich vereinbarte Gericht oder die ursprünglich vereinbarte österreichische internationale Zuständigkeit maßgeblich wird.

Ein selbsttätiges Überwechseln des forum prorogatum auf den Sitz des Gläubigers oder dessen Rechtsnachfolgers widerspricht jedenfalls den gesetzlichen Bestimmtheitserfordernissen für die Vereinbarung eines konkreten forums.

c) Der Parteiwille muss sich unmittelbar auf die Gerichtsstandsvereinbarung beziehen (vgl. schon ÖJZ 1972/7). Die Unterfertigung eines Bestellscheins dient in erster Linie dem Abschluss eines Kaufvertrags. Mögen auch die umseits abgedruckten (nicht unterfertigten) AGB grundsätzlich Bestandteil des Kaufvertrags sein, die darin enthaltene Prorogationsklausel kann nur dann ihre prozessuale Wirkung entfalten, wenn sich die spezielle Absicht des Bestellers erschließen lässt, eine Gerichtsstandsvereinbarung einzugehen. Das mag bei unterfertigten Hinweisen auf umseitige AGB unter Umständen zutreffen, nicht aber, wenn ein solcher Hinweis fehlt.

Allerdings lässt sich die unwirksame Prorogation durch Streiteinlassung des vertretenen S heilen: Bringt das Bankhaus B seine Mahnklage beim LG Salzburg ein (§ 244 ZPO), so trifft das Gericht bei der Vorprüfung nur eine formelle Prüfungspflicht; weist das Gericht nicht a-limine wegen Unzuständigkeit zurück, so könnte S im Rahmen eines Einspruchs gegen den bedingten Zahlungsbefehl durch bloßes Vorbringen zur Sache und Unterlassung der Einrede der örtlichen Unzuständigkeit den anfänglichen Mangel sanieren (§ 104 Abs 3 JN).

Merke! Im landesgerichtlichen Verfahren hat der Einspruch gegen den Zahlungsbefehl (§§ 248, 249 ZPO) den Inhalt einer Klagebeantwortung aufzuweisen (§ 248 Abs 1 ZPO).

V. Ordination und Delegation

Fall 12

Der Rechtsanwalt R hat für seinen Baseler Klienten K gegenüber der Pensionsversicherungsanstalt der Arbeiter strittige Pensionsansprüche aus einer freiwilligen Versicherung erfolgreich geltend gemacht: K steht ab 1.7.2013 eine Pension zu. K hat seinen Wohnsitz in Basel; als er das restliche Honorar von 2.000 Euro trotz Mahnung am 12.4.2013 nicht bezahlen will, stellt R einen Ordinationsantrag beim OGH.

Kommentar

In der Schweiz gelten die Quellen des europäischen Zuständigkeitsrechts (Brüssel I-VO bzw. deren Nachfolgerin, die Brüssel Ia-VO) nicht. Auch besteht kein Vertrag zwischen der EU und der Schweiz über die Anwendung einer der genannten Verordnungen.

Sowohl Österreich wie auch die Schweiz haben aber das *Luganer Übereinkommen* über die gerichtliche Zuständigkeit und die Vollstreckung gerichtlicher Entscheidungen in Zivil- und Handelssachen *vom 30.10.2007* ratifiziert (LGVÜ II). Es ersetzt das erste Lugano Übereinkommen, LGVÜ (BGBl 1996/448).

Die Vollmacht wurde in Österreich zur Vertretung vor einer österreichischen Selbstverwaltungskörperschaft, der Pensionsversicherungsanstalt der Arbeiter, erteilt (§ 31 ZPO). Das LGVÜ II ist für die Vertretung vor der PVA nicht anzuwenden:

Art 1 Abs 1 S 2 und Abs 2 lit c LGVÜ II schließt Verwaltungsangelegenheiten und soziale Sicherheit aus dem sachlichen Anwendungsbereich des Abkommens aus.

Wenn R seine Honorarforderung gegen K klageweise geltend machen will, so verdrängen die Normen des LGVÜ II die Zuständigkeitsnormen der JN: Es liegt eine Zivilsache iSd Art 1 Abs 1 LGVÜ II vor.

Schon nach innerstaatlichem Recht steht der Gerichtsstand des Anhangsprozesses (§ 94 Abs 2 JN) nicht zur Verfügung, weil R für K keinen Hauptprozess geführt hat. Der Gerichtsstand des letzten inländischen Wohnsitzes oder Aufenthalts (§ 67 JN) scheidet ebenfalls aus, weil er nach hM nur in Betracht kommt, wenn weder im Inland noch im Ausland ein Wohnsitz oder gewöhnlicher Aufenthalt besteht (SZ 39/16). K hat aber einen Gerichtsstand in Basel.

R könnte – nach innerstaatlichem Recht – K am Gerichtsstand des Vermögens (§ 99 JN) klagen, wenn ein solches im Inland vorhanden ist. Die Regeln des LGVÜ II sehen indes anderes vor: Art 2 Abs 1 LGVÜ II knüpft die örtliche Zuständigkeit grundsätzlich an den Wohnsitz des Beklagten an. Art 3 Abs 1 LGVÜ II erlaubt eine Klage an einem anderen als dem Wohnsitzgericht aber in den Fällen der Art 5 bis 24 LGVÜ II. *Art 3 Abs 2 LGVÜ II verneint im Verhältnis zu LGVÜ II-Staaten die Anwendbarkeit des § 99 JN* (Art 3 Abs 2 LGVÜ II iVm Anhang 1).

Eine Klage an einem anderen als dem in Art 2 LGVÜ II genannten Gerichtsstand ist nach Art 3 Abs 1 LGVÜ II nur bei enumerativ genannten besonderen Zuständigkeiten (Art 5 bis 7 LGVÜ II), in privatrechtlichen Versicherungssachen (Art 8 bis 14 LGVÜ II), in Verbrauchersachen (Art 15 bis 17 LGVÜ II), bei individuellen Arbeitsverträgen (Art 18 bis 21 LGVÜ II), bei Vorliegen eines Anknüpfungspunkts für eine ausschließliche Zuständigkeit nach Art 22 LGVÜ II sowie bei einer Prorogation (Art 23, 24 LGVÜ II) gestattet.

Das Vollmachtsverhältnis zwischen Klient und Rechtsanwalt ist keine Arbeitsrechtssache aufgrund eines *Arbeitsvertrags*. Auf den vorliegenden Fall sind daher die Bestimmungen der Art 18 bis 21 LGVÜ II nicht anzuwenden (vgl. *Mayr* in Czernich/Kodek/Mayr, zu Art 20 Brüssel Ia-VO Rz 16). Somit ist keiner der besonderen Gerichtsstände der Art 5 bis 24 LGVÜ II auf den vorliegenden Fall anwendbar.

Eine **Ordination** (Schaffung eines inländischen Gerichtsstands auf Parteienantrag durch den OGH bei Mangel einer inländischen Zuständigkeitsnorm, RIS-Justiz RS0108569 unter der Voraussetzung rechtskräftigen Ausspruchs der Unzuständigkeit des angerufenen Gerichts, RIS-Justiz RS0046443) ist nur durchzuführen, wenn

1. Österreich zur Ausübung von Gerichtsbarkeit aufgrund von völkerrechtlichen Verträgen *verpflichtet* ist *oder*

2. die *Rechtsverfolgung im Ausland unzumutbar oder unmöglich* ist und der Kläger österreichischer Staatsbürger ist oder seinen Wohnsitz, gewöhnlichen Aufenthalt oder Sitz im Inland hat, *oder*

3. die *Vereinbarung der internationalen Zuständigkeit,* nicht aber eines örtlich zuständigen Gerichts getroffen wurde (§ 28 Abs 1 JN).

Merke! Die inländische Gerichtsbarkeit im engeren Sinn ist eine von völkergewohnheitsrechtlichen oder völkerrechtlichen Immunitätsregeln begrenzte Prozessvoraussetzung. Sie kann – anders als die internationale Zuständigkeit – nicht vereinbart werden. Die Worte „inländische Gerichtsbarkeit" sind als internationale Zuständigkeit zu interpretieren (vgl. *Buchegger/Markowetz,* ZPR, 48, 569 ff, 575 ff; *Rechberger/Simotta,* ZPR⁹ Rz 77).

Beachte! Das Ordinationsverfahren ist ein *einseitiges Verfahren,* dem der Beklagte nicht beigezogen wird (RIS-Justiz RS0114932).

Eine Verpflichtung zur Ausübung der Gerichtsbarkeit verwehrt Art 3 Abs 2 LGVÜ II iVm Anhang 1, denn § 99 JN wäre der einzige Anknüpfungspunkt für R, die Rechtsverfolgung im Ausland ist schon seit der Schaffung des LGVÜ I innerhalb der Vertragsstaaten erleichtert worden und eine Vereinbarung österreichischer internationaler Zuständigkeit (Art 23, 24 LGVÜ II) wurde nicht getroffen.

Ein Ordinationsantrag, der sich auf die Schaffung eines Gerichtsstands nach § 99 JN stützt, ist daher gegenüber K, der seinen Wohnsitz in einem LGVÜ II-Staat hat, ausgeschlossen. Der Antrag des R wird daher mangels Unzumutbarkeit der Rechtsverfolgung und wegen Ausschlusses des § 99 JN durch Art 3 Abs 2 LGVÜ iVm Anhang 1 abgewiesen werden.

R hat seinen Titelbeschaffungsprozess in der Schweiz zu führen.

Ist eine Zwangsvollstreckung in der Schweiz bei einem stattgebenden Urteil fruchtlos, so bleibt R allerdings noch die Pfändung des Pensionsanspruchs: Schweizerische Urteile werden in Österreich nach Art 33 bis 37 LGVÜ II anerkannt und nach Art 38 bis 52 LGVÜ II vollstreckt.

Fall 13

Der Welser Klang klagt den Ischler Beck auf Zahlung von 6.000 Euro vor dem BG Bad Ischl und beruft sich auf eine Zuständigkeitsvereinbarung für das streitig gewordene Vertragsverhältnis. Beck bestreitet das Vorliegen einer Prorogation sowie die Fälligkeit und Höhe der Forderung, macht als Zeugen den Innsbrucker Z namhaft und beantragt die Delegation der Rechtssache an das BG Innsbruck, weil Z ohnehin dort durch einen ersuchten Richter vernommen werden würde.

a) Wo muss Beck seinen Delegationsantrag einbringen?

b) Wie ist darüber zu entscheiden?

Kommentar

a) Beck begehrt eine *zweckmäßige Delegation (§ 31 JN).* Der Antrag ist grundsätzlich bei dem OLG einzubringen, in dessen Sprengel das Verfahren anhängig gemacht wurde: OLG Linz (§ 31 Abs 1 JN). Vgl. dazu *Buchegger/Markowetz*, ZPR 64.

Da aber im vorliegenden Fall von einem OLG-Sprengel in den anderen delegiert werden soll (OLG-Sprengel Innsbruck), entscheidet über diesen Antrag der Oberste Gerichtshof (§ 31 Abs 2 JN). Ihm ist der Antrag vorzulegen (§ 51 Abs 2 Geo).

b) Da Beck das Bestehen einer Prorogation bestreitet, muss sie Klang urkundlich nachweisen (§ 104 Abs 1 JN).

Wenn hinsichtlich des Rechtsstreits in der Tat eine gültige Zuständigkeitsvereinbarung besteht, dann ist ein einseitiger Delegationsantrag allerdings nicht zulässig (*Fasching* Rz 209):

Nach der Judikatur müsste diesem Antrag Klang zustimmen und so einen contrarius actus zur Prorogation setzen (JBl 1960, 451), es sei denn, der Antrag ist auf Umstände zurückzuführen, die zum Zeitpunkt des Abschlusses der Zuständigkeitsvereinbarung noch nicht bestanden haben (SZ 33/7, ÖJZ 1967/31, RZ 1989/107).

Gibt Klang seine Zustimmung zum Delegationsantrag, so ist dieser zulässig und vom OGH meritorisch zu behandeln.

Der OGH setzt dem BG Bad Ischl und den Parteien eine Äußerungsfrist und entscheidet dann ohne vorhergehende Verhandlung mit Beschluss (§ 31 Abs 3 JN).

Die Delegation darf nur „aus Gründen der Zweckmäßigkeit" (§ 31 Abs 1 S 1 JN) erfolgen. Der Umstand, dass ein Zeuge in Innsbruck wohnhaft ist, mag Anlass für eine Delegation sein; es muss aber gewährleistet sein, dass das gesamte Verfahren vor dem BG Innsbruck Zeit, Mühe und Kosten sparend ablaufen kann.

Das ist hier nicht der Fall: Klang ist Welser, Beck aus Bad Ischl; die Parteien müssten zur Verhandlung nach Innsbruck anreisen. Ließe aber der erkennende Innsbrucker Richter die Parteienvernehmung durch ersuchte Richter beim BG Bad Ischl und beim BG Wels durchführen (allenfalls unter Verletzung des Grundsatzes der sachlichen Unmittelbarkeit, § 375 Abs 2 S 2 ZPO), so würde dies gegenüber einer Zeugenvernehmung im Rechtshilfeweg einen beträchtlichen Mehraufwand bedeuten. Der Antrag ist vom OGH als unbegründet abzuweisen.

Fall 14

Klang klagt die Firma Adam & Bedam und den bei ihr angestellten Kraftfahrer Beck beim LG Linz auf 16.000 Euro Schadenersatz nach einem

Verkehrsunfall. Die Beklagten wenden ein, dass Adam & Bedam gegen die Haftpflichtversicherung des Klang beim BG Wels bereits eine Klage aus demselben Ereignis eingebracht haben und beantragen die Delegation der Rechtssache an das bereits befasste BG Wels.

Kommentar

Eine *vereinfachte Delegation* (§ 31a Abs 2 JN) setzt voraus, dass die Rechtssache bereits gerichtsanhängig ist, eine Delegation wäre sonst entbehrlich (vgl. SZ 21/63).

Des Weiteren muss bereits bei einem anderen Gericht ein Verfahren im Gang sein, das den Ersatz von Schäden aus demselben schädigenden Ereignis zum Gegenstand hat.

Dies ist hier der Fall: Das bereits anhängige Verfahren ist in seinem Ausgang präjudiziell für das Zweitverfahren.

a) Der Delegationsantrag gemäß § 31a JN ist – anders als bei der zweckmäßigen Delegation (§ 31 JN) – grundsätzlich beim erkennenden Gericht selbst einzubringen und auch nach Beginn der mündlichen Streitverhandlung zulässig (§ 31a Abs 2 S 1 JN). Adam & Bedam und Beck haben ihren Delegationsantrag daher an das LG Linz zu richten.

Über den Antrag entscheidet der erkennende Richter, im Senatsprozess im Rahmen einer Verhandlung der Senat, sonst der Vorsitzende (§ 31a Abs 3 S 1 JN).

Der Antrag hat im Hinblick auf das Hauptverfahren keine aufschiebende Wirkung: Der Schadenersatzprozess läuft mithin zunächst vor dem LG Linz weiter.

b) Zwar sind alle Voraussetzungen für eine vereinfachte Delegation gegeben, es darf jedoch grundsätzlich nicht an ein Gericht anderer Gattung (hier ein BG) delegiert werden (§ 31a Abs 2 S 1 JN). Das LG hat den Delegationsantrag daher zurückzuweisen.

Der versagende Beschluss ist mit Rekurs beim OLG Linz anfechtbar.

Der vorliegende Fall übersteigt die *Wertzuständigkeitsgrenze des BG (§ 49 Abs 1 JN)* von 15.000 Euro.

c) Das BG Wels wird mit der Rechtssache nur dann befasst, wenn sich das LG Linz über die gesetzliche Vorschrift des § 31a Abs 2 S 1 JN hinwegsetzt.

Hier gelten zwei Grundsätze: Zum einen ist ein Wechsel in der Gerichtsgattung unzulässig, zum anderen entfaltet jeder Delegationsbeschluss *bindende Wirkung* gegenüber dem Gericht, an das delegiert wurde (RIS-Justiz RS0046141).

Die Judikatur steht daher auf dem Standpunkt, dass ein Gericht, an das
– wenn auch unrichtig – delegiert wurde, zur Vermeidung von Kompe-
tenzkonflikten, die wiederum erst zwischen den Gerichten entschieden
werden müssten, zuständig ist und bleibt (RIS-Justiz RS0046135 und
RS0046137; aM *Mayr* in Rechberger, ZPO[4], zu § 31a JN Rz 2).

Diese Haltung vermag zwar dogmatisch nicht zu befriedigen, erspart
den Parteien aber den Gang zum übergeordneten Gericht zwecks Entscheidung eines negativen Kompetenzkonflikts (vgl. etwa OGH 12.2.1985 RZ
1986/4).

Das BG Wels darf daher seine Unzuständigkeit nach der hR nicht aussprechen. Insofern ist seine Kompetenzprüfungsbefugnis nach §§ 41
Abs 1, 43 JN eingeschränkt.

Durch die Delegation wird die Streitanhängigkeit der Klage nicht aufgehoben (§§ 31a Abs 3 S 2 JN iVm 261 Abs 6 S 5 ZPO), die neue Verhandlung ist mit Benützung des über die erste Verhandlung aufgenommenen Verhandlungsprotokolls und aller sonstigen Prozessakten so wie eine
erstreckte Tagsatzung (§ 138 ZPO) durchzuführen (§§ 31a Abs 3 S 2 JN
iVm 261 Abs 6 S 5 bis 7 ZPO).

Wird an einen Gerichtshof delegiert, so ist zu beachten, dass die neue Verhandlung mit
Benützung des über die erste Verhandlung aufgenommenen Verhandlungsprotokolls und
aller sonstigen Prozessakten so wie bei einer bloßen Erstreckung einer Tagsatzung (§ 138
ZPO) einzuleiten ist (§§ 31a Abs 3 S 2 JN iVm 261 Abs 6 S 6 ZPO).

Die Einrede des Fehlens der inländischen Gerichtsbarkeit oder der sachlichen bzw.
örtlichen Zuständigkeit kann der Beklagte dann nur vor Einlassung in die Hauptsache und
nur insofern erheben, als sie sich nicht auf Gründe stützt, die mit seinen bisherigen Behauptungen in Widerspruch stehen (§ 261 Abs 6 S 7 ZPO).

Beachte: Der in § 31a Abs 3 S 2 JN enthaltene Verweis auf „§ 261 Abs 6 sechster bis
achter Satz ZPO" ist seit BGBl I 2015/94 insofern unrichtig, als § 261 Abs 6 ZPO nun nur
sieben Sätze enthält. Eine Korrektur in § 31a Abs 3 S 2 JN wurde damals unterlassen. Der
Verweis hat richtig zu lauten: „§ 261 Abs 6 fünfter bis siebenter Satz ZPO". Bei den oben
eingefügten Erwähnungen des § 261 ZPO wurde dies berücksichtigt.

VI. Prozesskosten

Literatur: *M. Bydlinski,* Der Kostenersatz im Zivilprozess Wien 1992); *Obermaier,*
Kostenhandbuch, 3. Auflage (2018).

Fall 15

K und B streiten vor dem LG Innsbruck aus einem millionenschweren
Mängelrügeprozess aufgrund mehrerer Bauaufträge. Am Ende der letzten
Tagsatzung zur mündlichen Streitverhandlung legen die Parteienvertreter

ihre Kostennoten Gericht und Gegner vor. B bestreitet die Höhe der von K geltend gemachten Kosten, zeigt die seiner Meinung nach überhöhten Posten in der Kostennote auf und gibt die jeweiligen Gründe auch mündlich zu Protokoll. K schweigt.

a) Nach Ablauf von 14 Tagen übernimmt das Prozessgericht die Kostennote des B ungeprüft und entscheidet im Kostenersatzbeschluss über die Einwendungen des B hinsichtlich der Kostennote des K.

b) Das Gericht behält die Kostenentscheidung vor.

Kommentar

a) Das Kostenverzeichnis ist anlässlich des Schlusses der mündlichen Verhandlung dem Gericht (§ 54 Abs 1 ZPO) und dem Gegner (§ 54 Abs 1a S 1 ZPO) zu übergeben.

Binnen der Notfrist von 14 Tagen haben sich anwaltlich vertretene Parteien jeweils zur gegnerischen Kostennote zu äußern (§ 54 Abs 1a S 2 ZPO). Die Äußerung des B erfolgte schon in der Tagsatzung, dies ist korrekt, weil das Gesetz die Einbringung von Einwendungen nicht mittels Schriftsatz anordnet. Seine Äußerung war substantiiert. Es lagen wirksame Einwendungen gegen die Kostennote des B vor, die dem Gericht Anhaltspunkte für die Prüfung der Kostennote liefern.

Werden keine *substantiierten Einwendungen* gegen die gegnerische Kostennote vorgebracht, so hat das Gericht die Kostennote seiner Kostenentscheidung zugrunde zu legen (§ 54 Abs 1a S 3 ZPO). *K hat solche Einwendungen nicht erhoben.*

Allerdings darf die Zugrundelegung der unbestritten gebliebenen Kostennote *nicht ungeprüft* geschehen: Tatsächlich hatte der mit dem BudgetbegleitG 2011 BGBl 2010/111 eingefügte § 54 Abs 1a ZPO mangels Einwendungen eine ungeprüfte Übernahme vorgesehen, das Wort „ungeprüft" wurde aber vom VfGH aus der Norm gestrichen (BGBl I 2011/108).
Es bleibt dem LG Innsbruck mithin nicht erspart, von Amts wegen zu prüfen, ob B nicht etwa erhöhte (zur zweckentsprechenden Rechtsverteidigung nicht nötige Kosten) geltend gemacht hat.

b) Das Prozessgericht erster Instanz kann von dem Grundsatz, dass in der Entscheidung zur Hauptsache auch über die Kosten entschieden werden muss (§ 52 Abs 1 Hs 1 ZPO) abgehen und einen *Vorbehalt der Kostenentscheidung aussprechen,* sofern die Voraussetzungen des § 52 Abs 2 ZPO vorliegen (vgl. *Obermaier,* Kostenhandbuch[3] Rz 1.72 f):

▪ Ein Rechtsmittel gegen die Sachentscheidung muss zulässig sein;

▪ Es muss der Vorbehalt aufgrund der Komplexität der zu fällenden Kostenentscheidung aus verfahrensökonomischen Gründen zweckmäßig sein.

• Die Sachentscheidung darf kein Versäumungs-, Verzichts- oder Anerkenntnisurteil, kein Wechselzahlungsauftrag oder bedingter Zahlungsbefehl sein.

Das LG Innsbruck darf im Urteil daher nur dann einen Vorbehalt der Kostenentscheidung aussprechen, wenn es sich um einen komplexen Kostenbeschluss handelt. Das Rechtsmittel der Berufung steht offen, es liegt auch kein Fall einer Entscheidung iSd § 52 Abs 2 S 2 ZPO vor, wo ein Vorbehalt absolut unzulässig ist.

Im vorliegenden Fall resultiert aufgrund der Mehrzahl geltend gemachter Baumängel wohl ein komplexer Kostenspruch. Das LG Innsbruck hat die Kostenentscheidung zu Recht vorbehalten.

Der Vorbehalt hat die Wirkung, dass in der Folge im Rechtsmittelverfahren keine Kostenentscheidung ergeht. Die Kostenentscheidung ergeht dann erst nach rechtskräftiger Sachentscheidung (gleich welcher Instanz) durch das Prozessgericht, mithin das LG Innsbruck (§ 52 Abs 3 ZPO).

Fall 16

Adam schränkt sein Klagebegehren in der mündlichen Streitverhandlung auf 2.000 Euro Kosten ein, nachdem Bedam die Klageforderung berichtigt hat. Zu prüfen sind die Form der Kostenentscheidung und des Rechtsmittels dagegen.

Kommentar

Obwohl der prozessuale Charakter des Kostenersatzanspruchs unumstritten ist, herrscht in Lehre und Rechtsprechung Uneinigkeit darüber, in welcher Form über eine auf Kosten eingeschränkte Klage zu entscheiden ist:

a) Für eine urteilsmäßige Entscheidung sprechen sich die überwiegende Rechtsprechung (vgl. schon GlUNF 5386 und etwa OLG Linz 21.2.1986, 5 R 45/86) und ein Teil der Lehre aus (*Petschek/St* 209, 362, *Lambauer* ÖJZ 1969, 169, *Lorber* JBl 1971, 612 und *Holzhammer* ZPR 114). Vgl. dazu referierend *Obermaier,* Kostenhandbuch[3] Rz 1.162 f.

Als Rechtsmittel gegen dieses „Kostenurteil" wird aber einmütig keine „Kostenberufung", sondern richtigerweise der Rekurs nach § 55 ZPO zugelassen, obwohl dies dem für das Kostenurteil ins Treffen geführten Argument, auch bei Urteilsergänzung über Kosten sei mit Urteil zu entscheiden (§ 423 ZPO), widerspricht. Das führt zu *zwei Systemwidrigkeiten:* Zum einen wird ein bloß prozessualer Anspruch nicht in Beschluss- sondern Urteilsform erledigt, zum andern soll gegen dieses Urteil nicht das ordentliche Rechtsmittel der Berufung, sondern das des Rekurses offen stehen.

Eine „Kostenberufung" bei geringfügigem Streitwert wegen Verfahrensmängel oder unrichtiger Sachverhaltsfeststellung bliebe Bedam wegen § 501 Abs 1 ZPO versagt. Diese Rechtsmittelbeschränkung entfällt beim Kostenrekurs (§ 517 Z 5 ZPO).

b) Richtigerweise ist über den prozessualen Kostenersatzanspruch mit *Beschluss* zu entscheiden (so *Fasching* Rz 470 und *M. Bydlinski* in Fasching/Konecny[3] II/1, zu § 52 ZPO Rz 2 mwN; *M. Bydlinski,* Kostenersatz 452 f; *Fucik* in Rechberger, ZPO[4] zu § 41 ZPO Rz 3; *Rechberger/Simotta,* ZPR[9] Rz 494, 655, 885; vgl. *Obermaier,* Kostenhandbuch[3] Rz 1.162 f).

Gegen den Kostenbeschluss steht Bedam der *Kostenrekurs* offen (§ 55 ZPO). § 517 ZPO zählt die Rekursmöglichkeiten gegen Beschlüsse erster Instanz mit einem Streitwert bis zu 2.700 Euro taxativ auf; § 517 Z 5 ZPO nennt hier auch den Kostenbeschluss. Bedam kann daher aus jedem Rekursgrund Kostenrekurs erheben.

Einen „Kosten-Revisionsrekurs" schließt das Gesetz freilich - unabhängig von der Höhe des Streitgegenstands - aus (§ 528 Abs 2 Z 3 ZPO).

Merke! Die Rekursgründe bei Rekursen gegen Beschlüsse erster Instanz entsprechen den Berufungsgründen, bei Rekursen gegen Beschlüsse zweiter Instanz den Revisionsgründen.

Fall 17

Es werden 90.000 Euro eingeklagt; nach Aufrechnung des Beklagten werden 60.000 Euro zugesprochen.

a) Die klägerischen Kosten betragen 24.000 Euro, die Beklagtenkosten 18.000 Euro.

b) Die klägerischen Kosten betragen 9.000 Euro, die Beklagtenkosten 18.000 Euro.

Wie hat die Kostenentscheidung jeweils zu lauten?

Kommentar

a) § 43 Abs 1 ZPO ermöglicht drei Berechnungsmethoden:

Nach der ersten Berechnungsmethode hat der zu zwei Drittel unterlegene Beklagte dem Kläger zwei Drittel seiner Prozesskosten (also 16.000 Euro) zu ersetzen, wogegen der Kläger dem zu einem Drittel obsiegenden Beklagten ein Drittel seiner Prozesskosten (also 6.000 Euro) zu ersetzen hat.

Nach Kompensation ergibt sich daher eine Ersatzpflicht des Beklagten in der Höhe von *10.000 Euro.*

(Vgl. so beim Ersatz von Gerichts- und Sachverständigengebühren als Bestandteil der Barauslagen *Ballon/Nunner-Krautgasser/Schneider,* ZPR[13] Rz 654, 660 ff; vgl. *Hule* ÖJZ 1973, 480).

Nach der zweiten Berechnungsmethode sind die Kosten beider Parteien zu addieren; es ergibt sich eine Kostensumme von 42.000 Euro. Da der Beklagte zu einem Drittel obsiegt hat, dem Kläger voller Kostenersatz also nicht gebührt, ist von der Kostensumme das Drittel zu berechnen. Es ergibt sich ein Betrag von 14.000 Euro, das ist der Teil klägerischer Kosten, den dieser auch selbst tragen muss.

Den Differenzbetrag auf die klägerischen Kosten, das sind *10.000 Euro,* hat der Beklagte dem Kläger zu ersetzen (vgl. *Holzhammer* ZPR 112; s. SZ 47/163).

Merke! Die zweite Berechnungsmethode orientiert sich immer am größeren Prozesssieger; von ihm ist daher bei der Berechnung auszugehen.

Nach der dritten Berechnungsmethode ist zunächst von der Höhe der Kostennoten zu abstrahieren: K hat zu 2/3 obsiegt, B zu 1/3: Die Kostenersatzpflicht ergibt sich aus einer Kompensation der Prozesssieganteile, also 2/3 minus 1/3 gleich 1/3; sie orientiert sich dann an den Kosten des größeren Siegers. K sind 1/3 *seiner* Prozesskosten von B zu ersetzen, mithin *8.000 Euro* (in diesem Sinn LG Wien EvBl 1937/526; OLG Wien ÖJZ 1948/520; *Rechberger/Simotta,* ZPR[9] Rz 490, vgl. so beim Ersatz der Rechtsanwaltskosten *Ballon/Nunner-Krautgasser/Schneider,* ZPR[13] Rz 662, vgl. *Obermaier,* Kostenhandbuch[3] Rz 1.134).

b) Verzeichnet der Kläger 9.000 Euro Kosten, der Beklagte 18.000 Euro, so bestimmt die erste Berechnungsmethode, dass der zu zwei Drittel unterlegene Beklagte dem Kläger zwei Drittel von dessen Prozesskosten (6.000 Euro) zu ersetzen hat. Der Kläger hat dem Beklagten ein Drittel von seinen Kosten zu ersetzen (ebenfalls 6.000 Euro). Der zu zwei Drittel obsiegende Kläger erhält also nach Kompensation *keinen Kostenersatz.*

Nach der zweiten Berechnungsmethode sind die beiden Kostennoten (18.000 Euro und 9.000 Euro) zusammenzurechnen; es ergibt sich ein Betrag von 27.000 Euro. Da der Kläger nicht voll obsiegt hat, ist von diesem Betrag das Drittel abzuziehen, das sind 9.000 Euro. Dem Kläger gebührt als Kostenersatz die Differenz zwischen seinen eigenen Kosten und diesem Betrag. Der Kläger erhält also *keinen Kostenersatz.*

Aufgabe des Gerichts ist es freilich, nur die *Kosten zweckentsprechender Rechtsverfolgung* zuzusprechen (§§ 40, 41, 43 ZPO), gegebenenfalls die Kostennote des Beklagten entsprechend zu kürzen und eine *Kostenseparation* vorzunehmen (§§ 48 und eventuell 273 ZPO). Die Berechnung nach § 43 Abs 1 ZPO findet dann auf der Grundlage der gekürzten Kostennote des B statt.

Aufwändige Beklagtenkosten berücksichtigt die dritte Berechnungsmethode nicht: 2/3 minus 1/3 Sieg ergibt für den Kläger einen Kostenersatz von 1/3 seiner Kosten. Es ergibt sich eine Ersatzpflicht des Beklagten an den Kläger von *3.000 Euro.*

Die vorliegenden Beispiele zeigen, dass selbst bei unterschiedlich hohen Kostennoten der Parteien die beiden ersten Berechnungsmethoden – anders als die dritte – zum gleichen Ergebnis führen.

Fall 18

K klagt B auf Zahlung von 160.000 Euro Schadenersatz wegen Produktionsausfalls und Verdienstentgangs infolge unterbliebener Zulieferungen.

a) K ergänzt sein Vorbringen in der mündlichen Streitverhandlung und begehrt in eventu Lieferung zumindest des letzten Postens Stahlbleche um 80.000 Euro. Das Hauptbegehren des K wird abgewiesen, seinem Eventualbegehren aber stattgegeben.

b) K überfällt den B mit der Zahlungsklage, obwohl sie vorerst auf einem geschätzten Betrag beruht. Daraufhin anerkennt B die Klageforderung sofort in der Klagebeantwortung.

Kommentar

a) Selbst wenn K mit einem Eventualbegehren durchdringt, dessen Streitwert nur die Hälfte des Hauptbegehrens ausmacht, so hat er im Verfahren obsiegt (vgl. *Fasching* II 314, *Fucik* in Rechberger, ZPO[4], zu § 41 Rz 1; EvBl 1936/765, ÖJZ 1990/9, SZ 68/77, OLG Wien WR 372; aM *M. Bydlinski* in Fasching/Konecny[3], II/1, zu § 41 ZPO Rz 49, für eine Anwendung des § 43 ZPO auch OGH 3 Ob 84/97t JBl 1999, 194). Es ist also § 41 ZPO heranzuziehen und dem B der Ersatz aller Verfahrenskosten *auf der Grundlage des Werts des Eventualbegehrens* an den K aufzuerlegen.

b) Von einer *Überfallsklage* wird mitunter gesprochen, wenn „der Beklagte durch *sein Verhalten zur Erhebung der Klage nicht Veranlassung gegeben*" hat (§ 45 ZPO, Hervorhebungen vom Verfasser). Vgl. dazu *Buchegger/Markowetz,* ZPR 197; *Rechberger/Simotta,* ZPR[9] Rz 491.

Mangelnder Anlass zur Klagerhebung liegt etwa vor, wenn der Kläger es unterlässt, den Beklagten außergerichtlich zu mahnen, obwohl dies aufgrund gesetzlicher Vorschrift oder aufgrund der Verkehrssitte für den Eintritt der Fälligkeit erforderlich war (vgl. *M. Bydlinski* in Fasching/Konecny[3], II/1, zu § 45 ZPO Rz 3). Bei Schadenersatzklagen hat der Geschädigte den Abschluss der Erhebungen zu Schaden und Schadenshöhe abzuwarten (*M. Bydlinski* in Fasching/Konecny[3], II/1, zu § 45 ZPO Rz 3; vgl. schon *Fasching* II 338 f).

Der mit der Schadenersatzklage konfrontierte B muss die Klageforderung „sofort bei erster Gelegenheit" **anerkennen,** wenn er die Kostenfolge des § 45 ZPO für sich in Anspruch nehmen will: Obschon der Kläger ein Anerkenntnisurteil erwirkt, mithin in der Hauptsache voll obsiegt hat, trägt er die ganzen Prozesskosten: Er muss dem unterlegenen Beklagten dessen Prozesskosten ersetzen. Die erste Gelegenheit zu einem Klaganerkenntnis bietet sich hier dem Beklagten in der Klagebeantwortung (§ 239 Abs 3 Z 4 ZPO; vgl. *Buchegger/Markowetz*, ZPR 253).

Die *Judikatur* knüpft an diesen Kostenersatzanspruch aber auch die umgehende oder binnen Frist erfolgende **Erfüllung** *des anerkannten klägerischen Anspruchs* (*M. Bydlinski* in Fasching/Konecny[3], II/1, zu § 45 ZPO Rz 10).

Hätte dagegen B zunächst in der Klagebeantwortung bestritten und erst in der vorbereitenden Tagsatzung anerkannt, so würde er voll kostenpflichtig (§ 41 ZPO).

VII. Verfahrenshilfe

Fall 19

Der Geschäftsführer und Gesellschafter der K-GmbH will den Linzer B auf Zahlung von 16.000 Euro beim LG Linz klagen und beantragt Verfahrenshilfe unter Beigebung eines Rechtsanwalts. Das LG Linz fasst einen Bewilligungsbeschluss.

a) B übersiedelt nach Eintritt der Gerichtsanhängigkeit nach Wels.

b) B will den Mangel der Voraussetzungen für die Erteilung der Verfahrenshilfe geltend machen.

c) B verweigert jede Äußerung zur Streitsache mit dem Hinweis, dass über die Verfahrenshilfe noch nicht entschieden wurde.

Kommentar

a) Verfahrenshilfe ist vom Prozessgericht

- nach § 63 Abs 1 ZPO **natürlichen Person** und
- nach § 63 Abs 2 ZPO **auch juristischen Personen** (zB. GmbH, AG, Verein, Verlassenschaft) **oder sonstigen parteifähigen Gebilden** (OG, KG, Insolvenzmasse) bei Vorliegen der gesetzlichen Voraussetzungen zu bewilligen.

Die Verfahrenshilfe für juristische Personen und parteifähige Gebilde entfiel 2009 für ein Intermezzo von etwa zwei Jahren: Mit Art 15 Z 3 des Budgetbegleitgesetzes 2009 BGBl I 2009/52 wurde der damalige § 63 Abs 2 ZPO aufgehoben und damit die Verfahrenshilfe für juristische Personen und parteifähige Gebilde abgeschafft. Diese Regelung hielt einem Normenkontrollverfahren indes nicht stand: Der VfGH hob Art 15 Z 3 BGBl I 2009/52 mit BGBl I 2011/96 als verfassungswidrig auf, sodass § 63 ZPO in der Fassung vor dem Budgetbegleitgesetz 2009 wiederum in Geltung ist.

In § 63 Abs 2 ZPO sind die Voraussetzungen geregelt, unter denen auch einer juristischen Person Verfahrenshilfe gewährt werden kann. Der Geschäftsführer hat zu bescheinigen, dass

die zur Prozessführung erforderlichen Mittel

- von der GmbH nicht aufgebracht werden können,
- von keinem an der Verfahrensführung *wirtschaftlich Beteiligten* aufgebracht werden können

und

- dass die Prozessführung nicht mutwillig oder offensichtlich aussichtslos ist.

Die Grenzziehung des „an der Verfahrensführung wirtschaftlich Beteiligten" hat mancherlei Schwierigkeiten bereitet. Allerdings wird einhellig die Auffassung vertreten, dass das bloße Interesse an einem bestimmten Prozessausgang seiner Schuldnerin aus einem Gläubiger der juristischen Person keinen *an der Verfahrensführung* wirtschaftlich Beteiligten macht, wobei allerdings bei potentiellen Insolvenzgläubigern eine umstrittene gegenteilige Meinung in der Lehre und teilweise in der Judikatur zu verzeichnen ist.

Generell wurde nach dem Vorbild des § 114 dZPO das Axiom entwickelt, dass ein an der Verfahrensführung wirtschaftlich Beteiligter eine solche *Nahebeziehung zur juristischen Person* aufweisen muss, dass sich der Prozessausgang nicht unerheblich auf seine Vermögenssituation auswirkt und ihm daher eine Vorfinanzierung der Verfahrenskosten zugemutet werden könnte (*M. Bydlinski* in Fasching/Konecny[3] II/1 zu § 63 ZPO Rz 12 ff mwN).

All dies trifft in unserem Fall auf die offensichtlich ums Überleben kämpfende GmbH und ihre Gesellschafter zu, wenn auch sie nicht in der Lage sind, die Kosten der Verfahrensführung zu bestreiten: Geschäftsanteile sind unbestritten solche disponible Vermögensbestandteile, die vital vom Prozessausgang betroffen werden (OLG Linz EvBl 1987/160). Die bloß wirtschaftlichen Interessen Dritter reichen dagegen für den Tatbestand des *„an der Verfahrensführung wirtschaftlich Beteiligten"* nicht hin.

Der Geschäftsführer hat den *Verfahrenshilfeantrag* mittels ZPForm 1 zu stellen und ein Vermögensbekenntnis für die von ihm vertretene Gesellschaft sowie für sein Privatvermögen beizuschließen (§§ 65, 66 ZPO). *Die gleiche Pflicht trifft auch andere an der K-GmbH beteiligte Gesellschafter.* Vermag weder die K-GmbH noch der geschäftsführende Gesellschafter noch ein anderer Gesellschafter die zur Verfahrensführung erforderlichen Mittel zu bestreiten, so ist der K-GmbH die Verfahrenshilfe im Umfang des § 64 ZPO zu gewähren. Der gewährte Umfang der Verfahrenshilfe ist im Bewilligungsbeschluss abzugrenzen (§ 64 Abs 2 ZPO).

Da im Gerichtshofverfahren absolute Anwaltspflicht herrscht, umfasst die Verfahrenshilfe auch die vorläufig unentgeltliche Beigebung eines Rechtsanwalts (§ 64 Abs 1 Z 3 ZPO).

Da der Bewilligungsbeschluss die Beigebung eines Rechtsanwalts vorsieht, ist eine Ausfertigung dem Ausschuss für Verfahrenshilfeangelegenheiten der Oberösterreichischen Rechtsanwaltskammer unter Verwendung der ZPForm 4 (18.9.1989 JABl 53) zuzustellen. Die Rechtsanwaltskammer hat einen *Bestellungsbescheid* zu erlassen.

Die Übersiedlung des B ist für die Zuständigkeit des LG Linz kraft perpetuatio fori (§ 29 JN) ohne Belang.

Übersiedelte B vor Klageinbringung durch den Verfahrenshilfeanwalt nach Wels, so müsste das Gericht seine Zuständigkeit von Amts wegen prüfen und einen a-limine-Zurückweisungsbeschluss fassen, spätestens aber seine Unzuständigkeit auf Einrede des Beklagten aussprechen. Im ersten Fall stünde dem Kläger der Überweisungsantrag nach § 230a ZPO, im zweiten Fall der nach § 261 Abs 6 ZPO offen.

Die Schaffung eines neuen Gerichtsstands nach Bewilligung der Verfahrenshilfe unter Beigebung des Verfahrenshilfeanwalts enthebt indessen die Partei von der Obliegenheit, beim nunmehr zuständigen Gericht (LG Wels) neuerlich einen Antrag auf Verfahrenshilfe zu stellen (RZ 1984/31).

Allerdings bleibt es der K-GmbH oder dem Verfahrenshilfeanwalt unbenommen, für die Vornahme mündlicher Prozesshandlungen außerhalb des Gerichtshofsprengels, in dem der Verfahrenshilfeanwalt seinen Sitz hat, die Bestellung eines anderen Rechtsanwalts zu beantragen, der seinen Sitz im Gerichtshofsprengel hat, wo die Prozesshandlung vorzunehmen ist (§ 45 Abs 3 RAO).

b) Der Verfahrenshilfeantrag eröffnet ein *formfreies Zwischenverfahren,* in dem die Einkommens- und Vermögensverhältnisse der K-GmbH sowie ihrer wirtschaftlich Beteiligten geprüft werden. Erforderlichenfalls kann auch der Gegner zu einer mündlichen Verhandlung geladen werden. Dabei herrscht - auch in Anwaltsprozessen wie hier vor dem LG - keine Anwaltspflicht (§ 72 Abs 3 S 1 ZPO). Das Parteiverhalten ist gemäß § 381 ZPO frei zu würdigen.

Die Erteilung der Verfahrenshilfe erfolgt mittels Beschluss. Gegen diesen ist das Rechtsmittel des Rekurses zulässig (§ 72 Abs 2 ZPO).

Will B den Bewilligungsbeschluss des LG Linz bekämpfen, so steht ihm der Rekurs an das OLG Linz zu. Ein Revisionsrekurs in Verfahrenshilfeangelegenheiten ist freilich ausgeschlossen (§ 528 Abs 2 Z 4 ZPO).

Neben dem Rekursrecht (§ 72 Abs 2 ZPO) bleibt B das Recht vorbehalten, dem K die Verfahrenshilfe gerichtlich entziehen (§ 68 Abs 2 ZPO) oder sie für erloschen erklären zu lassen (§ 68 Abs 1 ZPO). In beiden Fällen entscheidet das Prozessgericht mit Beschluss.

Behauptet B, dass die Voraussetzungen für die Erteilung der Verfahrenshilfe von Anfang an nicht bestanden haben, so hat er einen Entziehungsantrag zu stellen (§§ 68 Abs 2, 72 Abs 2 ZPO). Die K-GmbH kann gegen den Entziehungsbeschluss Rekurs erheben; bleibt sie damit erfolglos, so erlischt die Verfahrenshilfe ex tunc.

Bis zur Rechtskraft des Entziehungsbeschlusses bleibt der Verfahrenshilfeanwalt berechtigt und verpflichtet, für die K-GmbH zu handeln, soweit dies nötig ist, um sie vor Rechtsnachteilen zu schützen (§ 68 Abs 4 ZPO).

Wird die Verfahrenshilfe entzogen, so hat die K-GmbH alle Beträge nachzuzahlen, von deren Berichtigung sie einstweilen befreit war, und ihren Verfahrenshilfeanwalt tarifmäßig zu entlohnen (§§ 68 Abs 2, 71 Abs 1 ZPO). Das Gericht hat sie dazu in einem Nachzahlungsbeschluss zu verpflichten. Beträge nach § 64 ZPO werden von Amts wegen nach dem GEG eingebracht, dabei ist die Reihenfolge des § 71 Abs 2 ZPO einzuhalten.

Die tarifmäßige Entlohnung des Anwalts erfolgt nur auf dessen exekutiven Antrag.

c) § 73 Abs 1 ZPO erlegt den Parteien die *Einlassungslast* auf: Das Zwischenverfahren über die Bewilligung der Verfahrenshilfe darf nicht das Hauptverfahren verzögern. Deshalb ist der Hinweis des B, über die Verfahrenshilfe sei noch nicht entschieden worden (etwa weil ein Rekurs noch nicht erledigt ist), irrelevant; er hat vielmehr Säumnisfolgen.

Fall 20

Der Verfahrenshilfeanwalt der K-GmbH hält ein Obsiegen im Verfahren für aussichtslos und schließt mit B einen unbedingten Prozessvergleich. Die K-GmbH, vertreten durch ihren Geschäftsführer und überwiegenden Inhaber der Geschäftsanteile verweigert, ihre Zustimmung und drängt den Anwalt, das Verfahren fortzusetzen.

Drei Wochen nach Abschluss des Vergleichs stellt der Verfahrenshilfeanwalt einen Fortsetzungsantrag. Die Klage auf Zahlung von 16.000 Euro wird darauf abgewiesen. Der Verfahrenshilfeanwalt hält eine weitere Prozessführung für offenbar mutwillig und aussichtslos.

Kommentar

a) Mangels Prozessvollmacht (§ 31 ZPO) ist ein Verfahrenshilfeanwalt nicht berechtigt, ohne Zustimmung der Partei Verfügungen über den Streitgegenstand zu treffen; er darf kein Klaganerkenntnis, keinen Klage- oder

Rechtsmittelverzicht erklären und weder einen Erlassvertrag noch einen Prozessvergleich schließen (§ 64 Abs 1 Z 3 ZPO). Der im vorliegenden Fall abgeschlossene Vergleich ist daher nichtig, das Prozessgericht hätte dem Verfahrenshilfeanwalt zur Einholung der Zustimmung der K-GmbH eine Frist auftragen müssen; bestenfalls hätte der Vergleich bedingt abgeschlossen werden müssen.

b) Der Verfahrenshilfeanwalt kann beantragen, dass seine Beigebung für erloschen erklärt (§ 68 Abs 1 ZPO) oder aber entzogen wird (§ 68 Abs 2 ZPO). Wenn der Verfahrenshilfeanwalt der Ansicht ist, dass die Erteilungsvoraussetzungen und damit auch die Voraussetzungen für seine Beigebung zwar von vornherein gegeben waren, aber später weggefallen sind, weil sich die weitere Prozessführung als offenbar aussichtslos herausgestellt hat, so muss der Verfahrenshilfeanwalt einen Antrag auf *teilweises Erlöschen der Verfahrenshilfe* (§ 68 Abs 1 ZPO) stellen.

Das Gericht enthebt den Verfahrenshilfeanwalt mit Beschluss seiner Pflichten; die Wirkungen treten *ex nunc* ein. Bis zur Rechtskraft des Beschlusses bleibt der Verfahrenshilfeanwalt allerdings verpflichtet, für die Klägerin zu handeln; die Parteien sind rekursberechtigt (§ 68 Abs 4 ZPO).

Ein Antrag auf *teilweise Entziehung* der Verfahrenshilfe (§ 68 Abs 2 ZPO), mithin das Begehren auf Enthebung ex tunc (die ihm rückwirkend eine Entlohnung bringen würde) ist dem Rechtsanwalt nicht anzuraten, weil dies einem Eingeständnis der Mutwilligkeit der Klageführung in erster Instanz gleichkäme.

Zweiter Teil

Verfahren erster Instanz

I. Prozessgrundsätze

Fall 21

Adam verkauft seine Kücheneinrichtung dem Bedam. Dieser holt zusammen mit dem Gastarbeiter Achmed Habibi die gekauften Sachen ab und verspricht, binnen 14 Tagen zu zahlen. Nach Fristablauf klagt Adam den Bedam auf Zahlung des Kaufpreises. Bedam wendet Zahlung bei Übernahme ein.

a) Darf der Richter den Habibi als Zeugen vernehmen, obwohl ihn keine Partei als Beweismittel geführt hat?

Der als Zeuge vernommene Habibi sagt aus, dass Bedam bei Übernahme nicht gezahlt, sondern nur Zahlung binnen 14 Tagen versprochen habe. Habibi fügt dann noch aus eigenem Antrieb hinzu, er habe vor kurzem gehört, dass für Bedam schon vor dem Kauf ein Sachwalter bestellt worden sei.

b) Hat das Gericht den zweiten Teil der Aussage zu verwerten, obwohl ihn weder Adam noch Bedam zum Gegenstand ihrer Sachverhaltsbehauptungen machen?

Kommentar

a) Die **Kooperationsmaxime** findet ihren gesetzlichen Niederschlag in der *Wahrheits- und Vollständigkeitspflicht der Parteien* (§ 178 ZPO) und in der *diskretionären Gewalt des Gerichts* (§§ 182, 183 ZPO). Wir bringen beide Vorschriften miteinander ins Spiel: Lügen und Lücken im Parteienvorbringen hat das Gericht von Amts wegen zu entfehlern und auszufüllen. Das kann „durch Fragestellung oder in anderer Weise" geschehen (§ 182 Abs 1 ZPO), mithin auch durch amtliche Erhebungen. Insbesondere kann das Gericht Beweise, welche die Parteien nicht beantragt haben, auch von Amts wegen aufnehmen (§ 183 Abs 1 ZPO).

Bei der *amtswegigen Beweisaufnahme* müssen wir allerdings zwischen **richterlichen Beweismitteln** (Sachverständige, Augenschein, Parteienvernehmung) und **nichtrichterlichen Beweismitteln** (Zeugen, Urkunden) unterscheiden. Diese können nicht herangezogen werden, wenn sich beide Parteien dagegen erklären (§ 183 Abs 2 ZPO). Das bedeutet eine Ausnahme von der Kooperationsmaxime zugunsten der Beibringungsmaxime, gilt jedoch nicht im Ehefeststellungs- und Ehenichtigerklärungsverfahren wegen der dort herrschenden Untersuchungsmaxime (§ 460 Z 4 ZPO).

Ergebnis: Das Gericht kann den Achmed Habibi von Amts wegen als Zeugen vernehmen, wenn sich nicht beide Parteien dagegen aussprechen.

b) Es liegt ein ***überschießendes Beweisergebnis*** vor. Das Gericht muss es seiner Entscheidung zugrunde legen, selbst wenn es die Parteien nicht nachträglich in ihre Sachverhaltsbehauptungen einbeziehen oder sich sogar nach richterlicher Aufforderung weigern, dies zu tun (hM: *Fasching* 661; *Rechberger* in Rechberger Vor § 266 Rz 27; anders *König,* Anm. zu JBl 1972, 271; ferner SZ 7/247):

Ein Verstoß gegen die Wahrheits- und Vollständigkeitspflicht ist zwar nicht zu bestrafen, aber von Amts wegen zu beheben; das Gericht darf nicht sehenden Auges auf einer unrichtigen oder unvollständigen Tatsachengrundlage entscheiden.

Wir lesen §§ 178, 182, 183 ZPO zusammen: Der österreichische Zivilprozess unterliegt dem ***Wahrheits- und Vollständigkeitsgrundsatz*** *(Holzhammer* FS Wohlgenannt 390).

Die hM geht noch einen Schritt weiter: Bisweilen unterdrücken die Parteien entscheidungserhebliche Tatsachen, etwa um Dritte zu täuschen *(Kollusion)*. Kommt ein solcher Verdacht auf, so kann der Richter einen ***Ausforschungsbeweis (Erkundungsbeweis)*** durchführen: von Amts wegen entsprechende Beweise aufnehmen, Feststellungen treffen und seiner Entscheidung zugrunde legen (anders JBl 1972, 478; RZ 1972/16). Nur § 183 Abs 2 ZPO (nichtrichterliche Beweismittel) bildet eine Schranke.

Unzulässig ist dagegen in der Regel der ***Beweisermittlungsantrag***, in dem sich die Partei mit bloßen Verdächtigungen begnügt und vom Richter die Ausforschung einer angeblich vom Gegner verschwiegenen Tatsache verlangt (zB. im Scheidungsprozess die Verdächtigung des Ehebruchs aufs Geratewohl). Nur wenn sich die Verdächtigung zum Verdacht verdichtet, kann der Richter mit einem Ausforschungsbeweis vorgehen.

Ergebnis: Äußert der Zeuge Habibi glaubhaft, dass für Adam ein Sachwalter bestellt sei, so hat das Gericht von Amts wegen die *Prozessfähigkeit* des Adam zu prüfen und fehlendenfalls nach §§ 6 ff ZPO vorzugehen. Sollte Adam schon bei Kaufabschluss geschäftsunfähig gewesen sein, so ist diese *anspruchshindernde Tatsache* von Amts wegen bei der Urteilsschöpfung zu berücksichtigen.

Fall 22

Ein Arzt aus Belgrad logiert mit Familie in einem Wiener Nobelhotel. Er behandelt die Hoteliersgattin erfolgreich gegen Migräne. Vor der Abreise rechnet er seine Honorarforderung gegen die Logiskosten auf. Der Hotelier anerkennt die Aufrechnung nicht und behält das Safedepot des Arztes zurück. Er klagt den Arzt beim Landesgericht Wien auf Zahlung der Hotelrechnung. Das Gericht lässt den bestreitenden Beklagten im Rechtshilfeweg in Belgrad vernehmen.

a) Wodurch wird der Wiener Gerichtsstand begründet?

b) Der Kläger erhebt gegen die Klagabweisung Berufung, weil der Beklagte in Wien hätte vernommen werden müssen. Wird er damit Erfolg haben?

Kommentar

a) Gegen Personen, die im Inland keinen Gerichtsstand haben, kann wegen vermögensrechtlicher Ansprüche bei jedem Gericht eine Klage eingebracht werden, in dessen Sprengel sich Vermögen dieser Personen oder der mit der Klage in Anspruch genommene Gegenstand selbst befindet (***Wahlgerichtsstand des Vermögens,*** § 99 Abs 1 JN).

Das Vermögen kann auch in einer Forderung des Beklagten bestehen; dann gilt der allgemeine Gerichtsstand des Drittschuldners als Ort des Vermögens, subsidiär der Ort eines für die Forderung haftenden Pfands (§ 99 Abs 2 JN).

Der Wahlgerichtsstand des Vermögens ist ein subsidiärer Gerichtsstand: Nur wenn der Gegner (Inländer wie Ausländer) sonst im Ausland bei seinem dortigen Gerichtsstand geklagt werden müsste, bildet sein inländisches Vermögen einen Zuständigkeitsgrund.

Beachte: *§ 99 JN gilt nicht im Bereich der EUGVVO und des LGVÜ.*

Der Gesamtwert des inländischen Vermögens darf nicht unverhältnismäßig geringer sein als der Wert des Streitgegenstands (§ 99 Abs 1 S 2 JN).

Über die Relation zwischen Vermögenswert und Streitwert gehen die Meinungen auseinander: Die Judikatur hält 1/3 (RS0046741), Fasching 1/10 (*Fasching* 311) des Streitwerts für ausreichend. Nach den Materialien zur ZVN 1983 soll der Vermögenswert den voraussichtlichen Prozesskostenersatzanspruch des Klägers decken (ErläutRV 669 BlgNR 15. GP 39).

Das in Österreich befindliche Vermögen des Beklagten besteht einerseits in dessen Hotelsafedepot, das der Kläger gemäß § 970c ABGB zurückbehalten hat, andererseits in der Honorarforderung des Beklagten gegen die Gattin des Klägers.

Der Vermögenswert übersteigt jedenfalls den Streitwert, da schon die Honorarforderung des Beklagten die Klageforderung erreicht. Ort des Depots und allgemeiner Gerichtsstand des Drittschuldners ist Wien. So kann der Wiener Hotelier bei sich daheim den Belgrader Arzt klagen.

b) Eine *Partei* kann im Rechtshilfeweg nur vernommen werden, wenn ihrem persönlichen Erscheinen unübersteigliche Hindernisse entgegenstehen oder es unverhältnismäßige Kosten verursachen würde (§ 375 Abs 2 ZPO).

Die Voraussetzungen der Parteienvernehmung im Rechtshilfeweg sind strenger als jene der Zeugenvernehmung (siehe § 328 ZPO). Die Unverhältnismäßigkeit hat sich gleichfalls am Streitwert zu orientieren. Die Kosten zB. eines Fluges Belgrad-Wien-Belgrad bleiben weit hinter dem landesgerichtlichen Streitwert zurück.

Das LG Wien hat den **Grundsatz der sachlichen Unmittelbarkeit** verletzt, weil es nicht selbst den Beklagten als Partei vernommen hat (§ 375 Abs 2 S 1 ZPO): Das Verfahren leidet unter einem schweren Mangel (JBl 1960, 564 [*Novak*] = RS0040609*)*.

Der Berufungsgrund der *Mangelhaftigkeit des Verfahrens* (§ 496 Abs 1 Z 2 ZPO) steht dem unterlegenen Kläger allerdings nur dann zur Verfügung, wenn er den Mangel *rechtzeitig gerügt* hat (§ 196 ZPO), nämlich sofort nach Anordnung der Beweisaufnahme im Rechtshilfeweg (ÖJZ 1965/188).

Das diligenzpflichtwidrige Unterlassen der Rüge heilt den Verfahrensmangel; es gilt als konkludente (unwiderrufliche) Zustimmung des Klägers zur Beklagtenvernehmung im Ausland.

II. Parteienlehre

Fall 23

Der minderjährige Adam wird bei einer Schlägerei verletzt. Die Mutter des Adam hält Bedam für den Übeltäter, den sie auf Schadenersatz klagt.

a) In der Klage bezeichnet sich Adams Mutter als Klägerin.

b) In der Verhandlung stellt sich heraus, dass in Wahrheit Cedam der Übeltäter war.

Kommentar

a) Berichtigung der Parteibezeichnung

Es ist weder eine Klagänderung noch eine Parteiänderung, wenn die Parteibezeichnung auf diejenige Person richtig gestellt wird, von der oder gegen die nach dem Inhalt der Klage in einer jeden Zweifel ausschließenden Weise das Begehren erhoben worden ist (§ 235 Abs 5 S 1 ZPO). Die Richtigstellung geschieht auf Antrag oder von Amts wegen (§ 235 Abs 5 S 2 ZPO), erforderlichenfalls nach den Regeln über die Verbesserung von Schriftsätzen (§§ 84, 85 ZPO), selbst noch in höherer Instanz.

Das amtswegige *Verbesserungsverfahren* (§§ 84, 85 ZPO) dient der Beseitigung von Formgebrechen, welche die ordnungsmäßige geschäftliche Behandlung eines überreichten Schriftsatzes (zB. Klage, Berufung) zu hindern geeignet sind. Der Partei ist auf möglichst einfache Art Gelegenheit zur Verbesserung zu geben (§ 59 Geo): Sie wird schriftlich oder (fern)mündlich aufgefordert, den Schriftsatz bei Gericht zu verbessern; sonst ist ihr der Schriftsatz mit einem Verbesserungsauftrag zurückzustellen (§ 85 Abs 1 ZPO).

Bei befristeten Parteihandlungen ist eine **unerstreckbare Verbesserungsfrist** zu setzen; wird sie gewahrt, so gilt der Schriftsatz als im ursprünglichen Zeitpunkt eingebracht (§ 85 Abs 2 ZPO). – Zur Verbesserung inhaltlicher Mängel *Buchegger* BeitrZPR I 26.

Geht aus dem Klaginhalt eindeutig hervor, dass Adams Mutter den Schadenersatzanspruch nicht im eigenen Namen, sondern als gesetzliche Vertreterin des prozessunfähigen Adam geltend macht, so ist die Parteibezeichnung auf den Adam richtig zu stellen.

Das Gericht kann Adams Mutter bei der nächsten Gelegenheit (etwa in der vorbereitenden Tagsatzung) formfrei auffordern, den Klagekopf zu berichtigen, oder aber diese Berichtigung von Amts wegen vornehmen und davon Adams Mutter bei der nächsten Gelegenheit formfrei in Kenntnis setzen.

b) Mangel der passiven Sachlegitimation

Wer Partei ist, bestimmt der Kläger in der Klage. Es kommt darauf an, wen er als Partei bezeichnet, und nicht, wen er als Partei gewollt hat.

Bis zur Klagezustellung ist eine *Änderung der Parteibezeichnung* ohne weiteres zulässig: Adam kann den Bedam gegen den Cedam austauschen. Mit Klagezustellung entsteht aber zwischen Parteien und Gericht ein Prozessrechtsverhältnis, das grundsätzlich für die ganze Prozessdauer aufrecht bleibt *(perpetuatio partium)*.

Wird die Klage dem als Beklagten bezeichneten Bedam zugestellt, so wird Bedam Partei, auch wenn er mit dem Schadensfall gar nichts zu tun hat. Bedam muss sich in den Streit einlassen und fehlende Passivlegitimation behaupten. Gegebenenfalls weist das Gericht die Klage mit Urteil als unbegründet ab.

Stellt sich die fehlende Passivlegitimation heraus, so empfiehlt sich dem Kläger schon aus Kostengründen, die Klage gegen Bedam zurückzunehmen (§ 237 ZPO) und eine neue Klage gegen Cedam zu erheben. Diese Vorgangsweise entspricht der (sonst nur vereinzelt praktizierten) *Klagerhebungstheorie (Rechberger/Simotta* 399; anders *Dolinar/Roth* 226 sowie WBl 1992, 262).

Prozessökonomischer ist es indessen, den Mangel der Passivlegitimation durch Parteiwechsel zu bereinigen: Cedam tritt anstelle des Bedam in den Prozess ein *(Klagefortsetzungstheorie)*. Dem Parteiwechsel müssen alle Beteiligten zustimmen; es gibt keinen ersatzweisen Gerichtsbeschluss. Das Verfahren läuft ungehindert weiter. Adam muss dem ausscheidenden Bedam dessen Prozesskosten ersetzen.

Die Vertreter der Klagerhebungstheorie stellen die leere Behauptung in den Raum, der Gesetzgeber habe die Fälle des Parteiwechsels abschließend geregelt. Prozessgesetzlücken sind aber nicht bloß systematisch-logisch zu betrachten, sondern womöglich nach prozesswirtschaftlichen Grundsätzen zu schließen: Dem entspricht die Klagefortsetzungstheorie am besten, indem sie einerseits die Interessen aller Beteiligten berücksichtigt, anderseits für einen nahtlosen Verfahrensfortgang sorgt.

Fall 24

Die beiden Vettern Balthasar Mair I und Balthasar Mair II, beide Bauarbeiter, wohnen in der Amaliengasse 20 ebenerdig als Untermieter. Dort wird eine Zahlungsklage zugestellt, lautend auf den Beklagten Balthasar Mair, Bauarbeiter, Amaliengasse 20 ebenerdig. BM I nimmt diese Klage in Empfang und legt sie, da ihm Kläger und Klagerzählung fremd sind, auf den Schreibtisch des verreisten BM II. Dasselbe geschieht mit dem bald darauf erfließenden Versäumungsurteil. Als aber der Gerichtsvollzieher die Exekutionsbewilligung zustellen und zugleich pfänden will, sieht er sich sowohl mit dem BM I als auch dem eben von einer Reise zurückgekehrten BM II konfrontiert. Beide verweigern die Annahme der Exekutionsbewilligung. Unbeirrt legt der Gerichtsvollzieher die Exekutionsbewilligung auf die von beiden Vettern gemeinsam benützte Garderobenkonsole und pfändet verschiedene Gegenstände, die teils dem einen teils dem anderen Vetter gehören. Wie können sich die beiden Vettern wehren?

Kommentar

a) BM I wurde durch *Falschzustellung der Klage* in den Prozess gegen BM II gezogen. Er ist dort *Nichtpartei* und kann sich, selbst noch gegen den Exekutionsvollzug, durch einen Entlassungsantrag beim Exekutionsgericht wehren. Dieses prüft die Identität des BM I in einem Zwischenverfahren und stellt dann die gegen ihn geführte Exekution ein.

Der Einstellungsbeschluss scheidet die dem BM I gehörenden Pfandsachen nur aus, wenn sie in seiner Alleingewahrsame gestanden sind. Mitgewahrsame hindert die gegen BM II weiterlaufende Exekution nicht: BM I müsste gegen den betreibenden Gläubiger einen Exszindierungsanspruch geltend machen (§ 37 EO).

Dass die Annahme der Exekutionsbewilligung verweigert wird, hat auf die Pfändung keinen Einfluss (stR, GlUNF 2469, ZBl 1930/68).

b) BM II ist *nicht vertretene Partei* und braucht die Säumnis des BM I nicht gegen sich gelten zu lassen.

•   Wenn BM II nichts gegen die Klage einzuwenden hat, kann er die „Prozessführung" (das Nichthandeln) des BM I *nachträglich ordnungsgemäß genehmigen.*

•   Will BM II das nichtige Urteil hingegen mit *Nichtigkeitsberufung* bekämpfen (§ 477 Abs 1 Z 5 ZPO), so muss er zunächst den Lauf der Berufungsfrist in Gang setzen, indem er die neuerliche Zustellung des Urteils nunmehr an sich beantragt; doch schadet Vorzeitigkeit der Berufung nicht.

•   Anderseits braucht BM II keine Berufung zu erheben; er kann die neue Berufungsfrist verstreichen lassen und nach Eintritt der Rechtskraft binnen vier Wochen (relative Klagefrist) die *Nichtigkeitsklage* erheben (§ 529 Abs 1 Z 2 ZPO).

Um die Exekution vorläufig zu hemmen, muss BM II einen Aufschiebungsantrag beim Exekutionsgericht stellen. Über den Aufschiebungsgrund (§ 42 Abs 1 Z 1 EO) und das Aufschiebungsinteresse (§ 44 EO) ist mit den Parteien mündlich zu verhandeln (§ 45 Abs 3 EO).

Fall 25

Der Hüpfer-Verlag hat mit dem berühmten Schriftstellertrio Buch/Deix/Holz einen Exklusivvertrag über ihr neues Gemeinschaftswerk „Ein Leben für den Prozess" geschlossen. Als sie ihr Manuskript nicht termingerecht abliefern, klagt er sie auf Werklieferung und Zahlung einer Vertragsstrafe. In der vorbereitenden Tagsatzung bestreitet Buch, anerkennt Deix und ist Holz säumig.

Kommentar

Der Hüpfer-Verlag häuft den Werklieferungsanspruch mit dem Zahlungsanspruch in einer Klage *(Anspruchshäufung)*:

a) Der *Zahlungsanspruch* wird gegen Buch, Deix und Holz als materielle Streitgenossen geltend gemacht *(Parteienhäufung)*: Es handelt sich um solidarisch Verpflichtete (§ 11 Z 1 ZPO). *Materielle wie formelle Streitgenossen sind prozessual selbständig:* Die Handlungen oder Unterlassungen des einen gereichen dem anderen weder zum Vorteil noch zum Nachteil (§ 13 ZPO).

Ergebnis: Gegen Buch wird das Verfahren streitig, gegen Deix ergeht auf Antrag des Klägers ein Anerkenntnisurteil, gegen Holz ein Versäumungsurteil.

b) Der *Werklieferungsanspruch* wird gegen Buch/Deix/Holz als *einheitliche Streitpartei* geltend gemacht (§ 14 ZPO): Es handelt sich um eine Gesamthandklage gegen eine Schuldnermehrheit, die eine unteilbare Leistung nur gemeinsam erbringen kann (ein vom ABGB nicht geregelter Fall). Buch/Deix/Holz sind *prozessuale Gesamthänder:* Holzens Säumnis schadet nicht (§ 14 S 2 ZPO), für ihn handeln Buch und Deix *(Repräsentationsprinzip)*. Da sich Buch und Deix nicht auf ein gemeinsames Vorgehen einigen können, muss das Gericht ihren Konflikt lösen. Dazu bieten sich drei Möglichkeiten an:

▪ Nach dem Einstimmigkeitsprinzip haben Buch und Deix keinen gemeinsamen Willen gebildet, sie sind (gleich Holz) untätig: Gegen die einheitliche Streitpartei ergeht auf Antrag des Klägers ein Versäumungsurteil.

• Das formelle Schutzprinzip oder prozessuale Günstigkeitsprinzip zieht Buchs Streit-einlassung vor, denn vom (abstrakten) Streitstandpunkt aus ist Bestreiten stets günstiger als Anerkennen: Der Richter weist den Antrag auf Fällung eines Anerkenntnisurteils gegen Deix ab und verhandelt mit der einheitlichen Streitpartei kontradiktorisch weiter (so *Fasching* 381; *Rechberger/Simotta* 389; RS0120143; anders *Dolinar/Roth* 242).

Nach dem ***materiellen Schutzprinzip*** bestellt das Gericht von Amts wegen einen Prozesskurator (gemäß §§ 8 ff ZPO), der die für die Streitgenossenschaft zweckmäßigste Prozesshandlung ermittelt und vornimmt. Er wird sich für das Anerkenntnis entscheiden, falls das Verschulden der Streitgenossenschaft auf der Hand liegt und die Streiteinlassung wegen Aussichtslosigkeit der Rechtsverteidigung ein Unfug wäre: Gegen die einheitliche Streitpartei ergeht auf Antrag des Klägers ein Anerkenntnisurteil.

Fall 26

Das Ehepaar Blank hält sich einen Hausfreund, dem es den gemeinsam angeschafften Zweitwagen leiht. Als der Gatte entdeckt, dass die Gattin intime Beziehungen zum Hausfreund pflegt, verlangt er von diesem vergeblich den Wagen zurück. Schließlich erhebt er, gegen den Willen seiner Gattin, die Herausgabeklage. Ist der Gatte allein zur Herausgabeklage legitimiert? Wie lautet das Klagebegehren?

Kommentar

Die ***Identität des Streitgegenstands*** ist Voraussetzung für die gebundene Streitgenossenschaft (§ 14 ZPO), aber sie allein genügt nicht. Solange ein Rechtsteilhaber einen selbständigen Klaganspruch hat, kann er über diesen nach Belieben verfügen, auch wenn der materiellrechtliche Anspruch unteilbar ist. Daran ändert sich auch nichts, wenn sich mehrere Rechtsteilhaber zu einer Gemeinschaftsklage zusammentun: Immer noch kann der eine auf seinen Klaganspruch verzichten, während der andere den Streit zu Ende ficht.

Das mag die zweckhafte Einförmigkeit der Entscheidungen gefährden, erzeugt aber keinen Rechtskraftkonflikt, weil das Gesetz für solche Fälle keine Rechtskrafterstreckung vorsieht.

Das Ehepaar Blank steht hinsichtlich des Zweitwagens in einer *Rechtsgemeinschaft (Miteigentumsgemeinschaft):* Es kann seine Verwaltungs- und Verfügungsakte grundsätzlich nur gemeinsam vornehmen *(notwendig gemeinsame Sachbefugnis).*

Der notwendig gemeinsamen Sachbefugnis müsste eine gemeinsame Prozesslegitimation in Form einer obligatorischen Gemeinschaftsklage (Gesamthandklage) entsprechen, zumal Identität des Streitgegenstands besteht.

Aber § *890 S 2 ABGB* will es anders: *Mehrere Gläubiger einer unteilbaren Leistung* haben zwar notwendig gemeinsame Sachlegitimation, aber *Einzelprozesslegitimation,* so dass jeder Mitgläubiger selbständig die Leistung einklagen kann, ohne dadurch die Klagansprüche der übrigen zu konsumieren. Daher bewirkt ein Gemeinschaftsprozess auch nur selbständige (materielle) Streitgenossenschaft nach § 11 Z 1 ZPO. Allerdings kann der selbständig klagende Rechtsgemeinschafter nur begehren:

- entweder die Herausgabe an alle Mitberechtigten (wenn sich diese nicht auf die Person des Empfängers einigen, befreit der Gerichtserlag)

- oder die Herausgabe an ihn allein gegen entsprechende Sicherheitsleistung.

Fall 27

Die Firma Elektromax hat dem Ehepaar Blank ein Fernsehgerät gegen Ratenzahlungen unter Eigentumsvorbehalt verkauft. Als die Käufer eine Rate schuldig bleiben, tritt der Verkäufer vom Vertrag zurück und verlangt die Herausgabe des Fernsehgeräts. Muss er die Herausgabeklage gegen das Ehepaar Blank richten oder kann er Herrn oder Frau Blank allein klagen?

Kommentar

Die *Schuldnermehrheit bei unteilbarer Leistung* ist überhaupt nur ein Fall der *Solidarität* (ausdrücklich § 890 S 1 ABGB). Der Gläubiger kann von jedem einzelnen Schuldner die Leistung verlangen, mit der sein Anspruch auch gegen die übrigen Mitverpflichteten erlischt.

Nur wenn die Leistung die Mitwirkung aller erforderte, würde sich die Schuldnermehrheit zu einer Gesamthandschaft verdichten, die mit einer Gemeinschaftsklage in Anspruch genommen werden müsste (anspruchsgebundene Streitgenossenschaft; siehe oben Fall 25 Antwort b).

Hier ist aber jeder der beiden Ehegatten allein in der Lage, das Fernsehgerät herauszugeben. Daher hat Elektromax die Wahl, entweder Herrn Blank allein oder Frau Blank allein oder beide zusammen auf Herausgabe zu klagen. *Solidarverhältnisse begründen* trotz Identität des Streitgegenstands *nur eine materielle Streitgenossenschaft* (ausdrücklich § 11 Z 1 ZPO) und keine einheitliche Streitpartei.

Fall 28

Von mehreren Streitgenossen, die mit ihrem Gegner das Ruhen des gemeinschaftlichen Verfahrens vereinbart haben, beantragt einer, das Gericht möge einen Termin zur mündlichen Streitverhandlung anberaumen. Macht es einen Unterschied, ob die Streitgenossenschaft eine selbständige oder eine gebundene ist?

Kommentar

Es genügt, wenn einer von mehreren Streitgenossen den Fortsetzungsantrag stellt, gleich welcher Art die Streitgenossenschaft ist:

● Bei der *gebundenen Streitgenossenschaft* vertritt der Tätige den Untätigen *(Repräsentationsprinzip,* § 14 S 2 ZPO; s. oben Fall 25 Antwort b).

● Bei der *selbständigen Streitgenossenschaft* handelt zwar grundsätzlich jeder Streitgenosse nur für seinen Bereich (§ 13 ZPO; siehe oben Fall 25 Antwort a), doch schafft § 15 Abs 1 ZPO eine Ausnahme für die bloßen *Prozessbetreibungshandlungen:* Das Recht zur Betreibung des Prozesses kann von jedem einzelnen der Streitgenossen ausgeübt werden.

Mithin beschränkt sich das *Selbständigkeitsprinzip* auf die *Sachdispositionen* der Streitgenossen (zB. Anerkennen, Bestreiten, Sichvergleichen, Berufen). Dem Grundsatz der Prozessökonomie entspricht es, die gekoppelten Verfahren selbständiger Streitgenossen womöglich zusammenzuhalten, daher herrscht auch hier *einheitlicher Prozessbetrieb.*

Fall 29

Ein Fußgänger rutscht auf dem Glatteis vor einem Haus aus und klagt den Hausbesitzer auf Schadenersatz, weil nicht gestreut war. Da streitig ist, ob der Hausbesitzer oder die Gemeinde streupflichtig ist, tritt diese aufgrund einer Streitverkündung dem Kläger als Nebenintervenientin bei. Das Gericht stellt die Streupflicht der Gemeinde fest und weist die Klage ab.

Nun klagt der unterlegene Fußgänger die Gemeinde auf Schadenersatz. Kann diese einwenden, dass doch den Hausbesitzer die Streupflicht treffe?

Kommentar

Das Urteil wird nur gegenüber den Prozessparteien rechtskräftig, entfaltet daher nicht die der materiellen Rechtskraft typische Einmaligkeits- und Bindungswirkung gegenüber der Nebenintervenientin. Danach müsste im Zweitprozess die Frage der Streupflicht neuerdings beurteilt werden.

Der OGH hat allerdings in einer Grundsatzentscheidung (SZ 70/60) dem materiell rechtskräftigen Zivilurteil eine *Interventionswirkung* zuerkannt.

Diese Interventionswirkung trifft den einfachen Nebenintervenienten und denjenigen, der sich am Verfahren trotz Streitverkündung nicht beteiligt hat: Sie können im Folgeprozess, den die Hauptpartei gegen sie anstrengt, keine Einwendungen erheben, „die mit den notwendigen Elementen der Entscheidung im Vorprozess im Widerspruch stehen". Die *erweiterte Bindungs- oder Präjudizialitätswirkung* bezieht sich mithin nicht nur auf den Spruch, sondern auch auf „alle rechtlichen und tatsächlichen Feststellungen, auf denen die Entscheidung beruht". Also muss die beklagte Gemeinde die Feststellung im Erstprozess, dass sie die Streupflicht trifft, im Zweitprozess gegen sich gelten lassen.

Die *Einrede mangelhafter Prozessführung* wird nur mit der Behauptung zugelassen, dass die Hauptpartei den Prozessverlust allein verschuldet habe, weil sie dem Intervenienten den Streit zu spät verkündet, seinen Prozesshandlungen ständig widersprochen oder ihm unbekannte Angriffs- oder Verteidigungsmittel wissentlich außer Acht gelassen habe.

III. Stufenklage

Fall 30

Der Gebietsvertreter Hurtig hat Provisionsansprüche an den Geschäftsherrn Geizig: 10 % des Verkaufserlöses aus allen in Oberösterreich abgeschlossenen Käufen über den Doppelkinnentferner „Ruckzuck". Die Unterlagen über die Abschlüsse gibt Geizig nicht heraus.

Kommentar

Literatur: Bajons, Die Beweisführung durch Handelsbücher, NZ 1991, 51; *Jabornegg,* Handelsvertreterrecht und Maklerrecht (1987); *Nocker,* HVertrG[2] (2015); *Tschuk/Fromherz,* Zur Stufenklage des Handelsvertreter, RdW 1993, 247; *Weilinger/Weilinger,* HVertrG (1993).

Wer die genaue Höhe seiner Forderung nicht zu nennen vermag, weil nur sein Gegner über die maßgeblichen Unterlagen verfügt, dringt mit einer Leistungsklage mangels Bestimmbarkeit des Begehrens (§ 226 Abs 1 ZPO) nicht durch. Abhilfe kann in solchen Fällen eine Manifestations- oder Stufenklage schaffen (Art XLII EGZPO). Außerdem sind für die Falllösung die Besonderheiten des HVertrG 1993 zu beachten.

Ob Hurtig angestellter Vertreter, freier Vertreter – ein Gebilde des Richterrechts (ArbS 9945, 10.025, SZ 63/119) – oder Handelsvertreter ist, macht hier keinen Unterschied. Art XLII Abs 1 EGZPO begründet keinen eigenen privatrechtlichen Anspruch auf Vermögensangabe, Rechnungslegung oder Auskunfterteilung, sondern ermöglicht eine Manifestations(eid)klage nur, soweit bereits ein solcher Anspruch „nach den Vorschriften des bürgerlichen Rechts" oder aus Vertrag besteht.

Provisionsvereinbarungen mit angestellten Vertretern, mit freien Vertretern und mit Handelsvertretern enthalten auch ohne besondere Abrede die Verpflichtung des Arbeit(Auftrag)gebers zur Rechnungslegung und Bekanntgabe des Umsatzes; dieser Hilfsanspruch ergibt sich schon aus der Vertragstreue und aus der Fürsorgepflicht des Arbeit(Auftrag)gebers. Abgesehen davon normieren § 10 Abs 4 u 5 AngG und §§ 14 Abs 1,

16 Abs 1 u 2 HVertrG nahezu wortgleich den Anspruch auf Abrechnung, auf Buchauszug und Bucheinsicht einerseits für den angestellten Vertreter, anderseits für den Handelsvertreter, was wegen der gleichen Rechts- und Interessenlage auch für den freien Vertreter gelten muss.

a) Außerstreitige Vorlage der Handelsbücher

Der Handelsvertreter kann beim Bezirksgericht, in dessen Sprengel sich die Handelsbücher befinden, deren Vorlage beantragen, wenn er bescheinigt, dass der Buchauszug unrichtig oder unvollständig ist oder dass ihm der Buchauszug verweigert wurde (§ 16 Abs 2 HVertrG).

Das Gericht fällt einen **Vorlagebeschluss** mit einer **Vorlagefrist.** Es sieht im Beisein der Parteien die vorgelegten Handelsbücher ein und fertigt erforderlichenfalls einen Auszug an (§ 16 Abs 3 S 1 HVertrG). Im Übrigen gelten die §§ 384 bis 389 ZPO über die Beweissicherung (§ 16 Abs 5 HVertrG).

Der Geschäftsherr kann gegen die persönliche Einsichtnahme durch den Handelsvertreter *Widerspruch* erheben. Dann erfolgt die Einsichtnahme durch eine Vertrauensperson beider Parteien, allenfalls durch einen gerichtlich bestellten Buchsachverständigen (§ 16 Abs 4 HVertrG).

b) Manifestations(eid)klage und Stufenklage

Der Handelsvertreter kann den Geschäftsherrn klagen auf
- Rechnungslegung (§ 14 Abs 1 HVertrG),
- Buchauszug (§ 16 Abs 1 HVertrG) und
- Vorlage der Handelsbücher/Bucheinsicht (§ 16 Abs 2 HVertrG).

Das sind materiellrechtliche Manifestationsansprüche im Sinn des Art XLII Abs 1 EGZPO *(Manifestationsklage).*

Sofern dem Kläger kein einfacheres Kontrollmittel zur Verfügung steht, kann er den Geschäftsherrn auch auf

- Leistung des Eids klagen, dass seine Angaben richtig und vollständig sind *(Manifestationseidklage),* siehe Art XLII Abs 1 Ende EG-ZPO, *Jabornegg* 394 f, 409.

Die alte Rsp verneinte hingegen einen selbständigen Anspruch des Handelsvertreters auf richtigen und vollständigen Buchauszug: Nach § 15 Abs 2 HVG alt = § 16 Abs 2 HVertrG stünden ihm nur die Provisionszahlungsklage mit innerprozessualer Urkundenvorlage (§§ 303 ff ZPO) *oder* die vorprozessuale außerstreitige Beweissicherung durch Bucheinsicht zur Wahl (SZ 26/25; ÖJZ 1977/4; 1988/144; RS0035026). Doch richtigerweise ist zwischen Buchauszug, den der Geschäftsherr auf eigene Kosten erstellen muss, und Bucheinsicht, die vornehmlich der Kontrolle des Buchauszugs dient und diesen nicht ersetzen soll, zu unterscheiden. Der Anspruch auf „Buchauszug sowie alle Auskünfte" ist ein voll ausgestalteter Hilfsanspruch (eindeutig § 16 Abs 1 HVertrG), der durch Klage geltend gemacht und auch zwangsweise durchgesetzt werden kann (*Jabornegg* 392 ff,

408 f). Dieser Kritik aus der Lehre hat sich der OGH angeschlossen und anerkennt nun in ausdrücklicher und einhelliger Rsp den klagbaren Anspruch des Handelsvertreters auf Abrechnung durch Mitteilung eines Buchauszugs mit nachfolgender Konkretisierung des Leistungsbegehrens in Form einer Stufenklage (verst Senat: 8 Ob 527/92 = JBl 1993, 249 [*Jabornegg*]; RS0035140).

Hurtig kann Geizig zunächst auf Rechnungslegung und/oder Buchauszug klagen *(Manifestationsklage,* §§ 14 Abs 1, 16 Abs 1 HVertrG) und dann auf Zahlung der bekannt gegebenen Summe *(Zahlungsklage).* Er kann aber auch beide Klagen miteinander zu einer *Stufenklage* verbinden.

Der isolierte Wortlaut des Art XLII Abs 3 EGZPO führt irre, weil er die Verbindung der Klage auf eidliche Angabe des Vermögens mit der (noch unbestimmten) Klage auf Herausgabe des Geschuldeten zulässt, woraus man auf eine Verbindung bloß der Eidleistungsklage mit der Herausgabeklage schließen könnte. Wenn wir aber Art XLII Abs 1 EGZPO einbeziehen, ergibt sich eine andere Lesart: Die Klage auf – allenfalls eidliche – Angabe des Vermögens kann mit der Herausgabeklage verbunden werden. Sohin kann das Verfahren mitunter *dreistufig* sein: *Bekanntgabe, Eidleistung und Herausgabe.* Dass die Rechnungslegung zum Gegenstand einer Stufenklage gemacht werden kann, ist hM (DRdA 1982, 48; *Burgstaller,* ZAS 1981, 144; *Ballon,* Öbl 1982, 24; *Schönherr,* MR 1989, 169; *Jabornegg* 392 ff; *Bajons,* NZ 1991, 55; anders allerdings RJW 1989, 64).

In der Stufenklage bewertet Hurtig nur das Manifestationsbegehren (Individualleistungsbegehren), und zwar nach § 56 Abs 2 JN (bis 5000 Euro Vertretungsfreiheit), was für die sachliche Wertzuständigkeit den Ausschlag gibt.

Die nachfolgende Bezifferung des Zahlungsbegehrens ändert nichts mehr daran, selbst wenn die Stufenklage beim Bezirksgericht eingebracht wurde und die später bekannt gegebene Summe die bezirksgerichtliche Streitwertgrenze übersteigt.

Die Stufenklage hat nicht nur prozessökonomische Vorteile. Da sie die Gerichtsanhängigkeit des Zahlungsanspruchs mitbewirkt, unterbricht sie auch dessen Verjährung (SZ 40/117). Im einzelnen *Burgstaller,* DRdA 1982, 47 und *Ballon,* ZAS 1981, 144.

c) *Zwangsvollstreckung*

• Lautet der Titel auf Rechnungslegung oder Buchauszug, so folgt eine *Handlungsexekution:* Der Gläubiger beantragt die *Ersatzvornahme,* wenn die geschuldete Handlung auch von einem Dritten (zB. Buchsachverständigen) vorgenommen werden kann (§ 353 EO), sonst den Einsatz von *Beugemitteln* (§ 354 EO).

Ein Urteil auf Eidleistung ist immer mit Beugemitteln zu vollstrecken (§ 354 EO). Ist der Verurteilte freiwillig zur Eidleistung bereit, so hat das Bezirksgericht im außerstreitigen Verfahren den Eid abzunehmen und zu beurkunden (SZ 49/73).

• Lautet der Titel auf Vorlage der Handelsbücher zur Einsicht (§ 16 Abs 2 HVertrG), so folgt eine *Herausgabeexekution* (§§ 346 ff EO): Der

Gerichtsvollzieher nimmt die Bücher zwangsweise weg und hinterlegt sie bei Gericht.

Gegen Dritte muss der betreibende Gläubiger mit einem Antrag auf Überweisung des Rückgabeanspruchs zur Einziehung, allenfalls mit Drittschuldnerklage vorgehen (§ 347 EO).

Sind die Handelsbücher nicht auffindbar, so bieten sich das Offenlegungsverfahren (§ 47 Abs 1 EO) und die Exekution zur Erwirkung einer unvertretbaren Handlung mit Beugemitteln an (§ 354 EO).

IV. Feststellungsklage

Fall 31

Kain erzählt herum, er habe dem Abel 30.000 Euro geliehen, die ihm dieser mangels Masse nicht mehr zurückzahlen könne.

a) Abel klagt Kain auf Feststellung, dass eine solche Darlehensforderung nicht zu Recht bestehe.

b) Kain erhebt darauf eine Zahlungswiderklage, mit der er die 30.000 Euro begehrt.

Kommentar

a) Abel erhebt eine ***negative Feststellungsklage*** gegen den rechtsberühmenden Kain (§ 228 ZPO). Auch hier muss das Begehren bestimmt und der Klagegrund individualisiert sein (30.000 Euro aus Darlehen). Der bloße Antrag, festzustellen, dass Abel dem Kain nichts schulde, erfüllt nicht die Prozessvoraussetzung des notwendigen Klaginhalts.

Das ***Feststellungsinteresse*** liegt darin begründet, dass Abel durch die Rechtsberühmung einerseits in seiner Kreditwürdigkeit geschädigt, anderseits in seinen vermögensrechtlichen Verfügungen beeinträchtigt ist, weil er 30.000 Euro zur Rückzahlung des angeblichen Darlehens bereit halten muss.

Steht dem Beklagten der angemaßte Anspruch in geringerem Umfang zu, so ist der negativen Feststellungsklage teilweise stattzugeben (RS0037485). Nur so lässt sich ein zweiter Prozess über die Anspruchshöhe vermeiden.

b) Negative Feststellungsklage und Leistungswiderklage sind in ihrem Streitgegenstand ***nur teilidentisch:*** Zwar korrespondiert das Urteil, das der Feststellungsklage stattgibt, mit dem, das die Leistungsklage abweist, denn beide besagen dasselbe (nämlich dass Kains Rückzahlungsanspruch nicht zu Recht besteht), aber eine Stattgabe der Zahlungswiderklage bringt dem Kain mehr als eine Abweisung der Feststellungsklage, nämlich über die

Feststellung des Bestehens seines Rückzahlungsanspruchs hinaus noch einen Vollstreckungstitel gegen Abel. Deshalb ist auch die Zahlungswiderklage zulässig.

Kains Zahlungswiderklage lässt aber Abels Feststellungsinteresse erlöschen, denn mit ihrer Abweisung erreicht Abel dasselbe wie mit der Stattgabe seiner negativen Feststellungsklage. Wenn er ihrer Zurückweisung entgehen will, muss er sie auf Kosten einschränken.

Die Zurücknahme der Zahlungswiderklage braucht Abel nicht zu befürchten, denn sie bedarf ab Einlangen (der Klagebeantwortung oder) des Einspruchs gegen den Zahlungsbefehl seiner Zustimmung (§ 237 Abs 1 ZPO), sofern Kain nicht überhaupt auf den Klaganspruch verzichtet (§ 237 Abs 4 ZPO).

Fall 32

Klang fordert von Beck 15.000 Euro Schmerzengeld. Weil sich aber noch nicht abschätzen lässt, ob die Unfallfolgen eine weitere ärztliche Behandlung notwendig machen, möchte Klang den Beck zudem auf Feststellung klagen, dass dieser auch für künftige Schäden, insbesondere für weiteres Schmerzengeld haftet. Zu prüfen sind die Möglichkeiten einer Anspruchshäufung.

Kommentar

Dass in solchen Fällen für eine Feststellungsklage ein Feststellungsinteresse besteht, hat die Judikatur längst festgeschrieben (zB. ZVR 1966/249, 2001/74).

▪ Klang kann die 15.000 Euro allein in Form einer Mahnklage geltend machen. Mit ihr eine Feststellungsklage zu häufen, ist unzulässig (§ 244 Abs 1 ZPO: „ausschließlich die Zahlung eines 75.000 Euro nicht übersteigenden Geldbetrags").

• Der Häufung des Zahlungsanspruchs mit dem Feststellungsanspruch in einer ordentlichen Klage (die Praxis spricht hier von „Volltextklage") steht nichts im Weg; sie ist aus prozessökonomischen Erwägungen, namentlich aus Gründen der Kostenersparnis, zu empfehlen.

In unserem Fall ist allerdings zu beachten, dass die Streitwerte beider Ansprüche ob ihres tatsächlichen Zusammenhangs zusammengerechnet werden müssen (§ 55 Abs 1 Z 1 JN) und die Streitwertsumme den Ausschlag für die sachliche Zuständigkeit gibt. Da schon der Zahlungsanspruch 15.000 Euro ausmacht und jeder Feststellungsanspruch einen Streitwert haben muss (wenn der Kläger keinen angibt, gilt der gesetzliche Streitwert von 5.000 Euro: § 56 Abs 2 S 3 JN), ist die gehäufte Klage jedenfalls beim Landesgericht einzubringen.

▪ Wenn Klang mit seinen beiden Ansprüchen beim Bezirksgericht bleiben will, muss er sie zunächst getrennt einklagen: einerseits mit einer Mahnklage, anderseits mit einer ordentlichen Feststellungsklage, deren Streitwert er ja steuern kann. Endet das Mahnverfahren nicht mit einem rechtskräftigen und vollstreckbaren Zahlungsbefehl, sondern mit einem Einspruch, so kann er anregen, dass das streitig gewordene Zahlungsverfahren mit dem anhängigen Feststellungsverfahren zur gemeinsamen Verhandlung und Entscheidung verbunden werde (§ 187 ZPO). Einen Anspruch darauf hat er aber nicht, weil es sich um eine richterliche Ermessensentscheidung (prozessleitende Verfügung) handelt (vgl. § 192 Abs 2 ZPO). Korrekterweise müsste das Gericht eine Anspruchshäufung unterlassen, weil § 235 Abs 1 ZPO eine Klagerweiterung über die Streitwertgrenze hinaus untersagt. Die Praxis freilich verfügt eine Prozessverbindung, wenn verfahrenswirtschaftliche Gründe dafür sprechen, und wartet die Einwilligung des Gegners ab, die auch konkludent durch Verhandeln über die erweiterte (gehäufte) Sache erfolgen kann. Diese Einwilligung bedeutet zugleich eine zulässige nachträgliche Prorogation, zumal die Parteien anstelle der gesetzlichen Wertzuständigkeit des Landesgerichts ohne weiteres jene des Bezirksgerichts vereinbaren können (§ 235 Abs 2 ZPO).

V. Rechtsschutzverzicht

Fall 33

Ein Reicher streckt seiner armen Schwester eine ansehnliche Summe auf drei Jahre vor und schreibt ihr: „Wenn die Frist um ist, brauchst Du Dir keine Sorgen zu machen. Ich verspreche Dir, Dich nicht zu klagen." Und sie antwortet ihm: „Ich bin schon wegen der Kinder froh, dass wir es nicht zu einem Prozess zwischen uns kommen lassen wollen." Plötzlich schlägt die Bruderliebe in Hass um und der Reiche sucht seiner Schwester zu schaden, wo er nur kann. Als diese nach Fristablauf nicht das ganze Darlehen zurückzuzahlen vermag, klagt er sie unerbittlich auf den Rest. Sie legt dem Richter das brüderliche Schreiben vor.

Kommentar

Literatur: Holzhammer, Lückenschließung durch Typenvergleich am Beispiel des Rechtsschutzverzichts, FS Günther Winkler (1997) 337.

Es handelt sich um ein ***pactum de non petendo,*** das einen allgemeinen Rechtsschutzverzicht enthält. Da es gesetzlich nicht geregelt ist, müssen wir prüfen, ob sich diese Rechtslücke durch Analogie schließen lässt, zumal § 7 S 1 ABGB ein grundsätzliches ***Analogiegebot*** enthält. Zu diesem Zweck suchen wir sinnverwandte Rechtssätze auf.

Speziell sind ausdrücklich geregelt:

▪ der Exekutionsfortsetzungsverzicht (§ 39 Abs 1 Z 6 EO),

▪ der Exekutionseinleitungsverzicht (§ 40 EO),

▪ der Rechtsmittelverzicht vor und nach Urteilsfällung (§ 472 ZPO),

▪ der zeitweilige oder dauernde Prozessfortführungsverzicht (Ruhen des Verfahrens, § 168 ZPO),

▪ die Klagezurücknahme unter Verzicht auf den Kláganspruch (§ 237 Abs 1 u 4 ZPO).

▪ Der Schiedsvertrag (§ 581 Abs 1 ZPO) enthält einen Verzicht auf die staatliche Gerichtsbarkeit.

Dazu gesellt sich nach einhelliger Lehre und Rechtsprechung:

▪ der Konkursteilnahmeverzicht (GesRZ 1989, 45 [Fink]).

Diese sinnverwandten Sätze lesen wir zusammen, abstrahieren daraus den allgemeinen Rechtsgrundsatz, dass auf staatliche Rechtspflege wirksam verzichtet werden kann, und wenden ihn auf das nicht geregelte *pactum de non petendo* an *(Gesamtanalogie).*

Der Einwand, der formelle Rechtsschutzanspruch sei verfassungsrechtlich, weil menschenrechtlich garantiert, zieht nicht:

· Da der Gläubiger über sein Recht verfügen kann *(Sachbefugnis, Sachlegitimation),* steht es ihm auch frei, darauf zugunsten des Schuldners zu verzichten (§ 1444 ABGB). Wer aber auf den materiellen Anspruch als Ganzes verzichten kann, der kann auch bloß auf seine Vollstreckbarkeit (§ 40 EO) gleichwie auf seine Klagbarkeit (§ 237 Abs 4 ZPO) verzichten. Beides bedeutet gegenüber dem materiellen Anspruchsverzicht ein Minus, nämlich den bloßen Verzicht auf die *Prozessführungsbefugnis (Prozesslegitimation),* die ja nur einen Teil der Sachlegitimation bildet.

· Art 6 Abs 1 EMRK steht nicht im Weg: Er garantiert den Justizgewährungsanspruch (dass sich die Gerichte mit der Sache befassen), nicht aber einen Urteilsanspruch (dass sie in der Sache selbst entscheiden). Der Rechtsschutzverzicht schließt den Urteilsanspruch aus: Die Klage ist mangels Rechtsschutzinteresses mit Beschluss zurückzuweisen (anders *Fasching* 5, 742). Wo nämlich auch nur eine Prozessvoraussetzung fehlt, darf es keine Sachentscheidung geben.

· Nur wenn das Privatrecht einen Anspruch für unverzichtbar erklärt, kann auch auf den bezüglichen Rechtsschutz nicht verzichtet werden (zB. Unterhaltsanspruch des Ehegatten, § 94 Abs 3 S 2 ABGB).

Nur in Einzelfällen erklären privat- oder prozessrechtliche Normen das *pactum de non petendo* für unwirksam:

▪ Die Vereinbarung, dass der Gläubiger die Veräußerung der Pfandsache nicht verlangen dürfe, ist ungültig (§ 1371 ABGB).

▪ Auf die Schiedsurteilsaufhebungsklage (§ 611 ZPO) kann durch Parteienvereinbarung nicht verzichtet werden (*Hausmaninger* in Fasching/Konecny[3] § 611 ZPO Rz 195).

Ergebnis: Die Klage ist wegen wirksamen Rechtsschutzverzichts unzulässig und mangels Rechtsschutzinteresses mit Beschluss zurückzuweisen.

VI. Unschlüssigkeit der Klage

Fall 34

Ein Buchhändler behauptet, seinem Stammkunden wertvolle Bücher zwar unaufgefordert zugeschickt, aber in einem Begleitschreiben darauf hingewiesen zu haben, dass der Kunde sich innerhalb von vierzehn Tagen zum Kauf entschließen oder die Bücher zurückgeben müsse. Da dieser die Bücher behalten habe, sei er zur Zahlung des Kaufpreises verpflichtet.

Kommentar

Kauf ist die Willenseinigung über Ware und Preis (§§ 1053, 1054 ABGB). Auf die vom Kläger geschilderte Weise, selbst wenn sie der Wahrheit entspricht, kommt kein Kauf zustande (§ 864 Abs 2 ABGB). Die Kaufpreisklage ist unschlüssig, mangels Anspruchsgrundlage unbegründet und daher mit Urteil abzuweisen *(Unschlüssigkeitsurteil)*. Eine Beweisaufnahme erübrigt sich.

Das Gericht hat die Schlüssigkeit der Klage sogleich nach den Prozessvoraussetzungen zu prüfen. Die Versäumung der Klagebeantwortungsfrist oder der vorbereitenden Tagsatzung stellt eine unschlüssige Klage nicht schlüssig, denn sie bewirkt nur eine den Klagegrund betreffende Geständnisfiktion (§ 396 Abs 1 ZPO) und nicht eine das Klagebegehren betreffende Anerkenntnisfiktion. Hier gilt also nur der behauptete Buchversand mit Begleitschreiben als zugestanden, aber nicht der (fälschlich) daraus abgeleitete Kaufpreisanspruch als anerkannt. Aus diesem Grund wäre die Klage trotz Säumnis des Beklagten abzuweisen.

Die Klage lässt sich nur durch Klagänderung schlüssig stellen, indem der Kläger, statt die Fällung eines Versäumungsurteils zu beantragen, vom Kaufpreisbegehren auf ein Herausgabebegehren umsteigt. Da es sich dann um eine neue Klage handelt, muss sie dem säumigen Beklagten unter Setzen einer neuen Klagebeantwortungsfrist erneut zugestellt werden.

VII. Klageinschränkung

Fall 35

Klang klagt Beck auf Zahlung. Als Beck vor Verhandlungsschluss zahlt, schränkt Klang die Klage auf Kostenersatz ein. Ist dies ohne weiteres möglich?

Kommentar

a) Klageinschränkung im Allgemeinen

Die Klageinschränkung ist keine Klagänderung (ausdrücklich § 235 Abs 4 ZPO), sondern eine teilweise Klagezurücknahme und richtet sich nach deren Regeln (§ 237 ZPO). Sie kann daher mit einem Teilverzicht verbunden werden, der die (ab Klagebeantwortung oder ab Einspruch gegen den Zahlungsbefehl erforderliche) Einwilligung des Beklagten erübrigt.

Anders die Judikatur (RS0039651): Die Klageinschränkung ist eine weder den Regeln der Klagänderung noch jenen der Klagezurücknahme unterliegende Klageveränderung. Sie ist daher jederzeit – auch ohne Angabe von Gründen und ohne Zustimmung der beklagten Partei – zulässig und steht einer späteren Ausdehnung des Klagebegehrens um jenen Teil, um den es eingeschränkt wurde, nicht entgegen.

Dieser Auffassung kann nicht gefolgt werden: Betrachten wir den Extremfall, wo der Kläger sein Begehren von einer Million Euro auf einen Euro einschränkt. Da kann man doch nicht sagen, der Kläger hätte seine Rechtsposition beibehalten. Da der Beklagte mit seiner Streiteinlassung einen Anspruch auf Abweisung der Klage in der ursprünglichen Höhe erworben hat, kann sich der Kläger nicht ohne weiteres aus der Prozessverantwortung stehlen. Dass der Beklagte in der Praxis über die eingeschränkte Klage weiterzuverhandeln pflegt, bedeutet allerdings sein stillschweigendes Einverständnis mit der Klageinschränkung.

Der Kläger braucht hier keinen Freiraum für eine spätere Klagerweiterung, zumal sie das Gericht „ungeachtet der Einwendungen des Gegners" noch beschlussmäßig zulassen kann (§ 235 Abs 3 ZPO). Eine solche ohnehin maßvolle Kontrolle des Klägerverhaltens im Sinn der §§ 235, 237 ZPO sollte nicht ohne triftigen Grund aufgegeben werden.

b) Einschränkung der Klage auf Kosten

Wenn Beck die Klageforderung in der Hauptsache befriedigt, muss die Klage mit Urteil abgewiesen werden, da zu dem für die Entscheidung maßgeblichen Zeitpunkt, nämlich bei Schluss der mündlichen Verhandlung erster Instanz, der privatrechtliche Anspruch bereits erloschen ist. Klang entgeht der Klagabweisung nur dadurch, dass er sein Klagebegehren auf den (noch nicht befriedigten) Kostenersatzanspruch einschränkt.

Dieses Kostenverfahren endet – systemwidrig – mit *Kostenurteil* statt mit Kostenbeschluss, ist aber nur mit *Kostenrekurs* anfechtbar.

Für die Einschränkung der Klage auf Kosten *(wegen Erledigung der Hauptsache)* gilt dasselbe wie für die Klageinschränkung im Allgemeinen: Sie kann ab Klagebeantwortung oder ab Einspruch gegen den Zahlungsbefehl nur mit Einwilligung des Beklagten oder unter Verzicht auf den Kritanspruch erfolgen. In der Praxis geschieht sie gewöhnlich mit stillschweigender Einwilligung des Beklagten, der zuvor den Kläger in der Hauptsache befriedigt hat (anders JBl 1984, 686: jederzeit ohne Angabe von Gründen und ohne Zustimmung des Beklagten zulässig).

Das stillschweigende Einverständnis des Beklagten erstreckt sich auch darauf, dass der Kläger sein Kostenersatzbegehren weiterverfolgt. Ob der Anspruch bis zur Einschränkung zu Recht bestanden hat, ist nunmehr in den Gründen des Kostenurteils als Vorfrage nach den allgemeinen Beweis(verfahrens)regeln zu beurteilen und nicht Gegenstand einer rechtskraftfähigen Feststellung (*Fasching* 470 gegen *Zeder,* RZ 1989, 55).

VIII. Konsumtive Rechtsfolgenkonkurrenz

Fall 36

Adam hat Bedam einen Acker samt Traktor verpachtet. Bedam stürzt mit dem Traktor über eine Böschung. Adam klagt Bedam auf Zahlung von 30.000 Euro Schadenersatz wegen unerlaubter Handlung. Mit diesem Begehren wird er rechtskräftig abgewiesen, weil Bedam am Unfall kein Verschulden trifft. Kann Adam nunmehr Schadenersatz aus dem Pachtvertrag wegen Beschädigung des Traktors fordern?

Kommentar

Beschädigt der Bestandnehmer schuldhaft die Bestandsache, so kann der Bestandgeber Schadenersatz aus Vertrag (§ 1111 ABGB) oder aus unerlaubter Handlung (§ 1331 ABGB) begehren *(Anspruchsgrundlagenkonkurrenz)*.

Es ist für die rechtliche Beurteilung des Sachverhalts bedeutungslos, dass Adam zunächst nur behauptet: „Bedam ist mit meinem Traktor über die Böschung gefahren", und erst später ergänzt: „Ich habe den Traktor dem Bedam mitverpachtet". Die Rechtsfolge ist beim rudimentären wie beim vervollständigten Sachverhalt die gleiche, das Einbeziehen des § 1111 ABGB bringt keinen neuen rechtlichen Aspekt. Daher ist es einerlei, welche der in Betracht kommenden Normen der Richter anwendet, um den Beklagten zu verurteilen oder die Klage abzuweisen.

Die neue Klage ist unzulässig, auch wenn sie sich nunmehr auf den vom Erstrichter vernachlässigten Rechtsgrund stützt, weil die rechtliche Qualifizierung der Tatsachenbehauptungen nach der *zweigliedrigen Streitgegenstandstheorie* keine Rolle spielt (siehe noch unten Fall 37). Der Zweitklage steht deshalb die Rechtskraft des Ersturteils entgegen *(Identität des Streitgegenstands)*.

Zu einer anderen Lösung gelangte nur die ältere zivilrechtliche Konkurrenzlehre: so viele Anspruchsgrundlagen, so viele Streitgegenstände *(punktueller Streitgegenstandsbegriff)*.

Dass der Kläger statt einer kompletten Sachverhaltsbehauptung, die alle denkbaren rechtlichen Gesichtspunkte erfasst, eine beschränkte Sachverhaltsbehauptung aufstellen darf, die sich nur an einem rechtlichen Gesichtspunkt orientiert, spielt keine Rolle für die Rechtskraft, weil sich ja die rechtlichen Gesichtspunkte untereinander auswechseln lassen, kann aber für die sachliche Zuständigkeit bedeutsam werden: Eine Klage auf Zahlung von 30.000 Euro Schadenersatz wegen unerlaubter Handlung gehört kraft Wertzuständigkeit vor das Landesgericht, eine Klage auf Zahlung von 30.000 Euro Schadenersatz wegen Beschädigung des Zubehörs einer unbeweglichen Bestandsache gehört kraft Eigenzuständigkeit vor das Bezirksgericht (§ 49 Abs 2 Z 5 JN). Ergänzt der Kläger in der mündlichen Streitverhandlung den Sachverhalt um den Bestandvertrag, so ist das zwar nur eine unechte Klagänderung (§ 235 Abs 4 ZPO), doch muss nun das Gericht seine unprorogable Unzuständigkeit von Amts wegen wahrnehmen.

Fall 37

Protzig kauft am 6.4.2017 vom Autohändler Lässig einen Sportwagen um 45.000 Euro. Er zahlt 15.000 Euro an und stellt für den in drei Monaten fälligen Rest einen Bürgen. Als dieser bald darauf insolvent wird, unterfertigt Protzig am 6.5.2017 einen Solawechsel über 30.000 Euro, der am 6.8.2017 platzt. Lässigs Wechselklage wird wegen Formungültigkeit des Wechsels abgewiesen. Kann Lässig nun eine neue Klage aus dem Kaufvertrag erheben?

Kommentar

Lässigs Wechselklage und Kausalklage enthalten zwar ein gleichgelagertes Begehren auf Zahlung von 30.000 Euro, aber verschiedene Klagegründe: Wechselbegebung und Kauf. Weil der Wechsel wegen des Kaufs begeben wurde, lässt sich die Abhängigkeit des einen Klagegrunds vom anderen nicht leugnen. Dennoch nimmt die hM zwei selbständige Sachverhalte, mithin eine *Mehrheit von Streitgegenständen* an. Dementsprechend lässt sich nach abgewiesener Wechselklage noch der zugrunde liegende Kaufpreisanspruch einklagen, ohne dass die Rechtskraft des Ersturteils entgegensteht *(reale Anspruchskonkurrenz)*.

Nach dieser *zweigliedrigen Streitgegenstandslehre* wird der Streitgegenstand nicht nur durch das Klagebegehren bestimmt, sondern auch durch den Klagegrund, das sind die zu seiner Begründung vorgetragenen Tatsachen, über die im Urteil auch entschieden wurde (5 Ob 236/06a; 1 Ob 245/08y; 4 Ob 76/10w).

Eine andere Lösung bietet die (von *Schwab* begründete) Lehre vom *eingliedrigen Streitgegenstandsbegriff:* Der Streitgegenstand wird nur durch das Klagebegehren, nicht (auch) durch den Klagegrund bestimmt *(Dolinar)*. Daher ist beim Vergleich der Wechselklage mit der Kaufpreisklage nur zu prüfen, ob es sich um dieselben 30.000 Euro handelt, was sich allerdings erst aus den beiden Klagegründen ergibt. Gegebenenfalls besteht Einheit des Streitgegenstands.

Es liegt beim Kläger, rechtzeitig für eine Sachverhaltsergänzung (Nachschieben des Kausalklagegrunds) zu sorgen, sobald sich in der mündlichen Verhandlung das Scheitern der Wechselklage abzeichnet.

Auch wer den zweigliedrigen Streitgegenstandsbegriff vertritt, sollte sich mit *Dolinars* prozesswirtschaftlicher **Zweiphasentheorie** anfreunden, die im Wechselmandatsprozess zum Tragen kommt (ÖJZ 1978, 452 f):

> Die Parteien bringen von allem Anfang an auch zum Kausalverhältnis vor. Das Gericht hat sich aber in einer ersten Verhandlungsphase auf die wechselmäßigen Gesichtspunkte zu beschränken. Nur wenn es bei deren Spruchreife zum Ergebnis kommt, der Wechselanspruch sei nicht begründet, hat es eine zweite Verhandlungsphase über das Kausalverhältnis zu eröffnen. Dann steht am Schluss ein zweiteiliges Urteil, das einerseits den Antrag zur Fällung eines Wechselzahlungsauftrags als unbegründet abweist, anderseits dem Kausalbegehren stattgibt oder es ebenfalls abweist.

Fall 38

Der reiche Friedrich Fidelius bestellt acht Flaschen Champagner, Marke Mumm de Cramant, um 800 Euro, zahlbar binnen acht Tagen nach Lieferung. Die Ware wird zugestellt, alle Flaschen werden zum 14. Geburtstag des FF geleert. Der Weinhändler klagt den säumigen FF auf Zahlung und stellt sich auf den Rechtsstandpunkt, dass jener den Kaufpreis ohne weiteres von seinem Taschengeld bezahlen könne. Dennoch wird die Klage wegen Nichtigkeit des Kaufvertrags abgewiesen. Kann eine neue Klage aus ungerechtfertigter Bereicherung erhoben werden?

Kommentar

Es handelt sich um eine **ideale Anspruchskonkurrenz.** Eine neue Klage aus ungerechtfertigter Bereicherung wegen Verbrauchs des Weins kann nicht mehr erhoben werden. Kauf und Verbrauch bilden einen **einheitlichen Lebensvorgang** mit einem einheitlichen Anspruch. Eine unvollständige Sachverhaltsschilderung im Erstprozess geht zu Lasten des Klägers; keinesfalls rechtfertigt sie einen Zweitprozess nur zum Zweck der Sachverhaltsergänzung. Wegen der Identität des Streitgegenstands ist die ergänzte Klage mit Beschluss als unzulässig zurückzuweisen.

> Die Grenze zur *realen Anspruchskonkurrenz* ist fließend. Sie hängt davon ab, wie eng die beiden Sachverhaltsteile miteinander verbunden sind. Das ist eine *Wertungsfrage,* die auch der Wechsel-Kaufpreis-Fall aufzeigt. Stehen Kauf und Wechselbegebung in einem zeitlichen Naheverhältnis, so wird man einen einzigen Lebensvorgang und damit die Einheit des Streitgegenstands bejahen können (so ausdrücklich *Jauernig* 118 ff, 124; anders nun *Jauernig/Hess* § 37 Rz 29).

Diese prozessuale Betrachtungsweise ermöglicht dem Richter eine umfassende und schnelle Streiterledigung. Sie vernachlässigt bewusst das Interesse des Klägers, der sich in seiner Rechtsdurchsetzung beschränkt, wenn er den Lebensvorgang nicht vollständig schildert (**prozessrechtliche Konkurrenzlehre;** *deBoor, Habscheid, Thomas/Putzo, Holzhammer/Roth*).

Die *jüngere zivilrechtliche Konkurrenzlehre* nimmt in den Fällen, wo die reale Anspruchskonkurrenz zu einer ungerechtfertigten Häufung von Prozessen führen würde, vielfach eine Anspruchsgrundlagenkonkurrenz an: Lässt sich ein „einheitlicher Sachverhalt" unter mehrere Tatbestände subsumieren, deren gleichgerichtete Rechtsfolgen einen „einheitlichen Anspruch" ergeben, so liegt Identität des Streitgegenstands mit mehreren (austauschbaren) Anspruchsgrundlagen vor *(Nikisch, Larenz, Georgiades)*. Wann der Sachverhalt ein „einheitlicher" ist, lässt diese Lehre freilich unbeantwortet (bewegliches System).

Die *Grenze zur Anspruchsgrundlagenkonkurrenz* ist leicht zu ziehen: Die reale wie die ideale Anspruchskonkurrenz sind gekennzeichnet durch *mehrere Sachverhaltsphasen mit jeweils einer Anspruchsgrundlage* (zB. real: Kauf und Wechselbegebung, ideal: Kauf und Verbrauch der Ware). Bei der Anspruchsgrundlagenkonkurrenz findet sich dagegen nur eine einzige Sachverhaltsphase mit mehreren Anspruchsgrundlagen (zB. aus Vertrag, Delikt und Gefährdungshaftung begründeter Schadenersatzanspruch aus einem Unfall).

IX. Schuld ohne Haftung?

Fall 39

Der Ehemann unterhält in der Ehewohnung ehewidrige Beziehungen zu der besten Freundin der Ehefrau. Als diese den beiden auf die Schliche kommt, will sie sich zwar aus religiösen Gründen nicht scheiden lassen, aber sich vom Treulosen trennen, solange jene Beziehung währt. Der Ehemann verpflichtet sich in einem mit Anwaltshilfe geschlossenen Vertrag, für die Dauer seines Verhältnisses die Ehewohnung der Ehefrau zur alleinigen Benützung zu überlassen und ihr alle Betriebskosten zu ersetzen. Er nimmt zwar gesondert Wohnung, bleibt aber die Betriebskosten schuldig. Die Ehefrau klagt ihn auf Kostenersatz.

Kommentar

Die gegenständliche Klage gehört zu den „anderen aus dem gegenseitigen Verhältnis der Ehegatten entspringenden Streitigkeiten" (vgl. § 49 Abs 2 Z 2b JN), und zwar zu den „nicht rein vermögensrechtlichen Streitigkeiten aus dem Eheverhältnis" (vgl. § 100 JN). „Nicht rein" deshalb, weil sie eine personenrechtliche Komponente enthält.

Vereinzelt findet sich die Ansicht (JBl 2000, 517 nach *Kerschner*), dass Vereinbarungen über „rein persönliche" Rechtswirkungen der Ehe unklagbar seien, weil es sich um „faktische Einigungen" handle, mit denen keine Haftung verknüpft sei (zB. auf Dauer getrennt zu wohnen, nur mit Kondomen zu verkehren, eine Josefsehe oder – gegenteilig – eine freie Ehe zu führen); wem die Einigung hinterher missfällt, könne nur den Weg der Scheidung beschreiten. Dem ist nicht zu folgen.

Übereinkommen der Ehegatten über die Gestaltung ihrer ehelichen Beziehungen sind entweder rechtmäßig oder rechtswidrig (= mit dem Wesen der Ehe nicht vereinbar). Und diese Frage muss sich gerichtlich, allenfalls durch Feststellung, klären lassen, ohne dass deshalb gleich eine Scheidung ins Haus steht. Das trifft auch auf unseren Fall zu, bei dem personenrechtliche mit vermögensrechtlichen Aspekten untrennbar verbunden sind.

Wenn die Ehefrau den Ehemann auf Ersatz der Betriebskosten klagt, sind zu prüfen: einerseits ob die vertraglichen Voraussetzungen vorliegen (*lex contractus*), andererseits ob eine vereinbarte gesonderte Wohnungnahme dem Eherecht entspricht. Trifft das nicht zu, so entfällt auch die Betriebskostenregelung.

Lässt sich hingegen die gesonderte Wohnungnahme eines Ehegatten eherechtlich vertreten, so schlägt der daraus abgeleitete Ersatzanspruch voll durch. Es kann doch nicht sein, dass ein sittlich gerechtfertigtes eheliches Verhalten keine (vereinbarten) vermögensrechtlichen Folgen haben darf, nur weil es persönlicher Natur ist. Die gefährdete Partei derart im Stich zu lassen und auf den von der Partei nicht gewollten und mitunter beschwerlichen Scheidungsweg zu verweisen, ist nicht angemessen. Die Gerichte sollen womöglich Rechtsschutz gewähren, nicht verwehren!

§ 92 Abs 2 ABGB ermöglicht einem Ehegatten, gesondert Wohnung zu nehmen, solange ihm ein Zusammenleben mit dem anderen unzumutbar ist. Das trifft namentlich auch dann zu, wenn der andere Ehegatte ehewidrige Beziehungen in der Ehewohnung unterhält. Die dadurch verursachten psychischen Belastungen braucht der gekränkte Ehegatte nicht zu erdulden.

Ob er sich durch richterliche Billigung oder durch eine entsprechende Vereinbarung von der Gegenwart des treulosen Teils befreit, ist einerlei. Vermögensrechtliche Nachteile, die dem Gegner insbesondere aus einem konnexen Vertrag erwachsen, lassen sich folgerichtig auf dem Rechtsweg realisieren.

Ergebnis: Die Klage ist zulässig und begründet.

X. Parteihandlungen

Fall 40

Der Beklagte rechnet unmittelbar vor Schluss der mündlichen Verhandlung mit einer Gegenforderung auf. Das Gericht weist die Aufrechnungseinrede gemäß § 179 S 2 ZPO als unstatthaft zurück. Der Gläubiger erwirkt eine Exekutionsbewilligung gegen den rechtskräftig verurteilten Verpflichteten. Kann sich dieser nunmehr mit Aufrechnung wehren?

Kommentar

Die *Aufrechnung im Prozess* ist eine *doppelfunktionelle Parteihandlung mit Doppelnatur.* Der prozessuale Teil, die Aufrechnungseinrede, hat nur Hilfsfunktion: Er macht den materiellen Teil, die Aufrechnungserklärung, im Prozess geltend. Wird er durch gerichtliche Zurückweisung (nach § 179 S 2 ZPO wegen Verschleppungsabsicht und -gefahr) unwirksam, so zieht dies, ob der engen Verbundenheit mit dem materiellen Teil, auch dessen Unwirksamkeit nach sich.

Der rechtskräftig verurteilte Beklagte kann seine Aufrechnungserklärung aber jederzeit erneuern. Damit schafft er eine anspruchsaufhebende Tatsache (*novum productum*) für eine allfällige Oppositionsklage (§ 35 EO) gegen den unnachgiebigen betreibenden Gläubiger (vgl. *Buchegger* BeitrZPR I 39).

Wer die Aufrechnung im Prozess als eine doppelfunktionelle Parteihandlung mit Doppeltatbestand ansieht, bejaht trotz Zurückweisung der Aufrechnungseinrede die Wirksamkeit der Aufrechnungserklärung: Da die Aufrechnung schon vor dem Schluss der mündlichen Streitverhandlung erster Instanz (wirksam) erklärt wurde, steht sie nicht als Oppositionsklagegrund zur Verfügung.

Fall 41

Adam gewährt Bedam ein Darlehen. Der anwesende Cedam erklärt: „Wenn alle Stricke reißen, springe ich für Bedam ein." Nachdem Adams Versuch gescheitert ist, vom mittellosen Bedam auf exekutivem Weg die Rückzahlung des Darlehens zu erwirken, klagt er den Cedam auf Zahlung der Bürgschaftsschuld. Macht es einen Unterschied, ob der beklagte Cedam in der mündlichen Verhandlung zugesteht, jene Erklärung abgegeben zu haben, oder ob er das Klagebegehren anerkennt?

Kommentar

Die Erklärung des Cedam („Wenn alle Stricke reißen, springe ich für Bedam ein.") lässt sich als Ausfalls(Schadlos)bürgschaft auslegen (§ 914 ABGB), ist aber nach allgemeinem Privatrecht mangels Schriftlichkeit ungültig (§ 1346 Abs 2 ABGB).

Das *Geständnis* ist eine *Wissenserklärung* und bejaht *Tatsachenbehauptungen* des Gegners. Das *Anerkenntnis* ist eine *Willenserklärung* des Beklagten und billigt die *Rechtsfolgebehauptung* des Klägers.

a) Das *Geständnis* des beklagten Cedam, eine mündliche Erklärung mit jenem Wortlaut abgegeben zu haben, bezieht sich nur auf den *Klagegrund.* Es bringt dem Kläger nichts, weil sich aus dem zugestandenen Sachverhalt mangels Schriftlichkeit nicht die behauptete Rechtsfolge ableiten lässt. Bleibt diese bestritten, so ist die Klage unschlüssig und mit Urteil als unbegründet abzuweisen *(Unschlüssigkeitsurteil).*

Unser Beispiel zeigt, dass der Beklagte eine Klagabweisung auch dann erwirken kann, wenn er alle Tatsachenbehauptungen des Klägers, mithin den ganzen Klagegrund, zugestanden hat, und nur die Schlüssigkeit des Klagebegehrens bestreitet.

b) Ein *Anerkenntnis* des beklagten Cedam bezieht sich hingegen unmittelbar auf das *Klagebegehren:* Es bejaht den Anspruch des Klägers (materielle *Wissenserklärung)* und stimmt der Verurteilung zu (prozessuale *Willenserklärung).* Daher erübrigt sich die Prüfung der Schlüssigkeit.

Der materiellrechtliche Formverstoß (mündliche Bürgschaft) hindert das Klaganerkenntnis nicht. Es genügt, wenn die Parteien überhaupt in der Lage sind, die Rechtsfolge durch ein materielles Rechtsgeschäft herbeizuführen. Dann ersetzt das prozessual wirksame Anerkenntnis die vom Privatrecht vorgeschriebene Form (§ 886 S 2 ABGB).

Fall 42

Adam klagt Bedam beim LG Linz auf Leistung der preisgekrönten Zuchtstute Zita im Wert von 26.000 Euro. In der mündlichen Streitverhandlung erwirken sie die Protokollierung eines unbedingten Prozessvergleichs, in dem sich Bedam zur Leistung einer Ersatzstute im Wert von 13.000 Euro verpflichtet. Tags darauf erfährt Adam, dass eine verloren geglaubte Urkunde über seinen Anspruch auf Zita in Bedams Hände gelangt und von ihm vernichtet worden ist. Da Adam der Prozessvergleich reut, möchte er dessen Unwirksamkeit geltend machen:

a)   durch Fortsetzungsantrag beim LG Linz,
b)   durch neue Klage beim LG Linz auf Leistung der Zuchtstute Zita,
c)   durch Wiederaufnahmeklage?

Kommentar

a) Ein Fortsetzungsantrag hat nur Erfolg, wenn der *Prozessvergleich* prozessual unwirksam ist. Eine *Irrtumsanfechtung* macht aber nur den privatrechtlichen Teil des Prozessvergleichs unwirksam *(Doppeltatbestand).* Das Gericht muss den Fortsetzungsantrag als unbegründet abweisen; der Prozess bleibt beendet.

Von der Wiener Lehre (*Fasching* 1335 ff, *Rechberger/Simotta* 690 f) wird der Prozessvergleich als eine doppelfunktionelle Parteihandlung mit Doppelnatur angesehen: „untrennbare Einheit". So betrachtet, würde die Irrtumsanfechtung den ganzen Prozessvergleich unwirksam machen. Adam könnte das alte Verfahren mit einem Fortsetzungsantrag wieder in Gang bringen.

Die Judikatur spricht zwar wiederholt von „Doppelnatur" (zB. JBl 1977, 428 Anm *Sprung),* meint aber, wenn man das Ergebnis betrachtet, doch den „Doppeltatbestand"

(ÖJZ 1981/100; ausdrücklich ecolex 2018/63; JBl 1984, 500). Insbesondere lässt sie eine Klage aufgrund einer Irrtumsanfechtung zu (ÖJZ 1962/86). *Fasching* 1363 scheint dies zu begrüßen.

b) Die Irrtumsanfechtung macht den ganzen *materiellen Vergleich unwirksam,* so dass der ursprüngliche Leistungsanspruch wieder auflebt, den Adam neu einklagen muss.

Diese so genannte *Anfechtungsklage* ist keine Rechtsgestaltungsklage, sondern eine Leistungsklage: Der materielle Vergleich wird schon durch die private Anfechtungserklärung aufgelöst. Nur wenn sich der andere Teil nicht danach richtet, ist er auf die Leistung zu klagen, die er aufgrund der geänderten (wiederhergestellten) Rechtslage schuldet.

Der Prozessvergleich bleibt formell aufrecht. Sollte Adam wider Treu und Glauben daraus eine Exekution versuchen, so kann Bedam die private Irrtumsanfechtung als eine anspruchsaufhebende Tatsache *(novum productum)* in einer Oppositionsklage (§ 35 EO) einwenden.

c) Der Prozessvergleich ist nur insoweit ein *Urteilssurrogat,* als er den Prozess beendet und einen Exekutionstitel bildet. Als Parteihandlung entfaltet er aber *keine Rechtskraftwirkungen* (das protokollierende Gericht nimmt nur anleitende und beurkundende Aufgaben wahr); Einmaligkeits- und Bindungswirkung sind den Urteilen und Beschlüssen als staatlichen Hoheitsakten vorbehalten *(Fasching* 1332).

Da die Wiederaufnahmeklage eine gerichtliche „Entscheidung" voraussetzt (§ 530 Abs 1 ZPO), kommt sie für Prozessvergleiche nicht in Betracht (SZ 22/52). Abweichend billigen *Sperl, Petschek/Stagel* und *Matscher* dem Prozessvergleich materielle Rechtskraft zu. Das würde dem Adam die Wiederaufnahmeklage ermöglichen.

Anderseits kann der Prozessvergleich als Prozesshandlung aus einem der Wiederaufnahmeklagegründe des § 530 ZPO widerrufen werden. Zwar sind Prozesshandlungen grundsätzlich unwiderruflich, sobald dem Gegner daraus eine Rechtsposition erwachsen ist. Weil aber Urteile durch Wiederaufnahmeklage beseitigt werden können, wenn sie auf bestimmten fehlerhaften Prozesshandlungen beruhen, wäre es wenig sinnvoll, das Urteil abzuwarten, statt jene Prozesshandlung sofort zu widerrufen.

Das muss umso mehr für den Prozessvergleich gelten, der einerseits den Prozess beendet, dem anderseits als bloßer Parteihandlung die Wiederaufnahmeklage versagt bleibt; so bietet sich der **Widerruf aus Restitutionsgründen** als Ersatz für die versagte Wiederaufnahmeklage an.

Da jeder Restitutionsgrund einen Widerrufsgrund bildet *(Fasching* 764), kann auch ein *novum repertum* gemäß § 530 Abs 1 Z 7 ZPO geltend gemacht werden. Hier gelangt Adam im Nachhinein in den Genuss von Beweismitteln über den Inhalt und Verbleib einer vertragserheblichen Urkunde, deren Benützung im früheren Verfahren ihn – in Erwartung einer günstigen Entscheidung – davon abgehalten hätte, einen Prozessvergleich zu schließen.

Adam wird beim Prozessgericht die **Wiederaufnahme des Verfahrens** beantragen unter prozessualem Widerruf und materieller Anfechtung des Vergleichs. Das Gericht muss prüfen, ob der geltend gemachte Restitutionsgrund des § 530 Abs 1 Z 7 ZPO und auch keine Verletzung der Diligenzpflicht nach § 530 Abs 2 ZPO vorliegt, und gegebenenfalls einen *Wiederaufnahmebeschluss* fällen.

XI. Wiedereinsetzung in den vorigen Stand

Fall 43

RA Dr. Renner ist zur vorbereitenden Tagsatzung um 8 Uhr geladen. Er weiß, dass um diese Zeit die Parkplätze beim Gerichtsgebäude besetzt sind, und fährt daher frühzeitig mit seinem PKW los. Schon um 7.30 Uhr ist er beim Gerichtsgebäude, wo er aber keine Parklücke findet. Um 7.40 Uhr gelingt es ihm, seinen Wagen in einer entlegenen Straße abzustellen. Er muss den Weg zum Gericht laufen und langt atemlos um 8.02 Uhr im Verhandlungssaal an. Dort hat sein Gegner eben das Versäumungsurteil erwirkt.

a) Wird dem Dr. Renner die Wiedereinsetzung gewährt werden?
b) Steht ihm noch ein anderer Rechtsbehelf zur Verfügung?

Kommentar

Nach früherem Wiedereinsetzungsrecht wurde in solchen Fällen die Wiedereinsetzung grundsätzlich versagt: Im großstädtischen Verkehr ist mit Verzögerungen zu rechnen; insbesondere bildet die Parkplatzsuche vor dem Gerichtsgebäude keinen Wiedereinsetzungsgrund (ArbS 8822).

Das KSchG 1979 schuf als Ausweiche den *Widerspruch gegen das Versäumungsurteil* (§§ 397a, 442a ZPO): Ohne Gründe angeben zu müssen, erwirkt die säumige Partei die Aufhebung des Versäumungsurteils und die Fortsetzung des Verfahrens. Seit der ZVN 2002 gibt es den Widerspruch (im landesgerichtlichen Verfahren) aber nur mehr bei Versäumung der Klagebeantwortungsfrist, nicht auch der vorbereitenden Tagsatzung.

Mit einer *Berufung gegen das Versäumungsurteil* wird RA Renner keinen Erfolg haben. Denn sie wird mangels formeller Beschwer nur mit der Behauptung zugelassen, dass eine Versäumung nicht vorliege (§ 471 Z 4 ZPO), was gewöhnlich nur bei der Versagung des rechtlichen Gehörs (§ 477 Abs 1 Z 4 ZPO) und bei fehlender Vertretungsmacht des Einschreiters (§ 477 Abs 1 Z 5 ZPO) zutrifft.

Seit der ZVN 1983 scheitert die **Wiedereinsetzung** (§ 146 ZPO) nicht mehr an einer leichten Fahrlässigkeit des Wiedereinsetzungswerbers. Sie ist nunmehr auch einer Partei zu gewähren, deren Vorsichtsmaßnahmen gegen Behinderungen im Straßenverkehr sich im Nachhinein wider Erwarten als unzureichend herausstellen.

Ergebnis: Dr. Renner kann erfolgreich Wiedereinsetzung in den vorigen Stand beantragen. Ein Widerspruch gegen das Versäumungsurteil wegen der Verspätung zur vorbereiteten Tagsatzung ist hingegen unzulässig.

Fall 44

RA Dr. Renner erhält den Auftrag, die Klagebeantwortung binnen vier Wochen einzubringen. Kurz bevor er sie am letzten Tag der Frist um 23 Uhr über den elektronischen Rechtsverkehr (ERV) abschicken möchte, erleidet er wegen seiner starken Arbeitsbelastung einen Schwächeanfall. Tags darauf fällt das Gericht auf Antrag des Klagevertreters ein Versäumungsurteil. Erst danach erlangt Dr. Renner im Krankenhaus wieder das Bewusstsein. Was kann er unternehmen?

Kommentar

a) Dass Anwälte Rechtsmittel zu spät einbringen, ist nichts Außergewöhnliches. Ein Schwächeanfall kurz vor dem Ende der Einreichfrist ist aber ein ***unvorhergesehenes Ereignis,*** das bei einem gewöhnlichen Geschehensablauf nicht erwartet werden muss, daher ein Wiedereinsetzungsgrund (§ 146 Abs 1 ZPO).

Der ***Antrag auf Wiedereinsetzung in den vorigen Stand*** muss binnen vierzehn Tagen nach Wegfall des Hindernisses gestellt werden (§ 148 Abs 2 ZPO); er muss nicht nur *alle Wiedereinsetzungsgründe samt Bescheinigungsmittel* angeben (Eventualmaxime!), sondern auch die versäumte Prozesshandlung, nämlich die Klagebeantwortung, enthalten (§ 149 Abs 1 ZPO). Erforderlichenfalls prüft das Gericht die Umstände in einer mündlichen Verhandlung (§ 149 Abs 2 ZPO).

Beachte: Die Antragsfrist ist eine Notfrist, aber keine Fallfrist. Die Regel, dass die versäumte Prozesshandlung noch nachgeholt werden kann, solange die Gegenseite keinen Antrag gestellt hat (§ 145 Abs 2 ZPO), gilt beim Versäumungsurteil nicht (§ 396 Abs 4 ZPO).

b) Als einfacherer Rechtsbehelf bietet sich der ***Widerspruch gegen das Versäumungsurteil*** an, der ohne Angabe von Gründen auskommt. Die Widerspruchsfrist beträgt gleichfalls vierzehn Tage. Der Widerspruch muss dem notwendigen Inhalt einer Klagebeantwortung entsprechen und kann weiteres Vorbringen enthalten (§ 397a ZPO).

Der rechtzeitige Widerspruch wird als Klagebeantwortung behandelt. Das Gericht lädt zur vorbereitenden Tagsatzung und hebt zu deren Beginn das Versäumungsurteil auf, selbst wenn beide Parteien fernbleiben. Die beklagte Partei trägt alle Kosten, die durch den Widerspruch verursacht worden sind.

Der Widerspruch berührt nicht das Recht auf Wiedereinsetzung in den vorigen Stand, zumal es sich nicht um gleichwertige Rechtsbehelfe handelt. Er kann mit dem Wiedereinsetzungsantrag gehäuft werden.

Dr. Renner wird die Wiedereinsetzung wählen, wenn ihm die Widerspruchsfrist zu knapp wird, die ab Zustellung des Versäumungsurteils zu laufen beginnt.

XII. Zustellmängel

Fall 45

Faul hat dem Fleißig bis auf weiteres den Rummel-Kommentar geliehen. Als er ihn zurückfordert, macht Fleißig Ausflüchte, weswegen Faul den Gerichtsweg beschreitet.

a) Fleißig besucht tagsüber die Lehrveranstaltungen. Als er eines Abends heimkommt, übergibt ihm seine Vermieterin die Klage, die ihr der Briefträger ausgehändigt hat. Ist die Klagezustellung wirksam?

b) In der mündlichen Verhandlung wendet Fleißig ein, Faul habe ihm den Rummel bis zur Diplomprüfung aus Bürgerlichem Recht geliehen. Danach muss Fleißig wegen Überarbeitung für mehrere Wochen in ein Sanatorium. Der Briefträger händigt das Urteil der Vermieterin aus, die es aber liegen lässt, ohne Fleißig zu verständigen. Fünf Wochen nach Zustellung kehrt Fleißig aus dem Sanatorium zurück und erfährt erst jetzt von seiner Verurteilung. Kann er sich noch gegen das Urteil wehren?

Kommentar

a) Klagen sind mit Zustellnachweis zuzustellen. Die Zustellung an einen Ersatzempfänger ist zulässig (§ 106 Abs 1 ZPO). Fleißigs Vermieterin ist eine erwachsene Person, die an derselben Abgabestelle wie der Empfänger wohnt und zur Annahme bereit ist (§ 16 Abs 2 ZustG). Die Zustellung der Klage an Fleißigs Vermieterin ist daher wirksam erfolgt.

b) Auch Urteile können an einen Ersatzempfänger zugestellt werden. Wie bereits unter a) dargelegt, kann Fleißigs Vermieterin als Ersatzempfänger fungieren. Dennoch gilt hier die Ersatzzustellung nicht als bewirkt, weil Fleißig wegen Abwesenheit von der Abgabestelle (längerer Aufenthalt im Krankenhaus) nicht rechtzeitig vom Zustellvorgang Kenntnis erlangen konnte (§ 16 Abs 5 ZustG).

Der Zusteller muss sich vor der Ersatzzustellung vergewissern, ob sich der Empfänger regelmäßig an der Abgabestelle aufhält (ÖJZ 1985/24; 5 Ob 541/89). Andernfalls muss er die Zustellsache entweder dem Zustellempfänger nachsenden oder an das Gericht mit einem Fehlbericht zurückleiten. Eine Hinterlegung kommt hier nicht in Betracht.

Allerdings heilt auch dieser Zustellmangel: Die Zustellung wird mit dem der Rückkehr an die Abgabestelle folgenden Tag wirksam (§ 16 Abs 5 ZustG). Erst jetzt beginnt die Berufungsfrist zu laufen, so dass dem Fleißig noch volle vier Wochen für die Berufung zur Verfügung stehen.

Fall 46

Dem Tischlergesellen T soll an seinem Arbeitsplatz ein Urteil zugestellt werden. Statt des abwesenden T nimmt dessen Arbeitgeber A das Urteil in Empfang. Der viel beschäftigte A vergisst das Urteil dem T auszuhändigen und wirft es sogar versehentlich zum Abfall. Einen Monat später wird gegen den ahnungslosen T die Exekution bewilligt. T möchte gegen das Urteil Berufung erheben. Macht es einen Unterschied, ob T

a) zur Zeit der Zustellung nur kurzfristig (tagsüber wegen einer Montage außer Haus) von seinem Arbeitsplatz entfernt war,

b) längerfristig (wegen eines vierwöchigen Urlaubs) von seinem Arbeitsplatz abwesend war,

c) noch immer (wegen eines achtwöchigen Krankenstands + Urlaubs) von seinem Arbeitsplatz abwesend ist?

d) Wie wehrt sich T gegen die Exekutionsbewilligung?

Kommentar

a) Die Ersatzzustellung des Urteils am Arbeitsplatz des T an den erwachsenen annahmebereiten Arbeitgeber des T ist wirksam, da sich T regelmäßig an der Abgabestelle (am Arbeitsplatz) aufhält. Da er von der Zustellung ohne sein Verschulden keine Kenntnis erlangt hat, kann er Wiedereinsetzung in den vorigen Stand verlangen (ausdrücklich § 146 Abs 1 ZPO).

Wiedereinsetzung bedeutet hier neuerliche Zustellung des Urteils, wodurch dem T wieder die volle Berufungsfrist von vier Wochen zur Verfügung steht. Zugleich mit dem Wiedereinsetzungsantrag die versäumte Prozesshandlung – die Berufung – nachzuholen (§ 149 Abs 1 S 2 ZPO) ist dem T nicht möglich, da er den Urteilsinhalt noch nicht kennt.

b) Die Ersatzzustellung gilt zunächst als nicht bewirkt, weil T wegen Abwesenheit vom Arbeitsplatz (vierwöchiger Urlaub) nicht rechtzeitig vom Zustellvorgang Kenntnis erlangen konnte (§ 16 Abs 5 ZustG). Der Zustellmangel heilt aber mit Ts Rückkehr an den Arbeitsplatz, auch wenn A ihm das Urteil nicht aushändigt: Am darauf folgenden Tag beginnt die

Berufungsfrist zu laufen. T braucht keinen Wiedereinsetzungsantrag zu stellen, sondern kann neuerliche Zustellung des Urteils verlangen und in der noch offenen Frist die Berufung erheben.

c) Solange T von seinem Arbeitsplatz abwesend ist, gilt die Ersatzzustellung als nicht bewirkt (§ 16 Abs 5 ZustG). Ein Wiedereinsetzungsantrag wäre wegen Scheinsaumsal möglich. Aber T braucht nur die neuerliche Zustellung des Urteils wegen eines Zustellmangels zu verlangen und kann dann Berufung erheben.

d) Stellt T einen *Wiedereinsetzungsantrag,* so kann er das Exekutionsgericht um Aufschiebung gemäß § 42 Abs 1 Z 2 EO ersuchen. Wird ihm die Wiedereinsetzung bewilligt, so ist die Exekution gemäß § 39 Abs 1 Z 1 EO auf seinen Antrag einzustellen.

Erhebt T *Berufung,* ohne einen Wiedereinsetzungsantrag zu stellen, so ist das Exekutionsgericht, das den Titel in aller Regel nicht erlassen hat (§§ 4, 51 EO; zu Ausnahmen siehe *Jakusch* in Angst/Oberhammer § 4 Rz 2-3), an eine gesetzwidrige oder irrtümlich erteilte Vollstreckungsklausel gebunden. Eine solche Klausel ist vom Titelgericht von Amts wegen oder auf unbefristeten Antrag des T nach den nötigen Erhebungen aufzuheben (§ 7 Abs 3 und 4 EO).

Das Klauselaufhebungsverfahren bildet einen Aufschiebungsgrund (§ 42 Abs 2 EO), den das Titelgericht selbst beim Exekutionsgericht geltend machen kann. Anderseits kann T mit seinem Aufhebungsantrag einen Aufschiebungsantrag verbinden, den das Titelgericht an das Exekutionsgericht weiterleiten muss (§ 7 Abs 5 EO).

Ist die Vollstreckungsklausel rechtskräftig aufgehoben, so hat das Exekutionsgericht das Vollzugsverfahren auf Antrag oder von Amts wegen einzustellen (§ 39 Abs 1 Z 9 EO).

XIII. Prozessstandschaft

Fall 47

Adam klagt Bedam auf Zahlung, tritt aber nach Klagezustellung seine Forderung dem Cedam ab und verständigt davon den Bedam. Nach Verhandlungsschluss händigt der den Prozessverlust ahnende Bedam dem Adam die Klagesumme samt Prozesskosten aus. Der mittellose Adam verbraucht das Geld für sich, statt es an Cedam weiterzuleiten.

a) Welchen Einfluss hat die Zession auf das laufende Verfahren?

b) Darf Adam das Geld entgegennehmen und mit Bedam Ruhen des Verfahrens vereinbaren?

c) Kann sich Bedam gegen eine von Cedam erwirkte Exekutionsbewilligung wehren?

Kommentar

a) Die Zession macht den klagenden Adam zum Prozessstandschafter, der den Prozess im eigenen Namen über ein nunmehr fremdes Recht fortführt. Einer Klage des Zessionars würde einerseits dessen Mangel der Prozesslegitimation, anderseits die Streitanhängigkeit entgegenstehen.

Änderungen, die das veräußerte Recht beim Rechtsnachfolger erfährt, insbesondere sein Erlöschen, sind im laufenden Prozess bis zum Verhandlungsschluss zu berücksichtigen; dann führt auch die Befriedigung des Rechtsnachfolgers zur Klagabweisung. Prozessstandschaft bedeutet nur, dass das bisherige *Prozessrechtsverhältnis* von materiellen Rechtsänderungen unberührt bleibt.

Die Wirkungen der Einzelrechtsnachfolge auf den streitanhängigen Prozess sind umstritten:

Die *Irrelevanztheorie* belässt, dem gesetzlichen Wortlaut folgend („hat auf den Prozeß keinen Einfluß", § 234 S 1 ZPO), dem Prozessstandschafter die volle Prozesshandlungsbefugnis, so dass dieser auch weiterhin alle prozessualen Dispositionen vornehmen kann (zB. Anerkenntnis, Verzicht, str beim Vergleich mit materiellem Inhalt). Das Begehren auf Leistung an den Rechtsnachfolger umzustellen ist zwar möglich, aber nicht nötig, weil sich die Rechtskraft des Urteils ohnehin auf den Rechtsnachfolger erstreckt (hL und stRsp, zB. MietS 35.775, 35.776).

Würde der Zedent den Prozess verlieren, so stünde einer neuerlichen Leistungsklage des Zessionars die Rechtskraft der Klagabweisung entgegen (Judikat 63 neu = JBl 1956, 126).

Die *Relevanztheorie* verlangt – zwar gegen den Wortlaut der ZPO, aber unter Berücksichtigung des Rechtsübergangs – eine Anpassung des Klagebegehrens an die neue Rechtslage (allenfalls von Amts wegen), insbesondere die Verurteilung des Beklagten zur Leistung an den Rechtsnachfolger, da ein aufgrund der früheren Rechtslage ergehendes Urteil bewusst unrichtig wäre (Wiener Lehre: *Fasching* 1202 ff, *Rechberger/Simotta* 420).

Die (auch nach der Irrelevanztheorie erlaubte) Umstellung des Urteils auf den Rechtsnachfolger erspart diesem im Fall des Prozesssiegs den für die Exekutionsbewilligung erforderlichen qualifizierten Nachweis der Rechtsnachfolge (§§ 9, 10 EO), schließt aber anderseits den Prozessstandschafter von der Exekutionsführung aus.

b) Nach der von der Rsp vertretenen strengen Form der Irrelevanztheorie ist der Rechtsvorgänger als Prozessstandschafter gesetzliche Zahlstelle des Rechtsnachfolgers. Daher kann Bedam jederzeit auch an Adam mit schuldbefreiender Wirkung zahlen, selbst nach Verhandlungsschluss und sogar nach Eintritt der Rechtskraft des Urteils, wenn dieses auf Zahlung an Adam lautet.

Die Relevanztheorie berücksichtigt hingegen die Offenlegung der Zession im Zivilprozess: Das Klagebegehren ist auf Leistung an den Zessionar umzustellen, weswegen der Schuldner – in Übereinstimmung mit § 1395 S 2 ABGB – nicht mehr schuldbefreiend an den Zedenten leisten kann (ausführlich *Holzhammer/Roth* FS Sprung 165 ff).

Die Vereinbarung des Ruhens des Verfahrens zählt zu den erlaubten prozessualen Dispositionen des Prozessstandschafters. Sie ist im gegenständlichen Fall nur deshalb unwirksam, weil nach Verhandlungsschluss jegliche Parteientätigkeit stillsteht.

c) Die Rechtskrafterstreckung ermöglicht dem Cedam, mithilfe des von Adam erwirkten Exekutionstitels gegen Bedam eine Exekution zu beantragen. Lautet das Urteil auf Zahlung an Adam, so muss der betreibende Cedam dem Bewilligungsgericht noch die Rechtsnachfolge beweisen (§§ 9, 10 EO); andernfalls ist sein Exekutionsantrag zurückzuweisen.

Weil die Irrelevanztheorie der Zahlung des verpflichteten Bedam nach Verhandlungsschluss an den Zedenten Adam schuldbefreiende Wirkung zuschreibt *(novum productum),* kann er diese anspruchsaufhebende Tatsache gegen den betreibenden Zessionar Cedam mit einer *Oppositionsklage* (§ 35 EO) geltend machen. Dann bleibt dem Cedam nur mehr der Regress gegen den treulosen Adam.

Die Relevanztheorie verlagert das Insolvenzrisiko hingegen auf den Schuldner Bedam. Da seine Zahlung an den Zedenten Adam nach Offenlegung der Zession gemäß § 1395 S 2 ABGB nicht mehr schuldbefreiend wirkt, muss er erneut an den Zessionar Cedam leisten. Gegen die von Cedam erwirkte Exekutionsbewilligung kann er sich nicht wehren, sondern muss sich bereicherungsrechtlich am Adam schadlos halten.

Fall 48

Die Eröffnung des Insolvenzverfahrens unterbricht eine anhängige Zahlungsklage des Schuldners mit hohem Streitwert. Der Insolvenzverwalter lehnt den Eintritt in den Rechtsstreit ab, weil er die Forderung für zweifelhaft hält. Im Falle der Freigabe der Insolvenzmasse könnte der Schuldner – bei einem Prozesssieg – frei über den ersiegten Betrag verfügen; dies möchte der Masseverwalter vermeiden. Er überlegt, dem Schuldner nicht die volle Sachlegitimation, sondern nur die Prozesslegitimation zu übertragen.

Kommentar

Die rechtsgeschäftliche Übertragung der Prozesslegitimation statt der vollen Freigabe der Sachlegitimation (§ 119 Abs 5 IO) würde dazu führen, dass der Schuldner den unterbrochenen Prozess über eine Forderung der

Insolvenzmasse im eigenen Namen als Prozessstandschafter fortsetzen und der Insolvenzverwalter einen Prozesssieg lukrieren könnte.

Die Zulässigkeit der *gewillkürten Prozessstandschaft* ist umstritten. Die deutsche Lehre und Judikatur fordern lediglich, dass der Prozessstandschafter die Übertragung der Prozesslegitimation offen legt und ein eigenes rechtliches (schutzwürdiges) Interesse an der Prozessführung nachweist (die begehrte Entscheidung muss die Rechtslage des Prozessstandschafters beeinflussen). Ein solches Eigeninteresse des Schuldners ergibt sich schon aus dem Umstand, dass er im Fall eines Prozesssiegs die insolvenzmäßige Liquidierung seines Vermögens durch den Abschluss eines Sanierungsplans abwenden könnte.

Während also dieser Fall in Deutschland positiv gelöst wird, lehnt der OGH die Konstruktion der gewillkürten Prozessstandschaft kategorisch ab (RS0053157; ferner *Rechberger/Simotta* 354; anders *Dolinar/Roth* 237; *Holzhammer/Roth* FS Sprung 172 ff).

XIV. Stillstand des Verfahrens

Fall 49

Klang klagt Beck am 30.12.2017 auf Zahlung von 12.000 Euro Schmerzengeld nach einem Unfall, der sich am 31.12.2014 ereignet hatte. In der mündlichen Streitverhandlung bricht Klangs Anwalt tot zusammen. Der verstörte Klang unternimmt etliche Wochen nichts. Becks Anwalt, der zunächst von der Aussichtslosigkeit der Rechtsverteidigung überzeugt war, wittert nun eine Chance für die kostenpflichtige Klagabweisung.

Kommentar

a) Durch *Tod oder Vertretungsunfähigkeit des Rechtsanwalts* wird ein Anwaltsprozess unterbrochen, bis die Partei einen anderen Rechtsanwalt bestellt und dieser seine Bestellung und zugleich die Aufnahme des Verfahrens dem Gegner angezeigt hat (§ 160 Abs 1 ZPO). Einer untätigen Partei kann das Gericht auf *Antrag des Gegners* auftragen, diese Bestellung binnen bestimmter Frist vorzunehmen und dem Gericht bekannt zu geben. Andernfalls ist mit Fristablauf das Verfahren als aufgenommen anzusehen (§ 160 Abs 2 ZPO).

Die Aufnahme erfolgt unabhängig von einer Aufnahmeverfügung, die gewöhnlich auch hier erlassen wird, aber nur deklarativ ist: Nach Fristablauf treffen die mit der Anzeige säumige Partei alle Rechtsnachteile, die mit der Nichtbestellung eines Rechtsanwalts im Anwaltsprozess verbunden sind.

b) Schmerzengeldansprüche unterliegen der kurzen Verjährungsfrist von drei Jahren. Klang hatte die Klage knapp vor Fristablauf eingebracht und dadurch die Unterbrechung der Frist bewirkt. § 1497 ABGB gewährt aber die Unterbrechung nicht vorbehaltslos: Setzt der Kläger das Verfahren, soweit es an ihm liegt, nicht gehörig fort, so zeitigt dies den Verlust der durch die Klageinbringung bewirkten *Unterbrechung der Verjährung.*

Wenn also Klang mit der Neubestellung eines Rechtsanwalts ungebührlich lange zögert – mit der prozessualen Diligenzpflicht verträgt sich ein Zeitraum von vier Wochen – und darüber hinaus dem Gegner die Initiative zur Aufnahme überlässt, setzt er das Verfahren nicht gehörig fort und macht so die Verjährungsunterbrechung ungeschehen.

Der Ablauf der Verjährungsfrist ist eine *anspruchshemmende Tatsache,* daher nicht von Amts wegen, sondern nur auf Einrede des Beklagten wahrzunehmen (§ 1501 ABGB). Becks Anwalt braucht also nur in der fortgesetzten Tagsatzung zur mündlichen Streitverhandlung die *Verjährungseinrede* zu erheben, um die kostenpflichtige Klagabweisung zu erwirken (vgl. VersRdSch 1989, 61).

Fall 50

Der Grundeigentümer G klagt den Nachbarn N, künftig die Benützung des Wegs über sein Grundstück zu unterlassen. N wendet ein, er benütze den strittigen Weg nur in Ausübung des Gemeingebrauchs. Einen solchen verneinend, gibt das Erstgericht der Klage statt. N erhebt Berufung wegen unrichtiger Sachverhaltsfeststellung und unrichtiger rechtlicher Beurteilung. Das Berufungsgericht hebt das Urteil auf und verweist die Rechtssache zur Ergänzung des Verfahrens zurück: Es beauftragt das Erstgericht, eine Entscheidung der Verwaltungsbehörde darüber einzuholen, ob am strittigen Weg Gemeingebrauch bestehe. Dagegen wendet sich der Rekurs des G.

Kommentar

Die Klage des G ist eine *Eigentumsfreiheitsklage* (*actio negatoria*, § 523 ABGB), nämlich die Klage des besitzenden Eigentümers gegen den, der in das Eigentum unbefugterweise eingreift, und verfolgt drei Ziele: Feststellung des Nichtbestehens des angemaßten Rechts, Wiederherstellung des ordnungsgemäßen Zustands und Unterlassung weiterer oder drohender Störungen (vgl. *Koziol-Welser/Kletečka* I 1099 f).

Gemeingebrauch ist der jeder Person ohne besondere Bewilligung zustehende Gebrauch eines Wegs, gegründet auf einer allgemeinen und seit unvordenklichen Zeiten ungehindert stattfindenden Benützung. Der Gemeingebrauch macht den Weg zu einem öffentlichen Weg. Ob für den Verkehr auf diesem Weg die StVO gilt, ist einerlei (RZ 1974/196).

Der Gemeingebrauch ist eine *rechtshemmende Tatsache,* die der Beklagte gegen die *actio negatoria* einwenden muss, damit sie vom Gericht
berücksichtigt wird. Dass N das Bestehen eines öffentlichen Rechts behauptet, entzieht die Sache nicht dem ordentlichen Rechtsweg.

Es handelt sich vielmehr um eine *öffentlichrechtliche Vorfrage,* deren
Lösung das Gericht seinem Urteil zugrunde legen muss. Dabei sind drei
Prozesslagen denkbar:

▪ Liegt bereits eine rechtskräftige Entscheidung der zuständigen Verwaltungsbehörde über den Gemeingebrauch des strittigen Wegs vor, so ist das
Gericht daran gebunden und muss sie seinem Urteil ungeprüft zugrunde
legen.

Merke! Die Gerichte sind an rechtskräftige Entscheidungen der Verwaltungsbehörden
grundsätzlich gebunden; das entspricht der gedanklichen Einheit des staatlichen Willens.
Ob die Parteien des Rechtsstreits im Verwaltungsverfahren Partei- oder Beteiligtenstel-
lung hatten, ist belanglos (RS0036975).

Die Bindung entfällt nur bei absolut nichtigen Verwaltungsakten: wenn die Verwaltungsbehörde offenbar unzuständig war oder ihren Wirkungskreis überschritten hat oder
einen offenkundig unzulässigen Verwaltungsakt gesetzt hat (RS0037078; in der Lehre
umstritten: *Fucik* in Rechberger § 190 Rz 5; *Rechberger/Simotta* 968).

▪ Ist die Vorfrage bei der zuständigen Verwaltungsbehörde gerade zur
Feststellung anhängig, so hat das Prozessgericht die Wahl: Es *kann* das
Verfahren aussetzen, bis die Verwaltungsbehörde über die Vorfrage rechts-
kräftig entschieden hat, oder aber die Vorfrage selbst beurteilen.

▪ Ist die Vorfrage bei der zuständigen Verwaltungsbehörde nicht zur
Feststellung anhängig, so *muss* sie das Gericht selbst beurteilen.

Ergebnis: Der Rekurs des Klägers ist berechtigt. Der Auftrag des Berufungsgerichts an das Erstgericht, eine Entscheidung der Verwaltungsbehörde einzuholen, widerspricht dem § 190 ZPO.
Der OGH wird das Berufungsgericht beauftragen, statt der Zurückverweisung nach nochmaliger Prüfung der Vorfrage in der Sache selbst zu
entscheiden.

Fall 51

Die Parteien zeigen Ruhen des Verfahrens an. Vor Ablauf der vereinbarten Zeit stellen sie gemeinsam einen Antrag auf Fortsetzung des Verfahrens. Macht es einen Unterschied, ob sie vereinbart hatten:

a) einjähriges Ruhen,
b) ewiges Ruhen?

Kommentar

§ 169 ZPO weist den Richter an, *vorzeitige Fortsetzungsanträge* „von Amts wegen oder auf Begehren des Gegners" ohne Verhandlung zurückzuweisen. Er trifft nur den Fall, dass *eine Partei* ohne den Willen der anderen den Fortsetzungsantrag stellt, mithin vertragsbrüchig wird.

a) Anders verhält es sich, wenn *beide Parteien* den Fortsetzungsantrag stellen: Sie heben die Ruhensvereinbarung, einen Rechtsschutzverzichtsvertrag, durch einen *contrarius actus* wieder auf *(Dolinar)*. Das entspricht dem (erlaubten) Widerruf einer einseitigen Prozesshandlung. Zu beachten ist bloß die dreimonatige Sperrfrist, über welche die Parteien nicht disponieren können (§ 168 ZPO).

Gibt der Richter dem vorzeitigen Fortsetzungsantrag einer Partei (gesetzwidrig) statt und lässt sich die andere Partei in die weitere Verhandlung ein, ohne den Verfahrensfehler rechtzeitig zu rügen (§ 196 ZPO), so bedeutet das ihre *konkludente Einwilligung* zum *contrarius actus* (vgl. die konkludente Einwilligung des Beklagten zur Klagänderung, § 235 Abs 2 ZPO).

b) Haben die Parteien *ewiges (immerwährendes) Ruhen* angezeigt, so bieten sich ganz unterschiedliche (teils skurrile) Lösungen zum gemeinsamen Fortsetzungsantrag an:

▪ Nach der älteren Rechtsprechung ist der Fortsetzungsantrag zurückzuweisen, weil die Vereinbarung ewigen Ruhens wie eine Klagezurücknahme unter Anspruchsverzicht wirkt (JBl 1959, 135; MietS 7646; SZ 21/162). Eine ausdrückliche Klagezurücknahme ist dennoch zulässig (ohne Kostenersatzpflicht des Klägers, ArbS 7685).

▪ Nach der überwiegenden Lehre kann auch ein dauernder Rechtsschutzverzicht durch einen *contrarius actus* wieder aufgehoben werden; das Verfahren ist fortzusetzen *(Dolinar* 167). Der Streit, ob ewiges Ruhen Gerichts- und Streitanhängigkeit erlöschen lässt (einerseits *Dolinar* 56, andererseits *König* gegen OGH in JBl 1976, 150), spielt hier keine Rolle, denn allenfalls restituiert der Fortsetzungsbeschluss die frühere Prozesslage.

▪ Die Rechtsprechung (nach *Fasching* 610, 611) sieht das ewige Ruhen nicht als Zeitbestimmung an und deutet es – mangels Zeitbestimmung – als Dreimonatsruhen (RS0036976, RS0036703). Danach gilt der Fortsetzungsantrag nicht als vorzeitig, sondern als rechtzeitig.

Immer wenn ich in einer Lehrveranstaltung auf diese Lösung zu sprechen komme, ernte ich bei den Teilnehmerinnen Befremden bis Heiterkeit. Nicht von ungefähr, weil sich hier die oberste Rechtsprechung in realitätsferne semantische Spielereien verstrickt, die schwerwiegende rechtliche Folgen haben können.

Solange diese Rechtsprechung anhält, ist in der Praxis folgendes zu beachten: Die Untergerichte müssen die Parteien, die ewiges Ruhen vereinbaren wollen, darauf hinweisen, dass dies nur ein Dreimonatsruhen bedeuten würde, und zu einer zeitlichen Bestimmung, etwa im Ausmaß der konkreten Verjährungsfrist, anleiten (richterliche Aufklärungspflicht), allenfalls die Anzeige ewigen Ruhens als unbestimmt und daher als unzulässig zurückweisen (zumal die Umdeutung in ein Dreimonatsruhen dem klaren Parteiwillen widerspricht).

XV. Beweislehre

Fall 52

Eine Senatsverhandlung wird von zwei Richtern durchgeführt, während sich der dritte Richter im Gerichtsbuffet stärkt. Im Protokollskopf sind aber alle drei Richter als anwesend genannt. Eine Partei erhebt Nichtigkeitsberufung wegen vorschriftswidriger Besetzung des Gerichts.

Kommentar

Will eine Partei die *vorschriftswidrige Gerichtsbesetzung* (§ 477 Abs 1 Z 2 ZPO) als Berufungsgrund geltend machen, so muss sie die erhöhte Beweiskraft des Verhandlungsprotokolls unterbinden, indem sie rechtzeitig, nämlich spätestens bei dessen Vorlage zur Unterfertigung, *Widerspruch gegen die Protokollierung* der Gerichtsbesetzung erhebt. Der protokollierte Widerspruch unterwirft das Protokoll hinsichtlich der betroffenen Angaben wie eine Privaturkunde der freien Beweiswürdigung. Das Berufungsgericht muss über den Widerspruchsgrund mündlich verhandeln und Beweise aufnehmen, das Urteil als nichtig aufheben und die Rechtssache zur neuerlichen Verhandlung vor dem (vollständigen) Senat an das Erstgericht zurückverweisen.

Hat der Berufungswerber *keinen Widerspruch* erhoben, so kommt *§ 215 Abs 2 ZPO* zum Zug: Das Verhandlungsprotokoll bindet das Berufungsgericht und, weil es in der Frage der Gerichtsbesetzung (einer „vorgeschriebenen Förmlichkeit") das einzig zulässige Beweismittel ist, auch die Parteien *(feste Beweisregel)*. So ist insbesondere die Vernehmung von Richtern, Anwälten, Zeugen und Zuhörern über die Abwesenheit des dritten Senatsmitglieds von der Verhandlung ausgeschlossen. Das macht einen Gegenteilsbeweis unmöglich und die Protokollierung der ordnungsgemäßen Senatsbesetzung unwiderlegbar. Die Nichtigkeitsberufung ist als unbegründet abzuweisen.

Anders soll der Fall liegen, wenn der Senat von vornherein nicht die gesetzlich vorgeschriebene Anzahl von Richtern aufweist. *Fasching* (1577 f) und der OGH (JBl 1975, 325) halten ihn dann für entscheidungsunfähig: Seine Entscheidungen seien mangels Gerichtsgewalt unbeachtliche Nichturteile. Das stimmt allerdings nicht mit dem gängigen Begriff des Nichturteils überein, wonach der äußere Anschein einer gerichtlichen Entscheidung fehlen muss (so wenn für die Parteien erkennbar ein Nichtrichter, etwa die Raumpflegerin, entschieden hat). Schließlich finden wir auch mit § 477 Abs 1 Z 2 ZPO das Auslangen, wenn anstelle des Senats vorschriftswidrig ein Einzelrichter entscheidet.

Fall 53

Der Kläger weist nach, dass ihn der Beklagte schuldhaft verletzt hat. Darüber ergeht ein Grundurteil. Der Beklagte bestreitet weiterhin, dass dem Kläger ein Schmerzengeldanspruch in der Höhe von 3.000 Euro zusteht. Da die Krankengeschichte nicht auffindbar ist, lassen sich weder der Grad der Verletzung noch die Dauer und Stärke der Schmerzen genau ermitteln.

Kommentar

In Schadenersatzprozessen würden viele Verletzte mit der Durchsetzung ihrer Forderungen scheitern, weil sie nicht in der Lage sind, die Schadensfolgen nachzuweisen: Das formstrenge Beweisverfahren würde mit einem *non liquet* enden und eine klagabweisende Beweislastentscheidung zur Folge haben.

Hier hilft § 273 Abs 1 ZPO weiter: Steht der (Schadenersatz)Anspruch dem Grund nach fest (sind insbesondere Kausalzusammenhang und Verschulden geklärt), so *kann* der Richter im Betragsverfahren auf Antrag oder von Amts wegen die angebotenen Beweise ablehnen und ohne Beweisaufnahme den Schaden nach freier Überzeugung schätzen, sofern der Beweis über den Betrag gar nicht oder nur mit unverhältnismäßigen Schwierigkeiten zu erbringen ist *(freie richterliche Betragsschätzung)*.

Das schützt den Kläger vor einer Beweislastentscheidung, hilft aber auch sonst viel Zeit und hohe (Sachverständigen)Kosten zu sparen. Allenfalls kann der Richter eine der Parteien über die für die Schätzung maßgebenden Umstände (eidlich) vernehmen.

Bei Schmerzengeldansprüchen pflegt die Praxis die freie richterliche Schätzung mit einem Sachverständigenbeweis zu koppeln: Das ärztliche Gutachten stellt die Intensität und Dauer der Schmerzen schematisch dar und liefert damit einen Anhaltspunkt für die richterliche Schätzung.

Im vorliegenden Fall, wo wichtiges Befundmaterial fehlt, vermag der Sachverständigenbeweis eine solche Hilfe kaum zu bieten. Der Richter *kann* ihn übergehen, sich mit einer Vernehmung des Verletzten begnügen und das Schmerzengeld nach freier Überzeugung in runder Summe festsetzen.

Wenn ein *Grundurteil* den eingeklagten Zahlungsanspruch blanko festgestellt hat, kann es hinsichtlich der Anspruchshöhe kein *non liquet* mehr geben. Der Richter muss, selbst wenn ein formstrenges Beweisverfahren ergebnislos verlaufen ist, einen Betrag nach freier Überzeugung festsetzen; insoweit entfällt das Verfahrensermessen *(Dolinar)*.

Fall 54

Der Zeitschriftenhändler Z verlangt vom Tischler T die Zahlung von 100 Euro, weil T im Rahmen eines vor Jahren abgeschlossenen Abonnements der Zeitschrift „Schöner Wohnen mit Holz" deren letzte Juli- und Augustausgabe zu je 50 Euro zwar bezogen, aber trotz mehrfacher Mahnung nicht bezahlt habe. T wendet Zahlung ein: Er habe entsprechend den Abonnementbedingungen die Zeitschrift, wie immer, so auch letzten Juli und August im Laden des Z abgeholt und sogleich bar bezahlt. Er sei aber diese beiden Male von einem Urlaubsvertreter des Z bedient worden; jener habe bloß vergessen, die beiden Zahlungen in der Abonnentenkartei zu verbuchen. Der Urlaubsvertreter, als Zeuge vernommen, kann sich an nichts erinnern. Wie ist die Beweislage?

Kommentar

Für die rechtsvernichtende Sacheinrede der Zahlung trägt T die Beweislast. Bliebe seine Beweisführung auf den direkten Beweis beschränkt (Einsicht in die Abonnentenkartei, Vernehmung des Urlaubsvertreters und beider Parteien), so müsste er mit einem *non liquet* rechnen, das seine Verurteilung zur Folge hätte.

Der Sachverhalt enthält aber genügend entscheidungsfremde Tatsachen, die auf eine Zahlung des T hinweisen *(Indizien):*

▪ Im Abonnementvertrag wurde Barzahlung vereinbart.

▪ T hatte jahrelang allmonatlich den Abonnementpreis bar bezahlt.

▪ In Zeitschriftenläden ist der Barkauf üblich.

▪ Dass ein Urlaubsvertreter in zwei aufeinander folgenden Monaten einem ihm unbekannten Kunden jeweils 50 Euro stundet, ohne sich darüber Notizen zu machen, ist ungewöhnlich.

Zusammengenommen lassen diese vier Indizien den Erfahrungsschluss zu, dass T auch die Juli- und Augustausgabe bar bezahlt hat. Der Grundsatz der freien Beweiswürdigung ermöglicht diesen *Indizienbeweis:* Stehen die Indizien fest, so zieht der Richter einen persönlichen Erfahrungsschluss auf die entscheidungserhebliche Tatsache, von der er aber genauso voll überzeugt sein muss wie von den Indizien.

Fall 55

Ein neu errichtetes Gebäude stürzt ohne ersichtlichen Grund ein. Der Bauherr klagt den Baumeister auf Schadenersatz. Der Beklagte behauptet, es habe sich unmittelbar vor dem Einsturz ein Erdbeben ereignet. Wie ist die Beweislage?

Kommentar

a) *Anscheinsbeweis des Kausalzusammenhangs*

Wenn ein neu errichtetes Gebäude ohne ersichtlichen Grund einstürzt *(Vermutungsbasis),* spricht dies *prima facie* für eine fehlerhafte Errichtung *(vermutete Tatsache).* Vom eingetretenen Schaden (Wirkung) wird auf das Fehlverhalten des Beklagten (Ursache) geschlossen.

Den konkreten Konstruktions- oder Materialfehler, mithin die so genannten Zwischentatsachen braucht der Bauherr (zunächst) nicht nachzuweisen. Die Brücke schlägt ein Erfahrungssatz des täglichen Lebens, der dem Baumeister irgendein Fehlverhalten unterstellt, das (vorläufig) unsubstantiiert bleibt.

Aufgabe des Richters ist es nur zu prüfen, ob ein *typischer Geschehensablauf* vorliegt und ob für diesen ein Erfahrungsgrundsatz besteht. Gegebenenfalls greift die Vermutung ein.

Weil es sich nur um eine *einfache Vermutung* handelt, braucht der Beweisgegner keinen Gegenteilsbeweis, sondern nur einen *einfachen Gegenbeweis* zu führen, indem er die *ernsthafte Möglichkeit eines atypischen Geschehensablaufs* darlegt, der die vermutete Kausalkette durchbricht.

Doch ist der Richter darauf nicht angewiesen. Kommen ihm selbst bei der Sichtung des Falls Zweifel, die seine Überzeugung vom typischen Geschehensablauf erschüttern, so muss er von sich aus den Beweisführer auffordern, den Beweis der zunächst vermuteten entscheidungserheblichen Resttatsachen nachzuschieben.

Ergibt etwa der Gegenbeweis oder eine amtliche Kenntnisnahme, dass sich unmittelbar vor dem Einsturz des neu errichteten Gebäudes ein Erdbeben ereignet hat, so muss der Bauherr nunmehr seinen Hauptbeweis dahin ergänzen, auf welche Weise dem Baumeister ein Fehler bei der Errichtung unterlaufen ist. Wie bei jeder einfachen Vermutung fällt auch hier die Beweislast nicht dem Beweisgegner, sondern dem Beweisführer zu.

b) *Anscheinsbeweis des Verschuldens?*

An sich könnte unser Beispiel auch dazu dienen, das Fehlverhalten des Baumeisters *prima facie* als fahrlässig zu bewerten. Das erübrigt sich aber, weil § *1298 ABGB* bei Schadenersatzansprüchen aus Vertrag wegen Nichterfüllung oder Schlechterfüllung ohnehin eine Beweislastumkehr vorsieht:

Der Schädiger hat das Fehlen eines Verschuldens nachzuweisen. *Ratione legis* soll jener Vertragspartner die Beweislosigkeit vertreten, der in seinem Gefahrenbereich die Möglichkeit hat, die Aufklärung zu sichern *(Kodek* in Kletečka/Schauer, ABGB-ON[1.02] § 1298 Rz 2).

Der Anscheinsbeweis des Verschuldens lässt sich im österreichischen Recht gewöhnlich nur bei Schadenersatzansprüchen aus unerlaubter Handlung anwenden. Dass er in typisierten Fällen das Verschulden als wahrscheinlich annimmt, divergiert nicht mit der Beweislastregel des § 1296 ABGB, der bei Beweislosigkeit den Geschädigten mit Prozessverlust bedroht.

Fall 56

Der Fischereipächter Krummhaken klagt den Gastwirt Schmalhans auf Herausgabe der zwanzig Rotkarpfen, die ihm aus seinem Fischteich abhanden gekommen seien und nun vom Beklagten im Fischtrog des Gasthofs gehalten würden. Schmalhans bestreitet und behauptet:

a) Es handle sich nicht um die Rotkarpfen des Klägers.

b) Er habe seine Rotkarpfen vom Fischhändler Wildfang gekauft.

c) Er sei jedenfalls gutgläubig.

Kommentar

Bei der *Eigentumsklage* kommen die prozessrechtlichen (Rosenbergschen) Beweislastregeln nicht zum Zug, weil hier schon das materielle Recht die Beweislast zwischen den Parteien abschließend verteilt *(materiellrechtliche Beweislastregeln)*. Daher erübrigt sich die Frage, ob es sich beim Vorbringen des Beklagten um ein Bestreiten des Klagegrunds (Grundnorm) oder um Sacheinreden (Gegennormen) handelt.

Die Eigentumsklage geht auf Herausgabe der Sache. Sie wird vom nicht besitzenden Eigentümer gegen den Besitzer oder Inhaber erhoben, der ihm die Sache vorenthält (§ 366 ABGB). Der Kläger hat zu beweisen, dass der Beklagte die eingeklagte Sache in seiner Macht hat und dass diese Sache Eigentum des Klägers ist (§ 369 ABGB).

a) Bestreitet der Beklagte, dass es sich um die Rotkarpfen des Klägers handle, so muss sie dieser „durch Merkmale beschreiben, wodurch sie von allen ähnlichen Sachen gleicher Gattung ausgezeichnet" werden (Identitätsmerkmale, § 370 ABGB). Ein *non liquet* führt zur Klagabweisung.

Abgesehen davon obliegt dem Eigentumskläger der Beweis, dass eben diese Rotkarpfen sein Eigentum seien (§ 369 ABGB). Mithin muss er die rechtsbegründenden Tatsachen = den Eigentumserwerb *(Titel und Modus)* nachweisen. Allenfalls kann er auf die *Publiciana* (§ 372 ABGB) ausweichen.

b) Gelingt dem Kläger der Beweis des Eigentumserwerbs und der Identitätsmerkmale, so kann der Beklagte immer noch **gutgläubigen Eigentumserwerb** durch ein qualifiziertes entgeltliches gültiges Titelgeschäft behaupten, hier den Erwerb von einem zu diesem Verkehr befugten Unternehmer (§ 367 Fall 2 ABGB).

Lässt sich durch die Beweisaufnahme nicht klären *(non liquet)*, ob der Gastwirt Schmalhans die zwanzig Rotkarpfen vom Fischhändler Wildfang gekauft hat, so wird er zur Herausgabe verurteilt.

c) Der Erwerber muss **redlich** sein; d.h. er darf weder wissen noch vermuten, dass die Sache nicht dem Veräußerer gehört. Beim Erwerb von einem Unternehmer im gewöhnlichen Betrieb seines Unternehmens genügt der gute Glaube an die Befugnis des Veräußerers, über die Sache zu verfügen (§ 368 Abs 1 ABGB). Zwar schadet schon leichte Fahrlässigkeit des Erwerbers (SZ 50/142), doch muss sie der Eigentumskläger beweisen (§ 368 Abs 2 ABGB: „Beweist der Eigentümer, dass der Besitzer [...] gegründeten Verdacht hätte schöpfen müssen ..."), so dass dieser im Fall eines *non liquet* eine Klagabweisung erleidet.

Fall 57

Die Rote Lola klagt den Blonden Hans auf Schadenersatz wegen grundlosen Rücktritts vom Verlöbnis. Der Blonde Hans bestreitet: Die Rote Lola sei auch mit dem Schwarzen Kuno intim gewesen. Wer trägt die Beweislast?

Kommentar

Literatur: *Holzhammer,* Der Beweisgegenstand im Zivilprozeß, FS Wohlgenannt (1985) 383 f.

§ 46 ABGB: „Nur bleibt dem Teile, von dessen Seite keine gegründete Ursache zu dem Rücktritte entstanden ist, der Anspruch auf den Ersatz des wirklichen Schadens vorbehalten, welchen er aus diesem Rücktritte zu leiden beweisen kann."

Der Tatbestand des § 46 ABGB enthält ein negatives Merkmal: *„keine gegründete Ursache zum Rücktritt."* Nach der allgemeinen Beweislastregel obliegt es dem Anspruchswerber auch die Verwirklichung negativer Tatbestandsmerkmale zu beweisen *(Negativenbeweis).*

Anders die *Negativentheorie:* Ein Nichtgeschehen könne keine Wirkungen, daher auch keine Rechtswirkungen entfalten; mithin erübrige sich sein Beweis *(negativa non sunt probanda).* Doch lässt sich die **natürliche Kausalität** nicht ohne Weiteres auf den Rechtsbereich übertragen.

Rechte sind Gedankenprodukte, die nicht unmittelbar aufgrund faktischer Ereignisse entstehen oder erlöschen, sondern nur, soweit sie der Gesetzgeber mit solchen verknüpft hat *(juristische Kausalität);* ob er ihnen ein Geschehen oder Nichtgeschehen zugrunde legt, bleibt seinem Gutdünken überlassen. Ein Verbot des Negativenbeweises hieße das negative Tatbestandsmerkmal aus der Rechtsnorm zu eliminieren und würde eine Rechtsänderung bedeuten.

Die von der Praxis wiederholt ins Treffen geführten außerordentlichen Beweisschwierigkeiten beim Negativenbeweis bestehen in Wahrheit gar nicht:

▪ Der Kläger kann sich in der Klage auf die bloße Behauptung des Nichtgeschehens beschränken.

- Der Beklagte muss demgegenüber ein kontradiktorisches Geschehen substantiieren, denn ein leeres (unsubstantiiertes) Bestreiten käme einem Geständnis des Nichtgeschehens gleich. Beweisthema ist also nur die gegnerische Behauptung eines bestimmten kontradiktorischen Geschehens. Dem Kläger gelingt der Beweis dadurch, dass er den Richter von der Unwahrheit der Beklagtenbehauptung überzeugt.

Mithin bleibt es bei der allgemeinen Beweislastregel: *Enthält eine Rechtsnorm negative Tatbestandsmerkmale, so muss deren Erfüllung beweisen, wer die Rechtsfolge aus der Rechtsnorm für sich in Anspruch nimmt.*

Im gegenständlichen Fall braucht die klagende Rote Lola zunächst nur zu behaupten, dass sie dem beklagten Blonden Hans keinen Grund gegeben habe, vom Verlöbnis zurückzutreten. Um zu verhindern, dass diese Behauptung für wahr gehalten wird, muss nun der bestreitende Blonde Hans seinen Rücktrittsgrund konkretisieren, nämlich dass ihn die Klägerin mit dem Schwarzen Kuno betrogen habe. Damit steht das Beweisthema fest. Den konkreten Negativ(en)beweis muss die Klägerin führen. Lässt sich durch die Beweisaufnahme nicht klären, ob die Klägerin zum Schwarzen Kuno Liebesbeziehungen unterhalten hat, so wird sie durch dieses *non liquet* belastet, weil sie zum Prozesssieg einen Treuenachweis benötigt. Im Zweifel ist ihre Klage abzuweisen.

Fall 58

Saufaus klagt seine Frau auf Scheidung gemäß § 49 S 1 EheG, weil sie ihm den Beischlaf hartnäckig verweigere. Die Beklagte behauptet, sie ekle sich vor dem stets betrunkenen Kläger. Wen trifft die Beweislast?

Kommentar

Wir lesen zunächst *§ 49 EheG:*

Satz 1: Ein Ehegatte kann Scheidung begehren, wenn der andere durch eine schwere Eheverfehlung oder durch ehrloses oder unsittliches Verhalten die Ehe schuldhaft so tief zerrüttet hat, dass die Wiederherstellung einer ihrem Wesen entsprechenden Lebensgemeinschaft nicht erwartet werden kann.

Satz 3: Wer selbst eine Verfehlung begangen hat, kann die Scheidung nicht begehren, wenn nach der Art seiner Verfehlung, insbesondere wegen des Zusammenhangs der Verfehlung des anderen Ehegatten mit seinem eigenen Verschulden sein Scheidungsbegehren bei richtiger Würdigung des Wesens der Ehe sittlich nicht gerechtfertigt ist.

Nun charakterisieren wir diese beiden Rechtsnormen:

§ 49 S 1 EheG ist eine **Grundnorm** und spricht als solche eine regelmäßige Rechtsfolge aus, hier den Scheidungsanspruch aufgrund einer schweren Eheverfehlung.

§ 49 S 3 EheG ist eine *Gegennorm,* welche die Rechtsfolge der Grundnorm ausschließt. Im Zivilprozess stützt sich auf die Gegennorm, wer das
subjektive Recht entkräften will, was durch *Sacheinreden (Einwendungen)* geschieht.

Entsprechend der allgemeinen *Beweislastregel* trägt gewöhnlich der
Kläger die Beweislast für die Verwirklichung der Grundnorm und der Beklagte die Beweislast für die Verwirklichung der Gegennorm.

Auf den ersten Blick möchte man meinen, dass sich der Kläger Saufaus auf die
Grundnorm des § 49 S 1 EheG und seine beklagte Ehefrau auf die Gegennorm des § 49 S
3 EheG stützt und dementsprechend auch die Beweislast zu verteilen ist.

Wer aufgrund einer Gegennorm eine Sacheinrede erhebt, erklärt ein
qualifiziertes Geständnis: Er gesteht den Klagegrund vollinhaltlich zu (der
damit feststeht), behauptet aber einen Gegensachverhalt, der die Wirkung
des zugestandenen Klagegrunds entkräften soll *(Geständnis mit Zusatz:*
„ja, aber"). Für die Verwirklichung des Zusatzes trägt der Gestehende die
Beweislast.

Vom qualifizierten Geständnis ist das *motivierte Leugnen* zu unterscheiden: Es ist ein *Geständnis mit Einschränkungen,* das nicht alle Tat-
bestandselemente der Rechtsnorm erfasst, sondern gewöhnlich eines davon
ausspart.

Da jedes Tatbestandsmerkmal eine gleich wichtige Voraussetzung für
die Rechtsfolge bildet, bleibt, wenn sich der Gegner auf das Bestreiten eines Tatbestandselements beschränkt, dennoch der Gesamttatbestand bestritten.

Das Geständnis ist in diesem Fall zwar hinsichtlich der zugestandenen
Tatsachen voll wirksam, die Beweislast für die Verwirklichung des Ge-
samttatbestands trägt aber dennoch, wer dessen Rechtsfolge für sich in Anspruch nimmt.

Wenn sich in unserem Fall die beklagte Ehefrau auf die Gegennorm des § 49 S 3,
EheG stützt, würde sie die ihr vom Kläger unterstellte schwere Eheverfehlung zugestehen
und nur eine gleich wiegende Eheverfehlung des Klägers als anspruchshindernde Tatsache
einwenden (qualifiziertes Geständnis).

Ergebnis: Die beklagte Ehefrau bedient sich keiner Gegennorm, sondern bestreitet die Verwirklichung der Grundnorm des § 49 S 1 EheG, indem sie zwar die Verweigerung des Geschlechtsverkehrs zugesteht, aber
motiviert das Verschulden leugnet, weil ihr der Geschlechtsverkehr mit
einem chronischen Säufer nicht zumutbar sei. Trotz des Teilgeständnisses
bleibt der Gesamttatbestand der Grundnorm bestritten und die Beweislast
beim Kläger.

Fall 59

Nach vergeblicher Mahnung klagt Krautkopf den Rettich im Jänner auf Zahlung des Kaufpreises für geliefertes Gemüse. Rettich beantragt Klagabweisung, weil die Kaufpreisforderung vereinbarungsgemäß erst Anfang März fällig sei. Wer trägt die Beweislast für die Fälligkeit der Forderung?

Kommentar

§ 904 S 1 ABGB: „Ist keine gewisse Zeit für die Erfüllung des Vertrags bestimmt worden; so kann sie sogleich, nämlich ohne unnötigen Aufschub gefordert werden."

Der Hauptsatz enthält die Grundnorm, der Nebensatz die Gegennorm. Demnach ist die Pflicht, sogleich zu erfüllen, das Normale, die Vereinbarung eines besonderen Fälligkeitstermins hingegen die Ausnahme und als solche vom Schuldner zu beweisen *(Einredetheorie).*

Anders die *Leugnungstheorie.* Sie hält den ganzen Satz 1 des § 904 ABGB für eine Grundnorm und den Nebensatz für ein negatives Tatbestandsmerkmal dieser Grundnorm. Wer das „Fehlen eines besonderen Fälligkeitstermins" bestreitet, erhebe keine Einrede, sondern leugne motiviert eine Tatsache, aus der sich der Anspruch des Klägers ergeben würde (*Blomeyer* 373 f gegen hM, zB. *Musielak/M. Stadler* 302 ff; *A. Stadler* in Jauernig § 271 BGB Rz 17; BGH NJW-RR 2004, 209). Im gegenständlichen Fall müsste nach der Leugnungstheorie der klagende Krautkopf einen Negativbeweis führen, zwar vorerst nur das Fehlen eines besonderen Fälligkeitstermins behaupten, dann aber, nachdem der bestreitende Rettich einen solchen vorgebracht hat, beweisen, dass es keine entsprechende Vereinbarung gebe. Verbleibende Unklarheiten würden zur Abweisung der Klage führen.

Die *Einredetheorie* entspricht der Beweislastverteilung nach dem Inhalt des Rechtsgeschäfts:

▪ Die wesentlichen Geschäftsbestandteile *(essentialia negotii)* muss beweisen, wer die Rechte aus dem Geschäft herleitet.
▪ Die typischen Geschäftsbestandteile *(naturalia negotii)* bedürfen keines Beweises.
▪ Die von den typischen abweichenden Geschäftsbestandteile *(accidentalia negotii)* muss beweisen, wer sich darauf beruft.

Die Vereinbarung eines besonderen Fälligkeitstermins ist ein *accidentale negotii* (stR, JBl 1935, 232; *Rosenberg/Schwab/Gottwald* § 115 Rz 10; *Reischauer* in Rummel/Lukas § 904 Rz 28).

Ergebnis: Grundsätzlich stellt der Gläubiger die Forderung fällig. Für Ausnahmen, wie etwa für eine besondere Fälligkeitsvereinbarung, trägt der Schuldner die Beweislast. Lässt sich nicht klären, ob die Kaufpreisforderung vertragsgemäß erst Anfang März fällig sei, so ist Rettich zur Zahlung zu verurteilen.

Fall 60

Ein Scherzbold schickt seinem Freund aus den USA eine Ansichtskarte mit folgendem Inhalt: „Mein Geist verfolgt mich, aber ich bin schneller. George W. Bush". Um was für eine Urkunde handelt es sich?

Kurzkommentar

Es handelt sich um eine gefälschte private Zufallsurkunde, deren Richtigkeit der freien Würdigung unterliegt.

Fall 61

Zwirzina klagt seine Frau auf Ehescheidung, weil sie es mit dem Kaminkehrer Fegerböck treibe.

a) Als Beweismittel nennt er Fegerböcks Liebesbriefe an seine Frau. Trifft diese eine Vorlagepflicht?

b) Unter anderem seien die beiden auf Dons Party in schamloser Gier übereinander hergefallen. Als Beweismittel nennt er einen Film, den Don mit Zustimmung seiner Gäste von der Party gedreht hat. Trifft Don eine Vorlagepflicht?

Kommentar

a) Fegerböcks Liebesbriefe sind ***Privaturkunden (Zufallsurkunden)****,* die sich im Besitz der Beweisgegnerin befinden.

Wir prüfen zunächst, ob eine ***unbedingte Vorlagepflicht*** der Beklagten nach § 304 Abs 1 Z 1 bis 3 ZPO besteht: Die Beklagte hat sich nicht auf die Liebesbriefe zu Beweiszwecken bezogen, sie ist nicht nach bürgerlichem Recht herausgabe- oder vorlagepflichtig, und es handelt sich nicht um gemeinschaftliche Urkunden.

Da keiner der drei Tatbestände des § 304 Abs 1 ZPO erfüllt ist, kommt nur eine ***bedingte Vorlagepflicht*** der Beweisgegnerin in Betracht.

Nunmehr prüfen wir, ob ein Grund für die *Verweigerung der Vorlage* nach § 305 ZPO gegeben ist: Wenn das Bekanntwerden (des intimen Inhalts) der Liebesbriefe der Partei oder dritten Personen zur Schande gereichen würde (Z 3), kann die Beklagte die Vorlage verweigern.

b) *Filme* sind, sofern sie nicht Texte speichern, mangels Schriftform keine Urkunden, sondern Auskunftssachen, mangels Gedankeninhalts aber überhaupt nur Augenscheinssachen. Im gegenständlichen Fall handelt es sich um eine *Auskunftssache* über den Verlauf einer Party.

Inwieweit Auskunftssachen einen Beweis liefern, hat das Gericht nach sorgfältiger Würdigung aller Umstände zu beurteilen (§ 318 Abs 1 ZPO). Die §§ 303 bis 309 ZPO sind auch auf die Vorlage von Auskunftssachen sinngemäß anzuwenden (§ 318 Abs 2 ZPO).

Der Film befindet sich im Besitz eines Dritten. Wir brauchen also nur zu prüfen, ob Don eine unbedingte Vorlagepflicht nach § 308 Abs 1 ZPO trifft: Weder ist Don nach bürgerlichem Recht dem Zwirzina zur Herausgabe oder Vorlage verpflichtet noch handelt es sich um eine für Don und Zwirzina gemeinschaftliche Urkunde. Da keiner der beiden Tatbestände des § 308 Abs 1 ZPO erfüllt ist, besteht für Don *keine Vorlagepflicht.* Das Gericht darf keinen Vorlagebeschluss fällen.

Fall 62

Der Hauslehrer Springinsfeld hat der Frau Lieblich fruchtbringend beigewohnt. Herr Lieblich erhebt die

a) Scheidungsklage gegen Frau Lieblich,

b) Räumungsklage gegen Springinsfeld.

Trifft Springinsfeld in beiden Prozessen eine Pflicht zum Erscheinen, zur Aussage und zur Eidleistung?

Kommentar

a) Scheidungsprozess

Springinsfeld ist *zeugnisfähig* (§ 320 ZPO). Als Zeugen trifft ihn eine **Erscheinungspflicht.** Kommt er der Ladung nicht nach, so wird er nach Verhängung einer Ordnungsstrafe neuerlich geladen. Bleibt er abermals fern, so wird die Ordnungsstrafe verdoppelt und eine zwangsweise Vorführung zum nächsten Vernehmungstermin angeordnet (§ 333 Abs 1 ZPO).

Den säumigen Zeugen trifft auch eine Kostenersatzpflicht. Legen die Parteien im frustrierten Termin gleich ihre Kostennoten, so werden die Kosten dem Zeugen in der neuerlichen Ladung auferlegt. Andernfalls verpflichtet der Richter den Zeugen zum Kostenersatz, ohne zunächst den Kostenbetrag festzustellen; dann müssen die Parteien binnen vierzehn Tagen ab Rechtskraft des Beschlusses ihre Kostennoten bei sonstigem Ausschluss legen (§ 334 ZPO).

Im Scheidungsprozess ist Springinsfeld vom Richter über sein *Zeugnisverweigerungsrecht* zu belehren. Ein solches gewährt ihm § 321 Abs 1 Z 1 ZPO nur, wenn ihm die Beantwortung der Frage der Beiwohnung nach seinen Lebensumständen zur Schande gereichen würde.

Springinsfeld muss seine Weigerung mündlich oder schriftlich vor oder bei der Vernehmungstagsatzung begründen und, wenn ein Widerspruch erfolgt, glaubhaft machen (§ 323 ZPO). Der Richter entscheidet über die Rechtmäßigkeit der Weigerung mit anfechtbarem Beschluss (§ 324 ZPO). Werden die Gründe nicht als gerechtfertigt anerkannt, so muss Springinsfeld aussagen.

Den aussagepflichtigen Springinsfeld trifft auch eine **Eidleistungs-pflicht,** zumal auf ihn die Ausnahmen des § 336 ZPO nicht zutreffen.

Verweigert er die Aussage und/oder die Eidleistung, so wird gegen ihn von Amts wegen indirekte Exekution mit Geld- und Haftstrafen geführt (§§ 325 ZPO, 354 EO). Dazu gesellen sich Mutwillensstrafen und eine Kostenersatzpflicht. In allen Fällen kann der Zeuge ob seines pflichtwidrigen Verhaltens von den Parteien auf Schadenersatz in Anspruch genommen werden.

b) Räumungsprozess

Parteien unterliegen grundsätzlich keiner Erscheinungs-, Aussage- und Eidleistungspflicht. Ihr Verhalten wird vom Gericht frei gewürdigt.

Fall 63

Beim Kunstsammler K wird eingebrochen, ein Teil der Kunstgegenstände gestohlen und der Rest mutwillig zerstört. K muss die Versicherungsgesellschaft V klagen, hat aber nur teilweise Erfolg, weil V für Vandalismus nicht haftet. Später stellt sich heraus, dass der Diebstahl im Auftrag des Antiquars A geschehen ist. A wird strafgerichtlich verurteilt und dann von K auf Schadenersatz geklagt. Als Beweismittel für die Schadenshöhe nennt K den Sachverständigen S, der schon im Versicherungs- und auch im Strafprozess ein Schätzungsgutachten abgegeben hat. S ist aber mittlerweile gestorben. Können die von ihm in den Vorprozessen erstellten Gutachten als Beweismittel verwendet werden?

Kommentar

Der durch die ZVN 1983 eingefügte § 281a ZPO *durchbricht den Grundsatz der sachlichen Unmittelbarkeit* insofern, als er die Verlesung protokollierter Beweisaufnahmen und schriftlicher Sachverständigengutachten aus Vorprozessen statt einer neuerlichen Beweisaufnahme ermöglicht, wenn beide Parteien am Vorprozess teilgenommen haben und

1. nicht eine der Parteien ausdrücklich das Gegenteil beantragt oder
2. das Beweismittel nicht mehr zur Verfügung steht.

Die Beweisaufnahme muss „in einem gerichtlichen Verfahren" erfolgt sein. Das kann auch ein Außerstreit-, Exekutions- oder Insolvenzverfahren, sogar ein Strafverfahren gewesen sein, umso mehr das Verfahren vor Richterwechsel und das Verfahren erster Instanz (wenn das Rechtsmittelgericht eine Beweiswiederholung anordnet).

Das Schätzungsgutachten des S aus dem Versicherungsprozess kann nicht herangezogen werden, weil A daran nicht teilgenommen hat. Das Gutachten aus dem Strafprozess ist verwendbar, falls K dort als Privatbeteiligter (nicht bloß als Zeuge) agiert hat.

Ist eine der Parteien mit der bloßen Verlesung nicht einverstanden, so muss sie eine unmittelbare Beweisaufnahme vor dem erkennenden Gericht beantragen. Dass S mittlerweile gestorben ist, ändert nichts daran, weil Sachverständige ersetzbar sind. Ordnet das Gericht eine Verlesung an, obwohl nicht beide Parteien am Vorprozess beteiligt waren, so bedeutet das einen schweren Verfahrensmangel (§ 496 Abs 1 Z 2 ZPO), welcher der Rügelast unterliegt (§ 196 ZPO).

Fall 64

Der Poker-Joe klagt den Gschwinden Charlie auf Schadenersatz, weil er durch ihn bei einer Messerstecherei verletzt worden sei.

a) Der Gschwinde Charlie bestreitet die Echtheit und Unverfälschtheit der Wunden.

b) Als Beweismittel legt er eine heimliche Tonbandaufnahme vor, worin der Poker-Joe seinen Kumpanen erzählt, er habe seine Stich- und Schnittwunden teils selbst absichtlich vertieft und sich teils bei einer anderen Messerstecherei zugezogen.

c) Der Poker-Joe wendet sich gegen die Verwendung der Tonbandaufnahme als Beweismittel; außerdem handle es sich um ein manipuliertes Tonband.

Kommentar

*a) **Echtheit*** der Wunde bedeutet, dass diese vom angeblichen Verursacher stammt. ***Unverfälschtheit*** der Wunde bedeutet, dass diese nicht nachträglich gegen den Willen des Verursachers verändert („vertieft") wurde.

Es gelten die Regeln des Urkundenbeweises: Bestreitet der Beweisgegner die Echtheit, so muss sie der Beweisführer beweisen. Die Verfälschung muss beweisen, wer sie behauptet. Die Prüfung der Echtheit und Unverfälschtheit ist *immer **Augenscheinsbeweis,*** allenfalls gemischter, wenn wie hier die Wahrnehmung besondere Fachkunde erfordert.

Zwar muss der Kläger die Vornahme des Augenscheins an seinem Körper nicht dulden, doch hat seine Weigerung beweisrechtliche Folgen: Es geht ihm das Beweismittel und daher auch der Prozess verloren.

b) Ob das ***Tonband*** eine Urkunde, eine Auskunftssache oder eine Augenscheinssache ist, hat die Lehre bislang nicht klären können.

Siegert, NJW 1957, 689 hält Tonbänder für nicht unterschriebene Urkunden. Andere behandeln sie dagegen als Augenscheinssachen (*Rechberger/Simotta* 852).

Mangels Schriftlichkeit können Tonbänder keine Urkunden sein. Sie sind Auskunftssachen, wenn sie einen Gedankeninhalt vermitteln, sonst Augenscheinssachen (RS0039883; *Dolinar/Roth* 76).

Im gegenständlichen Fall handelt es sich um Auskunftssachen, weil sie ein vergangenes streiterhebliches Gespräch wiedergeben. Dessen Inhalt unterliegt der freien Beweiswürdigung (§ 318 ZPO).

c) Der Poker-Joe bestreitet nicht die Echtheit des Tonbands (es handelt sich um seine Stimme), behauptet aber die Verfälschung (die nachträgliche Abänderung) der Aufnahme. Dafür trifft ihn die Beweislast. Zum Beweis der Verfälschung dient das Tonband nunmehr als Augenscheinssache.

Heimliche Tonbandaufnahmen verletzen das Persönlichkeitsrecht (Privatanklagedelikt); sie sind daher zu Beweiszwecken im Zivilprozess grundsätzlich nur verwertbar, wenn der Sprechende einverstanden ist (§ 120 Abs 2 StGB).

Anderseits trifft die Parteien im Zivilprozess die Wahrheits- und Vollständigkeitspflicht. Ist die Aufklärung des Sachverhalts durch Verwendung der heimlichen Tonbandaufnahme zumutbar, so hat das Gericht das ablehnende Verhalten des Beweisführers frei zu würdigen, unter Umständen gegen ihn bei der Sachverhaltsfeststellung zu verwerten. Die Rechtsprechung lässt darüber hinaus Tonbandaufnahmen auch ohne Einverständnis des Sprechenden als Beweismittel zu, wenn nach dem bisherigen Verfahrensverlauf ein Prozessbetrugsversuch nicht ausgeschlossen werden kann und dem Gegner durch die Zurückweisung das möglicherweise einzige Beweismittel verloren ginge (JBl 2000, 458).

Fall 65

Ein Fremdobsorger kauft seinem/seiner dreizehnjährigen Pflegebefohlenen ein neues Fahrrad. Schon beim ersten Ausflug bricht die Lenkstange des Fahrrads. Mit gerichtlicher Genehmigung erhebt der Obsorgeträger für das Kind die Gewährleistungsklage. Wer kommt für die Parteienvernehmung in Betracht?

Kommentar

Wie die Zeugenvernehmung setzt auch die *Parteienvernehmung* die Zeugnisfähigkeit (= Wahrnehmungs- und Wiedergabefähigkeit, § 320 Z 1 ZPO), nicht aber ein bestimmtes Alter der Partei voraus. Daher kann der/die dreizehnjährige Unmündige ohne Weiteres zur Sache vernommen werden. Weil er/sie aber eidunmündig ist, muss seine/ihre eidliche Vernehmung unterbleiben (von der die Praxis ohnehin nur selten Gebrauch macht).

Wird der Rechtsstreit vom gesetzlichen Vertreter eines Pflegebefohlenen geführt, so bleibt es dem Ermessen des Gerichts überlassen, die *Vernehmung des gesetzlichen Vertreters* oder des (zeugnisfähigen) Pflegebefohlenen oder beider zu verfügen (§ 373 Abs 1 ZPO).

Mithin wird der prozessführende gesetzliche Vertreter einer Partei, anders als deren Rechtsanwalt, nie in den Zeugenstand gerufen, sondern, was die Vernehmung betrifft, als Partei behandelt. Es gelten also auch für ihn die Besonderheiten der Parteienvernehmung.

Das Gericht ist in seinem Ermessen beschränkt. Aufgrund seiner materiellen Prozessleitungspflicht hat es durch informative Befragung zu ermitteln, wer von den beiden über sachdienliches Wissen verfügt, und dementsprechend seine Wahl zu treffen, allenfalls beide zur Parteienvernehmung heranzuziehen.

Fall 66

Der Mieter M übergibt dem Vermieter V die Mietwohnung in einem trostlosen Zustand. V plant eine Schadenersatzklage gegen M. Da er die Wohnung möglichst rasch sanieren und weitervermieten möchte, stellt er unverzüglich einen Beweissicherungsantrag. Der hierzu vernommene M legt eine Kostennote. Welches Gericht ist für die Beweissicherung zuständig und wie wird seine Entscheidung lauten?

Kommentar

Da ein Rechtsstreit noch nicht anhängig ist, muss V seinen Beweissicherungsantrag bei dem Bezirksgericht anbringen, in dessen Sprengel sich die Wohnung, die in Augenschein genommen werden soll, befindet (§ 384 Abs 3 ZPO).

Der Beweissicherungsantrag ist abzuweisen, da er keine der beiden Voraussetzungen des § 384 Abs 1, 2 ZPO erfüllt:

• Die **Beweissicherung** wird zum einen nur vorgenommen, wenn zu besorgen ist, dass das Beweismittel sonst verloren oder seine Benützung erschwert werde (§ 384 Abs 1 ZPO). Von einem sonstigen Verlust oder einer erschwerten Benützung der Augenscheinssache kann hier keine Rede sein:

Es steht *im Belieben des Antragstellers,* den bestehenden Zustand der Wohnung zu belassen oder zu verändern. *Ratione legis* muss es sich aber um solche Veränderungen handeln, die *außerhalb der Einflusssphäre des Antragstellers* liegen. Dass Mietwerber und Mietzinseinnahmen verloren gehen, ergibt *keine objektive Notwendigkeit,* den Augenschein vorsorglich vorzunehmen.

• Zum anderen wird der gegenwärtige Zustand einer Sache nur festgestellt, wenn der Antragsteller ein **rechtliches Interesse** an dieser Feststellung hat (§ 384 Abs 2 ZPO). Ein solches besteht aber nur, wenn der Antragsteller ohne Beweissicherung rechtlich außerstande oder beeinträchtigt wäre, den ihm zustehenden Anspruch zu realisieren.

Ein allfälliger Mietzinsentgang, weil der Schaden nicht unverzüglich behoben wird, begründet nur ein wirtschaftliches Interesse des V. Ob der

Augenschein durch vorsorgliche Beweissicherung außerhalb oder durch ordentliche Beweisaufnahme innerhalb des Prozesses vorgenommen wird, macht für V rechtlich hingegen keinen Unterschied.

Gerade dieses Beispiel zeigt, dass wirtschaftliches und rechtliches Interesse nicht notwendigerweise zusammenfallende Begriffe sind (ÖJZ 1958/389, MietS 39.760).

Dem Antragsgegner sind nur die notwendigen Kosten seiner *Beteiligung an der Beweisaufnahme* unbeschadet der Entscheidung in der Hauptsache zu ersetzen (§ 388 Abs 3 ZPO). Weitergehende Kosten, insbesondere für seine *Äußerung zum Beweissicherungsantrag,* kann er nicht beanspruchen.

Die Entscheidung über die verzeichneten Äußerungskosten bleibt der Entscheidung in der Hauptsache vorbehalten. Sollte es nicht mehr zum Hauptprozess kommen, so können diese Kosten nach den allgemeinen Schadenersatzregeln eingeklagt werden (stR, RS0036014).

Dritter Teil

Urteile

I. Vorbehaltsurteil

Fall 67

Klang klagt Beck auf Zahlung von 32.000 Euro aus Kauf. Beck erhebt Einspruch gegen den bedingten Zahlungsbefehl und bestreitet. Kurz vor Schluss der mündlichen Streitverhandlung rechnet Beck mit einer Schadenersatzforderung von 38.000 Euro wegen Verschlechterung einer Bestandsache auf, weil Klang als Mieter einer Wohnung des Beck diese erheblich verschlechtert habe. Die Beweisführung zur Gegenforderung erweist sich als aufwändig.

Kommentar

Die Parteien sollen im Zivilprozess Sachverhaltsbehauptungen und Beweisanbote möglichst bis zum Ende der vorbereitenden Tagsatzung geltend machen. Allerdings besteht bis zum Schluss der mündlichen Streitverhandlung *Neuerungserlaubnis* (§ 179 S 1 ZPO). Die Eventualaufrechnungseinrede wurde erst im Lauf des Beweisverfahrens erhoben.

Dies ist zulässig; es kann nicht damit argumentiert werden, Beck hätte die ihm schon früher bekannte Gegenforderung schon im Einspruch gegen den bedingten Zahlungsbefehl oder im Rahmen der vorbereitenden Tagsatzung vorbringen und damals schon seine Eventualaufrechnung erklären müssen.

Die „Opferung" einer Gegenforderung gegen eine nach Ansicht der beklagten Partei unbegründete Klageforderung zu einem frühen Zeitpunkt ist nicht zumutbar. Die Grenzen nachträglichen Vorbringens zeigt § 179 S 2 ZPO auf: Spätes Vorbringen, das grob schuldhaft nicht früher angebracht wurde (offensichtliche *Prozessverschleppungsabsicht*) kann vom Gericht nicht mehr zugelassen werden.

Die – wenngleich späte – Aufrechnung ist im vorliegenden Fall aufgrund der Neuerungserlaubnis in erster Instanz zulässig.

Kaufpreisforderung des Klang und Schadenersatzforderung des Beck stehen in keinem rechtlichen Zusammenhang: Es handelt sich bei der aufrechnungsweise eingewendeten Forderung des Beck um eine *nicht konnexe Gegenforderung.*

Die *Aufrechnungseinrede* ist die einzige Sacheinrede, über die das Gericht im Urteilsspruch *mit Rechtskraftwirkung* entscheidet (§ 411 ZPO).

Die behauptete Gegenforderung übersteigt die Klageforderung. Da der Kläger im Prozess den Rahmen des Verfahrens absteckt, die Klage also die Grenzen der Rechtskraft eines erfließenden Urteils vorzeichnet, darf das Gericht über eine Gegenforderung *nur bis zur Höhe der Klageforderung* verhandeln und mit Rechtskraftwirkung entscheiden *(Antragsbindung, § 411 S 2 ZPO).*

Erachtet das Gericht beide Forderungen in voller Höhe als zu Recht bestehend, so hat es eine entsprechende Feststellung im Urteilsspruch für die Klageforderung, für die Gegenforderung aber *nur bis zur Höhe der Klageforderung* zu treffen und die Klage abzuweisen, eine Entscheidung über den Differenzbetrag von 6.000 Euro aber zu unterlassen (REDOK 202; ÖJZ 1997/151; *Buchegger/Markowetz,* ZPR 349 f; *Klicka* in Fasching/Konecny[3], III/2, zu § 411 ZPO Rz 58, 66, 73).

Diese Summe wäre Gegenstand eines gesonderten Prozesses, in dem Beck den zahlungsunwilligen Klang zu klagen hätte.

Will Beck unter einem eine rechtskräftige Entscheidung über die gesamte Gegenforderung erlangen, so reicht in unserem Fall die Aufrechnungseinrede nicht hin; vielmehr müsste Beck eine Widerklage (§ 96 JN) erheben.

Ist der Klaganspruch spruchreif, so *kann und muss* das Gericht über ihn vorweg entscheiden und die Entscheidung über die aufrechnungsweise eingewendete Gegenforderung dem Endurteil vorbehalten (§ 391 Abs 3 ZPO).

Das vorab gefällte Urteil über die Klageforderung nennen wir *Vorbehaltsurteil.* Es ist eine *besondere Form des Teilurteils,* daher unabhängig vom Endurteil anfechtbar und rechtskraftfähig (§ 392 Abs 1 ZPO).

Zwar bestimmt § 391 Abs 3 ZPO, dass bei Entscheidungsreife bloß des Klaganspruchs das Gericht über diesen entscheiden „kann". Diese Kannbestimmung impliziert allerdings eine *Handlungspflicht* des Gerichts:

Ist der Tatbestand der Spruchreife bloß des Klagebegehrens erfüllt, so *muss* das Gericht ein Vorbehaltsurteil fällen und darf die Entscheidung über den Klaganspruch nicht bis zur Entscheidungsreife der nicht konnexen Gegenforderung hinauszögern.

Von einem pflichtgebundenen Ermessen sprechen *Fasching* Rz 1421 und ihm folgend *Buchegger/Markowetz,* ZPR 348 f; anders dagegen Holzhammer in FS Fasching Rz 227 (233 f) und ihm folgend *Rechberger* in Rechberger, ZPO[4], zu §§ 391, 392 ZPO Rz 3 ff mwN; vgl. *Deixler-Hübner* in Fasching/Konecny[3], III/2, zu § 391 ZPO Rz 11, 13, 14; *Deixler-Hübner* begründet eine *Entscheidungspflicht* bei Spruchreife mit Art 6 MRK; dem ist bloß im Grundsatz zuzustimmen: Art 6 Abs 1 MRK verlangt eine Entscheidung innerhalb angemessener Zeit; ist auch die Spruchreife der Gegenforderung abzusehen, so verstoßen die Unterlassung des Vorbehaltsurteils und eine kombinierte Entscheidung über Klageforderung und Gegenforderung im Endurteil noch nicht gegen Art 6 MRK.

Das Vorbehaltsurteil bleibt in den Fällen *konnexer Gegenforderungen* verschlossen: Das Gericht hat hier über beide Forderungen im Endurteil zu entscheiden.

II. Versäumungsurteil

Fall 68

Die beklagte Partei erscheint nicht zur Beweisaufnahmetagsatzung vor dem LG. Der Kläger stellt den Antrag auf Fällung eines Versäumungsurteils.

Kommentar

Trotz Säumnis des Beklagten ist die Fällung eines Versäumungsurteils unzulässig. Das Gesetz kennt *Versäumungsurteile* nur bei Säumnis *vor* abgeschlossener Streiteinlassung.

Diese ist im LG-Verfahren zweistufig und setzt sich zusammen aus Klagebeantwortung und Vortrag in der vorbereitenden Tagsatzung.

Im BG-Verfahren dagegen ist die Streiteinlassung einstufig: sie erfolgt in Abwesenheit einer obligatorischen schriftlichen Klagebeantwortung (§ 440 Abs 2 ZPO) durch Vortrag in der ersten Tagsatzung zur mündlichen Streitverhandlung (vorbereitende Tagsatzung).

Im LG-Verfahren ergeht ein *Versäumungsurteil* gegen die säumige Partei auf Antrag der tätigen Partei nur in zwei Fällen:

- bei Versäumung der Klagebeantwortungsfrist (§ 396 Abs 1 ZPO) und
- bei Versäumung der vorbereitenden Tagsatzung (§ 396 Abs 2 ZPO).

Versäumt die beklagte Partei hingegen eine *nach* der vorbereitenden Tagsatzung anberaumte Tagsatzung, wie in unserem Fall eine Beweisaufnahmetagsatzung, so darf das Gericht **kein *Versäumungsurteil*** mehr fällen.

Die Säumnis der beklagten Partei hindert vielmehr nicht den Fortgang des Verfahrens, an dessen Ende wegen der abgeschlossenen Streiteinlassung nur ein zweiseitiges (kontradiktorisches) Urteil *(Streiturteil)* stehen kann, das über den Klagantrag und den Klagabweisungsantrag entscheidet.

Daher hat das Gericht den Antrag des Klägers mit Beschluss als unzulässig zurückzuweisen (§ 399 ZPO).

Merke! Nach abgeschlossener Streiteinlassung (Klagebeantwortung + Vortrag in der vorbereitenden Tagsatzung) ist die Fällung eines Versäumungsurteils nicht mehr zulässig.

Erscheinen beide Parteien zu einer Tagsatzung nicht – gleich ob vor oder nach abgeschlossener Streiteinlassung – so tritt Ruhen des Verfahrens ein (§§ 168 ff ZPO).

III. Grundurteil

Fall 69

Klang klagt Beck auf Zahlung von 6.000 Euro Schmerzengeld und Ausgaben für Heilbehandlung nach einer Schlägerei. Beck bestreitet den Anspruch zur Gänze: dem Grund und der Höhe nach, weil nicht er, sondern jemand anders zugeschlagen habe, hilfsweise dass ihn an der Verletzung des Klang jedenfalls kein Verschulden treffe. Das Gericht möchte das Verfahren daher gliedern und, falls sich der Anspruch dem Grund nach als richtig erweisen sollte, summarisch erledigen.

Kommentar

• Klang muss seinen Schadenersatzanspruch in Form einer *Mahnklage* geltend machen, weil die Zahlung eines 75.000 Euro nicht übersteigenden Geldbetrags begehrt wird; wertzuständig ist das Bezirksgericht (§§ 49 Abs 1 JN, 244 ff iVm 448 ZPO), funktionell zuständig der *Rechtspfleger* (§§ 17 Abs 1 iVm 16 Abs 1 Z 1 lit a RPflG).

• Die Mahnklage wird entweder unter Verwendung des *Mahnklagevordrucks oder* im Anwaltsprozess (wie in diesem Fall) *auf dem Weg automationsunterstützter Datenübermittlung* bei Gericht angebracht.

Beachte! Der Mahnklagevordruck steht sowohl als pdf zum Download, als am Bildschirm ausfüllbare Version und auch als Online Formular zur elektronischen Übermittlung auf der Homepage des BMVRDJ zur Verfügung: https://webportal.justiz.gv.at/at.gv.justiz.formulare/Justiz/Geldleistung.aspx#FormBlock

• Die beklagte Partei wird im *Mahnverfahren* nicht gehört. Vielmehr erlässt der Rechtspfleger, sofern kein Unzulässigkeitsgrund nach § 244 Abs 2 ZPO vorliegt, einen *bedingten Zahlungsbefehl*, der sich auf die schlüssigen Angaben in der Mahnklage stützt und dem Beck zugestellt wird (§§ 244 ff, 448 ZPO).

• Die Zustellung des bedingten Zahlungsbefehls setzt eine vierwöchige Einspruchsfrist in Gang (§ 248 Abs 2 ZPO). Im landesgerichtlichen Verfahren muss der Einspruch den Inhalt einer Klagebeantwortung aufweisen (§ 248 Abs 2 ZPO). Im *vorliegenden bezirksgerichtlichen* Verfahren genügt ein leerer Einspruch; die beklagte Partei muss keinen Rechtsanwalt hinzuziehen, sie kann den Einspruch selbst mündlich zu Protokoll erklären (§ 448 Z 1 und 2 ZPO).

• Der rechtzeitig erhobene Einspruch setzt den bedingten Zahlungsbefehl außer Kraft. Nun wird der Richter funktionell zuständig (§ 16 Abs 1 Z 1 lit a RPflG).

• Das Gericht hat daraufhin die Streitverhandlung anzuberaumen, die im bezirksgerichtlichen Verfahren womöglich in einer Tagsatzung abläuft, sonst in vorbereitende Tagsatzung und Beweisaufnahmetagsatzung zu gliedern ist (§§ 448 Z 4 iVm 440 ff ZPO).

Wird ein Anspruch zur Gänze (dem Grund und der Höhe nach) bestritten, so eröffnet sich dem Gericht ein *Verfahrensermessen:*

Lassen sich Anspruchsgrund und Anspruchshöhe unter einem verhandeln, so ergeht ein volles Endurteil, das über alle Grund- und Betragsfragen abspricht.

In der Regel empfiehlt es sich aus prozesswirtschaftlichen Gründen, das Verfahren in zwei Abschnitte zu gliedern: *Grundverfahren* und *Betragsverfahren*. Gelangt das Gericht im Grundverfahren zu einem positiven Ergebnis, so kann und muss es dieses durch ein *Zwischenurteil* sichern, das wir *Grundurteil* nennen (§ 393 Abs 1 ZPO).

Das *Grundurteil* ist stets ein *positives Feststellungsurteil:* Das Gericht stellt fest, dass der klagenden Partei der geltend gemachte Leistungsanspruch dem Grund nach zusteht. Verneinendenfalls ist die Klage sofort als unbegründet abzuweisen.

Ist das Gericht bei Erlass des Grundurteils nicht in der Lage, über den bisherigen Kostenersatz abzusprechen, so hat es auszusprechen, dass die Entscheidung darüber dem Endurteil vorbehalten bleibt (§§ 393 Abs 4, 52 Abs 4 ZPO). Freilich bleibt ein Vorbehalt der Kostenentscheidung auch in diesem Urteil unter den Voraussetzungen des § 52 Abs 2 ZPO möglich (siehe oben 1. Teil bei VI.).

Das Grundurteil ist, wie jedes Feststellungsurteil, abgesondert anfechtbar und rechtskraftfähig (§ 393 Abs 3 S 1 ZPO). Eine Berufung gegen das Grundurteil hemmt das Betragsverfahren; dieses ist erst nach Rechtskraft des Grundurteils fortzusetzen (§ 393 Abs 3 S 2 ZPO), allerdings nicht von Amts wegen, sondern nur auf Antrag einer Partei. Unterlässt der Kläger diesen Antrag, so setzt er das Verfahren nicht gehörig fort. Dadurch kann Verjährung eintreten, die dann der Beklagte im Betragsverfahren durch Verjährungseinrede geltend macht (RZ 1994/26), denn: Die Hemmung des Verfahrens lässt den Fristenlauf unberührt (vgl. *Rechberger* in Rechberger, ZPO[4], zu § 393 ZPO Rz 12).

Begleicht die beklagte Partei während des Betragsverfahrens die eingeklagte Forderung, so ist das Betragsverfahren auf Kosten einzuschränken, oder wenn die beklagte der klagenden Partei aus freien Stücken auch die geltend gemachten Prozesskosten ersetzt, die Klage (trotz aufrechtem Grundurteil) als unbegründet abzuweisen.

Das Gericht kann das Betragsverfahren summarisch abschließen, indem es unter der Voraussetzung des § 273 Abs 1 Fall 1 ZPO (wegen unverhältnismäßiger Schwierigkeiten bei einer formellen Beweisaufnahme) den streitigen Betrag durch freie Betragsschätzung („nach freier Überzeugung") festsetzt.

IV. Grundlagenurteil

Fall 70

Klang klagt Beck auf Zahlung rückständiger Mietzinse. Beck bestreitet und wendet ein, es sei vereinbart worden, dass er keinen Mietzins, sondern nur allmonatlich die Betriebskosten an die Hausverwaltung zahlen müsse, und dass er diese auch regelmäßig bezahlt habe. Daher handle es sich nicht um ein Mietverhältnis, sondern nur um ein Leihverhältnis mit reiner Kostentragung.

a) Klang stellt in der mündlichen Streitverhandlung den Antrag, dass über das Bestehen des streitig gewordenen Mietverhältnisses rechtskräftig abgesprochen werde.

b) Beck erhebt Widerklage auf Feststellung des Nichtbestehens des streitig gewordenen Mietverhältnisses.

Kommentar

a) Wird im Lauf des Verfahrens ein Recht oder Rechtsverhältnis streitig, von dessen Bestehen oder Nichtbestehen die Entscheidung über das Klagebegehren ganz oder zum Teil abhängt, so kann jede Partei (der Kläger: § 236 ZPO; der Beklagte: §§ 259 Abs 2 iVm 236 ZPO) den Antrag stellen, dass über das Bestehen dieses präjudiziellen (bedingenden) Rechts oder Rechtsverhältnisses mit Feststellungsurteil entschieden werde. Dieser Antrag heißt *Zwischenfeststellungsantrag*.

Mit einem Zwischenfeststellungsantrag kann nur die Feststellung präjudizieller Rechte oder Rechtsverhältnisse nicht aber von Tatsachen begehrt werden (vgl. SZ 51/96; RIS-Justiz RS0039598).

Die Wertzuständigkeit ist zu prüfen. Mehrheitlich vertritt die Rechtsprechung die Ansicht, die Streitwerte der Klage und des Zwischenfeststellungsantrags, gleich ob dieser von der klagenden oder beklagten Partei erhoben wird, seien zusammenzurechnen (SZ 29/77; EvBl 1960/293, MietS 24.565, RIS-Justiz RS0039661 = Zak 2009/389 = SZ 2009/53; anders noch RZ 1969/70).

Im bezirksgerichtlichen Verfahren ist ein Zwischenfeststellungsantrag nur zulässig, wenn weder sein Streitgegenstand allein noch zusammen mit dem Klagestreitwert die Wertzuständigkeitsgrenze des § 49 Abs 1 JN übersteigt (EvBl 2005/114).

Dem Gericht eröffnet sich *ein Verfahrensermessen* (vgl. *Rechberger* in Rechberger, ZPO[4], zu § 393 ZPO Rz 3; *Deixler-Hübner* in Fasching/Konecny[3], III/2, zu § 393 ZPO Rz 16 f):

• Es kann in einem zweiteiligen Endurteil über das Feststellungs- und das Zahlungsbegehren gemeinsam absprechen oder

• die Entscheidung über das Feststellungsbegehren vorziehen und so zunächst nur die Grundlage ermitteln, auf der das Zahlungsbegehren aufbauen soll. In diesem Fall ergeht über den *Zwischenfeststellungsantrag bei dessen Entscheidungsreife* ein Zwischenurteil, das wir **Grundlagenurteil** nennen (§ 393 Abs 2 ZPO).

Das Grundlagenurteil ist ein Urteil, das den rechtlichen Boden für die Zuerkennung des Klaganspruchs bereitet. Stellt sich heraus, dass kein Mietverhältnis, sondern nur ein Leihverhältnis mit Kostentragung besteht, so ist die Zahlungsklage sofort mit zweiteiligem Endurteil als unbegründet abzuweisen.

Der *Zwischenfeststellungsantrag ist ein formfreies Surrogat für eine Feststellungsklage.* Weil aber jede prozessrechtliche Feststellungsklage das Vorhandensein eines Feststellungsinteresses voraussetzt, ist ein solches auch beim Zwischenfeststellungsantrag zu prüfen.

Lehre und Rechtsprechung haben sich darauf geeinigt, dass ein Zwischenfeststellungsantrag nur zuzulassen ist, wenn das begehrte Grundlagenurteil nicht nur für den laufenden Hauptprozess, sondern über diesen hinaus von rechtlicher Bedeutung ist (vgl. zur stR RIS-Justiz RS0039618, RS0039468). Das trifft auf unseren Fall zu:

Ohne einen Feststellungsspruch würde das Gericht in seinen Entscheidungsgründen den Bestand des Mietverhältnisses *nur beurteilen* (mithin ohne Rechtskraftwirkung), was bei einer nachfolgenden Klage auf Zahlung weiterer Mietzinsrückstände den Streit über die präjudizielle Frage, ob Miet- oder Leihverhältnis, aufs Neue entfachen könnte.

Wird hingegen über den Bestand/Nichtbestand des Mietverhältnisses rechtskräftig abgesprochen, so hat das Gericht des nachfolgenden Prozesses diese Feststellung seiner Entscheidung ungeprüft zugrunde zu legen (Bindungswirkung des materiell rechtskräftigen Urteils).

Weil das *Feststellungsinteresse* eine Prozessvoraussetzung ist und sein Fehlen die Nichtigkeit des Zwischenfeststellungsverfahrens und dann auch des Grundlagenurteils zeitigt, hat das Berufungsgericht, das von der durch das Grundlagenurteil beschwerten Partei angerufen wird, vorab die Zulässigkeit des Zwischenfeststellungsantrags zu prüfen, selbst wenn der Berufungswerber darauf in seiner Berufung nicht Bezug genommen hat. Ergibt die amtswegige Prüfung das Fehlen eines Feststellungsinteresses, so hat das Berufungsgericht mit Beschluss das Grundlagenurteil gleich welchen materiell-rechtlichen Inhalts aufzuheben und den Zwischenfeststellungsantrag als unzulässig zurückzuweisen.

Das Grundlagenurteil ist – wie das Grundurteil – ein Zwischenurteil, es ist selbständig anfechtbar und rechtskraftfähig (§ 393 Abs 3 S 1 ZPO). Allerdings hemmt eine Berufung gegen das Grundlagenurteil nicht ipso iure das Hauptverfahren (§ 393 Abs 3 S 3 ZPO). Dieses läuft vielmehr ungehindert weiter. Doch kann das Gericht, wenn es den Bestand des präjudiziellen Rechts oder Rechtsverhältnisses verneint hat, unanfechtbar anordnen, dass die weitere Verhandlung über das Hauptbegehren bis zum Ein tritt der Rechtskraft des Grundlagenurteils auszusetzen sei (§ 393 Abs 3 S 4 und 5 ZPO).

Die Aussetzungsbefugnis des Gerichts bloß auf negative Feststellungen zu beschränken erscheint legistisch verfehlt. Mehrfach wird daher die Ansicht vertreten, dem Gericht eine *Aussetzung des Verfahrens auch dann zu ermöglichen, wenn eine positive Feststellung getroffen wurde;* schließlich ist das Schicksal des Zwischenurteils in der Instanz ungewiss (vgl. dazu Fasching Rz 503; *Holzhammer,* JBl 1962, 593; *Deixler-Hübner* in Fasching/Konecny[3] III/2, zu § 393 ZPO Rz 35; *Rechberger* in Rechberger, ZPO[4] zu § 393 ZPO Rz 16; *Buchegger/Markowetz,* ZPR 352).

Bejaht das Gericht das Bestehen eines Mietverhältnisses, so kann es die Verhandlung über das Zahlungsbegehren ungehindert fortsetzen oder die Aussetzung des Verfahrens in extensiver Auslegung des § 393 Abs 3 S 4 ZPO auszusprechen, es sei denn eine erhobene Berufung wird vom Prozessgericht als aussichtslos eingestuft.

Verneint das Gericht hingegen das Bestehen des Mietverhältnisses, so empfiehlt es sich jedenfalls, die Verhandlung über das Hauptbegehren bis zum Eintritt der Rechtskraft des Grundlagenurteils auszusetzen.

Nach richtigem Verständnis der Rechtslage hat aber im verneinenden Fall das Gericht gar kein Grundlagenurteil mehr zu fällen, sondern sogleich ein Vollendurteil, das einerseits das Nichtbestehen des Mietverhältnisses feststellt, anderseits folgerichtig das Zahlungsbegehren als unbegründet abweist. Damit werden Zwischenfeststellungsantrag und Klagebegehren unter einem in der Sache entschieden.

Beachte! Wie beim Grundurteil kann das Gericht auch beim Grundlagenurteil den bezüglichen Kostenspruch dem Endurteil vorbehalten, wenn es nicht in der Lage ist, über die Kosten des Zwischenfeststellungsverfahrens schon im Zwischenurteil zu entscheiden (§§ 393 Abs 4, 52 Abs 4 ZPO). Die Anwendung des § 52 Abs 2 ZPO im Endurteil bleibt unberührt.

b) Die Widerklage des Beck setzt voraus, dass die Voraussetzungen des Wahlgerichtsstands der Widerklage (§ 96 JN) gegeben sind.

§ 96 Abs 1 JN enthält drei materiell-rechtliche Voraussetzungen von denen eine alternativ gegeben sein muss: Konnexität, Kompensabilität oder Präjudizialität.

Das Bestehen/Nichtbestehen des Mietverhältnisses ist eine für den Klageerfolg präjudizielle Rechtsfrage.

§ 96 Abs 2 JN zählt die prozessualen Erfordernisse auf, die allerdings kumulativ gegeben sein müssen: Streitanhängigkeit der Erstklage, Parteienidentität, kein Verhandlungsschluss über die Erstklage sowie zumindest Prorogabilität.

Sind alle Voraussetzungen gegeben und erhebt Beck Widerklage zur Klärung der präjudiziellen Rechtsfrage, so ist ein über den Anlassprozess hinaus reichendes rechtliches Interesse erforderlich, dass Beck auch einfach bescheinigen kann (§ 228 ZPO):

Es soll aus seiner Sicht ein für alle Mal das Nichtbestehen eines Mietverhältnisses zwischen den Prozessparteien festgestellt werden.

Stellt sich im Rahmen der gemeinsamen Verhandlung über Klage und Widerklage heraus, dass die Widerklage vorab entscheidungsreif ist, so ergeht, anders als beim Zwischenfeststellungsantrag, *kein Zwischenurteil*, sondern ein *Teilurteil nach § 391 Abs 2 ZPO.*

V. Rechtskraft

Fall 71

Der Motorradfahrer Klang klagt den Autofahrer Beck auf Schadenersatz wegen eines Anfang Feber 2018 vorgefallenen Unfalls auf Zahlung von 5.000 Euro Schmerzengeld und 6.000 Euro Verdienstentgang für die Monate März bis Mai 2018, weil er in seinen Beruf als Automechaniker durch einen beim Unfall erlittenen Bandscheibenvorfall beeinträchtigt gewesen sei. Zudem begehrt er die Feststellung, dass Beck ihm für alle in Zukunft noch entstehenden Schadenersatzansprüche, die ursächlich aus dem Verkehrsunfall resultieren, hafte.

a) Wie wehrt sich Beck gegen beide Begehren?

b) Klang wird das Schmerzengeld zugesprochen, der Verdienstentgang indes nicht. Wie geht Beck gegen eine nach rechtskräftiger Entscheidung des Erstprozesses erhobene neuerliche Schadenersatzklage des Klang auf Zahlung von 6.000 Euro für Verdienstentgang wegen des erlittenen Bandscheibenvorfalls für die Monate Jänner bis März 2019 vor, wenn im Erstprozess seine Haftung für künftige Schadenersatzansprüche, die ursächlich aus dem Verkehrsunfall herrühren, rechtskräftig festgestellt wurde?

Kommentar

a) Klang hat ein *doppeltes Begehren* eingebracht: Schadenersatzleistung und Feststellung.

▶ Klang hat seine Klage *nicht im Mahnverfahren* geltend zu machen, weil neben der Zahlung einer (75.000 Euro nicht übersteigenden) Geldleistung zudem eine Feststellung begehrt wird (§§ 244 Abs 1, 448 ZPO). Zuständig ist das BG (§ 49 Abs 1 JN).

▶ Klang hat die Wahl: Er kann Beck entweder an dessen allgemeinen Gerichtsstand (§ 65 ff JN) oder vor dem BG klagen, in dessen Sprengel der Unfallort liegt (Wahlgerichtsstand der Schadenszufügung, § 92a JN).

aa) Zum Leistungsbegehren hat er zu beweisen:

- den Eintritt des Schadens,
- die Kausalität des Verhaltens des Beck als condicio sine qua non für den Schadenseintritt (Äquivalenztheorie),
- die Rechtswidrigkeit des Verhaltens des Beck und den Rechtswidrigkeitszusammenhang (Verletzung einer Norm, die gerade solche Schäden zu vermeiden sucht: Adäquanztheorie) sowie
- das Verschulden des Beck (zB. fahrlässiges Handeln).

Beck kann den *Klagegrund bestreiten,* indem er vorbringt, er habe den Verkehrsunfall weder verursacht noch verschuldet. Klang hat die Beweislast für seine Behauptungen zu tragen.

Vermag Beck nicht hinreichend in Abrede zu stellen, dass er den Unfall nicht verschuldet hat, so gelingt Klang der Hauptbeweis, den er für seine Behauptungen zu tragen hat.

Beck kann sich in den Streit auch mit einer *Sacheinrede* einlassen und *Mitverschulden des Klang* am Unfallhergang geltend machen. Für die Stützung dieser Einrede vorgebrachte Tatsachenbehauptungen hat *Beck zu beweisen*.

Er kann neben einer Klagegrundbestreitung auch in eventu diese Sacheinrede geltend machen. Diese Reihung wird erforderlich, weil die Sacheinrede von einem Vollgeständnis der Klagegrundbehauptungen ausgeht.

Merke! Zu unterscheiden sind rechtshindernde, rechtshemmende und rechtsvernichtende Sacheinreden, je nachdem welche Gegennorm des bürgerlichen Rechts zur Bekämpfung der Klage aufgrund welcher Tatsachen verwendet wird: Rechtshindernde Tatsachen sind solche, mit denen dargetan werden könnte, dass das Recht des Klägers noch nicht gültig entstanden ist (zB. bei Klage aus einem schwebend unwirksamen Vertrag mit einem Minderjährigen ohne Genehmigung des gesetzlichen Vertreters), rechtshemmende solche, mit denen zwar das Bestehen des Rechts nicht bestritten wird, wohl aber seine Durchsetzbarkeit (zB. Verjährungseinrede), rechtsvernichtende solche, mit denen das ehemals gültige Bestehen des Rechts nicht in Abrede gestellt wird, aber sein späterer Wegfall (zB. bei Zahlung oder Erlass).

Die *Mitverschuldenseinrede* ist eine *teilweise rechtshindernde Sacheinrede,* die sich auf die Gegennormen der §§ 7 EKHG iVm 1304 ABGB stützt.

Im Erfolgsfall kommt es zur anteiligen, im Zweifelsfall gleichmäßigen, Teilung des Schadens, was sich auf etwaige (freilich geltend zu machende) Schadenersatzforderungen des Beck gegen Klang ebenso auswirken würde wie auf die eingeklagten Forderungen des Klang.

Merke! Das EKHG koppelt das Prinzip der Verschuldenshaftung mit dem der Gefährdungshaftung allein aus dem Betrieb eines Kraftfahrzeugs (*Betriebsgefahr*).

Kann Klang der Mitverschuldenseinrede aber entgegenhalten und *beweisen* (OGH 2 Ob 41/10h Zak 2010/728, 417; RIS-Justiz RS0111707), dass der ihm angelastete Schadensteil auch bei einem *rechtmäßigen Alternativverhalten* eingetreten wäre, kommt eine Mithaftung nicht in Betracht (ZVR 1993/122; RdU 1996, 95 *Riedler*).

Die *Beweislast für eine allfällige Kausalität bzw. ein Verschulden des Klang liegt beim Schädiger, mithin beim beklagten Beck.* Wirkt sich ein sorgloses Verhalten des Klang aber nicht kausal auf den Eintritt oder die Höhe des Schadens aus, so hat Beck den Schaden voll zu ersetzen (zB. MietS 50.206).

Gelingt es Klang, seine Sachverhaltsbehauptungen zu beweisen und misslingt dem Beck die Beweisführung zum Mitverschulden des Klang, so ist Beck zur Schadenersatzleistung zu verurteilen.

bb) *Davon getrennt* zu sehen sind die Feststellungen des Erstgerichts, *welche Folgen durch den Unfall verursacht wurden.* Das beantwortet,

- ob die Zahlung von Verdienstentgang für März bis Mai 2018 zusteht, weil in diesem Zeitraum eine durch den Unfall verursachte, drastisch verminderte Arbeitsfähigkeit vorlag **und**

• ob Beck dem Klang für alle künftigen, ursächlich aus dem Verkehrsunfall entstehenden Schadenersatzansprüche haftet.

Beide Fragen müssen nicht notwendig gleichermaßen bejaht werden: Das Gericht ist auch zu dem Schluss gekommen, dass der Bandscheibenvorfall nicht unfallursächlich gewesen sei, Schadenersatz für geminderte Arbeitsfähigkeit von März bis Mai 2018 daher nicht zusteht; dennoch hat es die Haftung für künftige unfallursächliche Schäden bejaht (siehe oben Fragestellung b).

b) Macht Klang abermals Verdienstentgang geltend (was diesmal auf dem *Mahnklageweg* zu geschehen hat: §§ 244 ff, 448 ZPO) und klagt er auf der Basis der Haftungsfeststellung des Ersturteils abermals den Beck auf Leistung, so stellt sich die Frage, ob im Erstprozess getroffene Feststellungen zur Unfallursächlichkeit des Bandscheibenvorfalls im Zweitprozess bekämpft werden können. Der Fall betrifft mithin die *objektiven Grenzen der Rechtskraft.*

Grundsätzlich gilt: Es erwächst *nur der Spruch des Urteils in materielle Rechtskraft (§ 411 ZPO)* und entfaltet somit Einmaligkeits- und Bindungswirkung. Auf die Entscheidungsgründe und somit auf Tatsachenfeststellungen erstreckt sich die materielle Rechtskraft nur so weit, als sie der Individualisierung des Urteilsspruchs dienen (stR; vgl. *Klauser/Kodek,* JN-ZPO[17], zu § 411 ZPO E 65; siehe SZ 24/63, RZ 2000/7; RIS-Justiz RS0112731, RS0041357) und entscheidungserheblich sind (ZVR 1999/69, ÖBA 2002/1046, WBl 2004/90).

Im Zweitprozess ist auf der Basis des soeben Erläuterten zu untersuchen, ob Beck erneut geltend machen kann, die Bandscheibenleiden seien durch den Unfall verursacht worden. Das Gericht sieht sich im Folgeprozess mit der Frage konfrontiert, ob es eine eventuell unrichtige Feststellung zu Lasten des Beck aus Gründen der Entscheidungsharmonie oder der Rechtssicherheit gleichermaßen fortschreiben muss, oder ob die Feststellungen, die selbst nicht der materiellen Rechtskraft teilhaftig sind, erneut einer Beweisführung unterzogen werden können.

Das ist zu bejahen: Die Bindungswirkung der materiellen Rechtskraft eignet dem Spruch und nicht den Tatsachenfeststellungen. Gerade aus Gründen der Rechtssicherheit ist die Korrektur unrichtiger Feststellungen geboten. Beck, der sich auf die Feststellungen im Erstprozess beruft, kann eine erneute Beweisaufnahme über die Unfallursächlichkeit des Bandscheibenleidens des Klang nicht verhindern (vgl. JAP 1996/97, 26 *Oberhammer* = SZ 69/54; ZVR 2000/17).

Es hindert mithin eine Tatsachenfeststellung im Erstprozess das Gericht nicht daran, über dieselbe Tatsache, sofern sie zur Begründung eines anderen Anspruches (des Verdienstentgangs von Jänner bis März 2019) vorgebracht wird, andere oder gegenteilige Feststellungen zu treffen. Auf dieser Basis kann der Schadenersatzklage des Klang wegen Verdienstentgangs für Jänner bis März 2019 stattgegeben und Beck zur Zahlung von 6.000 Euro verurteilt werden, weil der Bandscheibenvorfall doch unfallursächlich war.

Vergleichen Sie das Rechtskraftverständnis des OGH in diesem Fall mit dem im Folgenden!

VI. Rechtskraft und Interventionswirkung

Fall 72

Adam will über den Makler Bedam von Cedam ein Grundstück kaufen. Er erlegt eine Anzahlung von 40.000 Euro bei Bedam. Da der Kauf platzt, klagt Adam den Bedam auf Rückzahlung der 40.000 Euro. Es ergeht ein bedingter Zahlungsbefehl. Bedam erhebt Einspruch und wendet ein, er habe 30.000 Euro an Cedam weitergeleitet, mit den restlichen 10.000 Euro habe er angefallene Gebühren, Notarskosten und eigene Spesen gedeckt. Adam verkündet dem Cedam den Streit, und Cedam tritt daraufhin als Nebenintervenient des Adam in den Prozess ein. Cedam sagt aus, er habe die 30.000 Euro nicht erhalten. Dennoch wird Adams Klage abgewiesen. Nun klagt Adam den Cedam auf Zahlung von 30.000 Euro. Dieser lässt sich in den Streit ein.

Kommentar

Nur der Urteilsspruch erwächst in Rechtskraft (§ 411 ZPO). Wenn das Gericht die Klage als unbegründet abweist, ist damit rechtskräftig festgestellt, dass Adam keinen Rückzahlungsanspruch gegen Bedam hat. Diese rechtskräftige Feststellung wirkt nur zwischen den Parteien, mithin zwischen Adam und Bedam. Eine Erstreckung der Rechtskraft auf den einfachen Nebenintervenienten (§§ 17 bis 19 ZPO) wird in Lehre und Rechtsprechung einmütig abgelehnt.

Nur der *streitgenössische Nebenintervenient* nach § 20 ZPO muss eine Rechtskrafterstreckung gegen sich dulden.

Da Cedam nur einfacher Nebenintervenient (§§ 17 bis 19 ZPO) des Adam war, konnte der Ausgang des Erstprozesses auf den Folgeprozess, in dem Cedam nun als Beklagter auftritt, keine rechtlichen Wirkungen haben.

Von dieser Meinung hat sich der OGH mit dem richtungsweisenden Erkenntnis des verst. Senats SZ 70/60 abgewandt (siehe dazu die kritische Besprechung von *Klicka* in JBl 1997, 611).

In Anlehnung an die in der deutschen ZPO gesetzlich normierte *Interventionswirkung* (§ 68 dZPO), hat das Höchstgericht in SZ 70/60 und in Folgeentscheidungen diese Regel entwickelt:

• *Sachverhaltsfeststellungen, ja überhaupt alle notwendigen Entscheidungselemente* des Prozesses der Hauptpartei (Adam gegen Bedam) entfalten *Bindungswirkung* für den einfachen Nebenintervenienten (Cedam) insofern, als das Zweitgericht in einem Folgeprozess (insbesondere einem Regressprozess) der Hauptpartei gegen den Nebenintervenienten (Adam gegen Cedam) von den notwendigen Entscheidungselementen, mithin auch der Sachverhaltsfeststellung des Erstgerichts nicht abweichen darf.

Insoweit besteht im Folgeprozess daher *Einredenausschluss.*

• Erlaubt bleiben nur zusätzliche streiterhebliche Feststellungen, die nicht Gegenstand des Vorprozesses waren.

Zwar handelt es sich nicht um einen Regressprozess (als dem üblichen Fall einer Interventionswirkung, so wie in SZ 70/60), da der Folgeprozess nicht zwischen Bedam und Cedam geführt wird, doch ist die Regel des OGH zu verallgemeinern (vgl. *Rechberger* in Rechberger, ZPO[4], Vor § 390 ZPO Rz 27 mwN, dessen Ablehnung dieser richterrechtlichen Regel ich mich vollinhaltlich anschließe: *Buchegger/Markowetz, ZPR 92*).

Cedam verliert aufgrund der Bindung an die notwendigen Entscheidungselemente des Erstprozesses, insbesondere der dort getroffenen Sachverhaltsfeststellungen, den Zweitprozess.

Das Gericht muss davon ausgehen, dass er die eingeklagte Summe von Bedam erhalten hat.

Die Absicht des OGH mag prozessökonomisch löblich sein, der Ansatz ist prozessdogmatisch abzulehnen, weil dadurch das Rechtsinstitut der Rechtskraft unterminiert wird.

Die unselige Auswirkung dieses *prozessualen Irrwegs* ist nunmehr in RIS-Justiz RS0107338 festgehalten (siehe dazu ablehnend *Buchegger/ Markowetz, ZPR 92*).

Nach mittlerweile 20 Jahren Folgejudikatur (zuletzt 2 Ob 90/17) wird die Bindungswirkung für den Nebenintervenienten von den Sachverhaltsfeststellungen des Vorprozesses (SZ 70/60) *auf dessen gesamte, notwendige Entscheidungselemente* ausgedehnt.

RIS-Justiz RS0107338 fixiert folgenden *Leitsatz:* „Die Wirkungen eines materiell rechtskräftigen zivilgerichtlichen Urteils erstrecken sich soweit auf den einfachen Nebenintervenienten und denjenigen, der sich am Verfahren trotz Streitverkündung nicht beteiligte, als diese Personen als Parteien eines als Regressprozess geführten Folgeprozesses keine rechtsvernichtenden oder rechtshemmenden Einreden erheben dürfen, die mit den notwendigen Elementen der Entscheidung des Vorprozesses in Widerspruch stehen".

In diesem Rahmen sind sie daher an die ihre Rechtsposition belastenden Tatsachenfeststellungen im Urteil des Vorprozesses gebunden, sofern ihnen in jenem Verfahren soweit unbeschränktes rechtliches Gehör zustand.

Das gilt jedoch nicht auch für denjenigen, der sich am Vorprozess nicht beteiligte, dem aber auch gar nicht der Streit verkündet worden war.

• Es macht weiters keinen Unterschied, ob Cedam, wenn ihm der Streit verkündet wird, auch tatsächlich in den Hauptprozess als Nebenintervenient eintritt: Die **Bindung an die notwendigen Entscheidungselemente** erfasst ihn jedenfalls (SZ 70/60, darauf aufbauend RIS-Justiz RS0107338).

Dies hat in der Praxis zu einer regelrechten *„Interventionitis"* geführt, weil kein Anwalt seinem Klienten raten kann, sich einem Verfahren fernzuhalten, dessen Ausgang auf Sachverhaltsebene Bindungswirkungen zeitigen wird.

Daher versteht es sich, dass man in den Hauptprozess eintritt, um dort so weit wie möglich seinen eigenen Sach- und Rechtsstandpunkt zu vertreten, statt sich bloß auf eine geschickte Prozessführung der Hauptpartei zu verlassen.

Vierter Teil

Rechtsmittel

I. Berufung

Fall 73

Erst während des Berufungsverfahrens erfährt die Berufungswerberin, dass die Berufungsgegnerin und ihr Ehegatte bis zu deren Übersiedlung gute Nachbarn des Erstrichters und seiner Ehefrau gewesen waren. Kann sie die Befangenheit des Richters noch als Berufungsgrund geltend machen?

Kommentar

Richter sind von der Ausübung des Richteramts ausgeschlossen, wenn einer der *Ausschließungsgründe des § 20 JN* vorliegt (iudex inhabilis). Die Ausgeschlossenheit bewirkt *Nichtigkeit des Verfahrens,* welche die beschwerte Partei mit *Nichtigkeitsberufung* (§ 477 Abs 1 Z 1 ZPO) und nach Eintritt der Rechtskraft mit *Nichtigkeitsklage* (§ 529 Abs 1 Z 1 ZPO) geltend machen kann. Der Nichtigkeitsgrund ist in jeder Verfahrenslage auch von Amts wegen wahrzunehmen.

Das Pflegen guter nachbarschaftlicher Kontakte begründet keine Ausgeschlossenheit (arg e contr. § 20 Z 2 JN), kann aber einen Befangenheitsgrund bilden.

Die *Befangenheitsgründe* erfasst das Gesetz nur mit einer *Generalklausel (§ 19 Z 2 JN):* Es muss ein zureichender Grund vorliegen, die Unbefangenheit des Richters in Zweifel zu ziehen (iudex suspectus). Die Befangenheit bewirkt noch keine Nichtigkeit des Verfahrens.

Die Partei muss den ihr bekannten Befangenheitsgrund geltend machen, ehe sie sich in eine Verhandlung (nicht nur zur Hauptsache) einlässt oder Anträge stellt (§ 21 Abs 2 JN).

Andernfalls verschweigt sie sich. Dennoch tritt nur *relative Heilung* ein: Der Richter selbst kann seine Befangenheit weiterhin wahrnehmen, bis er das Urteil gefällt hat. Vgl. die Mängelrüge nach § 196 ZPO.

Erst der *rechtskräftige Ausschluss des befangenen Richters* bewirkt die *Nichtigkeit des Verfahrens,* die allenfalls noch mit *Nichtigkeitsberufung* (§ 477 Abs 1 Z 1 ZPO), nicht aber mit Nichtigkeitsklage geltend gemacht werden kann. Wie jeder Nichtigkeitsgrund ist auch dieser in jeder Verfahrenslage von Amts wegen wahrzunehmen.

Es ist falsch zu sagen, die Partei könne einen ihr erst *im* Rechtsmittelverfahren bekannt gewordenen, den Erstrichter betreffenden Befangenheitsgrund wegen des Neuerungsverbots nicht mehr geltend machen:

Die Partei stellt den *Ablehnungsantrag* nicht im Berufungsverfahren, sondern in einem *gesonderten Ablehnungsverfahren,* das *neben* dem Hauptverfahren abläuft. Die beschwerte Partei muss nur den ihr bekannt gewordenen Ablehnungsgrund durch Ablehnungsantrag geltend machen, bevor sie im Rechtsmittelverfahren den nächsten Verfahrensschritt tut. Dann aber empfiehlt sich ihr, die Aussetzung des Rechtsmittelverfahrens zu erwirken, um der Ablehnung vollen Erfolg zu sichern.

Für den Ablehnungsantrag der Partei (wie für die Selbstmeldung des Richters iSd § 182 Geo) ist eine eigene *Ablehnungsstelle* zuständig (§ 19 Z 10 Geo):

- der Gerichtsvorsteher für Richter des BG (§§ 182, 183 Geo),
- ein oder mehrere mit diesen Aufgaben betraute Senate (Personalsenat) für Richter des GH und den Gerichtsvorsteher des untergeordneten BG (§ 19 Z 10 Geo).

Ist ein Gerichtsvorsteher ausgeschlossen (§ 20 JN) oder hält er sich für befangen, so hat der Präsident des übergeordneten Gerichts je nach Lage des Falles nach § 28 Abs 2 GOG vorzugehen und dessen Vertreter mit der Ausübung der Vorsteheragenden zu betrauen oder aber einen Beschluss der Ablehnungsstelle nach § 23 JN zu erwirken (§ 182 Abs 2 Geo).

Während die Ablehnungsstelle die Ausschließungsgründe stets von Amts wegen ermittelt, muss die ablehnende Partei die vom abgelehnten Richter bestrittene Befangenheit glaubhaft machen (§ 22 Abs 1 bis 4 JN).

Die Ablehnungsstelle entscheidet durch *Beschluss,* der den Richter ausschließt oder den Ablehnungsantrag (die Selbstmeldung) zurückweist. *Rekurs* ist nur gegen den zurückweisenden Beschluss statthaft; es gibt keinen Revisionsrekurs.

Der beschlussmäßige Ausschluss eines wegen Befangenheit abgelehnten Richters macht das gesamte Verfahren ex tunc *nichtig.*

In unserem Fall hat die Ablehnungsstelle ihren stattgebenden Beschluss auch dem Rechtsmittelgericht mitzuteilen, das den nunmehr entstandenen Nichtigkeitsgrund sogleich von Amts wegen wahrnimmt, ohne eine Ergänzung der Berufung durch den Rechtsmittelwerber, die diesem bei Nichtigkeitsgründen immer offen steht, abzuwarten.

Wie bei allen Nichtigkeiten entscheidet auch hier das Berufungsgericht nach nichtöffentlicher Sitzung durch Beschluss (§§ 471 Z 5 und 7, 473 Abs 1 ZPO), der das angefochtene Urteil und das von der Nichtigkeit erfasste Erstverfahren aufhebt und die Rechtssache an das Erstgericht zurückverweist. Dort wird sie einem anderen Richter zur neuerlichen Behandlung von allem Anfang an zugewiesen. Dafür ist schon bei der alljährlichen Geschäftsverteilung durch generelle Stellvertretung vorzusorgen.

Fall 74

Der Fahrradhändler F verkauft dem Kunstradler K ein Sportrad um 2.400 Euro und übergibt es ihm auf Kredit. K führt dem F gleich eines seiner Kunststücke vor und fährt ihn dabei zusammen. F begehrt 600 Euro Wertersatz für beschädigte Kleidung, 1.500 Euro Verdienstentgang, 1.300 Euro Schmerzengeld, zudem die 2.400 Euro für das Fahrrad. Nach Einspruch gegen den Zahlungsbefehl ergeht ein Urteil: Zugesprochen werden dem F die 3.400 Euro Schadenersatz. Über die 2.400 Euro wird dagegen nicht entschieden; auch die Entscheidungsgründe enthalten keinen Hinweis auf diesen Anspruch. Dafür spricht der Richter dem F nicht begehrte 500 Euro Heilungskosten zu.

Kommentar

a) Nichterledigung eines Sachantrags

Wenn das Gericht in seinem Urteil einen geltend gemachten Anspruch übergangen hat, stehen grundsätzlich *drei Rechtsbehelfe* zur Wahl:

▶ Die beschwerte Partei kann binnen vierzehn Tagen nach Urteilszustellung beim Prozessgericht ein *Ergänzungsurteil* beantragen (§ 423 ZPO). Das Gericht entscheidet nach mündlicher Verhandlung, wenn es eine solche für notwendig hält.

Das Ergänzungsverfahren hat sich auf den nicht erledigten Teil des Rechtsstreits zu beschränken und nimmt keinen Einfluss auf den Lauf der Rechtsmittelfristen (§ 424 ZPO). Das Ergänzungsurteil ist ein *selbständiges Teilurteil* und als solches gesondert anfechtbar.

▶ Die beschwerte Partei kann *Berufung* wegen Nichterledigung eines Sachantrags erheben (eine Mangelhaftigkeit des Verfahrens iSd § 496 Abs 1 Z 1 ZPO), auch neben dem Urteilsergänzungsantrag, der dann zuerst behandelt wird (*Fasching* Rz 1441, *Holzhammer* ZPR 286, *Rechberger/Simotta,* ZPR[9] Rz 916; *M. Bydlinski* in Fasching[3] III/2 zu § 423 ZPO Rz 2; SZ 28/4; RIS-Justiz RS0041360, RS0039435). Eine Verhandlung über eine schon eingelegte Berufung ist auf Antrag bei Einbringen eines Ergänzungsantrags auszusetzen (§ 485 ZPO).

Ein Teil der älteren Lehre (*Sprung* 59; *Hagen* Verfahrenslehre 145; *Petschek/Stagel* 369; *R. Kralik* ÖJZ 1954, 162; *Petschek* Streitfragen 109) gewährt den Urteilsergänzungsantrag nach § 423 ZPO wegen *versehentlicher* und die Berufung nach § 496 Abs 1 Z 1 ZPO nur wegen *absichtlicher Nichterledigung eines Sachantrags* aufgrund eines gerügten Rechtsirrtums des Erstgerichts (zB. Nichterledigung der Aufrechnungseinrede, weil die Klage aus einem anderen Grund abgewiesen wird).

Vertritt hier das Berufungsgericht einen anderen Rechtsstandpunkt als das Erstgericht, so hebt es das Urteil wegen unrichtiger rechtlicher Beurteilung auf und verweist die Rechtssache an das Erstgericht zur Erledigung des nunmehr beachtlichen Sachantrags zurück (sofern es nicht aus Zweckmäßigkeitsgründen selbst in der Sache erkennen muss, § 496 Abs 3 ZPO).

Allerdings bleibt hier dem F die Berufung wegen Mangelhaftigkeit des Verfahrens nach § 496 Abs 1 Z 1 ZPO versagt, weil er mit seinem Anspruch von 2.400 Euro an der Bagatellgrenze von *2.700 Euro* scheitert (§ 501 Abs 1 ZPO).

Eine Zusammenrechnung erfolgt nur innerhalb der mehreren Schadenersatzansprüche (insgesamt 3.400 Euro). Der Kaufpreisanspruch steht mangels eines tatsächlichen oder rechtlichen Zusammenhangs mit jenen isoliert da (§§ 55 Abs 1 Z 1 oder 55 Abs 3 JN): bloß „formelle" Klagenhäufung (§ 227 Abs 1 ZPO).

Ein *Feststellungsrügeverfahren* nach § 473a ZPO entfällt bei geringfügigen Streitwerten (§ 501 Abs 1 S 1 Hs 2 ZPO).

▶ Hat die beschwerte Partei den Ergänzungsantrag und die Berufung versäumt, so kann sie den nicht erledigten Sachantrag durch *neuerliche Klage* geltend machen, da über ihn noch nicht rechtskräftig entschieden ist.

Beachte! Die *Nichterledigung eines Kostenersatzantrags* kann mit Urteilsergänzungsantrag nach § 423 ZPO und auch mit Kostenrekurs nach § 496 Abs 1 Z 1 ZPO (*Fasching* und EFS 41.705 gegen *Kralik* und EvBl 1937/899), nicht aber mit einer selbständigen „Prozesskostenklage" geltend gemacht werden.

b) Überschreiten des Urteilsantrags

§ 405 ZPO: „Das Gericht ist nicht befugt, einer Partei etwas zuzusprechen, was nicht beantragt ist. Dies gilt insbesondere von Früchten, Zinsen und anderen Nebenforderungen".

Dass K wegen der von F nicht beantragten, aber vom Gericht zugesprochenen 400 Euro Berufung erheben kann, steht außer Zweifel. Nur über den Berufungsgrund herrscht keine Einigkeit, was wegen § 501 ZPO bedeutsam sein kann.

Die überwiegende Judikatur nimmt einen Verfahrensmangel an (JBl 1969, 399 *Sprung;* ÖBl 1982, 132; RIS-Justiz RS0041240), was aber voraussetzt, dass die Verletzung der Dispositionsmaxime „eine erschöpfende Erörterung und gründliche Beurteilung der Streitsache verhinderte" (§ 496 Abs 1 Z 2 ZPO).

In Wahrheit liegt mangels Gerichtsanhängigkeit keine „Streitsache" vor, so dass die Parteien im Verfahren über das „Mehr" gar nicht vertreten waren, was Nichtigkeit nach § 477 Abs 1 Z 5 ZPO bewirkt (JBl 1953, 98; *Holzhammer* ZPR[2] 24; *Buchegger/Markowetz* ZPR 169, 334 f; *Fucik* in Fasching/Konecny[3] II/2 zu § 405 ZPO Rz 59 ff mwN).

Ein Verstoß gegen die Rechtskraft ist nicht anzunehmen, zumal die nicht angefochtene Entscheidung in Rechtskraft erwächst (*Rechberger,* Die fehlerhafte Exekution 88), ebenso wenig ein Rechtsirrtum, wenn dem F der Ersatz der Heilungskosten wirklich gebührt (anders *Petschek* zu ZBl 1931/255).

Das „Mehr" beträgt nur 500 Euro, steht aber mit den anderen Schadenersatzansprüchen des F in einem tatsächlichen Zusammenhang, so dass eine Entscheidungswertsumme zu bilden ist, die mit 3.900 Euro über der Geringfügigkeitsgrenze liegt (§ 55 Abs 1 Z 1, § 55 Abs 4 JN) und die Berufung aus jedem Grund zulässt (§ 501 ZPO).

Fall 75

Klage und Ladung werden hinterlegt, weil weder der Beklagte noch ein Ersatzempfänger zur Annahme anwesend war. Der Beklagte erscheint nicht zur vorbereitenden Tagsatzung, wo gegen ihn auf Antrag ein Versäumungsurteil ergeht. Der Beklagte bringt dagegen Berufung und Wiedereinsetzungsantrag ein.

a) Macht es einen Unterschied, ob die Hinterlegungsanzeige an der Eingangstür vom Zustellorgan nicht befestigt oder durch Nachbarkinder mutwillig entfernt wurde?

b) Macht es einen Unterschied, ob die Berufung zurückgewiesen (verworfen) oder abgewiesen wird?

Kommentar

a) Hat das Zustellorgan die Hinterlegungsanzeige (§ 17 Abs 2 ZustG) an der Eingangstür ordnungsgemäß befestigt, so ist die ***Zustellung fehlerfrei,*** selbst wenn die Hinterlegungsanzeige im Nachhinein entfernt wurde (§ 17 Abs 4 ZustG). Weil aber die beklagte Partei von der Zustellung ohne ihr Verschulden keine Kenntnis erlangt hat und dadurch am rechtzeitigen Erscheinen bei der vorbereitenden Tagsatzung verhindert wurde, ist ihr auf Antrag die ***Wiedereinsetzung in den vorigen Stand*** zu bewilligen (ausdrücklich § 146 Abs 1 ZPO).

Hat hingegen das Zustellorgan die Hinterlegungsanzeige an der Eingangstür nicht befestigt, so ist die ***Zustellung fehlerhaft.*** Weil der beklagten Partei die Möglichkeit, vor Gericht zu verhandeln, durch ungesetzlichen Vorgang, nämlich durch fehlerhafte Zustellung, entzogen wurde, so kann sie gegen das Urteil ***Nichtigkeitsberufung*** erheben (ausdrücklich § 477 Abs 1 Z 4 ZPO).

Dass der Beklagte durch das Versäumungsurteil nur materiell beschwert ist, stört hier nicht: Eine fehlerhafte Zustellung ist keine Zustellung, und wo es keine Zustellung gibt, da gibt es keine Säumnis, so dass der Beklagte seine Berufung gegen das Versäumungsurteil darauf gründen kann, dass eine Säumnis nicht vorliege (ausdrücklich § 471 Z 4 ZPO).

Bei *fehlerhafter Zustellung* wird von Teilen der Praxis auf Antrag auch die Wiedereinsetzung in den vorigen Stand bewilligt.

Das lässt sich leicht mit einem Größenschluss a minori ad maius belegen: Wenn schon die Säumnis zur Wiedereinsetzung führt, muss diese erst recht für die schwerer wiegende Scheinsäumnis gelten (ArbS 7478, MietS 22.627).

Dagegen wendet sich die überwiegende Lehre und Rsp: Die Wiedereinsetzung müsse auf die Fälle echter Säumnis beschränkt bleiben (*Rechberger/Simotta*, ZPR[9] Rz 683, 684 ff; MietS 35.834 nach *Fasching* II 732; *Fasching* Rz 586; *Gitschthaler* in Rechberger, ZPO[4], zu § 146 ZPO Rz 4 ebenso *Deixler-Hübner* in Fasching[3] II/3 zu § 146 ZPO Rz 29 mwN, die einer Ausdehnung der Wiedereinsetzung auf den Scheinsäumigen zwar prozessökonomische Aspekte abgewinnen kann, diese aber aufgrund des Gesetzeswortlauts ablehnt).

Für diesen Standpunkt sprechen aber nur untergeordnete systematisch-logische Erwägungen. Abgesehen davon, dass bei Vorliegen echter Gesetzeslücken nach allgemeiner Methodenlehre Analogieschlüsse die Regel und Umkehrschlüsse die Ausnahme bilden, herrscht im Zivilprozess die *Prozessökonomie* als primäres Ordnungsprinzip. Danach sind den Parteien womöglich neben einem aufwändigen Rechtsbehelf einfachere zur Wahl zu stellen.

Da Wiedereinsetzung und Berufung verschiedenwertige Rechtsbehelfe sind, kann der Beschwerte nicht nur zwischen ihnen wählen, sondern sie auch häufen. Wird keine Eventualantragskette gebildet, so führt dies zur nächsten Streitfrage:

Die Rechtsprechung (RIS-Justiz RS0036501) und Teile der Lehre (vgl. *Rechberger/Simotta*, ZPR[9] Rz 743 mwN) verweisen den Beklagten auf den Berufungsweg und argumentieren: Sie gewähre den weitergehenden Rechtsschutz, nämlich die Erneuerung des nichtigen Verfahrensteils. Alles in allem: zwar erlaubter Zeitgewinn und bestmöglicher Rechtsschutz für den bloß Rechtsbehelfe häufenden Beklagten, aber statt einer – anzustrebenden – möglichen Konzentration des Prozesses.

Während also diese Meinung bei Rechtsbehelfen/Rechtsmitteln mit unterschiedlich weitem Rechtsschutz das zuerst zu behandelt wissen will, das den weitesten Rechtsschutz gewährt (*Rechberger* JBl 1981, 185; *Rechberger/Simotta*, ZPR[9] Rz 743, *Sprung* Konkurrenz von Rechtsbehelfen 77 f, EvBl 1973/106), stellt die auch hier vertretene Gegenansicht auf den Rechtsbehelf ab, der am ehesten der *Prozessökonomie* entspricht und auf sicherste Weise erledigt werden kann (*Fasching* Rz 586, *Deixler-Hübner* in Fasching[3], II/3, zu § 147 ZPO Rz 7 f).

Auf Antrag des Wiedereinsetzungswerbers ordnet das Gericht die einstweilige Unterbrechung des Hauptverfahrens an (§ 152 Abs 1 S 2 ZPO). Wird wiedereingesetzt, so ist die Berufung mangels Beschwer zurückzuweisen (*Holzhammer*, ZPR[2] 160, *Hule* ÖJZ 1968, 598, *Vogel* ÖJZ 1967, 225).

b) Scheitert der Berufungswerber mit der Behauptung, dass eine fehlerhafte Zustellung vorliege, so wird seine Nichtigkeitsberufung *mit Beschluss* „verworfen" (§ 471 Z 5 und 7 iVm § 473 ZPO). Ein Rekurs an den

OGH ist nicht statthaft (vgl. Zechner in Fasching/Konecny[2] IV/1 zu § 519 ZPO Rz 49 ff; Dazu ebenso *E. Kodek* in Rechberger, ZPO[4] zu § 519 ZPO Rz 2).

Der undeutliche Begriff „verwerfen" wird gemeinhin mit der Zurückweisung wegen Unzulässigkeit gleichgesetzt (*Zechner* in Fasching/Konecny[2] IV/1 zu § 519 ZPO Rz 49 ff).

Zwar trifft es zu, dass in den Fällen des § 471 ZPO über prozessuale Fragen und nicht in merito entschieden wird, daher die vom Gesetzgeber verordnete Entscheidung in Beschlussform (§ 473 Abs 1 ZPO). Dass aber verneinende prozessuale Entscheidungen stets Unzulässigkeitsentscheidungen sein müssen, trifft nicht zu.

Die *Nichtigkeitsberufung war zulässig, sie war bloß nicht begründet.* Sie wegen Unzulässigkeit zurückzuweisen und obendrein entgegen der Bestimmung des § 519 Abs 1 ZPO den Rekurs zu versagen, ist doppelter Systembruch. In Wahrheit wird *bei Verneinung einer Nichtigkeit* durch das Berufungsgericht *die Berufung mit Beschluss abgewiesen.* Und dagegen gestattet § 519 Abs 1 ZPO freilich keinen Rekurs.

Beachte! Rekurs gegen Beschlüsse des Berufungsgerichts ist nur in den zwei Fällen des *§ 519 ZPO* statthaft, wozu zwar die Zurückweisung (Verwerfung) wegen Unzulässigkeit, nicht aber die Abweisung wegen Unbegründetheit zählt (ZBl 1921/176; aM *Fasching* Rz 1979).

Fall 76

Der Viehhändler V kauft und übernimmt vom Landwirt L zwei Dutzend Spanferkel. Auf Zahlung des Kaufpreises geklagt, wendet er zweierlei ein: primär Wandlung, weil das Ferkelfleisch verseucht sei; in eventu Aufrechnung mit einer Gegenforderung aus einem früheren Geschäft. Das Erstgericht weist die Wandlungseinrede ab, gibt aber der Aufrechnungseinrede statt. Gegen das Urteil will V geltend machen, dass die Wandlungseinrede zu Unrecht abgewiesen worden sei:

a) mit Berufung; ist diese zulässig?

b) mit Berufungsbeantwortung gegen eine Berufung des L; wie hat das Berufungsgericht zu entscheiden, wenn es die Aufrechnungseinrede für unbegründet, die Wandlungseinrede aber für begründet hält?

Kommentar

a) V hat eine *Eventualaufrechnung* erklärt: eine bedingte Prozesshandlung, die nur wirksam wird, wenn sein anderes Verteidigungsmittel, die Wandlungseinrede, erfolglos bleibt. Er ist durch das Urteil *formell beschwert,* weil es von seinem Primärantrag (Klagabweisung wegen Wandlung) zu seinem Nachteil abweicht und ihn nötigt, seine Gegenforderung der Aufrechnung zu opfern. Vs Berufung ist daher zulässig.

b) Auch L ist durch das Urteil *formell beschwert,* weil es seine Leistungsklage aufgrund der Aufrechnung abweist. Seine Berufung ist auf Abweisung der Aufrechnungseinrede und Verurteilung des V zur Zahlung gerichtet.

Durch seine Berufungserklärung bestimmt L den Umfang der Berufung, der nicht angefochtene Teil des Ersturteils (die Abweisung der Wandlungseinrede) erwächst in Rechtskraft. Deshalb kann V in der Berufungsbeantwortung nur zur Aufrechnungseinrede, nicht aber zur Wandlungseinrede vorbringen.

Selbst wenn das Berufungsgericht die primäre Wandlungseinrede entgegen § 932 Abs 1 und 2 ABGB (s. Fall 84) für begründet hält, kann es sie in seiner Entscheidung nicht berücksichtigen; sonst würde es die Grenzen des Berufungsantrags überschreiten (§ 462 Abs 1 ZPO) und eine (verbotene) *reformatio in peius* vornehmen.

Vielmehr muss es, da es die Gegenforderung für unbegründet hält, durch ein abänderndes Berufungsurteil die Aufrechnungseinrede abweisen und den V zur Zahlung verurteilen, obschon er sie gar nicht schuldet.

Dass die Wandlungseinrede zu Unrecht abgewiesen worden sei, kann V nur geltend machen, indem er selbst dagegen Berufung erhebt und so den Eintritt der Teilrechtskraft verhindert. Ansonsten begrenzt L mit *seiner* Berufung gegen die stattgebende Erledigung der Kompensationseinrede das Prozessthema zweiter Instanz.

Merke! Die österreichische ZPO kennt keine Anschlussberufung und keine Anschlussrevision (anders §§ 524, 554 dZPO). Sind beide Parteien durch das Urteil beschwert, so bringen sie selbständige Berufungen und Berufungsbeantwortungen ein. Zu einer gemeinsamen Behandlung beider Rechtsmittel kann es erst im Verfahren vor dem Berufungsgericht kommen, nachdem die Zulässigkeitsvoraussetzungen eines jeden Rechtsmittels geprüft sind (zB. gemeinsame Berufungsverhandlung).

Ein Feststellungsrügeverfahren (§ 473a ZPO) schafft hier keine Abhilfe, da das Gericht an ein bestimmtes Prozessthema gebunden ist.

Fall 77

In der vorbereitenden Tagsatzung fällt der Richter auf Antrag des erschienenen Klägers ein Versäumungsurteil gegen den Beklagten. Vor Fällung des Versäumungsurteils war jedoch über das Vermögen des Beklagten das Insolvenzverfahren als Konkurs eröffnet worden. Ein Jahr nach dessen Aufhebung wird dem Kläger auf Antrag die Exekution bewilligt. Zu prüfen ist, ob sich der Beklagte und nunmehr Verpflichtete gegen die Exekution wehren kann.

Kommentar

Durch die Eröffnung eines Insolvenzverfahrens als Konkurs (§ 180 IO) werden Rechtsstreitigkeiten unterbrochen, welche die Geltendmachung oder Sicherstellung von Ansprüchen auf das zur Insolvenzmasse gehörende Vermögen bezwecken (§§ 159 ZPO, 6, 7 IO). Doch kann das Verfahren vom Insolvenzverwalter aufgenommen werden (§ 7 Abs 2 IO).

Es ist ohne Belang, ob die Konkurseröffnung vor oder nach Ladung zur vorbereitenden Tagsatzung erfolgt ist; § 163 Abs 1 ZPO erklärt Ladungen im unterbrochenen Verfahren für ungültig und spricht überdies aus, dass schon früher für die Zeit nach Eintritt der Unterbrechung ergangene Ladungen ihre Wirksamkeit verlieren.

Das Versäumungsurteil wurde zu Unrecht gefällt: Mangels wirksamer Ladung liegt auch keine Säumnis vor.

Im Gesetz nicht gesondert geregelt ist die *Urteilsfällung in dem durch die Eröffnung des Insolvenzverfahrens unterbrochenen Zivilprozess:*

Erlangt das Prozessgericht Kenntnis von der Konkurseröffnung, so fällt es gemäß § 163 ZPO und § 7 IO einen *Deklarativbeschluss,* der weitere Prozesshandlungen für unzulässig, bereits gesetzte und damit auch das Versäumungsurteil für unwirksam erklärt (§ 163 Abs 3 ZPO).

Der Deklarativbeschluss wird beiden Parteien (Insolvenzverwalter als Masseverwalter und Gegner) zugestellt und ist anfechtbar.

Kininger (Urteilsfällung in dem durch Konkurseröffnung unterbrochenen Zivilprozeß, BeitrZPR I 147) geht zu Recht von einem wirkungslosen Urteil aus; vgl. in diesem Sinn auch *Buchegger* in Bartsch/Pollak/Buchegger[4] I zu § 7 KO Rz 34, 35; anders *Rechberger* (Das Urteil im unterbrochenen Zivilprozess - Exekutionsakte im aufgeschobenen Exekutionsverfahren, in FS Kralik [1986] 273 ff, 274) sowie *Gitschthaler* in Rechberger, ZPO[4] Rz 9 mwN entsprechend der hL (*Pollak* System 441, *Sperl* 274; *Fasching* Rz 598 sowie *Fink* in Fasching/Konecny[3] II/3 zu § 163 ZPO Rz 23 ff), die von einem nichtigen Urteil wegen Verletzung des rechtlichen Gehörs (§ 477 Abs 1 Z 4 ZPO), im Fall der Eröffnung des Insolvenzverfahrens auch von Unzulässigkeit des Rechtswegs (§ 477 Abs 1 Z 6 ZPO) ausgeht.

Bejaht wird allerdings im Gegensatz zur herrschenden Praxis die Entgegennahme von Parteihandlungen während der Unterbrechung: Jene seien zunächst unwirksam (§ 163 Abs 2 ZPO), könnten aber bedingt eingebracht und nach Wegfall der Unterbrechung behandelt werden. *Kininger* gesteht der Partei gegen das wirkungslose Urteil die gleichen Rechtsbehelfe zu wie gegen ein nichtiges; zudem spricht er sich für eine nachträgliche Feststellungsklage bei Vorliegen der Voraussetzungen des § 228 ZPO aus.

Urteile, die während eines Insolvenzverfahrens in deshalb unterbrochenen Rechtsstreitigkeiten ergangen sind, werden *in der Praxis* bisweilen nach Fällung des Deklarativbeschlusses noch durch einen eigenen *Aufhebungsbeschluss* aufgehoben.

Das ist eine bloße „Fleißaufgabe" der Gerichte: Wirkungsloses braucht nicht aufgehoben zu werden; eine Bindung an wirkungslose Entscheidungen (§ 416 Abs 2 ZPO) besteht ohnehin nicht.

Nach Aufhebung des Insolvenzverfahrens befindet sich der Rechtsstreit in derselben Lage wie vor Konkurseröffnung. Es bedarf *keinerlei Rechtsbehelfe,* um die wirkungslose Entscheidung zu bekämpfen; es fehlt in jedem Fall die Beschwer.

Nicht von ungefähr hat das Gericht die ipso-iure-Unwirksamkeit jeglicher Partei- und Gerichtstätigkeit während der Unterbrechung beschlussmäßig ausgesprochen. Das Verfahren ist auf Antrag so weiterzuführen, als ob das Versäumungsurteil nicht ergangen wäre.

Im vorliegenden Fall erlangt der Kläger eine Exekutionsbewilligung aufgrund einer wirkungslosen Entscheidung in einem unterbrochenen Verfahren.

Jede derartige Exekution ist mangels wirksamen Exekutionstitels nichtig und kann vom Verpflichteten sowohl mit einem Nichtigkeitsrekurs wegen Nichtbeachtung der gerichtsnotorischen Tatsache der Insolvenzverfahrenseröffnung (§ 65 EO) wie auch mit einem Einstellungsantrag nach § 39 Z 10 EO bekämpft werden.

Dieser Einstellungsgrund ist auch von Amts wegen wahrzunehmen (§ 39 Abs 2 EO). Vor der Entscheidung über den Einstellungsantrag sind die Parteien zu vernehmen (§ 45 Abs 3 EO). Den Richter trifft eine Untersuchungspflicht.

Anzuraten ist dem Insolvenzgläubiger der Antrag auf Ausstellung eines Auszugs aus dem Anmeldungsverzeichnis am Ende des Insolvenzverfahrens: Dieser ist ein Exekutionstitel (*Insolvenztitel,* § 61 IO). Voraussetzung für die Ausstellung ist allerdings die insolvenzmäßige Feststellung der Forderung in der Prüfungstagsatzung *und* keine Bestreitung durch den Insolvenzschuldner (vgl. *Buchegger* InsR[3] 143 ff).

Fall 78

Klang klagt Beck beim HG Wien auf Zahlung von 80.000 Euro aus Kontokorrent. In der vorbereitenden Tagsatzung anerkennt Beck die Klageforderung in Höhe von 20.000 Euro. Auf Antrag des Klang ergeht über diesen Betrag ein mündlich verkündetes Anerkenntnisurteil. Am Ende der folgenden Beweisaufnahmetagsatzung ergeht ein ebenfalls mündlich verkündetes kontradiktorisches Urteil gegen Beck über den Rest der Klageforderung. Beck, den das Anerkenntnis reut, möchte beide Urteile bekämpfen.

Kommentar

Das *Teilurteil* spaltet den Rechtsstreit in *zwei selbständige Prozesse,* die nun getrennt voneinander ablaufen.

1. Rechtzeitigkeit der Berufung

Die Rechtzeitigkeit der Berufung wird vom Prozessgericht erster Instanz geprüft:

Teilanerkenntnisurteil und Endurteil wurden in Anwesenheit beider Parteien *verkündet*. Ab diesem Zeitpunkt beginnt die *Berufungsanmeldefrist* zu laufen (§ 461 Abs 2 ZPO).

Die *Berufung gegen ein mündlich verkündetes Urteil* ist beim Prozessgericht erster Instanz *anzumelden* (§ 461 Abs 2 ZPO):

• *sofort* nach Verkündung mündlich in der Tagsatzung oder
• *binnen* vierzehn *Tagen nach Zustellung der Protokollsabschrift* über die Tagsatzung, in der das Urteil verkündet wurde, mit Schriftsatz.

Wird erstmals die Beigabe eines Verfahrenshilfeanwalts beantragt, so gilt dies als Anmeldung der Berufung (§§ 461 Abs 2 aE, 464 Abs 3, 73 Abs 3 ZPO).

Unterbleibt die rechtzeitige Anmeldung, so ist die Berufung vom Prozessgericht wegen Verspätung als unzulässig zurückzuweisen (§ 468 Abs 1 S 2 ZPO).

Berufungsfristen beginnen ab Wirksamkeit zu laufen:

Die *Wirksamkeit des Teilanerkenntnisurteils* trat im vorliegenden Fall nicht erst mit Zustellung ein, sondern schon mit Verkündung (§§ 414 Abs 1, 416 Abs 3 ZPO). Daher beginnt *auch die Berufungsfrist* nicht ab Zustellung (§ 464 Abs 2 ZPO verweist auf § 416 Abs 3 ZPO), sondern schon ab Verkündung zu laufen (vgl. *Rechberger/Simotta*, ZPR[9] Rz 899; *Rechberger* in Rechberger, ZPO[4], zu § 416 ZPO Rz 5)

Die *Wirksamkeit des mündlich verkündeten kontradiktorischen Endurteils* trat mit dessen Zustellung ein (*E. Kodek* in Rechberger, ZPO[4], zu § 461 ZPO Rz 2, § 464 ZPO Rz 3; kein Fall des sofort wirksamen Verzichts- oder Anerkenntnisurteils nach § 416 Abs 3; *Rechberger/Simotta*, ZPR[9] Rz 897). Ab diesem Zeitpunkt beginnt hier die Berufungsfrist zu laufen.

Wirksamkeit tritt ein:

• bei *kontradiktorischen Urteilen* mit der Zustellung der Urteilsschrift, auch dann, wenn eine mündliche Verkündung vorausgegangen ist, die eine Berufungsanmeldefrist in Gang gesetzt hat (§ 461 Abs 2 ZPO),

• bei *Verzichts- oder Anerkenntnisurteilen* mit Verkündung beiden Parteien gegenüber; das verkündete *Versäumungsurteil* wird nur dem Kläger gegenüber wirksam; in allen Fällen des § 416 Abs 3 ZPO erfolgt eine Zustellung nur auf Verlangen (§ 417 Abs 4 ZPO; §§ 540, 542 Geo erlauben eine gekürzte und auch rubrikenweise Ausfertigung; allerdings dürfen Verzichts- oder Anerkenntnisurteile nicht durch Stampiglienaufdruck hergestellt werden, § 540 Abs 3 S 3 Geo).

2. Beschwer des Berufungswerbers

Die *Beschwer* des Berufungswerbers wird nach Aktenvorlage vom *Berufungsgericht* geprüft.

Das *Anerkenntnisurteil* gehört – neben dem Verzichts- und dem Versäumungsurteil – zu den drei *einseitigen Urteilen* im Zivilprozess und ist grundsätzlich *mangels formeller Beschwer* unanfechtbar:

Dem Kläger wurde zugesprochen, was er begehrt hat, der Beklagte hat die Richtigkeit der Rechtsfolgebehauptung des Klägers *anerkannt* und damit seinen Urteilsgegenantrag aufgegeben. Jede bezügliche Neuerung fiele unter das Verbot des § 482 ZPO.

Teile der Lehre und der Rechtsprechung lassen allerdings die Bekämpfung eines Anerkenntnisurteils oder eines Verzichtsurteils in analoger Anwendung des § 471 Z 4 ZPO zu (vgl. *Holzhammer* ZPR[2] 321); der Beklagte müsse in seiner Berufung behaupten, dass ein gültiges Anerkenntnis (Willenserklärung) nicht vorliege, sondern etwa ein bloßes Geständnis (Wissenserklärung). Dem ist nicht zu folgen: Das Anerkenntnis ist eine unwiderrufliche, prozessuale Willenserklärung. Lediglich die Fälle der Nichtberücksichtigung eines Anerkenntnisses begründen die Anfechtbarkeit eines Anerkenntnisurteils (vgl. *Rechberger* in Rechberger, ZPO[4] zu § 395 ZPO Rz 10).

Zur Erhebung der Berufung gegen das kontradiktorische Endurteil ist formelle Beschwer Zulässigkeitsvoraussetzung. Diese ist hier gegeben, weil Beck die Abweisung des verbleibenden Klagebetrags von 60.000 Euro beantragt hat, diesem Antrag aber nicht stattgegeben wurde.

Ergebnis: Beck kann das Teilanerkenntnisurteil selbst bei rechtzeitiger Anmeldung und Berufung nicht bekämpfen, das Berufungsgericht wird seine (bloß materielle) Beschwer verneinen.

Die Fristenhemmungszeit des § 222 ZPO hat auf eine angebrachte Berufung gegen das Anerkenntnisurteil keinerlei Einfluss: Berufungsfrist und Berufungsbeantwortungsfrist werden nicht gehemmt und können fort- und ablaufen.

Fristenhemmungszeiten sind: die Zeit zwischen dem 15. Juli und dem 17. August sowie zwischen dem 24. Dezember und dem 6. Jänner. Während dieser Zeiten werden die Notfristen im Rechtsmittelverfahren gehemmt (§ 222 Abs 1 ZPO). Ausnahmen bestehen nach § 222 Abs 2 ZPO für Berufungs- und Anerkenntnisurteile sowie für die in § 222 Abs 2 Z 1 bis 10 ZPO aufgezählten Rechtssachen.

Die Berufung gegen das kontradiktorische Urteil steht aufgrund formeller Beschwer offen.

Eine etwa während der Fristenhemmungszeit des § 222 ZPO angebrachte Berufung ist erst nachher zu erledigen (Vorzeitigkeit schadet nicht).

Fall 79

Eine Tochter klagt ihre Eltern auf Zahlung von 50.000 Euro Ausstattung aufgrund deren Zusage, ihr eine dem elterlichen Einkommens- und Vermögensstand angemessene Geldsumme zu überlassen und erwirkt einen gerichtlichen Zuspruch von 40.000 Euro. Die Eltern erheben Berufung wegen unrichtiger Sachverhaltsfeststellung (Einkommens- und Vermögensstand) und unrichtiger rechtlicher Beurteilung (angemessene Geldsumme). Das Berufungsgericht erwägt aber die Zurückweisung der Klage und teilt der Berufungsgegnerin (als Prozesssiegerin) mit, dass es ihr frei stehe, Mängel von erstgerichtlichen Tatsachenfeststellungen durch einen vorbereitenden Schriftsatz gemäß § 473a ZPO zu rügen. Zu prüfen sind

a) welcher Fehler dem Erstgericht und welcher dem Berufungsgericht unterlaufen ist,

b) wie das Berufungsgericht zu entscheiden hat.

Kommentar

Zunächst seien zwei Rechtssätze vorangestellt:

- Gesetzliche Ausstattungsansprüche (§§ 1220 ff ABGB) gehören ins Außerstreitverfahren (§§ 1221 ABGB, 114 Abs 3 JN; vgl. EvBl 2006/127, RIS-Justiz RS0022224), vertragliche Ausstattungsansprüche nur dann ins streitige Verfahren (Richterrecht, vgl. schon EFS 8.406, siehe auch *Fucik* in Kletečka/Schauer, ABGB-ON[1.04], zu § 1221 ABGB Rz 1; *Koch* in KBB (Koziol/P. Bydlinski/Bollenberger), ABGB[5] zu §§ 1220, 1221 ABGB Rz 6), wenn durch den Vertrag nicht bloß ein gesetzlicher Anspruch konkretisiert sondern darüber hinaus gegangen wird (6 Ob 165/08w EF-Z 2009/34, 33 = iFamZ 2008/149, 309; s. dazu *Mayr* in Rechberger, ZPO[4], zu § 114 JN Rz 1 mwN; vgl die EB zur RV des AußStr-BegleitG 225 BeilNR, XXII GP, Seite 10).

- *Erwägt das Berufungsgericht, das erstrichterliche Urteil abzuändern oder die Klage ohne Sachentscheidung aus formellen Gründen zurückzuweisen,* so darf es nur dann eine solche Entscheidung auf Feststellungen des Erstgerichts gründen, wenn das Berufungsgericht dem Berufungsgegner zuvor mitgeteilt hat, dass es ihm frei stehe, Mängel von Tatsachenfeststellungen oder der Beweiswürdigung des Erstgerichts oder des Verfahrens erster Instanz durch Überreichung eines beim Berufungsgericht einzubringenden vorbereitenden Schriftsatzes zu rügen (***Mängelrügeverfahren,*** § 473a Abs 1 S 1 ZPO).

a) Die Entscheidung erster Instanz geht irrigerweise davon aus, dass der vorliegende Vertrag den ins Außerstreitverfahren gehörenden gesetzlichen Ausstattungsanspruch (§§ 1221 ABGB, 114 Abs 2 und 3 JN) nicht bloß konkretisiert hat; es hätte die Klage wegen Unzulässigkeit des streitigen Rechtswegs zurückweisen müssen.

Die Eltern haben ausdrücklich eine ihren Vermögensverhältnissen angemessene Summe zum Gegenstand der Ausstattungszusage gemacht. Die Vereinbarung ging über den Anspruch nach § 1221 ABGB nicht hinaus.

Daher gehört der Fall nicht vor den Streitrichter. Anders verhielte es sich, wenn die Eltern der Tochter mehr versprochen hätten, als dies bei einer Prüfung ihrer Einkommensverhältnisse angemessen erscheint. Dann hätte trotz § 114 Abs 3 JN der Streitrichter das Wort.

Die Mängelrüge ist *mit Schriftsatz* innerhalb der vom Berufungsgericht zu bestimmenden, vier Wochen nicht übersteigenden Frist (Maximalfrist) beim Berufungsgericht einzureichen; sie ergänzt oder ersetzt die Berufungsbeantwortung (§ 473a Abs 2 bis 4 ZPO).

In ihrer Mängelrüge behauptet nun die Berufungsgegnerin, die erstgerichtliche Sachverhaltsfeststellung nehme nicht Bezug auf die im Vernehmungsprotokoll enthaltenen übereinstimmenden Parteienaussagen, dass sich die Eltern bei dem vorprozessualen Ausstattungsgespräch zu einer Zahlung von *jedenfalls mindestens* 40.000 Euro verpflichtet hätten.

Das sei ein Anhaltspunkt einerseits dafür, dass die Sache zumindest in dieser Höhe vor die Streitgerichte gehöre, anderseits, dass der Klägerin jedenfalls 40.000 Euro gebührten.

Dem Berufungsgericht selbst ist ein Fehler insofern unterlaufen, als es bei der Prüfung des Prozessakts erster Instanz über diese entscheidenden Parteienaussagen hinweg gelesen hat („40.000 Euro bekommst du auf jeden Fall; ob wir darüber hinaus noch etwas beisteuern können, wissen wir derzeit nicht.").

Es hatten weder die Berufungswerber in ihrer Berufungsschrift noch die Berufungsgegnerin in ihrer Berufungsbeantwortung auf diesen Punkt hingewiesen, weil die Dartuung und Widerlegung der Berufungsgründe in eine andere Richtung gegangen sind (Einkommens- und Vermögensstand einerseits, Angemessenheit der Ausstattungssumme anderseits):

Die Berufungswerber wollen nicht einmal 40.000 Euro zahlen, der Berufungsgegnerin ist selbst dieser Betrag zu gering. Daher wurde er auch in der zweiten Instanz von keiner Seite angesprochen.

Um die Rechtssache wenigstens teilweise beim Streitgericht zu halten, muss die Tochter im Rahmen ihrer Mängelrüge den ergänzenden Antrag stellen, das Urteil der ersten Instanz aufgrund der unbestrittenen Ausstattungszusage wenigstens im Betrag von 40.000 Euro zu bestätigen und Argumente dafür liefern, dass es sich beim vorliegenden Vertrag nicht bloß um die Konkretisierung des gesetzlichen Ausstattungsanspruchs handelt, die elterliche Zusage mithin nicht in Kontext mit deren Vermögensverhältnissen steht und mehr als eine bloß angemessene Ausstattung versprochen wurde.

b) Ihrem Antrag wird indes kein Erfolg beschieden sein: Die Zusage der Eltern ist nicht als selbständiger Vertrag, sondern als Konkretisierung des gesetzlichen Ausstattungsanspruchs zu verstehen. Eine Teilzurückweisung der Klage hinsichtlich des Restbetrags ist unwahrscheinlicher als die Aufhebung des Urteils und die gänzliche Klagezurückweisung.

Ergebnis: Das Berufungsgericht hebt das Urteil erster Instanz auf und weist die Klage wegen Unzulässigkeit des streitigen Rechtswegs zurück. Die Tochter hat den Weg zum Außerstreitgericht zu beschreiten (§ 114 Abs 3 JN).

II. Revision

Fall 80

Hanna ist im Wiener Unternehmen ihres Mannes Herbert als Sekretärin angestellt. Als das Paar sich nach zwei Jahren scheiden lassen will, klagt Hanna auf Zahlung von 22.000 Euro Entgelt für die geleistete Arbeit. Im Berufungsverfahren schränkt sie ihre Klage nach Teilzahlung des Herbert auf 3.000 Euro ein. Über diesen Betrag ergeht ein abweisendes Berufungsurteil. Zu prüfen sind:

a) die sachliche und örtliche Zuständigkeit des angerufenen Gerichts,

b) ob das Berufungsgericht den Rechtszug an den OGH zulassen darf,

c) ob in der dritten Instanz das Neuerungsverbot gilt.

Kommentar

a) Zuständigkeit

Ansprüche aus einem Arbeitsverhältnis hat Hanna beim Arbeits- und Sozialgericht Wien in einem streitigen Verfahren einzuklagen (§§ 3, 4 Abs 1 Z 1 lit b, 50 Abs 1 Z 1 ASGG). Die Gerichtsbarkeit wird dabei durch Senate unter Mitwirkung fachkundiger Laienrichter unter dem Vorsitz eines Berufsrichters ausgeübt (§ 10 ASGG).

Außerdem steht Hanna der Abgeltungsanspruch nach § 98 ABGB für Mitwirkung im Erwerb des anderen Ehegatten zu. Dieser ist *bei dem nach dem BGOG Wien örtlich zuständigen BG in Wien in einem Außerstreitverfahren* geltend zu machen (§§ 104a, 114a, 76 Abs 1 S 1 JN).

Hanna hat mit ihrem Gatten aber einen Dienstvertrag geschlossen; dieser schließt den Anspruch nach § 98 ABGB bis zur Höhe des vertraglich bedungenen Entgelts aus; lediglich *übersteigende Ansprüche* können gemäß § 98 ABGB in einem parallelen Außerstreitverfahren geltend gemacht werden (§ 100 ABGB; vgl. zu §§ 98 ff *Pichler* in Rummel I § 98 1 ff, § 100 1 ff sowie *Smutny* in Kletečka/Schauer, ABGB-ON[1.04] zu §§ 98 bis 100 Rz 1 ff).

b) Arbeits- und Sozialrechtssachen

Arbeits- und Sozialrechtssachen zählen zu den privilegierten Streitigkeiten (§ 502 Abs 5 Z 4 ZPO): Für sie gelten *keine Entscheidungswertgrenzen in zweiter Instanz.* Bei Vorliegen einer Rechtsfrage von erheblicher Bedeutung ist die Revision als **Grundsatzrevision** jedenfalls zulässig, sei es als ordentliche, sei es als außerordentliche (wenn die ordentliche nicht zugelassen wird).

Infolge Teilzahlung beträgt der Entscheidungsgegenstand zweiter Instanz 3.000 Euro. Obschon das Berufungsgericht die Revision zugelassen hat, überprüft der OGH, ob wirklich eine Rechtsfrage von erheblicher Bedeutung vorliegt; verneinendenfalls verwirft er die Revision (§§ 508a Abs 1 iVm 510 Abs 3 S 4 ZPO).

c) Neuerungsverbot

Kein Neuerungsverbot besteht *im Berufungsverfahren über echte arbeitsrechtliche Streitigkeiten* (§§ 50 Abs 1, 63 Abs 1 ASGG; vgl. auch ArbS 7985 und 10.624): Hanna kann neue Tatsachen vor dem arbeitsrechtlichen Senat des OLG Wien (vgl. § 10 ASGG) bis zum Schluss der mündlichen Berufungsverhandlung vorbringen, *sofern sie in erster Instanz nicht qualifiziert vertreten war* (§ 40 Abs 1 ASGG).

§ 40 Abs 1 ASGG enthält eine Aufzählung derjenigen *qualifizierten* Personen, die zur Parteienvertretung in erster und zweiter Instanz befugt sind. § 40 Abs 2 ASGG zählt andere, ebenfalls in erster und zweiter Instanz vertretungsbefugte Personen auf. War die Partei in einer Arbeitsrechtssache in erster Instanz durch eine qualifizierte Person vertreten (§ 40 Abs 1 ASGG, zB. Arbeitnehmer oder Funktionär einer gesetzlichen Interessenvertretung oder freiwilliger kollektivvertragfähiger Berufsvereinigung: AK-Angestellter), so gilt für sie in zweiter Instanz das Neuerungsverbot. War sie dagegen von einer Person iSd § 40 Abs 2 ASGG vertreten (zB. durch ein Betriebsratsmitglied), so gilt das Neuerungsverbot des § 482 ZPO für sie nicht (§ 63 Abs 1 ASGG).

Neuerungen sind im regulären wie im arbeitsrechtlichen Revisionsverfahren nur zur Dartuung von Nichtigkeiten oder Mangelhaftigkeiten des Berufungsverfahrens zulässig, sonst aber *ausgeschlossen* (§§ 504 Abs 2 ZPO, 63 Abs 1 und 2 ASGG; *Fasching* Rz 2290).

Beachte! Die *Klageeinschränkung ist keine Klagänderung (§ 235 ZPO)*, sondern eine Klageveränderung (§ 235 Abs 4 ZPO). Umstritten ist ihr Wesen: Während die überwiegende Lehre (*Holzhammer* ZPR² 197f, *Rechberger/Simotta*, ZPR⁹ Rz 644, referierend *Ballon/Nunner-Krautgasser/Schneider* Rz 418, zuvor schon *Sperl* 324, *Petschek*, ZBl 1936, 754 f) darin eine *teilweise Klagezurücknahme* erblickt, die den Regeln des § 237 ZPO zu folgen hat und demnach bei Eintritt des Neuerungsverbots unzulässig wird, halten *Fasching, Lovrek* und die hR die Klageinschränkung für jederzeit zulässig (*Fasching* Rz 1228; *Lovrek* in Fasching/Konecny³, III/1, zu § 237 ZPO Rz 5 ff, insbes. 8; vgl. etwa ZBl 1936/396, JBl 1960, 383, ÖJZ 1970/298, JBl 1984, 686; EvBl 1992/194).

Fall 81

Der Linzer Richter Schlapp ist überlastet. Als K den B auf Zahlung von 26.000 Euro klagt und B gegen den ergangenen Zahlungsbefehl Einspruch erhebt, führt er zwar das Erkenntnisverfahren durch, hofft aber stets auf einen Vergleich. Als ein solcher nicht zustande kommt und Schlapp das Verfahren wegen Entscheidungsreife schließen muss, bittet er seinen soeben ernannten Kollegen Neu, für ihn das Streiturteil zu fällen und den Akt abzuschließen. Neu übernimmt die Rechtssache K gegen B und gibt dem Klagebegehren zur Gänze statt. B erhebt Berufung wegen unrichtiger Sachverhaltsfeststellung und unrichtiger rechtlicher Beurteilung:

Das Gericht habe eine Kompensationseinrede unberücksichtigt gelassen, die sich auf eine Gegenforderung von 13.000 Euro stütze. Das OLG Linz weist darauf 13.000 Euro ab und spricht 13.000 Euro zu; die Prozesskosten werden gegeneinander aufgehoben. Zu prüfen ist die Zulässigkeit der Revision.

Kommentar

Das Verfahren vor dem Prozessgericht erster Instanz leidet an einer Nichtigkeit, weil ein anderer als der nach der Geschäftsverteilung zuständige (und auch verhandelnde) Richter in der Sache erkannt hat (§ 477 Abs 1 Z 2 ZPO).

Wenn Schlapp wirklich so überlastet ist, dass ihm die Fällung des Streiturteils nicht möglich ist, dann muss er beim Personalsenat des LG Linz den Antrag stellen, ihm den Streitakt K gegen B abzunehmen und einem anderen Richter zuzuweisen; gegebenenfalls wäre das Verfahren fehlerfrei (vgl. SZ 25/111).

Jede Nichtigkeit ist von Amts wegen in der Rechtsmittelinstanz aufzugreifen, selbst wenn sie vom Berufungswerber nicht geltend gemacht wurde (§ 471 Z 7 ZPO; amtswegige Prüfung der Nichtigkeitsgründe). Dies ist im vorliegenden Fall unterblieben: Das Berufungsgericht hat sich nur mit der Sach- und Rechtsrüge beschäftigt und auf dieser Grundlage neu entschieden.

Nach stR kann die unterbliebene Zurückverweisung des Urteils wegen Nichtigkeit indes von den Parteien im Rahmen einer Revision nicht mehr geltend gemacht werden. *Was die Partei nicht als formellen Berufungsgrund geltend gemacht hat, könne ihr auch nicht als Revisionsgrund dienen* (vgl. schon GlUNF 2160, RZ 1968, 108 oder EFS 39.245, JBl 1985, 38, EFS 55.098):

▶ *Mangelhaftigkeiten des Verfahrens* erster Instanz, die die Partei nicht mit Berufung geltend gemacht hat, begründen keine Mangelhaftigkeit des Berufungsverfahrens und sind daher *kein Revisionsgrund* nach § 503 Abs 1 Z 2 ZPO (stR; vgl. RIS-Justiz RS0074223). Gleiches gilt für solche Verfahrensmängel erster Instanz, die erfolglos geltend gemacht wurden.

▶ Die Judikatur *verwehrt allerdings in ständiger Rechtsprechung die Nichtigkeitsrevision* (§ 503 Abs 1 Z 1 ZPO) wegen in erster Instanz unterlaufener *Nichtigkeiten,* wenn die Partei diese mit Nichtigkeitsberufung bereits erfolglos geltend gemacht hat, sofern das Berufungsgericht inhaltlich in die Prüfung des Rechtsmittelgrunds eingegangen ist und die Berufung nicht etwa bloß wegen Unzulässigkeit zurückgewiesen hat (RIS-Justiz RS0042981).

• Die Sperre der Geltendmachung von Mangelhaftigkeiten des Verfahrens erster Instanz ist aufgrund des Wesens des Rechtsmittelgrunds durchaus nachvollziehbar.

• Anderes gilt bei **Nichtigkeiten,** die in erster Instanz unterlaufen sind. § 503 Abs 1 Z 1 ZPO lässt zwar – seiner Formulierung nach – die Geltendmachung von Nichtigkeiten nur des Berufungsverfahrens zu. Dogmatisch betrachtet würden aber nach der in der Judikatur vertretenen Ansicht Nichtigkeiten der ersten Instanz dadurch heilen, dass sie im Berufungsverfahren weder von den Parteien geltend gemacht noch von Amts wegen beachtet werden. Dem ist entschieden zu widersprechen:

Nichtigkeiten sind in jeder Lage des Verfahrens von Amts wegen oder auf Antrag wahrzunehmen, mithin auch solche des erstinstanzlichen Verfahrens durch das Revisionsgericht. Zwar bezieht sich § 503 Abs 1 Z 1 ZPO nur auf die in zweiter Instanz unterlaufenen Nichtigkeiten, die Norm ist jedoch im Kontext mit **§ 510 Abs 2 ZPO** zu lesen, der dem Revisionsgericht die Aufhebung und Zurückverweisung wegen Nichtigkeiten in erster Instanz gebietet, *ohne die Geltendmachung oder das Aufgreifen in zweiter Instanz vorauszusetzen* (vgl. aber dazu *Fasching* Rz 1905).

Merke! Nichtigkeiten heilen erst mit Eintritt der Rechtskraft des Urteils gleich welcher Instanz. Eine Erweiterung erfährt dieser Grundsatz im Rahmen der Nichtigkeitsklage (§ 529 ZPO) und der verwaltungsbehördlichen Aufhebungsanträge (§ 42 Abs 2 JN).

Der Entscheidungsgegenstand beträgt 26.000 Euro. Nichtigkeit kann im Revisionsverfahren daher erst geltend gemacht werden, wenn

• eine ordentliche Revision zugelassen wurde (§ 500 Abs 2 Z 3 ZPO), oder
• nach erfolgreicher Zulassungsbeschwerde beim Berufungsgericht (§ 508 Abs 3 ZPO) die ursprünglich versagte ordentliche Revision gewährt wird (§ 508 Abs 5 ZPO).

Eine außerordentliche Revision ist hier unzulässig, da die Sache unter der zweitinstanzlichen Entscheidungswertgrenze von 30.000 Euro liegt (§§ 502 Abs 3, 505 Abs 4 ZPO).

Fall 82

Gierig begehrt von Habenichts 17.000 Euro Schmerzengeld aufgrund eines länger zurückliegenden Verkehrsunfalls. Habenichts erhebt Einspruch gegen den erlassenen Zahlungsbefehl und bestreitet die Höhe der Forderung. Das Gericht erster Instanz nimmt eine freie richterliche Betragsfestsetzung vor und spricht 3.000 Euro zu. Das Berufungsgericht bestätigt nach Berufung beider Parteien das Urteil erster Instanz. Zu prüfen ist die Statthaftigkeit von Revisionen.

Kommentar

§ 273 ZPO eröffnet ein Verfahrensermessen in der Frage, ob die streitige Betragshöhe entweder durch eine förmliche Beweisaufnahme oder durch freie Betragsschätzung, allenfalls mithilfe ausgewählter Beweismittel, festgestellt werden soll.

Eine Ermessensüberschreitung ist ein *rügepflichtiger Verfahrensmangel,* der eine Berufung, nicht aber eine Revision ermöglicht (§§ 496 Abs 1 Z 2, 503 Abs 1 Z 2 ZPO; vgl. *Rechberger* in Fasching/Konecny[3] III/1 zu § 273 ZPO Rz 12).

Die richterliche *Betragsfestsetzung selbst* bildet nach überwiegender Meinung nicht eine Sachfrage, sondern eine **Rechtsfrage:** Ihre Überprüfung hat im Rahmen des Rechtsmittelgrunds der unrichtigen rechtlichen Beurteilung zu erfolgen (*Fasching* Rz 871 und JBl 1981, 234, ZVR 1984/322; *Holzhammer* PraktZPR I 257; *Rechberger/Simotta* ZPR[9] Rz 837; vgl. *Rechberger* in Fasching/Konecny[3] III/1 zu § 273 ZPO Rz 13; *Buchegger/ Markowetz* ZPR 272).

Entscheidend für die Zulässigkeit der Revision ist nicht der Wert des Revisionsgegenstands, mit dem die einzelne Partei beschwert sein mag, sondern der *Wert des Entscheidungsgegenstands zweiter Instanz* (§ 502 Abs 2 und 3 ZPO; vgl. dazu *E. Kodek* in Rechberger, ZPO[4], zu § 502 ZPO Rz 1).

■ Eine *Berufung des Gierig allein* würde zur teilrechtskräftigen Entscheidung über den Zuspruch von 3.000 Euro führen, der Entscheidungsgegenstand würde 14.000 Euro betragen; die ordentliche Revision wäre gemäß § 502 Abs 2 und 3 ZPO dann zulässig, wenn das Berufungsgericht das Vorliegen einer Grundsatzfrage bejaht oder einen verneinenden Ausspruch nach einem Zulassungsbeschwerdeverfahren (§ 508 ZPO) korrigiert.

■ Eine *Berufung des Habenichts allein* würde dagegen zur teilrechtskräftigen Entscheidung über die Abweisung von 14.000 Euro führen, der Entscheidungsgegenstand würde nur 3.000 Euro betragen; eine Revision wäre wegen §§ 502 Abs 2, 505 Abs 4 ZPO absolut unzulässig.

■ Da *beide Parteien Berufung erhoben haben,* wird der ursprüngliche Gesamtstreitgegenstand von 17.000 Euro zum Entscheidungsgegenstand in zweiter Instanz: Das Berufungsgericht hat das Entscheidungsermessen des Erstgerichts in voller Höhe zu überprüfen. Für Habenichts bedeutet das den Zugang zum OGH bei einem Beschwerdegegenstand von 3.000 Euro, sofern das Berufungsgericht die ordentliche Revision zulässt (§§ 500 Abs 2 Z 3, 502 Abs 3 ZPO). Da der Entscheidungsgegenstand von 30.000 Euro nicht übersteigt, ist eine außerordentliche Revision ausgeschlossen (§ 505 Abs 4 ZPO).

Versagt das Berufungsgericht die ordentliche Revision, weil es nicht um eine Grundsatzfrage geht, so kann Habenichts binnen vier Wochen ab Zustellung der Berufungsentscheidung eine Zulassungsbeschwerde (Antrag auf Zulassung der ordentlichen Revision) beim Prozessgericht einbringen, die dem Berufungsgericht vorzulegen ist (§ 508 Abs 1 und 2 ZPO); dieses entscheidet endgültig darüber, ob die ordentliche Revision zu versagen oder zuzulassen ist (§ 508 Abs 3 bis 5 ZPO).

> *Merke!* Mit der Beschwerde nach § 508 ZPO ist stets die ordentliche Revision zu verbinden (§ 508 Abs 2 ZPO).

Fall 83

Klang klagt Beck auf Unterlassung und beziffert sein Begehren mit 50.000 Euro. Das Erstgericht gibt der Klage statt, das Berufungsgericht bestätigt, spricht aber aus, dass der Wert des Entscheidungsgegenstands zweiter Instanz insgesamt 5.000 Euro nicht übersteigt. Beck möchte dagegen Revision erheben.

Kommentar

Für die vorliegende Klage ist der Gerichtshof wertzuständig (§§ 49 Abs 1, 50 JN). § 60 Abs 1 JN eröffnet allerdings dem Prozessgericht die Möglichkeit, die vom Kläger vorgenommene Bezifferung von Amts wegen durch entsprechende Erhebungen zu überprüfen, falls sie ihm als „übermäßig hoch gegriffen" erscheint und bei richtiger Bewertung der Streitgegenstand die für die Zuständigkeit des Gerichtshofs maßgebliche Wertgrenze nicht erreichen dürfte; gegebenenfalls müsste die Streitsache an das Bezirksgericht abgetreten werden (§ 60 Abs 3 JN).

Im gegenständlichen Fall hatte aber das Erstgericht keine derartigen Bedenken.

Die zuständigkeitsbegründende klägerische Bezifferung (bzw. der gesetzliche Streitwert von 5.000 Euro, § 56 Abs 2 S 3 JN) bindet indes nicht das Berufungsgericht bei der Beurteilung der Frage, ob gegen das Urteil zweiter Instanz die Revision zulässig ist.

Gleiches gilt für die gerichtliche Streitwertbemessung nach § 60 JN (ÖJZ 1987/181). Hier greifen die Sonderregeln des § 500 ZPO ein.

§ 500 Abs 2 ZPO sieht *im Berufungsurteil dreierlei Aussprüche über die Zulässigkeit der Revision* vor, die mit § 502 ZPO korrespondieren:

▶ Der *Bewertungsausspruch* des § 500 Abs 2 Z 1 ZPO hat den §§ 54 Abs 2, 55 Abs 1 bis 3, 56 Abs 3, 57 und 58 JN sinngemäß zu folgen (§ 500 Abs 3 S 1 ZPO); er ist bindend (arg e contr. aus § 500 Abs 3 S 2 ZPO) und für sich unanfechtbar (§ 500 Abs 4 S 1 ZPO).

Obwohl § 500 Abs 4 ZPO gegen den Bewertungsausspruch kein Rechtsmittel zulässt, hat der OGH im Zusammenhalt mit der Literatur die Anfechtbarkeit im Rahmen einer außerordentlichen Revision für statthaft erklärt.

Das bedeutet: Der Bewertungsausspruch lässt sich zwar nicht selbständig, wohl aber in Verbindung mit einer Grundsatzfrage überprüfen, freilich *nur mit der Behauptung, dass das Berufungsgericht bei der Bewertung zwingende Normen verletzt oder sich eines offensichtlichen Ermessensmissbrauchs schuldig gemacht habe.* Darüber gleich unten.

▶ Der *Ausspruch absoluter Unzulässigkeit* nach § 500 Abs 2 Z 2 ZPO besagt, dass die Revision grundsätzlich dann unzulässig ist, wenn der Entscheidungswert in zweiter Instanz 5.000 Euro nicht übersteigt. Dieser Ausspruch *bindet weder Gerichte noch Parteien* (§ 500 Abs 3 S 2 ZPO), ist aber *unanfechtbar* (§ 500 Abs 4 S 1 ZPO).

Beim Unzulässigkeitsausspruch ist darauf Bedacht zu nehmen, dass diese Entscheidungswertgrenze nicht für Unterhaltssachen (§ 502 Abs 4 ZPO) und nicht für die gar keinem Entscheidungswerterfordernis unterliegenden (privilegierten) Streitigkeit nach § 502 Abs 5 ZPO gilt.

▶ Der *Zulässigkeitsausspruch* § 500 Abs 2 Z 3 ZPO bejaht oder verneint die Zulässigkeit der ordentlichen Revision danach, ob eine *Grundsatzfrage* vorliegt oder nicht (*Grundsatzrevision:* § 502 Abs 1 ZPO). Der Ausspruch ist anfechtbar mit einer *Zulassungsbeschwerde,* jedoch nur

• im Rahmen einer ordentlichen Revision an das Berufungsgericht, das im Bereich bis zu 30.000 Euro die Unzulässigkeit ausgesprochen hat (*Zulassungsantrag* bei *verfügter Unzulässigkeit,* § 508 ZPO), oder

• im Rahmen einer außerordentlichen Revision an den OGH im Bereich über 30.000 Euro (§ 505 Abs 4 ZPO), schließlich

• in Beantwortung einer ordentlichen Revision (§§ 500 Abs 4 iVm 505 Abs 4, 507a, 508 Abs 3 ZPO).

Beachte: Der Zulassungsantrag des § 508 ZPO und die außerordentliche Revision des § 505 Abs 4 ZPO sind zwei Formen der Zulassungsbeschwerde, die sich durch den iudex ad quem unterscheiden.

Eines Zulassungsantrags iSd § 508 ZPO oder einer außerordentlichen Revision bedarf der Revisionswerber dann nicht, wenn der Entscheidungsgegenstand 30.000 Euro überstieg oder wenn eine privilegierte Streitsache iSd § 502 Abs 5 ZPO vorliegt.

Eine Zulassungsbeschwerde in Beantwortung einer ordentlichen Revision (§ 500 Abs 4 ZPO) erhebt der Revisionsgegner zur Geltendmachung des *Mangels* einer Grundsatzfrage.

Nun zum Bewertungsausspruch in unserem Fall: Hier handelt es sich um einen Individualleistungsanspruch. Das Berufungsgericht hat bei der Bezifferung des Entscheidungsgegenstands zweiter Instanz weder § 59 JN (das Interesse kann auch nur der Kläger beziffern) noch den gesetzlichen Streitwert (§ 56 Abs 2 JN) heranzuziehen.

Die Bezifferung in zweiter Instanz hat nur den in § 500 Abs 3 S 1 ZPO taxativ aufgezählten Normen der JN zu folgen (siehe oben). Es handelt sich um eine freie richterliche Betragsfestsetzung (§ 273 ZPO analog); *§ 60 Abs 1 JN* (Verdacht der Überbewertung) *ist nicht anzuwenden* (§ 500 Abs 3 S 1 ZPO e contr.).

Mit dem bindenden Bewertungsausspruch verknüpft das Gericht einen nicht bindenden Zulässigkeitsausspruch. Der Bewertungsausspruch lässt sich nur zusammen mit einem Ausspruch des Berufungsgerichts über die Unzulässigkeit der ordentlichen Revision anfechten.

Nach stR entfällt daher die Bindung des Obersten Gerichtshofs an Bewertungssprüche, die die *genannten zwingenden Normen der JN verletzen* oder aufgrund einer *erheblichen Fehlschätzung* durch das Berufungsgericht entstehen.

Das gewonnene argumentum e contrario aus § 500 Abs 3 S 2 ZPO erfährt in Fällen wie dem vorliegenden eine Einschränkung: Der OGH ist hier nicht gebunden.

In diesem Sinn vor der WGN 1997 *Fasching* Rz 1830 f, *Petrasch* ÖJZ 1983, 173 sowie 1985 294 und 1989 749, *Steininger,* Die Problematik der neuen „nichtbindenden Unzulässigkeit" der Anrufung des Höchstgerichts, RZ 1989, 236 und 258; die Rechtsprechung zu einer solchen Revision vermag auf eine lange Tradition zurückzublicken, die Entscheidungen dazu sind Legion; vgl. *Klauser/Kodek,* JN-ZPO[17] zu § 500 ZPO E 29 und 30 sowie etwa SZ 63/117; s. RIS-Justiz RS0042450, RS0042385, RS0119748.

Die *Bewertungsausspruchrevision* folgt sinnvollerweise den Regeln über die außerordentliche Revision (siehe oben), da das getadelte Berufungsgericht in gleicher Weise übergangen und Direktvorlage erzielt wird. (in diesem Sinn *Fasching* Rz 1831/1 und *Steininger* RZ 1989, 236 und 258, der von einer „erlaubten unzulässigen Revision" nach Art einer außerordentlichen Revision spricht; anders dagegen SZ 63/117).

Da im vorliegenden Fall das Berufungsgericht keine der in § 500 Abs 3 ZPO genannten Bewertungsvorschriften verletzt hat (§ 59 JN kommt nicht zur Anwendung), könnte Beck nur dann Revision erheben, wenn eine *erhebliche Fehlschätzung* vorläge. Becks Argument müsste darin bestehen, dass in Wahrheit ein 30.000 Euro übersteigender Entscheidungsgegenstand vorliegt, sonst versperrt § 505 Abs 4 ZPO ihm die außerordentliche Revision.

Eine erhebliche Fehlschätzung könnte man dem Berufungsgericht vorwerfen, wenn seine Bezifferung in eklatantem Missverhältnis zur klägerischen Bezifferung stünde oder wenn von einer bisherigen Judikatur zu gleichartigen Fällen mit einem Mal abgewichen würde.

Da aber hier dem Berufungsgericht kein erheblicher Schätzungsfehler unterlaufen ist, wird der Revision des Beck der Erfolg versagt bleiben.

Auch ein Antrag nach § 508 ZPO wird ohne Erfolg bleiben, da
• das Berufungsgericht schwerlich von der ausgesprochenen Bezifferung abrücken wird und
• die Bewertungsausspruchrevision nicht auf dem Weg der (nachträglich zugelassenen) ordentlichen Revision nach § 508 Abs 5 ZPO geltend gemacht werden kann.

Fall 84

Auf Bestellung des Trauner Grafen Adolar liefert die Wiener Firma Sleep-Well eine erstmals von ihr verfertigte Spezialliege, die elektrisch auf- und abbetten soll. Danach stellt sich heraus, dass die Liege nur auf-, nicht abbettet. Adolar, der den Kaufpreis von 20.000 Euro schon gezahlt hat, macht Wandlung geltend und klagt auf Rückzahlung beim Handelsgericht Wien. Das Erstgericht gibt der Klage statt. Auf Sleep-Wells Berufung wegen Mangelhaftigkeit des Verfahrens und unrichtiger rechtlicher Beurteilung hebt das Berufungsgericht das Urteil auf und verweist, ohne einen Rekurs an den OGH für zulässig zu erklären, die Rechtssache zur neuerlichen Verhandlung und Entscheidung an das Erstgericht zurück: Die unterlassene Prüfung, ob eine Reparatur oder ein Austausch der Liege für Sleep-Well mit einem unverhältnismäßig hohem Aufwand verbunden wäre, möge nachgeholt werden. Das Erstgericht stellt die Behebbarkeit des Mangels fest und weist nunmehr die Klage ab. Der Berufung des Klägers, der weiterhin Wandlung begehrt, wird keine Folge gegeben.

Kommentar

Es war vom Übergeber eine mit eigenen Materialien herzustellende Sache zu liefern; es liegt mithin ein *Werklieferungsvertrag* vor, der eine unvertretbare Sache betrifft. Werkverträge, Werklieferungsverträge und Kaufverträge unterliegen den allgemeinen Gewährleistungsbestimmungen der §§ 922 bis 933b ABGB für entgeltliche Verträge (§ 1167 ABGB). §§ 373 ff UGB (insbes. § 381 Abs 2 UGB) kommen nur bei Rechtsgeschäften zur Anwendung, die für beide Vertragsteile unternehmensbezogen sind (§ 343 UGB); das ist im vorliegenden Fall nicht gegeben.

§ 932 Abs 1 ABGB gibt dem Übernehmer einer mangelhaften Sache die Wahl zwischen Verbesserung (Nachbesserung des Fehlenden), Austausch der Sache, angemessene Minderung des Entgelts (Preisminderung) und Aufhebung des Vertrags (Wandlung).

Allerdings kann der Übernehmer einer fehlerhaften Sache gemäß § 932 Abs 2 ABGB *zunächst nur Verbesserung oder Austausch* verlangen, es sei denn die Verbesserung oder

der Austausch ist unmöglich oder für den Übergeber, verglichen mit der anderen Abhilfe, mit einem unverhältnismäßig hohen Aufwand verbunden.

Ob dies der Fall ist, richtet sich auch nach dem Wert der mängelfreien Sache, der Schwere des Mangels und den mit der anderen Abhilfe für den Übernehmer verbundenen Unannehmlichkeiten.

Die (richtige) rechtliche Beurteilung des Berufungsgerichts macht die Feststellung erforderlich, ob der Mangel der – erstmals verfertigten – Sache ohne unverhältnismäßig hohen Aufwand behebbar ist.

Diese Feststellung hat das Berufungsgericht entweder selbst zu treffen (§ 496 Abs 3 ZPO) oder, wenn prozessökonomische Erwägungen dafür sprechen, dem Erstgericht aufzutragen, indem es durch Beschluss das Urteil aufhebt und die Rechtssache zur ergänzenden Verhandlung und neuerlichen Entscheidung an das Erstgericht zurückverweist (§ 496 Abs 1 Z 3 ZPO).

Der *Aufhebungs- und Zurückverweisungsbeschluss* kann mit einem Ausspruch nach § 519 Abs 1 Z 2 ZPO gekoppelt sein, der es dem Kläger ermöglicht, vom OGH die Rechtsansicht des Berufungsgerichts überprüfen zu lassen *(zugelassener Rekurs gegen den berufungsgerichtlichen Kassationsbeschluss)* und stattgebend ein Urteil in der Sache selbst zu erwirken, sofern der OGH Spruchreife für gegeben erachtet (§ 519 Abs 2 ZPO).

Hier hat aber das Berufungsgericht durch Unterlassen der Bewilligung des Rekurses dem Kläger den Rechtsweg an den OGH abgeschnitten. Auch ein außerordentlicher Rekurs ist nicht statthaft.

Hätte das Berufungsgericht erwogen, den Rekurs gegen den Aufhebungs- und Zurückweisungsbeschluss nach § 519 Abs 1 Z 2 ZPO zu bewilligen, so hätte es auch in diesem Fall vorher ein Mängelrügeverfahren (§ 473a ZPO) durchführen müssen (vgl. *Pimmer* in Fasching/Konecny[2], IV/1, zu § 473a ZPO Rz 2; 1 Ob 41/99g EvBl 1999/180).

Das Erstgericht, das im zweiten Rechtsgang die Behebbarkeit des Mangels ohne unverhältnismäßig hohen Aufwand für die Beklagte feststellt, muss nun gemäß § 932 Abs 2 S 1 ABGB (Vorrang des Verbesserungs- oder Austauschbegehrens) auf Klagabweisung erkennen, weil es an die Rechtsansicht des Berufungsgerichts gebunden ist (§ 499 Abs 2 ZPO).

Das Berufungsgericht muss auf Berufung wegen unrichtiger rechtlicher Beurteilung die Klagabweisung bestätigen, weil es an seine eigene Rechtsansicht gebunden ist. Das Vorliegen eines bestätigenden Urteils hat keinen Einfluss auf die Statthaftigkeit der Revision.

Der Entscheidungsgegenstand des Berufungsurteils beträgt 10.000 Euro und liegt daher im Revisionsbereich des § 502 Abs 3 ZPO. Eine ordentliche Revision ist daher bei Vorliegen einer Grundsatzfrage zuzulassen.

Versagt das Berufungsgericht die ordentliche Revision, so kann der Kläger den Ausspruch nach § 500 Abs 1 Z 3 ZPO mit Zulassungsbeschwerde an das Berufungsgericht (§ 508 Abs 1 ZPO) bekämpfen.

Nur nach einer Abänderung des Ausspruchs würde sich ihm der Zugang zum OGH mit *ordentlicher Revision* eröffnen (§ 508 Abs 3 ZPO). Die außerordentliche Revision ist in diesem Fall ausgeschlossen, da die Entscheidungswertgrenze von 30.000 Euro nicht überschritten wurde (§ 505 Abs 4 ZPO).

Beachte! Zusammen mit einer Zulassungsbeschwerde (Antrag auf Zulassung der ordentlichen Revision) nach § 508 ZPO ist stets die ordentliche Revision im selben Schriftsatz auszuführen (§ 508 Abs 1 letzter Satz ZPO).

Da im vorliegenden Fall keine Grundsatzfrage vorliegt, der OGH vielmehr auf eine ständige Rechtsprechung verweisen kann, wird das Berufungsgericht die ordentliche Revision (§ 502 Abs 1 ZPO) nicht zulassen und auch eine Zulassungsbeschwerde nach § 508 Abs 1 ZPO zurückweisen (§ 508 Abs 4 ZPO).

Fall 85

Nachdem Adolar den Spezialliegenprozess verloren hat, weigert er sich, die miserable Rechtsvertretung durch Dr. Schussl zu honorieren. Dieser klagt ihn auf 5.500 Euro Anwaltskosten beim HG Wien. Er schränkt die Klage auf 2.500 Euro ein, als Adolar 3.000 Euro freiwillig zahlt.

Die eingeschränkte Klage wird abgewiesen, weil Adolar bereits einen Kostenvorschuss in gleicher Höhe geleistet hatte, der in der Kostennote nicht aufscheint. Dr. Schussl erhebt Berufung wegen unrichtiger Sachverhaltsfeststellung.

Nach Beweiswiederholung verurteilt das Berufungsgericht Adolar zur Zahlung der 2.700 Euro. Dieser erhebt dagegen Revision. Zu prüfen sind:

a) die sachliche und örtliche Zuständigkeit des HG Wien,
b) welcher Fehler dem Berufungsgericht unterlaufen ist,
c) wie über eine Revision zu entscheiden ist.

Kommentar

a) Klagen der Prozess- und Zustellbevollmächtigten wegen Gebühren und Auslagen können beim Gericht des Hauptprozesses angebracht werden (§ 94 Abs 2 JN: *individuelle Wahlzuständigkeit*).

Danach kann sogar eine allgemeinbezirksgerichtliche Rechtssache vor einem Kausalgerichtshof angebracht werden. Es gelten die Bestimmungen für das Gerichtshofverfahren mit den *Ausnahmen des Art XIV EGJN:*

Dr. Schussl muss eine Mahnklage einbringen, wobei die Bestimmungen des § 448 ZPO und nicht die der §§ 244 ff ZPO anzuwenden sind; Adolar, der gegen den bedingten Zahlungsbefehl Einspruch erhoben hat, braucht sich nicht durch einen Rechtsanwalt vertreten zu lassen.

Im Übrigen bestimmt Art XIV EGJN, dass – neben den Sonderbestimmungen über das Mahnverfahren vor dem Bezirksgericht (§ 448 ZPO) und den Bestimmungen über das Besitzstörungsverfahren (§§ 454 bis 459 ZPO) – die landesgerichtlichen Verfahrensbestimmungen heranzuziehen sind; der Personalsenat des LG hat einen Einzelrichter für das Verfahren zu bestellen. Es herrscht keine Anwaltspflicht.

Diese Bestimmungen gelten – neben dem Wahlgerichtsstand des Hauptprozesses nach § 94 Abs 2 ZPO – auch für den ausschließlichen Gerichtsstand des § 79 JN (Klagen von Richtern und gegen Richter).

b) Wegen der Klageeinschränkung auf 2.500 Euro übersteigt der Entscheidungswert des Urteils nicht mehr die *Geringfügigkeitsgrenze (2.700 Euro)*. § 501 ZPO beschränkt hier – sieht man von Streitigkeiten im Sinn des § 502 Abs 4 und 5 ZPO ab – die Statthaftigkeit der Berufung auf Nichtigkeiten und unrichtige rechtliche Beurteilung. Das Berufungsgericht hätte die Berufung des Dr. Schussl, die sich nur auf unrichtige Sachverhaltsfeststellung stützt, als unstatthaft verwerfen müssen.

c) Das Berufungsurteil über eine unzulässige Berufung ist nichtig. Da aber der Entscheidungsgegenstand 5.000 Euro nicht übersteigt, ist eine Revision in jedem Fall (auch wegen einer Nichtigkeit) unzulässig (*absolut unzulässige Revision,* §§ 502 Abs 2, 505 Abs 4 ZPO) und schon vom Erstgericht, das alle Zulässigkeitsvoraussetzungen für die Revision (mit Ausnahme des Vorliegens einer Rechtsfrage von erheblicher Bedeutung iSd § 502 Abs 1 ZPO) prüfen muss, zu verwerfen (§ 507 Abs 1 ZPO). Das Revisionsgericht wird mit dem Fall nicht befasst.

III. Rekurs

Fall 86

Ein Scheidungsvergleich verpflichtet den Gatten, seiner Frau bis zu ihrer Wiederverehelichung monatlich 900 Euro zu zahlen. Da der Exgatte eines Tags seine Zahlungen einstellt, erwirkt die Frau gegen ihn Lohnexekution. Der Verpflichtete erhebt dagegen Oppositionsklage, weil die Frau eine Lebensgemeinschaft mit einem anderen Mann eingegangen sei. Gegen das stattgebende Oppositionsurteil erhebt die Beklagte Berufung wegen unrichtiger rechtlicher Beurteilung: Das Erstgericht habe die festgestellte Wohngemeinschaft zu Unrecht als Lebensgemeinschaft qualifiziert. Das Berufungsgericht hebt das Ersturteil auf und verweist die Rechtssache an das Erstgericht zurück. Zu prüfen sind:

a) unter welchen Voraussetzungen der Kläger einen Rekurs an den OGH erheben kann,

b) ob auch die Beklagte rekursberechtigt ist oder wie sie sonst gegen den Rekurs vorgehen kann,

c) welche Entscheidungsmöglichkeiten der OGH hat,

d) ob es gegen eine Aufhebung ohne Rekurszulassung eine Zulassungsbeschwerde gibt.

Kommentar

a) Der Rekurs gegen einen ***Kassationsbeschluss*** (Aufhebungs- und Zurückverweisungsbeschluss) ist nur statthaft, wenn das Berufungsgericht ihn für zulässig erklärt (***kein Vollrekurs, sondern ein zugelassener Rekurs,*** § 519 Abs 1 Z 2 ZPO). Das Berufungsgericht darf eine solche Bewilligung nur aussprechen, wenn die ***Voraussetzungen für die Revision*** vorliegen (§ 519 Abs 2 ZPO).

Die Ehegatten haben einen *Vergleich über den gesetzlich zustehenden Unterhalt* vor Gericht geschlossen. Dies ist eine ***Unterhaltssache iSd §§ 49 Abs 2 Z 2 JN und 502 Abs 4 ZPO*** (ebenso *Mayr* in Rechberger, ZPO[4], zu § 49 JN Rz 4), für welche die untere Revisionsgrenze von 5.000 Euro nicht gilt (§§ 502 Abs 4, 519 Abs 2, 528 Abs 2 Z 1 und 1a ZPO). Eine Bezifferung entfällt aus mehreren Gründen:

• Entscheidungsgegenstandshöhe bei der Oppositionsklage ist – bei Vollanfechtung – die Höhe des vollstreckbaren Anspruchs. Die Judikatur beziffert hier – obwohl es sich um eine Gestaltungsklage auf Unzulässigerklärung einer/mehrerer Exekution(en) handelt, aus pragmatischen Erwägungen nicht (vgl. etwa EFS 20.788, 34.438, 52.223, 55.079).

• Die untere Revisionsgrenze ist in Unterhaltssachen unerheblich; das gilt auch für die Anfechtbarkeit von Aufhebungs- und Zurückverweisungsbeschlüssen des Berufungsgerichts (§§ 502 Abs 4, 519 Abs 2, 526 Abs 3 ZPO).

• Das Übersteigen der oberen Revisionsgrenze von 30.000 Euro ist nur für den außerordentlichen Revisionsrekurs gegen Beschlüsse des Rekursgerichts relevant (§§ 500 Abs 2 Z 1 lit b, 526 Abs 3, 528 Abs 2 Z 1a ZPO).

Hier hat das Berufungsgericht indes einen solchen Ausspruch ebenfalls nicht zu treffen: Gegen einen Aufhebungs- und Zurückverweisungsbeschluss ist kein „außerordentlicher Rekurs" nach dem Muster der außerordentlichen Revision oder gar des außerordentlichen Revisionsrekurses zulässig (s unten d.).

Die Zulassung des Rekurses setzt mithin allein das Vorliegen einer ***Rechtsfrage von erheblicher Bedeutung (Grundsatzfrage)*** voraus.

b) Das Ersturteil ist nach Berufung der Beklagten wegen unrichtiger rechtlicher Beurteilung aufgehoben und die Rechtssache zurückverwiesen worden, damit das Erstgericht die unterlassene Prüfung der für eine Lebensgemeinschaft neben der Wohngemeinschaft gleichermaßen erheblichen Merkmale der Wirtschafts- und Geschlechtsgemeinschaft nachhole (*unvollständige Sachverhaltsfeststellung infolge unrichtiger rechtlicher Beurteilung,* § 496 Abs 1 Z 3 ZPO).

Dennoch ist dem Berufungsantrag der Beklagten nicht voll entsprochen worden, hatte sie doch die *Abänderung des Urteils* wegen unrichtiger rechtlicher Beurteilung begehrt.

Aus Zweckmäßigkeitsgründen hätte das Berufungsgericht die fehlenden Feststellungen nachtragen und in der Sache selbst durch Urteil entscheiden können und müssen (§ 496 Abs 3 ZPO). Insoweit ist auch die *Klägerin beschwert und rekursberechtigt* (SZ 15/138, 18/48, 23/159).

Rekurse gegen Beschlüsse, die nach Streitanhängigkeit ergehen und nicht bloß prozessleitender Natur sind eröffnen generell ein zweiseitiges Rekursverfahren (§ 521a Abs 1 ZPO): Der Rekurs des Beklagten ist daher der Klägerin zuzustellen und ihr Gelegenheit zu geben, eine *Rekursbeantwortung* zu erstatten.

Die *Frist für Rekurs und Rekursbeantwortung* beträgt beim zugelassenen Rekurs des § 519 Abs 1 Z 2 ZPO jeweils *vier Wochen* (§ 521 Abs 1 ZPO).

c) Der OGH bestätigt durch Beschluss die Aufhebung oder verweist durch Beschluss die Rechtssache an die zweite Instanz zurück zur Urteilsfällung nach § 496 Abs 3 ZPO oder erkennt durch Urteil in der Sache selbst, wenn die Streitsache zur Entscheidung reif ist (was hier wegen unvollständiger Sachverhaltsfeststellung nicht zutrifft, § 519 Abs 2 ZPO).

Der OGH hebt durch Beschluss die Zurückverweisung wieder auf und stellt das Urteil erster Instanz wieder her oder erkennt bei Entscheidungsreife durch Urteil in der Sache selbst (wenn er die rechtliche Beurteilung des Erstgerichts für richtig und die Sachverhaltsfeststellung für vollständig hält, § 519 Abs 2 ZPO).

d) Hat das Berufungsgericht den Rekurs an den OGH nicht zugelassen, so steht ein außerordentlicher Rekurs nicht offen: Das Fehlen der Bewilligung macht den Rekurs (absolut) unzulässig. Es gibt keinen Ausspruch über die Unzulässigkeit des Rekurses und daher auch keine Zulassungsbeschwerde.

Fall 87

Bruno klagt Johanna beim BG auf Räumung der Ehewohnung: Die Ehe zwischen den Streitteilen sei mit rechtskräftigem Urteil geschieden, Johanna mache aber keine Anstalten, die Wohnung zu verlassen.

a) Das Erstgericht weist die Klage von Amts wegen *a limine* wegen Unzulässigkeit des Streitwegs zurück. Der Kläger erhebt Rekurs. Zu prüfen sind

- ob auch das Erstgericht den Rekurs erledigen könnte,
- ob gegen die stattgebende oder abweisende Entscheidung des Rekursgerichts ein Revisionsrekurs zulässig ist.

b) Das Gericht weist die Klage auf Einrede der Beklagten wegen Unzulässigkeit des Streitwegs zurück: Sie habe derzeit keine andere Unterkunft. Der Kläger erhebt Rekurs. Zu prüfen ist, ob die Beklagte die stattgebende Entscheidung des Rekursgerichts anfechten kann.

Kommentar

a) Zurückweisung der Klage a limine

Das eheliche Gebrauchsvermögen und die ehelichen Ersparnisse unterliegen nach einer Streitscheidung (§ 49 EheG) der Aufteilung gemäß §§ 81 ff EheG. In diese Aufteilung ist auch die Ehewohnung mit einzubeziehen, wenn

- sie während aufrechter Ehe erworben wurde,
- sie ein Ehegatte in die Ehe eingebracht hat dann, wenn dies vereinbart wurde, wenn der andere Ehegatte auf ihre Weiterbenützung zur Sicherung seiner Lebensbedürfnisse angewiesen ist oder wenn ein gemeinsames Kind an ihrer Weiterbenützung einen berücksichtigungswürdigen Bedarf hat (§ 82 Abs 2 EheG).

Das Aufteilungsverfahren zählt zu den außerstreitigen Ehesachen (§ 93 AußStrG).

Das Erstgericht hat daher nur dann richtig entschieden, wenn eine der Voraussetzungen des § 82 Abs 2 EheG erfüllt ist; sonst wäre die Ehewohnung nicht in die Außerstreitaufteilung einzubeziehen und die Räumungsklage zulässig.

- Gegen eine stattgebende Entscheidung des Rekursgerichts kann die Beklagte keinen Rekurs erheben. Wegen der a-limine-Zurückweisung ist ihr die Klage gar nicht zugestellt worden. Sie steht noch nicht im Verfahren und ist daher auch nicht rekurslegitimiert.

- Der Rekurs ist grundsätzlich aufsteigend. § 522 Abs 1 ZPO ermöglicht aber dem Erstgericht, in bestimmten Fällen selbst den Rekurs stattgebend zu erledigen. Genannt ist auch der „Beschluss, mit dem ein Antrag ohne Anhörung der Gegenpartei abgewiesen wurde". Hierher zählt der gegenständliche a-limine-Zurückweisungsbeschluss.

- Gegen die abweisende Entscheidung des Rekursgerichts steht grundsätzlich kein Rekurs an den OGH zu (§ 528 Abs 2 Z 2 ZPO): Die Abweisung bestätigt den erstrichterlichen Beschluss *(duae conformae)*.

§ 528 Abs 2 Z 2 aE ZPO gestattet allerdings den Revisionsrekurs bei *Zurückweisung der Klage ohne Sachentscheidung aus formellen Gründen selbst bei duae conformae:* Dies trifft auf einen a-limine-Zurückweisungsbeschluss zu; die Klägerin ist zum Revisionsrekurs legitimiert.

b) Zurückweisung der Klage auf Einrede

Die Beklagte steht aufgrund der Klagezustellung nunmehr im Verfahren. Das Prozessrechtsverhältnis ist mit der Streitablehnung dreiseitig geworden (geschlossen); daher kommt der Beklagten auch die Rekurslegitimation zu.

Die Beklagte hat geltend gemacht, dass sie die Wohnung zur Befriedigung ihres dringenden Wohnbedürfnisses benötige und daher eine der Voraussetzungen des § 82 Abs 2 EheG bejaht, der zur Folge die Streitigkeit ins Außerstreitverfahren gehört.

Im gegenständlichen Fall ist die Klage *nach Eintritt der Streitanhängigkeit* zurückgewiesen worden (§ 521a Abs 1 ZPO). Der (vom Kläger erhobene) Rekurs eröffnet ein *zweiseitiges Rekursverfahren:* Dem Gegner (hier der Beklagten) ist vom Erstgericht die Rekursschrift zuzustellen; es steht ihr frei, binnen vierzehn Tagen eine *Rekursbeantwortung* einzubringen (§§ 521 Abs 1 iVm 521a Abs 1 ZPO).

Der Kläger hat es in erster Instanz unterlassen, seinen Individualleistungsanspruch zu bewerten, die Klage aber zu Recht beim Bezirksgericht eingebracht. Denn in einem solchen Fall gilt der gesetzliche Streitwert von 5.000 Euro (§ 56 Abs 2 S 3 JN).

Die stattgebende Entscheidung ändert den erstrichterlichen Beschluss ab *(duae difformae).*

Für die Zulässigkeit des Revisionsrekurses in Streitigkeiten, die aus dem gegenseitigen Verhältnis der Ehegatten entspringen (§§ 49 Abs 2 Z 2b JN, 502 Abs 5 Z 1, 528 Abs 2 Z 1 aE ZPO; zur Abgrenzung vgl. *Simotta* in Fasching/Konecny[3], I, zu § 49 JN Rz 38 ff mwN) sind die Entscheidungswertgrenzen (5.000 Euro und 30.000 Euro) unmaßgeblich.

Ein Bewertungsausspruch durch das Rekursgericht iSd §§ 526 Abs 3, 500 Abs 2 Z 1 ZPO entfällt.

Es liegt keine Bestandsache iSd §§ 49 Abs 2 Z 5 JN, 502 Abs 5 Z 2, 528 Abs 2 Z 1 ZPO vor.

Der ordentliche Revisionsrekurs (§ 528 ZPO) steht bei Zulassung durch das Rekursgericht gemäß §§ 500 Abs 2 Z 3 iVm 526 Abs 3 ZPO offen, ansonsten kann eine Zulassungsbeschwerde an den OGH im Weg eines außerordentlichen Revisionsrekurses (§§ 528 Abs 3, 505 Abs 4 ZPO) eingebracht werden.

Im gegenständlichen Fall ist, dem Grundsatz der Zweiseitigkeit des Rekursverfahrens folgend, auch das Revisionsrekursverfahren zweiseitig, da der bekämpfte Beschluss (Klagezurückweisung) nach Eintritt der Streitanhängigkeit erging (§§ 521a, 507a ZPO; vgl. dazu EB zur RV der ZVN 2009, 89 BeilNR XXIV GP Seite 16).

Beim ordentlichen (zugelassenen) Revisionsrekurs stellt das Erstgericht die Rekursschrift dem Gegner (hier dem Kläger) zu, der dann binnen vierzehn Tagen eine Revisionsrekursbeantwortung einbringen kann. (§ 521a ZPO).

Beim außerordentlichen Revisionsrekurs stellt zwar das Erstgericht gleichfalls die Rekursschrift dem Gegner zu, legt dann aber den Akt sofort und unmittelbar dem OGH vor. Erst dieser teilt im Zulassungsfall dem Gegner mit, dass es ihm freistehe, eine Rekursbeantwortung einzubringen (§§ 507a Abs 2 Z 3, 507a Abs 3 Z 2, 508a Abs 2, 521a ZPO).

Beachte! Verneint das angerufene Gericht die Zulässigkeit des streitigen Rechtswegs, so bejahen Teile der Lehre und Rsp (vgl. *Deixler-Hübner* in Rechberger, AußStrG, zu § 96 AußStrG Rz 14 mwN) die Pflicht des Prozessgerichts, zusammen mit dem Beschluss auf Unzulässigkeit der Klage von Amts wegen oder auf Antrag gemäß § 44 JN an das Außerstreitgericht zu überweisen.

Dies findet aber im Wortlaut des § 44 JN keine Deckung. Nach anderer Ansicht kann eine solche Überweisung nur auf § 40a JN gestützt werden (vgl. *Horn* in Fasching/Konecny[3] I, zu § 40a JN Rz 2 ff). Weiters wird einer extensiven Auslegung des § 44 JN das Wort geredet (*Schneider* in Fasching/Konecny[3] I zu § 44 Rz 3), was vor dem Hintergrund des § 40a JN jedoch abzulehnen ist. Dies hat das Prozessgericht in jedem der beiden vorliegenden Fälle unterlassen.

Fall 88

Der Pfandvorrangskläger Klang schränkt sein Klagebegehren auf Kosten von 5.000 Euro ein, nachdem der betreibende Gläubiger Beck den Pfandvorrang in der vorbereitenden Tagsatzung anerkannt hatte.

Beck erhebt gegen das stattgebende Kostenurteil Berufung binnen vier Wochen. Das Erstgericht verwirft diese Berufung als verspätet.

Dagegen erhebt Beck Rekurs, dem das Rekursgericht stattgibt. Klang erhebt Revisionsrekurs an den OGH. Zu prüfen sind,

a) ob gegen ein Kostenurteil Berufung erhoben werden kann,
b) ob das Rekursgericht richtig entschieden hat,
c) ob auch das Erstgericht den Rekurs des Beck erledigen könnte,
d) ob der Revisionsrekurs an den OGH statthaft ist.

Kommentar

a) Wird nach ***Erledigung der Hauptsache*** die Klage auf Kosten eingeschränkt, so fällt die Praxis ein ***Kostenurteil*** (vergleichbar jenem nach § 423 ZPO über Kosten), obwohl in der Regel über den bloßen Kostenersatzanspruch als einem akzessorischen prozessrechtlichen Nebenanspruch mit Beschluss erkannt wird (stR seit Judikat 6 neu = SZ 5/16, EvBl 1955/123; MS 36.818; *Lambauer* ÖJZ 1969, 171; *Lorber* JBl 1971, 612, *Obermaier,* Kostenhandbuch[3] Rz 1.89 f).

Anderseits akzeptiert auch die Judikatur, dass gegen ein Kostenurteil nicht Berufung, sondern nur **Kostenrekurs** statthaft ist (ÖJZ 1955/221, *vgl. M. Bydlinski,* Kostenersatz 476 mwN, *Obermaier* aaO).

Richtigerweise ist – einer Forderung der Lehre entsprechend – über einen verbleibenden Kostenersatzanspruch mit **Beschluss** zu entscheiden (*Fasching* Rz 470; *Fucik* in Rechberger, ZPO[4], zu § 41 Rz 3; *Rechberger/Klicka* in Rechberger, ZPO[4], zu §§ 237, 238 ZPO Rz 12; *M. Bydlinski* RZ 1989, 159; *M. Bydlinski* in Fasching/Konecny[3] II/1 zu § 45 ZPO Rz 17 f; *Lovrek* in Fasching/Konecny[3] III/1 zu § 237 ZPO Rz 9 ff; *Rechberger/Simotta,* ZPR[9] Rz 494, 655, 885; *Buchegger/Markowetz,* ZPR, 200, 243; vgl. in diesem Sinn LGZ Wien EFS 64.006).

Der Fehlgriff des Beck schadet aber nicht: Die *unrichtige Bezeichnung eines Rechtsmittels,* eines Rechtsbehelfs oder von Gründen ist unerheblich, wenn das Begehren deutlich erkennbar ist (*Prinzip der Meistbegünstigung,* § 84 Abs 2 S 2 ZPO). Für den (Kosten)Rekurs stehen allerdings *nur vierzehn Tage* zur Verfügung (§ 521 Abs 1 ZPO).

b) Das Erstgericht hat die Rechtzeitigkeit des Rechtsmittels zu prüfen. Da in Wahrheit ein Kostenrekurs vorliegt, hat es das Rechtsmittel zu Recht zurückgewiesen. Die Entscheidung des Rekursgerichts dagegen ist verfehlt.

c) Der Rekurs ist grundsätzlich aufsteigend. Doch erlaubt § 522 Abs 1 ZPO dem Erstrichter, in bestimmten Fällen dem Rekursbegehren selbst stattzugeben. Dazu gehört auch „die Zurückweisung eines Rechtsmittels ... als verspätet".

d) Revisionsrekurse gegen Entscheidungen des Rekursgerichts über den Kostenpunkt sind unzulässig (§ 528 Abs 2 Z 3 ZPO).

Die Judikatur bezieht auch solche Fälle ein, wo das Klagebegehren auf Kosten eingeschränkt wurde und das Gericht zweiter Instanz über die Zulässigkeit oder die Ablehnung einer Kostenentscheidung und damit insbesondere über die Zulässigkeit eines Rechtsmittels gegen eine Kostenentscheidung des Erstgerichts abspricht:

Der Rechtsmittelausschluss des § 528 Abs 2 Z 3 ZPO gelte auch für rein formale Entscheidungen des Gerichts zweiter Instanz (stR seit Judikat 13 neu = SZ 6/132).

Im gegenständlichen Fall begehrt Klang vom OGH keinen Ausspruch über den Kostenpunkt selbst, sondern darüber, dass gegen das vorliegende Urteil das Rechtsmittel der Berufung unzulässig ist, woraus eine Verspätung des Beckschen Rekurses resultieren und das „Kostenurteil" erster Instanz in Rechtskraft erwachsen würde.

Das ist keine spezifische Kostenfrage, sondern eine Frage zur Zulässigkeit eines Rechtsmittels und nur hier anhand einer Kostenentscheidung aufgeworfen. Der OGH lehnt es aber auch schon ab, über „Vorfragen zum Kostenpunkt" gleich welcher Art zu entscheiden (§ 528 Abs 2 Z 3 ZPO; stR, ÖJZ 1971/95, RZ 1978/109, MietS 33.677, 36.818, 37.783 RIS-Justiz RS0044963).

Anders zu beurteilen ist der Fall, wenn das Rekursgericht einen erhobenen Revisionsrekurs als Durchlaufgericht als unzulässig zurückweist (*E. Kodek* in Rechberger, ZPO⁴ zu § 528 ZPO Rz 36): Dann hätte der OGH zu prüfen, ob eine Kostenfrage vorliegt.

IV. Rechtsmittelklagen

Fall 89

Klang klagte Beck auf Zahlung. Beck wendet Zahlung ein, kann sie aber nicht beweisen. Nach Schluss der mündlichen Streitverhandlung schreibt Klang dem Beck einen Brief, in dem er spöttelnd bemerkt, es sei angenehm, doppelt kassieren zu können. Beck überlegt, welcher Rechtsbehelf den perfiden Klang zu Fall bringen könnte: ein Antrag auf Wiedereröffnung der mündlichen Verhandlung, eine Berufung oder eine Rechtsmittelklage.

Kommentar

a) Wiedereröffnung der mündlichen Verhandlung

Der Richter schließt die mündliche Streitverhandlung durch Beschluss, wenn er die Streitsache für vollständig erörtert und aufgrund der aufgenommenen Beweise für *spruchreif* hält (***Schluss der mündlichen Verhandlung,*** § 193 Abs 1 ZPO).

Der Richter kann die Verhandlung *vor Spruchreife* schließen, wenn nur mehr eine Beweisaufnahme durch einen ersuchten Richter aussteht und entweder beide Parteien auf die Beweiserörterung verzichten oder das Gericht eine solche für entbehrlich hält (***vorweggenommener Verhandlungsschluss,*** § 193 Abs 3 ZPO).

Der Beschluss auf Schluss der Verhandlung ist eine *prozessleitende Verfügung,* die als solche den Richter nicht bindet. Dieser kann die geschlossene Verhandlung durch Beschluss wieder eröffnen, falls sich *Mangel der Spruchreife* herausstellt (***Wiedereröffnung der geschlossenen Verhandlung,*** § 194 ZPO).

§ 194 ZPO ist keine Ermessens-, sondern eine Ermächtigungsnorm („kann und muss"): Erweist sich im Nachhinein zum Zweck der Entscheidung eine Aufklärung oder Ergänzung des Vorgebrachten oder die Erörterung über einen Beweis, insbesondere nach vorweggenommenem Verhandlungsschluss, als notwendig, so *muss* der Richter wieder eröffnen; andernfalls leidet das Urteil an einem Verfahrensmangel gemäß § 496 Abs 1 Z 2 ZPO (EvBl 1935/830; *Fasching* Rz 796).

Die Wiedereröffnung dient nicht neuem Vorbringen der Parteien, sondern nur der Sanierung eines gerichtlichen Versäumnisses (stR, SZ 6/303, EvBl 1935/147). Weil aber die mündliche Verhandlung eine Einheit bildet (§ 193 Abs 2 ZPO), ist neues Vorbringen nach Wiedereröffnung zulässig.

Die Parteien haben kein Recht auf Wiedereröffnung, daher auch kein Antragsrecht; sie können die Wiedereröffnung nur unverbindlich anregen (JBl 1950, 556). Ein dennoch gestellter Wiedereröffnungsantrag ist als unzulässig zurückzuweisen.

b) Berufung aufgrund von Neuerungen

Die Berufung unterliegt dem *Neuerungsverbot:* Tatumstände und Beweise, die in erster Instanz nicht vorgekommen sind, dürfen von den Parteien im Berufungsverfahren nicht vorgebracht werden. § 482 Abs 2 ZPO erlaubt neue Tatumstände und Beweise nur „zur Dartuung oder Widerlegung der geltend gemachten Berufungsgründe". Wird also unrichtige Beweiswürdigung geltend gemacht, so sind Neuerungen erlaubt, die dazu dienen, die Beweiskraft eines Beweismittels erster Instanz zu erschüttern (vgl. *Fasching* Rz 1730).

Beck kann Berufung wegen unrichtiger Beweiswürdigung erheben und behaupten, das Erstgericht habe den Beweis durch Vernehmung des Klang als Partei unrichtig gewürdigt; dabei dient ihm der Klangsche Brief als *zulässiger neuer Beweis* dafür, dass der Klangschen Aussage in erster Instanz kein Glauben zu schenken sei.

Diese Lösung entspricht der hL. Die Judikatur steht allerdings auf dem rigorosen Standpunkt, dass Neuerungen nur zu Dartuung und Widerlegung der Berufungsgründe der Nichtigkeit oder Mangelhaftigkeit des Verfahrens, nicht aber zur Unterstützung oder Bekämpfung anderer Berufungsgründe vorgebracht werden können, und dass darüber hinaus nur eine neue rechtliche Betrachtung des festgestellten Sachverhalts erlaubt sei (stR; JBl 1968, 89). (Diese Einschränkung sieht § 504 Abs 2 ZPO nur im Revisionsverfahren, nicht aber § 482 Abs 2 ZPO im Berufungsverfahren vor!) Nach dieser Ansicht ist der Klangsche Brief eine *unzulässige Neuerung*.

c) Wiederaufnahmeklage wegen nova reperta

Die Wiederaufnahmeklage wegen nova reperta (§ 530 Abs 1 Z 7 ZPO) ist in ihrem Anwendungsbereich umstritten (zusammenfassend siehe *Buchegger* BeitrZPR IV 11):

• Nach älterer Auffassung sind nova reperta *Tatsachen und Beweismittel,* die „zur Zeit des Vorprozesses" (bei Verhandlungsschluss) schon vorhanden, aber der Partei ohne ihr Verschulden nicht benützbar waren (*klassischer Novenbegriff,* JBl 1958, 407, EFS 25.406, immer noch hdM).

• Nach jüngerer Auffassung sind nova reperta *Tatsachen,* die zur Zeit des Vorprozesses schon vorhanden waren, aber der Partei ohne ihr Verschulden erst danach zur Kenntnis gelangt und/oder beweisbar geworden sind (*faktenbezogener, enger Novenbegriff,* hM nach *Fasching,* so 6 Ob 630/88, JBl 1956, 245, in diesem Sinn auch *Buchegger* aaO; vgl. dazu RIS-Justiz RS0044733 sowie RS0044411). Nach dieser Auffassung sind auch neue Beweismittel über Alttatsachen (*nova argumenta producta*) taugliche Wiederaufnahmeklagegründe (etwa neu entwickelte technische Verfahren, die nun den Beweis ermöglichen oder eine im Erstprozess verwendete Beweismethode überprüfen können; vgl. OGH 6.9.1988, kommentiert von *Buchegger* aaO).

Ergebnis: Der Klangsche Brief ist zwar ein erst nach Verhandlungsschluss entstandenes Beweismittel, soll aber eine entscheidungserhebliche Tatsachenbehauptung erörtern, die der Wiederaufnahmewerber – erfolglos – schon im Vorprozess aufgestellt hat. Die hM lässt ihn im Interesse der materiellen Wahrheit als Wiederaufnahmeklagegrund zu (*Fasching* Rz 2063).

d) Wiederaufnahmeklage aus strafrechtlichen Gründen

Die Wiederaufnahmeklage nach § 530 Abs 1 Z 2 ZPO kommt nur in Frage, wenn die „falsche Beweisaussage" des Klang unter Eid erfolgt ist (§ 288 Abs 2 StGB), was allerdings in der Praxis nie geschieht.

Dann müsste das Prozessgericht erst die Einleitung des strafgerichtlichen Verfahrens zur Ermittlung und Feststellung der behaupteten strafbaren Handlung veranlassen und bis dahin die Anberaumung der Tagsatzung zur mündlichen Verhandlung aufschieben (§ 539 Abs 1, 2 ZPO). Im Erfolgsfall wären Aufhebung- und Erneuerungsverfahren zu verbinden (§ 540 ZPO).

Fall 90

Der Kläger K erwirkt eine Ehescheidung aus dem Verschulden der Beklagten B nach § 49 EheG, weil ihn diese grundlos mit unerträglicher Eifersucht verfolge. Ein halbes Jahr nach Eintritt der Rechtskraft des Scheidungsurteils bittet die B den Rechtsanwalt Dr. Renner um Rat: Sie habe sich gegen die Ehescheidung nicht ernsthaft gewehrt, weil ihr der K die Aufrechterhaltung der Lebensgemeinschaft zugesagt habe; nun habe er sie aber vor kurzem verlassen, weshalb sie das Scheidungsurteil bekämpfen möchte. Dr. Renner lässt daraufhin die B von einem befreundeten Arzt untersuchen, der eine schon länger während Eifersuchtsparanoia konstatiert.

Kommentar

Hatte die B im vorangegangenen Ehescheidungsprozess bereits an solchen geistigen Störungen gelitten, dass sie außerstande war, die Tragweite des Prozesses und ihrer Prozesshandlungen zu erfassen, so war sie prozessunfähig gewesen und hätte eines gesetzlichen Vertreters bedurft.

Prozessfähigkeit ist die Fähigkeit, alle Prozesshandlungen entweder selbst oder durch einen selbst bestellten Vertreter wirksam vorzunehmen und entgegenzunehmen (§ 1 ZPO). *Sie ist das prozessuale Seitenstück der privaten Handlungsfähigkeit* und bildet eine absolute *Prozessvoraussetzung.*

Ihr Mangel bewirkt Nichtigkeit des Verfahrens, die durch *Nichtigkeitsberufung* (§ 477 Abs 1 Z 5 ZPO) und ab Rechtskraft des Urteils durch *Nichtigkeitsklage* (§ 529 Abs 1 Z 2 ZPO) geltend gemacht werden kann. Erkennt bereits der Erstrichter den Mangel der Prozessfähigkeit, so hat er nach §§ 6 ff ZPO vorzugehen, insbesondere für das Einschreiten eines Vertreters zu sorgen.

Als erstes wird Dr. Renner den Sachverhalt dem für die B zuständigen Pflegschaftsgericht *mitteilen,* das dann von Amts wegen ein Verfahren zur *Bestellung eines gerichtlichen Erwachsenenvertreters* für die B einleitet (§§ 116a ff AußStrG).

Ein *gerichtlicher Erwachsenenvertreter* ist durch Gerichtsbeschluss einer volljährigen Person beizugeben, die bestimmte Angelegenheiten aufgrund einer psychischen Krankheit oder einer vergleichbaren Beeinträchtigung ihrer Entscheidungsfähigkeit nicht ohne eine Gefahr eines Nachteils für sich selbst besorgen kann, dafür keinen Vertreter hat, einen Erwachsenenvertreter nicht wählen kann oder will und eine gesetzliche Erwachsenenvertretung durch nahe Angehörige nach §§ 268 bis 270 ABGB, etwa durch Widerspruch vorab (§ 268 Abs 1 Z 4 ABGB) nicht in Betracht kommt (§ 271 ABGB).

Der gerichtliche Erwachsenenvertreter kann vom Außerstreitgericht für einzelne oder mehrere der in § 269 ABGB bezeichneten Agenden bestellt werden. Grundsätzlich handelt der/die Vertretene womöglich selbst, erforderlichenfalls mit entsprechender Unterstützung (Grundsatz der Selbstbestimmung, § 239 Abs 1 ABGB).

Der Erwachsenenvertreter wird im Rahmen der ihm vom Gericht zugewiesenen Aufgaben tätig, hat aber die vertretene Person von beabsichtigten, ihre Person oder ihr Vermögen betreffenden Entscheidungen rechtzeitig zu informieren und ihr Gelegenheit zur Äußerung zu geben; die Äußerung ist – außer bei sonstiger Gefährdung des Wohls des Vertretenen – zu berücksichtigen (§ 241 Abs 2 ABGB). Rechtsquelle ist das 2. Erwachsenenschutz-G – 2. ErwSchG BGBl I 2017/59.

Beachte! Aufgrund des anhängigen Scheidungsverfahrens ist der Ehemann für eine gesetzliche Erwachsenenvertretung (§§ 268 ff ABGB) ungeeignet. Wäre ein geeigneter nächster Angehöriger vorhanden, würde sich ein gerichtlicher Erwachsenenvertreter erübrigen. Gesetzliche Erwachsenenvertretungen sind im Österreichischen Zentralen Vertretungsverzeichnis einzutragen (§ 270 Abs 1 ABGB).

Das Pflegschaftsgericht wird für die B einen *gerichtlichen Erwachsenenvertreter zur Vertretung in gerichtlichen Verfahren* bestellen (§ 269 Abs 1 Z 2 ABGB). Dazu gehört auch die Prozessführung in einem Rechtsmittelklageverfahren bezüglich der Ehescheidung (nicht notwendig auch in anderen Verfahren, an denen K nicht beteiligt ist). Der gerichtliche Erwachsenenvertreter wird mit gerichtlicher Bewilligung dem Dr. Renner die Prozessvollmacht erteilen, Rechtsmittelklage im Namen der B zu erheben. Dr. Renner kann nun zwischen mehreren Möglichkeiten wählen:

a) Nichtigkeitsklage

In der Nichtigkeitsklage (§ 529 Abs 1 Z 2 ZPO) behauptet die B, dass sie schon während des Erstprozesses prozessunfähig gewesen sei. Das ist zunächst eine Beweisfrage, die sich im Aufhebungsverfahren nur durch ein Sachverständigengutachten klären lässt. Gegebenenfalls erzielt B die Aufhebung des Scheidungsurteils als nichtig und die Neudurchführung des Scheidungsverfahrens. Dort wird K den Scheidungsgrund wechseln und Scheidung nach § 50 (Ehezerrüttung wegen auf geistiger Störung beruhenden Verhaltens) statt nach § 49 EheG (verschuldete Ehezerrüttung wegen schwerer Eheverfehlung) begehren müssen.

b) Wiederaufnahmeklage

In der Wiederaufnahmeklage behauptet B, dass ihre *nachträglich bekannt* gewordene Eifersuchtsparanoia eine „neue" Tatsache (*novum repertum*) ist, deren Vorbringen im Erstprozess eine ihr günstigere Entscheidung herbeigeführt haben würde, nämlich entweder eine Scheidung ohne Verschulden (nach § 50 EheG) oder überhaupt die Abweisung der Scheidungsklage.

Dass die geistige Erkrankung der B bereits während des Erstprozesses bestanden hat, ist gleichfalls eine Beweisfrage und im Aufhebungsverfahren durch ein Sachverständigengutachten zu klären. Gegebenenfalls war die B mit Rücksicht auf die Art ihrer Erkrankung ohne ihr Verschulden außerstande gewesen, die neue Tatsache vor Schluss der mündlichen Verhandlung im Erstprozess geltend zu machen (§ 530 Abs 2 ZPO).

In der Wahl der Wiederaufnahmeklage liegt eine Selbstbeschränkung der Klägerin: Sie verzichtet darauf, den Nichtigkeitsgrund der Prozessunfähigkeit geltend zu machen, und nimmt in Kauf, eine Erneuerung des Scheidungsprozesses nur unter der Voraussetzung zu begehren, dass ihr neues Vorbringen überhaupt geeignet ist, auch materiellrechtlich eine ihr günstigere Entscheidung herbeizuführen (SZ 37/25).

c) Klagenhäufung

Es lässt sich aber auch die Wiederaufnahmeklage als Eventualklage mit der Nichtigkeitsklage verbinden, zumal es sich um dieselbe Verfahrensart handelt.

Sollte sich im Aufhebungsverfahren die damalige Prozessunfähigkeit der B nicht erweisen, so könnte (in eventu) unter einem noch die damalige Eifersuchtsparanoia der B als novum repertum und ihre Eignung für eine Abänderung zugunsten der B geprüft werden.

Die Klagenhäufung setzt die Zuständigkeit desselben Gerichts und denselben Klagenfristenlauf voraus. Da der Vorprozess nur in erster Instanz geführt worden war, ist für beide Klagen das Prozessgericht erster Instanz zuständig (§ 532 Abs 1 und 2 ZPO).

Für die Nichtigkeitsklage nach § 529 Abs 1 Z 2 ZPO beginnt der vierwöchige Fristenlauf erst ab Zustellung des Urteils an den gesetzlichen Vertreter der prozessunfähigen Partei, doch nicht vor Rechtskraft (§ 534 Abs 2 Z 2 ZPO), für die Wiederaufnahmeklage nach § 530 Abs 1 Z 7 ZPO ab der Möglichkeit, das novum repertum bei Gericht vorzubringen (hier ab Bestellung des gerichtlichen Erwachsenenvertreters, § 534 Abs 2 Z 4 ZPO).

Es könnte sich insofern eine zeitliche Diskrepanz ergeben, als die Frist für die Nichtigkeitsklage erst zu laufen beginnt, nachdem jene für die Wiederaufnahmeklage bereits abgelaufen ist. Dann kann die Klägerin die Wiederaufnahmeklage entweder mit einer Nichtigkeitsberufung (nach § 477 Abs 1 Z 5 ZPO) häufen oder die Nichtigkeitsklage als Primärklage nachschieben.

Fall 91

Vater V strengt für seinen minderjährigen Sohn S einen Prozess an. Er führt ihn fort, obwohl mittlerweile Volljährigkeit des S eingetreten ist, und verliert ihn. Das Urteil wird dem V zugestellt, der die Berufungsfrist verstreichen lässt. S will sich gegen das Urteil wehren, obwohl es ihm V sogleich ausgehändigt hat und er dem Gegner schon die Prozesskosten ersetzt hat.

Kommentar

a) Durch den Eintritt der Volljährigkeit des S verliert V seine gesetzliche Vertretungsbefugnis. Führt er den Prozess fort, ohne dass S ihm eine Vollmacht zur Prozessführung erteilt oder die Prozessführung nachträglich ordnungsmäßig genehmigt, so liegt eine Nichtigkeit im Sinn der §§ 477 Abs 1 Z 5, 529 Abs 1 Z 2 ZPO vor (vgl. schon EvBl 1939/255):

S ist im Verfahren nicht vertreten, dem Einschreiter fehlt die Vertretungsmacht (eine absolute Prozessvoraussetzung). S kann wählen zwischen **Nichtigkeitsberufung** *vor* und **Nichtigkeitsklage** *nach* Eintritt der Rechtskraft (e contrario § 529 Abs 3 ZPO). Hat er die Nichtigkeitsberufung erfolglos geltend gemacht, so ist die Nichtigkeitsklage unstatthaft (§ 529 Abs 2 ZPO).

Wann die Vierwochenfrist für die Nichtigkeitsberufung zu laufen beginnt, bedarf einer Klärung, denn davon hängen der Eintritt der Rechtskraft und der Beginn der Vierwochenfrist für die Nichtigkeitsklage ab.

Da das Urteil dem V als einem *Einschreiter ohne Vertretungsmacht* zugestellt wurde, hat die Zustellung keine Wirkungen. Sie ist, wie die Zustellung an eine Nichtpartei, eine *Falschzustellung* und von der *fehlerhaften Zustellung* zu unterscheiden:

Während die *fehlerhafte Zustellung* einer Heilung dadurch zugänglich ist, dass die Zustellsache dem Zustelladressaten tatsächlich zukommt (§ 7 ZustG), liegt bei der *Falschzustellung* der Fehler schon in der (gerichtlichen) Wahl des Zustelladressaten:

In unserem Fall ist das Urteil gar nicht für den S, sondern für den V als dem vermeintlichen Vertreter des S „bestimmt". Daher hat es auch keine Wirkung, wenn der V dem S das Urteil aushändigt, weil „Empfänger" im Sinn des ZustG der V und nicht der S ist.

Selbst wenn der S das Urteil als Ersatzempfänger (§ 16 ZustG) entgegen nähme, würde dies nichts an der Falschzustellung ändern.

Merke!

- Eine *fehlerhafte Zustellung* heilt dadurch, dass das Schriftstück der Person, für die es bestimmt ist (Empfänger) tatsächlich zukommt (§ 7 ZustG).

- Eine *Falschzustellung* heilt nur dadurch, dass die nicht vertretene Partei die Prozessführung nachträglich ordnungsmäßig genehmigt (§§ 477 Abs 1 Z 5, 529 Abs 1 Z 2 Ende ZPO).

Mithin setzt der Beginn der Rechtsmittelfrist und, in weiterer Folge, der Rechtsmittelklagefrist eine fehlerfreie Zustellung des Urteils an den S als Zustelladressaten voraus. Das ergibt sich auch aus § 534 Abs 2 Z 2 ZPO:

Die Frist ist zu berechnen „von dem Tage, an welchem die Entscheidung der Partei ... zugestellt wurde", auch wenn der Nichtigkeitskläger schon vorher vom Wortlaut der Entscheidung Kenntnis erhalten hat (GlUNF 1632, JBl 1954, 620).

Daraus ergibt sich ein Anspruch der nicht vertretenen Partei, dass nunmehr ihr selbst das Urteil zugestellt wird. Das erfordert eine *Wiederholung des Zustellvorgangs mit Empfängerwechsel.* Sie ist unabdingbar, denn erst mit der fehlerfreien Zustellung ist das Urteil wirksam (§ 416 Abs 1 ZPO).

Nach §§ 529 Abs 1 erster Satz, 534 Abs 2 Z 2 ZPO setzt die Nichtigkeitsklage die Rechtskraft der angefochtenen Entscheidung voraus. Das würde bei formalistischer Auslegung bedeuten, dass S, wenn er statt der Nichtigkeitsberufung die Nichtigkeitsklage wählt, zunächst die Zustellung des Urteils an ihn verlangen und, nachdem diese erfolgt ist, vier Wochen lang auf den Eintritt der Rechtskraft warten müsste, um die Nichtigkeitsklage erheben zu können.

Ganz abgesehen von dem Grundsatz, dass bei der Wahrnehmung von Fristen *Vorzeitigkeit* nicht schadet (ZBl 1932/59, RZ 1965/48), erachten wir eine Nichtigkeitsklage schon ab Zustellung des Urteils für statthaft, weil sie einen schlüssigen Verzicht auf die Nichtigkeitsberufung enthält, der die sofortige Rechtskraft der Entscheidung bewirkt.

b) Die nachträgliche ordnungsmäßige Genehmigung der Prozessführung (§§ 477 Abs 1 Z 5, 529 Abs 1 Z 2 ZPO) kann auch außergerichtlich, und zwar auch durch konkludente Handlungen erfolgen (ÖJZ 1951/316).

Eine konkludente Genehmigung der Prozessführung kann auch darin bestehen, dass die nicht vertretene Partei Berufung aus einem anderen Grund, etwa wegen unrichtiger rechtlicher Beurteilung erhebt, ohne die Nichtigkeit nach § 477 Abs 1 Z 5 ZPO geltend zu machen.

Anderseits erblickt die stR weder in der Zahlung der Judikatschuld noch im Ersatz der Prozesskosten einen Rechtsmittelverzicht (GH 1930 128, SZ 24/29, JBl 1959, 322). Das muss in gleicher Weise für die Genehmigung der Prozessführung gelten, so dass S unbeschadet des Prozesskostenersatzes die Nichtigkeitsberufung wie die Nichtigkeitsklage erheben kann.

Fall 92

Klang führt als Beweismittel den Zeugen Z, vermag aber dessen Anschrift dem Gericht nicht bekannt zu geben. Auf Antrag des Beck befristet das Gericht die Zeugenvernehmung auf acht Wochen. Nach fruchtlosem Fristablauf stellt Klang selbst im Glauben, auf den Zeugen verzichten zu können, einen Fortsetzungsantrag und verliert wegen Beweislosigkeit seiner Behauptungen den Prozess. Eine Woche nach Rechtskraft der Klagabweisung begegnet Klang dem Z und lässt sich dessen Adresse geben. Zu prüfen ist die Möglichkeit einer Wiederaufnahmeklage gegen Beck.

Kommentar

a) Wiederaufnahmeklagegrund des § 530 Abs 1 Z 7 ZPO

Beim Z handelt es sich um ein ***novum argumentum repertum***, nämlich um ein Beweismittel, das bei Verhandlungsschluss bereits vorhanden, aber für den Klang nicht benützbar war und nunmehr aufgefunden wurde:

Klang behauptet, dass die Benützung dieses Beweises im früheren Verfahren eine ihm günstigere Entscheidung der Hauptsache, nämlich die Abwendung der Beweislosigkeit, zur Folge gehabt haben würde; er begehrt daher die Wiederaufnahme wegen eines novum repertum (§ 530 Abs 1 Z 7 ZPO). Dennoch bleibt dem Klang der Wiederaufnahmeklagegrund des § 530 Abs 1 Z 7 ZPO versagt. Denn dieser setzt voraus, dass die Partei *ohne ihr Verschulden außerstande* war, das Beweismittel vor Verhandlungsschluss geltend zu machen (§ 530 Abs 2 ZPO).

Insbesondere ist bei der Geltendmachung neuer Beweismittel zu prüfen, ob der Wiederaufnahmekläger bei Anwendung gehöriger Sorgfalt schon früher in der Lage gewesen war, das Beweismittel anzubieten.

Die Vernachlässigung der im Streitverfahren erforderlichen Sorgfalt *(Verletzung der Diligenzpflicht)* schließt die Wiederaufnahmeklage nach § 530 Abs 1 Z 7 ZPO aus (EvBl 1937/719, JBl 1953, 465).

Im gegenständlichen Fall ist dem Klang vorzuwerfen, dass er zu wenig unternommen hat, um während des Verfahrens den Aufenthalt des Z zu ermitteln (vgl. RZ 1937, 549), vielmehr sorglos von sich aus den Fortsetzungsantrag gestellt hat, statt einen solchen des Beck abzuwarten.

b) Der Wiederaufnahmeklagegrund des § 531 ZPO

Der Besonderheit der **Beweisverfristung** trägt der eigens normierte **§ 531 ZPO** Rechnung, der als *lex specialis* zu § 530 Abs 1 Z 7 ZPO anzusehen ist:

Nach § 279 Abs 2 ZPO ausgeschlossene, verspätet eingelangte Beweismittel sind als Wiederaufnahmeklagegrund insofern begünstigt, als es nicht darauf ankommt, ob der Ausschluss des Beweises auf ein Verschulden des Wiederaufnahmeklägers zurück zu führen ist.

§ 531 ZPO setzt nur den offenbaren Erfolg in der Hauptsache voraus (vgl. schon SZ 9/77, ZBl 1923/186). Die Benützung des verspätet eingelangten Beweismittels als Wiederaufnahmegrund ist allerdings *fix befristet:*

Die Vierwochenfrist beginnt *immer ab Zustellung* der Entscheidung erster Instanz (§ 534 Abs 2 Z 5 ZPO), sie läuft mithin parallel zur Berufungsfrist und endet, wenn keine Berufung erhoben wird, mit Rechtskraft, sonst mit Ablauf von vier Wochen ab Zustellung des Urteils.

Ergebnis: Dem Klang steht die Wiederaufnahmeklage nicht zur Verfügung, weder nach § 530 Abs 1 Z 7 ZPO, weil ihn ein Verschulden am verspäteten Einlangen des Beweismittels trifft (§ 530 Abs 2 ZPO), noch nach der Spezialnorm des § 531 ZPO, weil ihm das Beweismittel erst nach Ablauf der festen Wiederaufnahmeklagefrist (hier nach Eintritt der Rechtskraft der Klagabweisung) zur Verfügung steht.

Zweites Buch

Exekutionsrecht

Exekution

I. Oppositionsklage

Fall 93

Die geschiedene Ehefrau betreibt gegen ihren Exmann eine Vorratsexekution aus einem Unterhaltsvergleich, der auf 20 % seines Nettoeinkommens lautet.

a) Der Exmann wendet mit Oppositionsklage ein, dass sich sein Nettoeinkommen wegen eines Arbeitsplatzwechsels schon ein Jahr vor der Exekutionsbewilligung halbiert habe, weshalb der Unterhaltsbetrag seitdem nur mehr die Hälfte des bisherigen ausmache. Er beantragt die entsprechende Kürzung des Unterhaltsrückstands ab jenem Zeitpunkt sowie die entsprechende Kürzung der künftig fällig werdenden Raten.

b) Erst unmittelbar vor Schluss der mündlichen Streitverhandlung beantragt der Kläger die Unzulässigerklärung jeglicher Vorratsexekution, weil die Beklagte mittlerweile eine Lebensgemeinschaft mit einem anderen Mann eingegangen sei. Das Gericht weist diese auffallend späte Neuerung zurück, weil sie gegen die Prozessförderungspflicht des Klägers verstoße.

Kommentar

a) Die **Oppositionsklage** geht auf vollständige oder teilweise Unzulässigerklärung jeglicher Exekution aus dem Exekutionstitel. Zuständig ist im Regelfall das erkennende Bewilligungsgericht; in Unterhaltssachen obliegt es hingegen ausnahmsweise dem zum Zeitpunkt der Klageerhebung sachlich und örtlich zuständigen Gericht, in der vorgesehenen Verfahrensart (Ehegattenunterhalt im streitigen Verfahren) zu ermitteln, inwieweit der vollstreckbare Anspruch aufgehoben oder gehemmt ist (§ 35 Abs 1 und 2 EO).

Das kann letztlich dazu führen, dass in den Urteilsgründen (nach der vom OGH vertretenen Kombinationstheorie sogar im Urteilsspruch) das endgültige Erlöschen des Anspruchs festgestellt wird. Bei Bruchteiltiteln aus Unterhaltsansprüchen geht es allerdings nicht um die Existenz des Titels an sich, sondern nur darum, inwieweit sich das Substrat, auf das sich der Bruchteil bezieht, verringert hat.

Im gegenständlichen Fall hat also das zuständige Gericht die Höhe der Einkünfte der klagenden Partei zu überprüfen und allenfalls die von der beklagten Partei im Exekutionsantrag konkret bezifferten Rückstände wie auch die künftig fällig werdenden Raten nach unten zu korrigieren. Dementsprechend hat das Exekutionsgericht die Vollstreckung nach rechtskräftiger Stattgabe der Oppositionsklage einzuschränken (§§ 35 Abs 4, 41 Abs 1 EO). Eine temporäre Einstellung würde voraussetzen, dass das Einkommen des Verpflichteten dessen Unterhaltsexistenzminimum nicht mehr übersteigt.

Die Vorratsexekution ist eine qualifizierte Rentenexekution, welche die Ratenrückstände **und** die künftig fällig werdenden Raten umfasst. Die Bewilligung setzt zwar einen Ratenrückstand voraus, wird aber wegen der laufenden Forderungen bewilligt, um dem Rentengläubiger eine prozessunwirtschaftliche Häufung sukzessiver Exekutionsanträge zu ersparen.

Die Oppositionsklage erfasst alle Forderungen, die betrieben werden; bei einer Vorratsexekution also nicht nur die Rückstände, sondern selbsttätig auch die Raten, die künftig fällig werden. Das erübrigt bei fixen Rententiteln eine Abänderungsklage oder einen Abänderungsantrag im Prozess- oder Außerstreitweg, bei Bruchteilstiteln eine Feststellungsklage nach § 228 ZPO. Dem Verpflichteten bleibt es freilich unbenommen, seine Oppositionsklage auf die Rückstände oder auf die künftig fällig werdenden Forderungen zu beschränken.

b) Im Oppositionsprozess gilt als Grundregel die **Eventualmaxime:** Einwendungen, die der Kläger im Nachhinein geltend macht, obwohl er sie zur Zeit der Klagerhebung bereits gekannt hat, sind unzulässig (§ 35 Abs 3 S 1 EO). Das steht weder *nova reperta* noch *nova producta* entgegen. Sofern der Kläger also erst nach Erheben der Oppositionsklage von der aufrechten Lebensgemeinschaft seiner Exfrau erfahren hat, kann er diese anspruchshemmende Tatsache auch unter dem Vorbehalt der Eventualmaxime einwenden. Die Zurückweisung der Einwendung als verspätet widerspricht der Neuerungserlaubnis (§ 179 S 1 ZPO).

Beachte: Von der Eventualmaxime nicht erfasste nachträgliche Einwendungen betreffen einen neuen Streitgegenstand. Es handelt sich um eine Klagerweiterung oder, wenn die ursprüngliche Einwendung aufgegeben wird, um eine Klagänderung im engeren Sinn. Daher kommen deren umfassende Regeln zum Zug: Nach Eintritt der Streitanhängigkeit bedarf es der Einwilligung der beklagten Partei (§ 235 Abs 2 ZPO); doch kann das Gericht ungeachtet des Widerspruchs der beklagten Partei eine Änderung zulassen, wenn daraus eine erhebliche Erschwerung oder Verzögerung der Verhandlung nicht zu besorgen ist (§ 235 Abs 3 ZPO).

Wenn also die beklagte Partei in die Behandlung einer an sich zulässigen späten Einwendung der klagenden Partei einwilligt, kann das Gericht nichts dagegen unternehmen. Nur wenn die beklagte Partei widerspricht, muss das Gericht prüfen, ob sich aus prozessökonomischer Sicht eine Zulassung empfiehlt. Dabei ist stets zu bedenken, dass der Verpflichtete eine zulässige, aber sowohl von der beklagten Partei als auch vom Gericht versagte nachträgliche Einwendung mit einer neuen Oppositionsklage geltend machen kann, weil es sich selbst bei gleichem Rechtsschutzziel um einen anderen Streitgegenstand handelt (reale Anspruchskonkurrenz).

Für **Unterhaltssachen** wurde mit der EO-Novelle 2014 allerdings eine wesentliche Einschränkung der Eventualmaxime im Oppositionsprozess eingeführt: Soweit der Unterhaltsschuldner Änderungen der Verhältnisse einwendet, aufgrund derer der Unterhaltsanspruch ganz oder teilweise erloschen oder gehemmt ist, kommt es auf den Zeitpunkt der Kenntniserlangung der relevanten Tatsachen nicht an (§ 35 Abs 3 S 2 EO). Das betrifft insbesondere die für die Bemessung des Unterhalts maßgeblichen Umstände, wie die Bedürfnisse des Unterhaltsberechtigten oder der Leistungsfähigkeit des Unterhaltsschuldners (*Pesendorfer*, iFamZ 2014, 210; ErläutRV 180 BlgNR 25. GP 4). Nach der neuen Rechtslage kann der Kläger die Lebensgemeinschaft seiner Exfrau mithin ungeachtet seiner Kenntnis zum Zeitpunkt der Klageerhebung in jeder Phase des Verfahrens einwenden.

Aber auch im Oppositionsprozess gilt § 179 S 2 ZPO: Neues auf den Gegenstand der Verhandlung bezügliches Tatsachen- und Beweisvorbringen kann zurückgewiesen werden, wenn es grob schuldhaft nicht früher vorgebracht wurde und seine Zulassung die Erledigung des Verfahrens erheblich verzögern würde. Nur unter diesen Voraussetzungen kann das Gericht die Einwendung als verspätet zurückweisen.

Nebenbei zum **meritum**: Wenn der geschiedene unterhaltsberechtigte Eheteil sich wieder verehelicht, erlischt der Unterhaltsanspruch (§ 75 EheG), wenn er eine nichteheliche Lebensgemeinschaft eingeht, ruht der Unterhaltsanspruch (Richterrecht: SZ 27/134; RS0047108). Die nichteheliche Lebensgemeinschaft setzt sich nach gängiger Meinung notwendig aus drei Merkmalen zusammen: Wohn-, Wirtschafts- und Geschlechtsgemeinschaft. Allerdings findet sich in der Lehre eine neuere Auffassung, dass zur Lebensgemeinschaft nicht unbedingt eine Wirtschaftsgemeinschaft gehöre (*Stabentheiner* in Rummel § 75 EheG Rz 2 f); in einem solchen Fall bliebe der nacheheliche Unterhaltsanspruch aufrecht: Nur wenn der Berechtigte seine Bedürfnisse in der Lebensgemeinschaft befriedigt, ruht der Anspruch.

Fall 94

Die betreibende Gläubigerin stellt einen Antrag auf Bewilligung der Vorratsexekution zur Hereinbringung eines Unterhaltsrückstands und des laufenden Unterhalts. Die Exekutionsbewilligung kann dem ins Ausland verzogenen Verpflichteten nicht zugestellt werden. Der Verpflichtete, auf andere Weise von der Exekutionsbewilligung in Kenntnis gesetzt, erhebt die Oppositionsklage. Er behauptet, dass ihm einerseits die Exekutionsbewilligung nie zugestellt worden sei, dass andererseits aufgrund seiner Pensionierung und auch gesundheitlicher Probleme sein Einkommen bei weitem niedriger sei, als die Beklagte bei der Berechnung des vollstreckbaren Unterhaltsanspruchs veranschlagt habe. Die Beklagte lässt sich in den Streit ein. Kann über die Oppositionsklage meritorisch entschieden werden, ohne dass die Exekutionsbewilligung in Rechtskraft erwachsen ist?

Kommentar

Anstoß zur Kommentierung dieses (auf das Wesentliche verkürzten) Falls gibt die Entscheidung des OGH vom 26.2.2003, 3 Ob 213/02y SZ 2003/19.

Die Unterinstanzen hatten die Auffassung vertreten, „bei vernünftiger Auslegung des § 35 Abs 1 EO" müsse die Anlassexekution spätestens zum Zeitpunkt des Schlusses der mündlichen Verhandlung erster Instanz rechtskräftig bewilligt sein, widrigens die Klage abzuweisen sei. Aufgrund einer außerordentlichen Revision des konform abgewiesenen Klägers hob der OGH die Entscheidungen der Vorinstanzen auf und verwies die Rechtssache zur neuerlichen Verhandlung und Entscheidung an das Erstgericht zurück. Und das völlig zu Recht!

Was die Exekutionsklagen kennzeichnet, definiert die EO schon anlässlich der Zuständigkeitsvorschrift des § 17 Abs 2: „alle im Laufe eines Exekutionsverfahrens und aus Anlaß desselben sich ergebenden Streitigkeiten". *Holzhammer* (ZVR 75) und *Roth/Duursma-Kepplinger* (Exekutions- und Insolvenzrecht 59) haben den Begriff auf einen Merksatz reduziert: Exekutionsklagen betreffen Streitigkeiten während und aufgrund des Exekutionsverfahrens.

Welcher Zeitraum für das Anbringen dieser Klagen vorgesehen ist, das wiederholt § 35 Abs 1 EO für die Oppositionsklage, dass nämlich die den vollstreckbaren Anspruch aufhebenden oder hemmenden Einwendungen „im Zuge des Exekutionsverfahrens" erhoben werden können.

Holzhammer (ZVR 75) präzisiert: „Der Zuständigkeitsgrund entsteht für Exekutionsklagen, die beim Bewilligungsgericht einzubringen sind, mit der Gerichtshängigkeit des Exekutionsantrags ... . Er erlischt stets mit dem Ende der Exekution, sei es mit der Befriedigung des betreibenden Gläubigers, sei es mit der Einstellung. Daher sind vor oder nach dieser Zeitspanne eingebrachte Klagen als unzulässig zurückzuweisen." Und *Angst/Jakusch/ Mohr* (EO 15. A. § 35 Anm 1) merken in gebotener Kürze an: „Die Oppositionsklage setzt eine anhängige Exekution voraus ... . Außerhalb eines Exekutionsverfahrens kann bei Vorliegen eines rechtlichen Interesses die Feststellung des Erlöschens bzw. der Hemmung des Anspruches mit eigener Feststellungsklage begehrt werden."

Die eingangs gestellte Frage, ob eine Oppositionsklage in der Sache nicht verhandelt oder wenigstens nicht entschieden werden dürfe, ehe die Exekutionsbewilligung nicht in Rechtskraft erwachsen ist, müssen wir angesichts dessen erweitern, was wir über die zeitliche Zulässigkeit der Klage erkannt haben.

Die Frage muss vielmehr so lauten: Kann die Oppositionsklage während des Bewilligungsverfahrens, also ab Gerichtshängigkeit des Exekutionsantrags, erhoben oder gar entschieden werden, ohne dass überhaupt die Exekution bewilligt wurde? Der OGH ließ diese Frage dahingestellt, weil ein solcher Fall nicht zur Beurteilung stand. Meines Erachtens ist die Antwort auf diese Frage aber der Schlüssel zur Lösung des ganzen Problems.

Gewöhnlich erfährt der Verpflichtete von der Anhängigkeit des Bewilligungsverfahrens erst durch die Zustellung der Exekutionsbewilligung, soll er doch vom Vollzug überrascht werden.

Darum ist für das Bewilligungsverfahren eine Einvernahme des Verpflichteten grundsätzlich untersagt (§ 3 Abs 2 EO). Doch macht die EO von diesem Vernehmungsverbot einige Ausnahmen, zum Beispiel in den §§ 91, 102 Abs 1, 134, 309 Abs 3 und § 358 Abs 2 EO. Durch die EO-Novelle 2008 wurde die Vernehmung des Verpflichteten zu den Strafzumessungsgründen (§ 358 Abs 2 EO), die bis dahin im Ermessen des Gerichtes lag, in eine obligatorische Einvernahme abgeändert.

Während § 358 Abs 1 EO nur auf die Unterlassungsexekution nach § 355 EO Anwendung findet, ist § 358 Abs 2 EO auch auf Strafen nach § 354 EO anzuwenden (*Klicka* in Angst/Oberhammer, § 358 Rz 3). Daher muss dem Verpflichteten – sofern nicht Gefahr im Verzug vorliegt – vor Verhängung einer Geldstrafe Gelegenheit zu einer Äußerung zu den Strafzumessungsgründen gegeben werden. Wurde ihm diese Gelegenheit nicht gegeben, dann kann der Verpflichtete gegen die Höhe der verhängten Strafe binnen vierzehn Tagen Widerspruch erheben; dabei sind die §§ 397 f EO sinngemäß anzuwenden (§ 358 Abs 2 EO).

Folgendes Beispiel soll die Vorteile der Einvernahme des Verpflichteten veranschaulichen: Ein Kunstmaler wird rechtskräftig verurteilt, eine vorfinanzierte Mariengruppe binnen bestimmter Frist abzuliefern. Als diese um ist, wird gegen ihn Exekution wegen einer unvertretbaren Handlung nach § 354 EO geführt. Vom Bewilligungsgericht vernommen, wendet er ein, er sei an Gicht erkrankt und könne keinen Finger mehr rühren. Das Bewilligungsgericht weist ihn darauf hin, dass diese Einwendung nur im Klageweg geltend gemacht werden könne. Darauf erhebt der Verpflichtete beim Bewilligungsgericht die Oppositionsklage, ohne die Exekutionsbewilligung abzuwarten.

Das Bewilligungsgericht unterbricht das Bewilligungsverfahren bis zur rechtskräftigen Entscheidung im Oppositionsprozess (§ 190 ZPO über § 78 EO), weil dort ein stattgebendes Urteil sowohl die Exekution für unzulässig als auch den materiellen Anspruch für erloschen oder gehemmt erklären würde. Der Künstler gewinnt den Prozess.

Das Bewilligungsgericht nimmt das unterbrochene Bewilligungsverfahren wieder auf und weist den Exekutionsantrag als unzulässig zurück. Diese Vorgangsweise empfiehlt sich schon aus verfahrenswirtschaftlichen Erwägungen, zumal sie die Exekutionsbewilligung (gekoppelt mit einem Vollzugsbeschluss unter Androhung einer Geldstrafe nach Ablauf einer bestimmten Handlungsfrist) als auch eine hierauf vom Verpflichteten zu beantragende Aufschiebung des Exekutionsverfahrens erübrigt.

Gerade dieses Beispiel zeigt uns, dass die Oppositionsklage ab Gerichtshängigkeit eingebracht werden kann und nicht bewilligungsbedingt ist. Sie geht auf Unzulässigerklärung der beantragten, nicht der bewilligten Exekution (wenngleich diese in der Praxis die Regel darstellt). Das entspricht auch der vom OGH (verst Senat SZ 49/88) vertretenen Kombinationstheorie:

Das Oppositionsklagebegehren ist ein Doppelbegehren, das nicht nur auf Unzulässigerklärung jeglicher Exekution aus dem betreffenden Titel, sondern auch auf die Feststellung geht, dass der materielle Anspruch erloschen oder gehemmt ist.

Der Kläger begehrt die urteilsmäßige Verneinung sowohl des Vollstreckungsanspruchs als auch des vollstreckbaren Anspruchs durch das Exekutionsbewilligungsgericht, und das hat nichts damit zu tun, wie weit das Exekutionsverfahren schon gediehen ist, mithin ob die beantragte Exekution schon bewilligt, geschweige denn der Bewilligungsbeschluss in Rechtskraft erwachsen ist.

Der siegreiche Oppositionskläger erspart sich zweierlei:

1. Stellt der betreibende Gläubiger aufgrund desselben Exekutionstitels einen neuerlichen Exekutionsantrag, so hat nicht etwa das Bewilligungsgericht die Exekution zu bewilligen und erst das Vollzugsgericht die Exekution nach § 35 Abs 4 EO (oder gar auf Antrag nach § 40 EO) einzustellen; vielmehr hat bereits das Bewilligungsgericht den Exekutionsantrag als unzulässig zurückzuweisen. Andernfalls kann der Verpflichtete dagegen mit einem Nichtigkeitsrekurs vorgehen. Eine erfolgreiche Oppositionsklage macht mithin jegliche (auch noch nicht rechtskräftige) Exekutionsbewilligung unzulässig (Gesamtwirkung)!

2. Da das stattgebende Oppositionsurteil auch die spruchmäßige Feststellung des Erlöschens oder der Hemmung des vollstreckbaren Anspruchs enthält, fehlt einer gleichlautenden Feststellungsklage außerhalb des Exekutionsverfahrens das Rechtsschutzinteresse. Dabei kann es nicht darauf ankommen, in welcher Phase des Exekutionsverfahrens die Feststellung getroffen wurde. Je eher, desto besser!

Ergebnis: Die Oppositionsklage bekämpft den Vollstreckungstitel in einem anhängigen Exekutionsverfahren auf zwei Ebenen: exekutionsrechtlich und materiellrechtlich.

Die Klärung der beiden Fragen, ob das Exekutionsverfahren unzulässig ist und ob der vollstreckbare Anspruch nicht mehr zu Recht besteht, hängt nicht davon ab, in welcher Lage sich das Exekutionsverfahren gerade befindet, namentlich nicht von der Exekutionsbewilligung oder deren Rechtskraft.

II. Impugnationsklage

Fall 95

Der betreibende Gläubiger ist Eigentümer einer Liegenschaft mit Wohnhaus, der Verpflichtete ist Eigentümer der Nachbarliegenschaft mit Wohnhaus. Der Exekutionstitel lautet auf Unterlassung, dritten Personen zu gestatten oder sie anzuweisen, ihre Fahrzeuge auf dem Zufahrtsweg zwischen den beiden Liegenschaften abzustellen.

Im Exekutionsantrag, der dem Verpflichteten nicht übersendet wird, behauptet der betreibende Gläubiger, der Verpflichtete habe sich dreimal, und zwar am 1. Jänner, am 15. Februar und am 30. März, titelwidrig verhalten.

Daraufhin wird die Unterlassungsexekution bewilligt und über den Verpflichteten eine Geldstrafe von 500 Euro verhängt. Der Verpflichtete erhebt die Impugnationsklage gegen den betreibenden Gläubiger: Er begehrt die Unzulässigerklärung der Exekution, weil er nicht gegen den Exekutionstitel verstoßen habe. Das Beweisverfahren ergibt hinsichtlich der angeblichen Vorfälle im Jänner und Februar ein non liquet, hinsichtlich des Vorfalls im März allerdings, dass der Verpflichtete einen Möbelfrächter angewiesen habe, seinen Wagen für die Dauer der Ladetätigkeit (etwa einer Dreiviertelstunde) auf dem Zufahrtsweg abzustellen.

Kommentar

Bei einer Exekution zur Erwirkung von Duldungen oder Unterlassungen (§ 355 EO) hat der betreibende Gläubiger den Exekutionsantrag und jeden Strafantrag zugleich dem Verpflichteten direkt zu übersenden und dies auf dem Schriftsatz an das Gericht zu vermerken (§ 358 Abs 1 EO).

Damit soll der Verpflichtete auf die Einhaltung des Titels aufmerksam gemacht werden. Im vorliegenden Fall ist keine Übersendung erfolgt. Einen Verstoß gegen die Verständigungpflicht kann das Gericht bei der

Strafzumessung zu Gunsten des Verpflichteten berücksichtigen (*Klicka* in Angst/Oberhammer, § 358 EO Rz 1).

Die Beugestrafe ist nach Art und Schwere des Zuwiderhandelns auszumessen, mit Bedacht auf die wirtschaftliche Leistungsfähigkeit des Verpflichteten und seinen Anteil am Zuwiderhandeln (§ 355 Abs 1 S 3 EO). Sofern nicht Gefahr im Verzug ist, muss das Gericht vor der Verhängung einer Geldstrafe den Verpflichteten über die Strafzumessungsgründe einvernehmen, es sei denn dessen Äußerung wäre bereits gerichtsbekannt (§ 358 Abs 2 EO).

Unrichtige Angaben des betreibenden Gläubigers hinsichtlich der Verständigung werden mit einer Mutwillensstrafe geahndet, die nach den Umständen des Einzelfalls zu bemessen ist (§ 358 Abs 1 letzter S EO).

→   Die Impugnationsklage bekämpft Mängel im Vollstreckungsanspruch. Die Klagegründe sind in § 36 Abs 1 EO taxativ in drei Ziffern aufgezählt. Die behauptete Unzulässigkeit der Unterlassungsexekution lässt sich der Ziffer 1 zuordnen. Der Verpflichtete bestreitet, dass „die für die [...] Vollstreckbarkeit des Anspruchs maßgebenden Tatsachen (§ 7 Abs 2) [...] eingetreten seien".

Allerdings muss nach § 7 Abs 2 EO der betreibende Gläubiger in seinem Exekutionsantrag den Eintritt der für die Vollstreckbarkeit maßgebenden Tatsachen mittels öffentlicher oder öffentlich beglaubigter Urkunden beweisen.

Doch haben sich Lehre und Rechtsprechung (*Neumayr/Nunner-Krautgasser,* Exekutionsrecht 304; *Rechberger/Oberhammer,* Exekutionsrecht Rz 445; RES0000095; RS0113988) dahin verständigt, dass der betreibende Gläubiger bei einer Unterlassungsexekution den Verstoß gegen das Unterlassungsgebot zwar konkret und schlüssig behaupten (bei einer Vielzahl gleichartiger Verstöße durch beispielsweise Schilderung einzelner Handlungen), nicht aber in irgendeiner Form beweisen, ja nicht einmal bescheinigen muss. Denn es ist nicht Sache des Bewilligungsgerichts, die Behauptungen des betreibenden Gläubigers auf ihre Richtigkeit zu prüfen. Dass kein titelwidriges Verhalten vorliege, muss der Verpflichtete vielmehr im Klageweg einwenden.

Zwar wird der Verpflichtete, wie oben erwähnt, vor Verhängung einer Geldstrafe grundsätzlich einvernommen (§ 358 Abs 2 EO), doch ist diese Einvernahme auf die Strafzumessungsgründe beschränkt. Mithin kann die Einwendung des Verpflichteten, er habe nicht gegen das Unterlassungsgebot verstoßen, nicht im Bewilligungsverfahren verhandelt und entschieden werden.

§ 358 Abs 2 EO sieht eine Einvernahme des Verpflichteten vor der Verhängung von Geldstrafen vor: Dem Verpflichteten soll Gelegenheit gegeben werden, sich zu den Strafzumessungsgründen zu äußern. Hierbei

hat der Verpflichtete eingewendet, dass er nicht gegen das Unterlassungsgebot verstoßen habe. Die Einvernahme ist allerdings auf Umstände beschränkt, die nicht Gegenstand einer Oppositions- oder Impugnationsklage
sein können (zB. dass die beantragte Exekution dem Titel widerspreche
oder das beantragte Zwangsmittel unzulässig ist).

Mithin kann die Einwendung des Verpflichteten, er habe nicht gegen
das Unterlassungsgebot verstoßen, keinesfalls im Bewilligungsverfahren
verhandelt und entschieden werden.

Daher erhebt der Verpflichtete die Impugnationsklage. Anders als die
Oppositionsklage geht sie nur auf die Unzulässigerklärung der Anlassexekution.

→ Im Regelfall tragen Oppositions- und Impugnationskläger die Beweislast für die Verwirklichung der von ihnen eingewendeten Tatsachen
(etwa, dass die vollstreckbare Forderung erlassen oder dass auf die Vollstreckung verzichtet worden sei). Im Impugnationsprozess gegen eine Unterlassungsexekution verhält es sich ausnahmsweise anders:

Wie wir gesehen haben, verlangt das Richterrecht vom betreibenden
Gläubiger im Exekutionsantrag die konkrete und schlüssige Behauptung,
dass der Verpflichtete gegen den Unterlassungsbefehl verstoßen habe.

Daher befindet sich hier der Impugnationskläger in der günstigen Posi-
tion, nur einwenden zu müssen, dass es die vom Beklagten behaupteten
Verstöße nicht gegeben habe. Es verhält sich hier wie bei der negativen
Feststellungsklage, mit der die klagende Partei vorbringt, dass der vom
Beklagten behauptete Anspruch nicht zu Recht bestehe.

Entsprechend der allgemeinen Beweislastregel, wonach die anspruchs-
begründenden Tatsachen beweisen muss, wer das Bestehen eines Anspruchs behauptet, ist hier nicht der Feststellungskläger, sondern der Fest-
stellungsbeklagte beweisbelastet.

Gleichermaßen geht es im Impugnationsprozess um die Behauptung des
beklagten betreibenden Gläubigers, dass sein Vollstreckungsanspruch aus
den konkreten titelwidrigen Handlungen des klagenden Verpflichteten erwachsen sei. Sonach hat sich hier das Beweisverfahren mit den behaupteten drei Vorfällen im Jänner, Februar und März zu befassen.

Zwar braucht der betreibende Gläubiger im Exekutionsantrag bei mehreren Verstößen nicht alle, sondern nur Einzelne zu konkretisieren, im Impugnationsprozess obliegt ihm aber der Beweis sämtlicher Vorfälle, wenn
es bei der vom Gericht bemessenen Strafe bleiben soll. Ein *non liquet* belastet ihn.

→ Die Exekution wird schon wegen eines einzigen Titelverstoßes bewilligt, gleich wie viele Verstöße der betreibende Gläubiger im Exekutionsantrag behauptet. Das Exekutionsgericht bemisst allerdings die Strafe nicht nur nach dem Gewicht, sondern auch nach der Anzahl der behaupteten Verstöße (stR).

Lässt sich also in einem Impugnationsprozess von mehreren Verstößen nur einer beweisen, so muss sich das auf die Strafhöhe auswirken. Der Impugnationsklage ist in der Weise stattzugeben, dass zwar nicht die Exekution als Ganzes für unzulässig erklärt, aber die Strafhöhe entsprechend reduziert wird, was eine Einschränkung der Exekution bedeutet.

Der OGH begründet in seiner Entscheidung JBl 2002, 805 dieses Ergebnis unter anderem mit seinem System der Vollzugsstufen:

Alle Zuwiderhandlungen an einem bestimmten Kalendertag bilden zwar eine Einheit, die nur mit einer Strafe zu ahnden ist, doch beeinflusst selbst in einem solchen Fall die Zahl der Zuwiderhandlungen die Strafhöhe (SZ 66/132; JBl 1995, 120 *Oberhammer*; ferner *Klicka* in Angst/Oberhammer, § 355 Rz 15).

Mithin vermag nicht einmal diese Einheit einem Impugnationsanspruch zu Gänze standzuhalten, wenn es dem beklagten betreibenden Gläubiger misslingt, sämtliche Zuwiderhandlungen nachzuweisen.

Fall 96

Im Impugnationsprozess behauptet der Verpflichtete, der betreibende Gläubiger habe im Titelverfahren einen ihm nicht gebührenden Provisionsanspruch in schädigender Absicht geltend gemacht und auf diese Weise vereinbarungswidrig – sohin widerrechtlich – eine Provisionszahlung erwerben wollen. Das im Titelverfahren durch Fernbleiben des Verpflichteten von der Tagsatzung erwirkte Versäumungsurteil sei erschlichen worden. Das Beweisverfahren im Impugnationsprozess ergibt, dass die Parteien nicht vereinbart hatten, „die Tagsatzung im Titelprozess unbesucht zu lassen oder diesen keinesfalls durch ein Versäumungsurteil zu beenden."

Kommentar

→ Auch **unsittlich erwirkte oder verwertete Urteile** erwachsen in materielle Rechtskraft: Sie sind grundsätzlich unabänderlich und binden Parteien wie Gericht in Folgeprozessen.

Die deutsche Rechtsprechung gewährt allerdings in solchen Fällen einen Anspruch auf Schadenersatz oder auf Unterlassung der Exekution: Das rechtskräftige Urteil sei unrichtig, schaffe nichtvorhandenes Recht und schädige dadurch den Verurteilten. Diese Judikatur verkennt den Sinn der materiellen Rechtskraft:

Auch Fehlurteile entfalten die typische Bindungswirkung; in einem späteren Schadenersatzprozess darf die Richtigkeit des Ersturteils auch nicht als Vorfrage überprüft werden.

Andernfalls ließe sich jeder Prozess mit der bloßen Behauptung wieder aufrollen, das Urteil sei sittenwidrig erwirkt oder verwertet worden.

Sowohl die überwiegende deutsche Lehre als auch die einhellige österreichische Meinung berufen sich auf die Prozessordnung, die eine Beseitigung der Rechtskraft nur in Ausnahmefällen und in einem aufwändigen formellen Aufhebungs- und Erneuerungsverfahren vorsieht:

Ist ein Urteil aufgrund strafbarer Handlungen (zB. Betrug, Erpressung) ergangen, so kann es nur im Weg der Wiederaufnahmeklage vor dem Erstgericht angefochten werden, und auch das nur, wenn eine rechtskräftige strafgerichtliche Verurteilung vorliegt und zudem bestimmte Klagefristen eingehalten werden (§§ 530 Abs 1 Z 3, 534, 539 ZPO).

Jede richterrechtliche Aufweichung dieser restriktiven Vorschriften würde einer beliebigen Prozesswiederholung Tür und Tor öffnen, zumal jeder angeblich in seinem Recht Gekränkte eine meritorische Entscheidung verlangen könnte (§ 19 S 1 ABGB).

Die Impugnationsklage ist auf die im § 36 Abs 1 Z 1 bis 3 EO genannten Tatbestände beschränkt. Es handelt sich um eine taxative Aufzählung (durch Art XVII EGEO ergänzt).

Dennoch versuchen Klagevertreter immer wieder, andersgeartete Sachverhalte entweder durch Auslegung oder durch Analogie hineinzusubsumieren.

Bei allem Verständnis für die Notlage der Verpflichteten ist doch streng darauf zu achten, dass jene Exekutionsklagen, die auf Unzulässigerklärung der Exekution gerichtet sind (§§ 35 bis 37 EO), nicht zu einem Spielball zahlungsunfähiger oder zahlungsunwilliger Parteien verkommen.

Dementsprechend hat es auch die österreichische Judikatur bislang entschieden abgelehnt, dem § 36 Abs 1 EO einen generellen richterrechtlichen Tatbestand der sittenwidrigen Urteilserwirkung oder Urteilsverwertung anzufügen.

→ § 36 Abs 1 Z 3 EO nennt als Impugnationsklagegründe den ***Exekutionsverzicht*** und die ***Exekutionsstundung.***

Wenn hierüber eine unbedenkliche Urkunde vorliegt, kann der Verpflichtete kurzerhand die Einstellung der Exekution erwirken (Impugnationsantrag, § 40 Abs 1 EO).

Andernfalls ist der Klageweg zu beschreiten. Als herausragende praktische Anwendungsfälle werden in der Literatur das erschlichene und das verglichene Versäumungsurteil beschrieben:

• **Erschlichenes Versäumungsurteil:** Die Parteien vereinbaren, die Tagsatzung unbesucht und dadurch das Verfahren ruhen zu lassen. Eine Partei erscheint dennoch, erwirkt ein Versäumungsurteil und betreibt mit dessen Hilfe eine Exekution gegen den „Säumigen". Die Ruhensvereinbarung bedeutet einen Rechtsschutzverzicht, der einen Exekutionsverzicht in sich schließt.

• **Verglichenes Versäumungsurteil:** Der Schuldner willigt in ein Versäumungsurteil ein, vereinbart aber mit dem Gläubiger, dass dieser vom Exekutionstitel erst Gebrauch macht, wenn die Schuld nicht innerhalb einer bestimmten Zeitspanne getilgt wird. Vereinbarungswidrig betreibt der Gläubiger vorzeitig die Exekution. Hier handelt es sich eindeutig um eine Exekutionsstundung.

Ergebnis: Die bloße Behauptung einer Klageführung in schädigender (verbrecherischer) Absicht, gleich ob der Prozess mit einem Versäumungsurteil endet, reicht weder für eine Wiederaufnahmeklage noch für eine Impugnationsklage aus.

Nur wer ein Versäumungsurteil erwirkt oder verwertet, indem er in böser Absicht gegen eine Ruhens- oder Stundungsabrede verstößt, verwirklicht den Tatbestand des § 36 Abs 1 Z 3 EO.

III. Exszindierungsklage

Fall 97

Beim Verpflichteten wird ein Gericom Notebook gepfändet, das ihm angeblich sein Bruder geliehen hat. Das Vollstreckungsorgan verständigt den Dritten von der Pfändung. Dieser teilt dem betreibenden Gläubiger die Sachlage schriftlich mit und fordert ihn auf, binnen vier Tagen von der Exekution abzulassen. Als der betreibende Gläubiger in dieser Frist nichts von sich hören lässt, erhebt der Dritte die Aussonderungsklage. Darin legt er alle Tatsachenbehauptungen und Beweisanbote über den Erwerb seines Eigentums an der gepfändeten Sache dar.

Kommentar

→ § 37 Abs 1 EO zählt die Exszindierungsklagegründe nicht im Einzelnen auf, sondern begnügt sich mit der generellen Formulierung, dass eine dritte Person an einem Exekutionsobjekt „ein Recht behauptet, welches die Vornahme der Exekution unzulässig machen würde." Er stellt es mithin der Judikatur und Literatur anheim, herauszufinden, was alles die Aussonderung begründet.

Soviel ist sicher: Der Aussonderungswerber muss nach materiellem Recht berechtigt sein, das Exekutionsobjekt für sich in Anspruch zu nehmen. Dabei soll es mehr auf formaljuristische als auf wirtschaftliche Gesichtspunkte ankommen. Wer Eigentum an der Pfandsache behauptet, muss seinen Eigentumserwerb nachweisen, was nicht immer leicht fällt.

Um solchen Schwierigkeiten aus dem Weg zu gehen, beschränken sich die Aussonderungswerber in vielen Fällen darauf, ein obligatorisches Herausgaberecht gegenüber dem Verpflichteten zu behaupten, dass nämlich die Sache aufgrund eines Vertragsverhältnisses (Miete, Leihe, Verwahrung, Auftrag) in die Gewahrsame des Verpflichteten gelangt ist und wieder zurückgefordert werden kann.

Daher versteht sich auch, dass der Verpflichtete als (einfacher) Streitgenosse mitverklagt werden kann, wenn er das Eigentum des Klägers oder das Vertragsverhältnis mit dem Kläger leugnet (§ 37 Abs 2 EO).

Im gegenständlichen Fall nimmt der Bruder des Verpflichteten nicht als Eigentümer, sondern als Verleiher das gepfändete Notebook für sich in Anspruch, was sein exekutives Ausschlussrecht (prozessuales Gestaltungsrecht) hinreichend begründet.

→　In der Literatur wird die Exszindierungsklage als Hauptanwendungsfall des § 45 ZPO genannt: „Hat der Beklagte durch sein Verhalten zur Erhebung der Klage nicht Veranlassung gegeben und den in der Klage erhobenen Anspruch sofort bei erster Gelegenheit anerkannt, so fallen die Prozesskosten dem Kläger zur Last. Er hat auch die dem Beklagten durch das eingeleitete gerichtliche Verfahren verursachten Kosten zu ersetzen."
§ 45 ZPO regelt die Kostenfolge bei *Überfallsklagen:*
Wer einen Leistungswilligen überflüssigerweise mit einem Prozess belastet, muss trotz dem gleich in der vorbereitenden Tagsatzung erwirkten Anerkenntnisurteil sämtliche Prozesskosten tragen.

Zur Frage, auf welche Weise ein Aussonderungswerber die Kostenfolge des § 45 ZPO für den Fall einer Exszindierungsklage vermeiden kann, hat sich ein weitwendiges Richterrecht entwickelt, das beiden Parteien, vor allem aber dem Aussonderungswerber eine *vorprozessuale Handlungslast* auferlegt.

• *Es darf kein Anlass zur Klageführung vorliegen.*

Der Aussonderungswerber muss dem betreibenden Gläubiger sein Aussonderungsrecht anzeigen, ihm Belege vorlegen, aus denen die Richtigkeit des Anspruchs erschlossen werden kann, und ihn auffordern, die Exekution auf eigene Kosten einstellen zu lassen. Ferner muss er ihm eine angemessene Überlegungsfrist einräumen.

Das Richtmaß hierfür bietet § 261 Abs 5 EO, der den gerichtlichen Erlag gepfändeten Bargelds, das angeblich einem Dritten gehört, auf die Dauer von mindestens acht Tagen anordnet, damit dem Dritten die Möglichkeit einer Exszindierung eröffnet wird.

Die bloße Behauptung eines Aussonderungsanspruchs reicht nicht aus. Der betreibende Gläubiger muss vom Dritten verlangen, seine Behauptung so weit zu begründen, dass er sich von der Rechtmäßigkeit des Anspruchs ein Bild machen kann.

Reichen die Informationen nicht aus, enthält aber die Klage alle erforderlichen Beweisanbote, so genügt es, dass der Beklagte die Einstellung der Exekution vor der vorbereitenden Tagsatzung beantragt und das Klaganerkenntnis sogleich in der vorbereitenden Tagsatzung erklärt, um seinen Kostenersatzanspruch nach § 45 ZPO zu wahren (AnwBl 2000, 166).

▪ *Der beklagte betreibende Gläubiger muss den Klaganspruch sofort bei erster Gelegenheit anerkennen.*

Da es in den Verfahren vor den Bezirksgerichten keine Klagebeantwortung gibt, bietet sich dem beklagten betreibenden Gläubiger die „erste Gelegenheit zum sofortigen Klaganerkenntnis" am Beginn der vorbereitenden Tagsatzung.

Die Judikatur erweist sich hier als großzügig: Hat die beklagte Partei erstmals in der Tagsatzung zur mündlichen Streitverhandlung Gelegenheit, in die Urkunden einzusehen, die zum Nachweis des Aussonderungsanspruchs dienen, oder ergänzt der Kläger seine außerprozessualen Sachverhaltsbehauptungen oder Beweisanbote erst in der Tagsatzung zur mündlichen Streitverhandlung, so genügt es, wenn die beklagte Partei unmittelbar darauf (und nicht erst nach Abschluss der Beweisaufnahme) das Klaganerkenntnis erklärt, um in den Genuss der Kostenfolge des § 45 ZPO zu gelangen.

▪ *Der beklagte betreibende Gläubiger muss die Einstellung der Exekution beantragt haben.*

Es kommt auf den Zeitpunkt des Einstellungsantrags, nicht auf den Zeitpunkt der Einstellung an. Im Regelfall muss der Beklagte die Einstellung sofort nach Zustellung der Klage beantragen und das Klaganerkenntnis am Beginn der vorbereitenden Tagsatzung abgeben.

In den Fällen, in denen der Beklagte erst in der mündlichen Streitverhandlung in die Lage versetzt wird, sich Gewissheit von der Richtigkeit des Aussonderungsanspruchs zu verschaffen, genügt es freilich, dass er unter einem das Klaganerkenntnis erklärt und den Antrag auf Einstellung der Exekution stellt.

Ergebnis: Auf eine vom Dritten eingeräumte Überlegungsfrist von vier Tagen braucht sich der betreibende Gläubiger nicht einzulassen; sie reicht für gründliche Erhebungen über den Aussonderungsanspruch nicht aus. Eine daraufhin erhobene Exszindierungsklage gilt als Überfallsklage. Enthält sie bereits alle erforderlichen Aufschlüsse, so handelt der betreibende Gläubiger rechtzeitig, wenn er nach Klagezustellung die Einstellung beantragt und in der vorbereitenden Tagsatzung sofort das Klagebegehren anerkennt.

Sind die Klagangaben ergänzungsbedürftig, so genügt es, wenn der Beklagte in der Tagsatzung zur mündlichen Streitverhandlung nach den nötigen Ergänzungen unter einem anerkennt und die Einstellung der Exekution beantragt; dann hat er gleichfalls einen Kostenersatzanspruch gegen den (siegreichen) Exszindierungskläger.

IV. Pfandvorrangsklage

Fall 98

Adam hat von seinem Pächter Bedam einen Traktor als Faustpfand für den schuldigen Pachtzins genommen. Er gibt diesen Bedam kurzfristig unter Vorbehalt des Pfandrechts zurück, damit ihn dieser bei einem Oldtimer-Treffen in Tulln zur Schau stellen kann. Er lässt am Traktor ein für jedermann sichtbares Metallschild anbringen, welches das aufrechte Pfandverhältnis anzeigt. Der betreibende Gläubiger Cedam nimmt die Gelegenheit wahr und lässt den Traktor, der sich gerade in der Gewahrsame des Bedam befindet, gerichtlich pfänden. Adam legt dem Cedam sein älteres Vertragspfandrecht dar und fordert ihn vergeblich auf, die Einstellung der Exekution zu beantragen.

Kommentar

Literatur: Burgstaller, Das Pfandrecht in der Exekution (1988); *Burgstaller* in Holzhammer, Österreichisches Zwangsvollstreckungsrecht, 4. Aufl. (1993) 246-251; *Roth/ Duursma-Kepplinger,* Exekutions- und Insolvenzrecht, 10. Aufl. (2016) 80.

→ *Hat der Pfandgläubiger die Pfandsache in seiner Gewahrsame,* so kann die Pfändung zugunsten eines betreibenden Gläubigers nur erfolgen, wenn er *ausdrücklich zur Herausgabe bereit* ist (§ 262 EO). Dass er stillschweigend die Pfändung zulässt, reicht nicht aus. Die Verletzung dieser Vorschrift wird nicht mit Exszindierungsklage nach § 37 EO geltend gemacht, sondern mit Beschwerde binnen vierzehn Tage nach § 68 EO gerügt.

Der *innehabende* Pfandgläubiger wird sich zur Herausgabe nur dann bereit erklären, wenn der betreibende Gläubiger dem Exekutionsgericht gegenüber den Vorrang des Pfandgläubigers anerkennt, so dass dieser in einem ihm fremden Exekutionsverfahren ohne besonderen Aufwand die Befriedigung seiner gesicherten Forderung erlangt.

→ *Rückgabe der Pfandsache an den Schuldner unter Vorbehalt* bedeutet, dass zwar nicht das Pfandrecht, jedoch die Gewahrsame am Pfand verloren geht. Wie ein wirksamer Vorbehalt beschaffen sein muss, ist allerdings umstritten. Eine radikale Meinung hält jeglichen Vorbehalt für unwirksam, so dass bei einer auch nur kurzfristigen Rückgabe der Sache das Pfandrecht untergehen und bloß ein obligatorischer Neubestellungsanspruch übrig bleiben würde. Es gibt aber keinen triftigen Grund, der uns veranlassen könnte, von einer gesetzeskonformen Auslegung des § 467 ABGB abzugehen: Ein Vorbehalt ist vielmehr immer dann wirksam, wenn er durch solche Zeichen geschieht, durch die jedermann leicht die – weiterhin aufrechte – Verpfändung erkennen kann *(Publizitätsprinzip):* Rsp 1928/2; SZ 25/89; ÖBA 1987, 117; *Markl/Niedermayr* ÖJZ 1994, 185; *Vranes* JBl 1996, 763.

→ *Hat der Pfandgläubiger die Pfandsache nicht in seiner Gewahrsame,* so kann er der Pfändung nicht widersprechen. Er kann nur dem betreibenden Gläubiger gegenüber sein älteres Pfandrecht geltend machen mit der Wirkung, dass er im exekutiven Verteilungsverfahren vor dem betreibenden Gläubiger befriedigt wird. Anerkennt der betreibende Gläubiger gegenüber dem Gericht den Vorrang des Pfandgläubigers, so wird der Verteilungsbeschluss ohne weiteres die entsprechende Rangfolge festlegen. Verweigert der betreibende Gläubiger das Anerkenntnis, so steht dem Pfandgläubiger die *Pfandvorrangsklage nach § 258 EO offen,* wobei es nicht auf die Fälligkeit der gesicherten Forderung ankommt.

Die Pfandvorrangsklage ist eine *Exekutionsklage* und stets beim Exekutionsgericht anzubringen (individuelle Zuständigkeit). Sie ist zulässig zwischen dem Beginn des Exekutionsvollzugs und der Ausfolgung des Verkaufserlöses.

Der Streitwert der Pfandvorrangsklage wird nach § 57 JN berechnet: Maßgeblich ist der Betrag der gesicherten Forderung oder, wenn das Pfand einen geringeren Wert hat, dieser Wert, der nicht vom Kläger bestimmt wird, sondern dem exekutiven Schätzwert (doppelten Bleistiftwert) entsprechen muss.

In der Praxis wird die Pfandvorrangsklage als Duldungsklage formuliert, wonach der beklagte betreibende Gläubiger im Verteilungsverfahren die vorrangige Befriedigung des klagenden Pfandgläubigers zu dulden hat. Man kann sie aber auch als bloße Feststellungsklage begreifen, wonach die urteilsmäßige Feststellung begehrt wird, dass die gesicherte Forderung des Klägers der betriebenen Forderung des Beklagten rangmäßig vorangeht (materiellrechtliche Feststellungsklage ohne Nachweis eines rechtlichen Interesses). Im Ergebnis macht das keinen Unterschied, weil das Exekutionsgericht die materiell rechtskräftige Feststellung aus dem Prozess seinem Verteilungsbeschluss ohne Nachprüfung zugrunde legen muss (Bindungswirkung).

→ Wird die Pfandsache vor rechtskräftiger Entscheidung über die Klage zwangsverwertet und der Pfandrechtserwerb genügend bescheinigt, so kann auf Antrag vom Prozessgericht die einstweilige Hinterlegung des Prozesserlöses angeordnet werden (§ 258 Abs 2 EO).

→ Unterlässt der Pfandgläubiger die Pfandvorrangsklage, so geht ihm darum sein besseres Pfandrecht nicht verloren. Er kann den befriedigten betreibenden Gläubiger immer noch mit einer Verwendungsklage nach § 1041 ABGB belangen.

Ergebnis: Die Rückgabe des Pfands unter Vorbehalt ist wirksam, wenn sie durch Zeichen geschieht, die das aufrechte Pfandverhältnis für jedermann leicht erkennen lassen. Der betreibende Gläubiger kann aber das sich in der Gewahrsame des Verpflichteten befindliche Pfand gerichtlich pfänden lassen.

Der ältere Vertragspfandgläubiger kann nicht die Ausscheidung des Pfands aus der Exekution, sondern nur die vorrangige Befriedigung seiner gesicherten (fälligen oder betagten) Forderung aus dem exekutiven Verkaufserlös verlangen, allenfalls im Weg einer Pfandvorrangsklage. Das Exekutionsgericht hat eine rechtskräftige Feststellung des Vorrangs seinem Verteilungsbeschluss ungeprüft zugrunde zu legen.

V. Exekution auf verschleiertes Entgelt

Fall 99

Fritzi betreibt allein ein Blumengeschäft am Bahnhof. Sie ist mit Franz verheiratet, der den ehelichen Haushalt führt und dem sie dafür (außer Wohnung, Kleidung und Nahrung) ein Taschengeld von 50 Euro wöchentlich gibt. Franz hat eine außereheliche Tochter Tina, der er aufgrund eines Unterhaltsvergleichs 200 Euro monatlich zahlen müsste, aber schon seit geraumer Zeit schuldig geblieben ist. Eine Fahrnisexekution der Tina gegen Franz wurde mangels pfändbarer Gegenstände eingestellt. Tina fordert Fritzi auf, sie zu unterhalten. Fritzi lehnt dies unter anderem mit der Begründung ab, dass Franz auch ihr Geld schulde, weil er ihren Lieferwagen fahrlässig zu Schrott gefahren habe.

Zu prüfen ist, ob Tina im Weg einer Vorratsexekution (§ 291c EO) auf eine verschleierte Lohnforderung (§ 292e EO) des Franz gegen Fritzi aus seiner Tätigkeit als Hausmann greifen kann.

Kommentar

A. Verschleiertes Entgelt

Zunächst der Gesetzestext (§ 292e Abs 1 EO): Erbringt der Verpflichtete dem Drittschuldner in einem ständigen Verhältnis Arbeitsleistungen, die nach Art und Umfang üblicherweise vergütet werden, ohne oder gegen eine unverhältnismäßig geringe Gegenleistung, so gilt im Verhältnis des betreibenden Gläubigers zum Drittschuldner ein angemessenes Entgelt als geschuldet.

In der Praxis häufen sich die Fälle, wo der Verpflichtete bei Freunden oder nahen Angehörigen Unterschlupf findet, ihnen im Betrieb oder Haushalt beisteht und sich als Gegenleistung außer Kost und Quartier nur einen Betrag auszahlen lässt, der zusammen mit den Naturalleistungen das Existenzminimum nicht übersteigt.

Der dadurch geprellte Gläubiger erfährt insofern eine Exekutionshilfe, als § 292e Abs 1 EO in solchen Fällen die Vereinbarung eines angemessenen Entgelts fingiert.

Tina muss als betreibende Gläubigerin den Weg der Lohnexekution beschreiten. Zunächst geht alles seinen gewohnten Gang: Der Exekutionsantrag nennt die fingierte Lohnforderung des Franz aus der Haushaltsführung und Fritzi als seine Arbeitgeberin.

Das mit der Exekutionsbewilligung gekoppelte Doppelverbot wird zugestellt. Mit der Zustellung des Zahlungsverbots an die Drittschuldnerin Fritzi ist die fingierte Lohnforderung gepfändet (§ 294 Abs 3 EO). Zugleich wird Fritzi von Amts wegen aufgefordert, sich über den Rechtsbestand der Forderung zu äußern.

Die Drittschuldnerin wird den Bestand der Lohnforderung leugnen und überdies vorbeugend eine Gegenforderung gegen den Verpflichteten geltend machen, die aus der verschuldeten Beschädigung des Lieferwagens erwachsen ist. Verspricht sich Tina aufgrund dieser behaupteten Sachlage noch einen Exekutionserfolg, so wird sie sich die fingierte Lohnforderung zur Einziehung überweisen lassen.

Zunächst wird sie Fritzi außergerichtlich auffordern, ihr jenen Teil des „angemessenen" Entgelts auszuzahlen, der das Unterhaltsexistenzminimum übersteigt.

Da Fritzi eine freiwillige Zahlung ablehnen wird, bleibt als letzte Möglichkeit die Drittschuldnerklage, die beim Arbeits- und Sozialgericht einzubringen ist, weil es sich um eine Leistung aus einem Arbeitsverhältnis handelt.

Erst in der mündlichen Streitverhandlung werden die Grundlagen für die gerichtliche Bemessung des Entgelts ermittelt. Dabei „ist insbesondere auf 1. die Art der Arbeitsleistung, 2. die verwandtschaftlichen oder sonstigen Beziehungen zwischen dem Drittschuldner und dem Verpflichteten und 3. die wirtschaftliche Leistungsfähigkeit des Drittschuldners Rücksicht zu nehmen" (§ 292e Abs 2 S 1 EO und „Härteklausel" in S 2).

Dabei befindet sich die betreibende Gläubigerin in der günstigen Position, dass bei der Festsetzung des angemessenen Entgelts dem Verpflichteten nur ein (fiktiver) Freibetrag im Rahmen des Unterhaltsexistenzminimums (drei Viertel des allgemeinen Existenzminimums) verbleiben darf.

Da das allgemeine Existenzminimum, entsprechend dem Ausgleichszulagenrichtsatz, derzeit 909,- Euro monatlich beträgt, verbleiben davon dem Unterhaltsschuldner (fiktiv) pfändungsfreie 681,75 Euro monatlich.

Im gegenständlichen Fall steht weder die Art der Arbeitsleistung auf dem Prüfstand, weil die Haushaltsführung ungemein komplexer Natur ist, noch die wirtschaftliche Leistungsfähigkeit der Drittschuldnerin, weil erfahrungsgemäß ein Blumengeschäft am Bahnhof genügend Ertrag abwirft, um eine Hilfe im Haushalt oder im Geschäft zu finanzieren.

Es geht vielmehr um die Frage, ob Franz seine Leistungen im Rahmen der ehelichen Beistandspflicht erbringt, weil solche Leistungen zwischen den Eheleuten unentgeltlich erfolgen.

Zwar lehnt hier die Judikatur die Fiktion eines angemessenen Entgelts grundsätzlich ab (ARD 5044/19/99 = 9 Ob A 109/99s), bejaht sie aber ausnahmsweise, wenn der Verpflichtete dem anderen Eheteil einen Arbeitnehmer ersetzt, weil solche Leistungen üblicherweise ohne Rücksicht auf familiäre Verhältnisse vergütet werden (RS0112030); allerdings soll gerade aus der Haushaltsführung kein Entgelt gebühren (hR, zB. ÖJZ 1963/216; ÖJZ 1964/355).

Der § 292e EO dient wie sein Vorgänger, der § 10 LPfG, dazu, Lohnverschleierungen zu vereiteln. Leistungen, die der Verpflichtete aufgrund familienrechtlicher Verpflichtungen zu erbringen hat werden nicht vom Anwendungsbereich des § 292e EO erfasst; dies gilt insbesondere für die Haushaltsführung (*Oberhammer* in Angst/Oberhammer, § 292e EO Rz 3). Tina wird daher beim Arbeits- und Sozialgericht mit der Drittschuldnerklage nicht erfolgreich sein.

Was den Unterhalt und das Taschengeld angeht, bedarf es einer zusätzlichen Bemerkung: Der haushaltsführende Ehegatte hat gegen den anderen Ehegatten einen Anspruch auf Unterhalt (§ 94 Abs 2 ABGB), der grundsätzlich Nahrung, Kleidung und Wohnung (Naturalleistungen) umfasst. Auf Verlangen des Unterhaltsberechtigten ist der Unterhalt ganz oder zum Teil in Geld (insbesondere Taschengeld) zu leisten, sofern dies nicht unbillig wäre (§ 94 Abs 3 S 1 ABGB). Dieser unverzichtbare Geldunterhaltsanspruch gegenüber dem anderen Ehegatten ist bei der Bemessung des Kindesunterhalts des vom unterhaltspflichtigen Elternteils getrennt lebenden Kindes zu berücksichtigen (7 Ob 164/06b; *Gitschthaler*, Unterhaltsrecht Rz 395).

Zu Recht wird aber von der Judikatur abgelehnt, dass darüber hinaus der alleinverdienende dem haushaltsführenden Ehegatten Mittel zur Verfügung stellen muss, damit dieser seinen gesetzlichen Unterhaltspflichten gegenüber Dritten nachkommen kann (JBl 1987, 715 *Schmidt*). Daher kann Tina zwar nicht von Fritzi die Zahlung eines Unterhalts verlangen, wohl aber kann der Geldunterhaltsanspruch des Franz gegen Fritzi exekutionsrechtlich relevantes Vermögen darstellen (*Oberhammer* in Angst/Oberhammer, § 292e EO Rz 3).

Anders noch Arb 8957 aus 1954, wonach dem Ehemann für die Haushaltsführung, die der Ehefrau die Ausübung ihrer Erwerbstätigkeit erst möglich macht, ein Entgelt gebührt. Folglich wäre der vorliegende Sachverhalt so gelagert, dass für die betreibende Tina die gute Aussicht besteht den Drittschuldnerprozess zu gewinnen.

Einerseits erspart sich Fritzi, die tagsüber das Geschäft führt, eine Haushaltshilfe (die putzt, einkauft und kocht), andererseits ist nach zeitgemäßer Bewertung die ordentliche Haushaltsführung ein „full-time-Job", der kaum Raum gibt, in einer Person auch noch ein kundenintensives Handelsgewerbe zu betreiben; gerade weil Franz den Hausmann macht, kann Fritzi ihrem Blumengeschäft nachgehen.

Da die von Fritzi gewährten Naturalleistungen (Wohnung, Kleidung, Nahrung) in etwa mit dem pfändungsfreien monatlichen Betrag in Höhe von 681,75 Euro zu veranschlagen sind, andererseits das Taschengeld hinzuzurechnen ist, wird die Entscheidung des Arbeitsgerichts dahin lauten, dass die Drittschuldnerin Fritzi der betreibenden Tina allmonatlich einen Betrag ungefähr in der Höhe des Taschengelds zu zahlen hat.

B. Aufrechnungseinrede des Drittschuldners

Wer sich die Forderung des Verpflichteten gegen den Drittschuldner zur Einziehung überweisen lässt, führt den Drittschuldnerprozess als gesetzlicher Vertreter des Verpflichteten. Welche Parteihandlungen er in dieser Rechtsposition „namens des Verpflichteten" vornehmen darf (und muss), sagt § 308 Abs 1 S 1 EO; welche ihm versagt bleiben, darüber gibt § 308 Abs 1 S 2 EO Auskunft.

Demgemäß ist der Drittschuldner, der sich in den Streit einlässt, in seinen Sacheinreden auf das Rechtsverhältnis beschränkt, das zwischen ihm und dem Verpflichteten besteht; Einwendungen, die allfälligen Rechtsbeziehungen zum Überweisungsgläubiger entspringen, können dem Klagebegehren nicht entgegengestellt werden (§ 308 Abs 2 EO).

Daraus folgt, dass der Drittschuldner sehr wohl mit solchen Forderungen aufrechnen kann, die ihm schon vor der Begründung des richterlichen Pfandrechts gegen den Verpflichteten aufrechenbar zugestanden sind, selbst wenn es sich bei dem vollstreckbaren Anspruch um eine Unterhaltsforderung handelt (JBl 1974, 215; EF 30.179; RS0004078).

Geht man im vorliegenden Fall davon aus, dass dem Hausmann Franz ein Entgelt für die Haushaltsführung zusteht, könnte Fritzi im Drittschuldnerprozess eine Aufhebungseinrede erheben.

Wenn sie dies macht, müssen wir prüfen, gegen welche Forderung ihres Ehemanns sie mit ihrer Schadenersatzforderung aufrechnen könnte. Was sie Franz schuldet, das geht über die Naturalleistungen (Wohnung, Kleidung, Nahrung) und die Geldleistungen (Taschengeld) nicht hinaus.

Denn das „angemessene Entgelt" nach § 292e EO hat nicht Franz von Fritzi zu fordern, es gilt nur „im Verhältnis des betreibenden Gläubigers zum Drittschuldner" als geschuldet. Wenn also Fritzi auf den Gedanken käme, aufrechnungshalber Franz das Taschengeld zu streichen, würde das die Klageforderung in keiner Weise beeinträchtigen.

Die Fiktion des § 292e EO greift nicht in das effektive Rechtsverhältnis zwischen dem Verpflichteten und dem Drittschuldner ein, sie wehrt vielmehr Manipulationen ab, denen der Verpflichtete als echter Forderungsinhaber ausgesetzt wäre, wozu auch die gegenständliche Aufrechnung zählen würde.

C. Vorratsexekution (§ 291c EO)

Die Vorratsexekution dient nur der Hereinbringung qualifizierter Leistungsansprüche, zu denen die gesetzlichen Unterhaltsansprüche gehören. Sie ist normalerweise eine Lohnexekution, denn es werden wegen künftig fällig werdender Unterhaltsraten die künftig fällig werdenden Lohnforderungen des Verpflichteten gepfändet und zur Einziehung überwiesen.

Nur wegen der korrespondierenden Wiederkehr der Leistungen an den betreibenden Gläubiger sowie an den Verpflichteten lässt sich eine Exekution auf Dauer bewerkstelligen.

Da die Exekution auf verschleiertes Entgelt (§ 292e EO) stets eine Lohnexekution ist, drängt sich bei vollstreckbaren Unterhaltsansprüchen eine Vorratsexekution geradezu auf.

Weil aber einerseits die Vorratsexekution nur zulässig ist, wenn sie zugleich für bereits fällige Rentenansprüche bewilligt wird (§ 291c Abs 1

Ende EO), anderseits bei der Exekution auf verschleiertes Entgelt das angemessene Entgelt erst ab dem Zeitpunkt der Pfändung als vereinbart gilt (§ 292e Abs 2 S 3 EO), es mithin keine Entgeltrückstände gibt, empfiehlt es sich, die Vorratsexekution so rasch wie möglich in die Wege zu leiten, weil wegen der Unterhaltsrückstände auf keinen fiktiven Polster des Verpflichteten gegriffen werden kann.

Zweiter Teil

Sicherung

I. Exekution zur Sicherstellung

Fall 100

Klang hat gegen Beck ein Versäumungsurteil auf Zahlung erwirkt. Beck erhebt dagegen

- Wiedereinsetzungsantrag,
- Berufung,
- Widerspruch,
- alle drei Rechtsbehelfe zusammen gereiht oder gehäuft.

Hierauf beantragt Klang die Bewilligung einer Sicherstellungsexekution.

Kommentar

Dieser Fall wurde bereits von *Deixler-Hübner* in Burgstaller/Deixler-Hübner/Dolinar, Praktisches Zivilprozeßrecht II, 5. Aufl. (1997) eingehend erörtert. Unter Berücksichtigung der Entscheidung OGH 24. Juni 2003 SZ 2003/72 mwN, greife ich ihn wieder auf, um das von der Autorin erzielte Ergebnis mit zusätzlichen triftigen Argumenten zu belegen.

Taugliche Sicherstellungstitel sind noch nicht vollstreckbare inländische Zahlungstitel, soweit es sich um Urteile, Zahlungsaufträge (auch Zahlungsbefehle gemäß § 371 Z 3 EO) und Außerstreitbeschlüsse handelt. Nicht: Prozessvergleiche, vollstreckbare Notariatsakte, Endbeschlüsse im Besitzstörungsverfahren im Kostenausspruch.

A. Anfechtung der Sicherstellungstitel

Ob und welche *Voraussetzungen für die Exekutionsbewilligung* vorliegen müssen, hängt von der Qualität des Rechtsbehelfs ab, dessen sich der Verpflichtete gegen den Sicherstellungstitel bedient hat.

Wird gegen ein noch nicht rechtskräftiges Versäumungsurteil ein *Wiedereinsetzungsantrag* erhoben, so gilt die *Regel des § 370 EO:*

Der betreibende Gläubiger erwirkt die Sicherstellungsexekution nur, wenn er glaubhaft macht,

• dass ohne sie die Einbringung der Geldforderung vereitelt oder erheblich erschwert werden würde

§ 370 EO verlangt *(bloß) objektive Gefährdung,* die immer dann vorliegt, wenn der Verpflichtete überschuldet ist oder wegen zahlreicher Exekutionen vor der Insolvenz („am Rand des Ruins") steht.

• oder dass die Geldforderung in Staaten eingebracht werden müsste, die weder die Brüssel Ia Verordnung (Nr. 1215/2012) noch das (revidierte) Luganer Übereinkommen ratifiziert haben.

Hier muss der betreibende Gläubiger nur bescheinigen, dass in absehbarer Zeit mit einer vollständigen Befriedigung durch eine Exekution im Inland nicht zu rechnen ist.

→ Wird gegen ein Versäumungsurteil Berufung erhoben, so gilt die Ausnahme des § 371a EO: Der betreibende Gläubiger hat die Wahl zwischen Gefahrenbescheinigung und Sicherheitsleistung.

Die Sicherheit wird vom Gericht „nach freiem Ermessen" bestimmt (das allerdings im Instanzenzug überprüfbar ist). Sie soll den Schaden ausgleichen, der dem Verpflichteten durch die Exekutionshandlungen droht. Ohne den Erlag kann die bewilligte Sicherstellungsexekution nicht vollzogen werden.

→ Wird gegen das Versäumungsurteil Widerspruch erhoben, so gilt die Ausnahme des § 371 EO: Die Exekution setzt weder Gefahrenbescheinigung noch Sicherheitsleistung voraus (Z 1 Fall 2).

§ 373 EO geht - kaum zu glauben! - noch einen Schritt weiter: Dass das Versäumungsurteil aufgrund des Widerspruchs aufgehoben wird (und damit der Sicherstellungstitel weggefallen ist), hindert nicht die Sicherstellungsexekution; sie ist so lange zu bewilligen, als die Geldforderung dem Gläubiger noch nicht aberkannt oder deren Erlöschung noch nicht festgestellt worden ist. § 376 Abs 2 S 2 EO macht das Maß voll: Den betreibenden Gläubiger trifft keine Schadenersatzpflicht, wenn ihm bei der Einleitung und der Fortsetzung der Exekution keine grobe Fahrlässigkeit zur Last fällt.

B. Eventualanfechtungen

Hat der Verpflichtete seine Anfechtungsbehelfe in der Weise gereiht, dass der jeweils nachrangige Behelf erst behandelt werden soll, wenn der jeweils vorrangige erfolglos geblieben ist, so stehen die nachrangigen zu den vorrangigen Behelfen in einem bedingenden Eventualverhältnis, das lediglich voraussetzt, dass der erstgereihte Behelf selbst ohne Bedingung geltend gemacht wird.

Die Zulässigkeit solcher Eventualanträge wird von der Lehre ohne Einschränkung bejaht, wenn es sich um innerprozessuale Bedingungen handelt, was auch in diesem Fall zutrifft.

Das Gesetz selbst kennt markante Beispiele, insbesondere in Form der Eventualklagen im Eheverfahren und der Stufenklage (aufbauend: Manifestationsklage — Manifestationseidklage — Zahlungsklage).

Der Vorteil der Eventualhäufung besteht darin, dass einerseits alle Anträge unter einem gerichtsanhängig werden und dadurch die für sie vorgeschriebenen Fristen gewahrt sind, dass anderseits der subsidiäre Behelf zunächst im Depot liegt, mithin nur dann gerichtlich behandelt wird, wenn der Antragsteller mit seinem Primärantrag gescheitert ist.

Wird diesem hingegen stattgegeben, so erlischt die Gerichtsanhängigkeit der Hilfsanträge rückwirkend, ohne dass es ihrer Abweisung bedarf.

Hat also der Verpflichtete mit seinem Wiedereinsetzungsantrag keinen Erfolg, weil er den Wiedereinsetzungsgrund nicht zu bescheinigen vermag, so kommt mit der Abweisung seines Antrags *eo ipso* als nächstes die Berufung zum Zug (deren Zulässigkeit sich nach unserem Verständnis ohnehin nur auf die Behauptung beschränkt, dass keine Versäumung iSd §§ 471 Abs 1 Z 4, 477 Abs 1 Z 4 ZPO vorliege) und schließlich erst nach einem Scheitern der Berufung der letztgereihte Widerspruch.

Wenn also der betreibende Gläubiger vermeint, die Sicherstellungsexekution unverzüglich betreiben zu müssen, so bleibt ihm in der Wiedereinsetzungsphase die Gefahrenbescheinigung nicht erspart.

Vermag er indes die Berufungsphase abzuwarten, so kann er auf die Sicherheitsleistung ausweichen. Sollte er schließlich erst in der Widerspruchsphase die Geduld verlieren, so steht seinem Exekutionsbegehren nichts mehr im Weg; er könnte sogar eine in der Berufungsphase erlegte Sicherheit zurückverlangen.

Das von einem Teil der Lehre vorgebrachte Argument, dem Verpflichteten dürfe durch eine Häufung der Rechtsbehelfe nicht die Möglichkeit eröffnet werden, die voraussetzungslose Sicherstellungsexekution nach § 371 Z 1 hintanzuhalten (zu „umgehen"), trifft umso weniger zu, als es sich nicht um gleichwertige Rechtsbehelfe handelt. Vielmehr hat jeder Rechtsbehelf seinen eigenen Restitutionsverlauf mit eigener Reichweite:

Die Wiedereinsetzung ermöglicht die Klagebeantwortung, die Berufung führt sogar zu einer neuerlichen Klagezustellung; der Widerspruch konnte hingegen in seiner ursprünglichen Form bloß die Weiterführung des Verfahrens erwirken.

Dass eine gescheiterte Wiedereinsetzung und/oder Berufung auf der Kostenebene nur den Verpflichteten belastet, sollte dabei nicht außer Betracht bleiben. Weshalb aber das Umgehungsargument jener Lehre nicht mehr das geringste Gewicht hat, ergibt sich aus der immer wieder verkannten Qualität des Widerspruchs, auf die ich gleich eingehen werde.

Dass der OGH in der eingangs zitierten Entscheidung sich keine Gedanken über das Wesen der Eventualanträge gemacht hat, befremdet umso mehr, als es bei den innerprozessual bedingten Parteihandlungen um das Verfahrensgerüst, mithin um eine erhebliche Frage des Prozessrechts geht.

C. Der Widerspruch gegen das Versäumungsurteil

Der Widerspruch hat aus Anlass des Konsumentenschutzgesetzes BGBl 140/1979 Eingang in die ZPO gefunden. Er wurde dem Wiedereinsetzungsantrag zur Seite gestellt, um es prozessunerfahrenen Verbrauchern, welche die Klagebeantwortungsfrist versäumt hatten und daraufhin mit einem Versäumungsurteil konfrontiert wurden, zu ermöglichen, ohne Bescheinigung von Wiedereinsetzungsgründen kurzfristig eine Klagebeantwortung nachzuschieben und dadurch das Versäumungsurteil zu beseitigen.

Wohlgemerkt: Seit der Novelle BGBl I 2002/76 gibt es den Widerspruch nur mehr gegen ein Versäumungsurteil nach versäumter Klagebeantwortung im landesgerichtlichen Verfahren bzw. nach versäumter vorbereitender Tagsatzung im bezirksgerichtlichen Verfahren.

In beiden Fällen hat er substantiiert zu erfolgen, nämlich den Inhalt einer Klagebeantwortung bzw. eines vorbereitenden Schriftsatzes aufzuweisen. *Es gibt keinen leeren Widerspruch!*

Da sich uns der Widerspruch in seiner heutigen Form als nichts anderes darstellt als eine nachträgliche (ihrerseits knapp befristete) inhaltserfüllte Streiteinlassung, lässt sich teleologisch nicht erklären, was die durch BGBl 140/1979 novellierten §§ 371 Z 1, 373, 376 Abs 2 S 2 EO für eine Existenzberechtigung haben.

Der Widerspruch soll den Verbraucher vor dem Unternehmer schützen und nicht den Unternehmer vor dem Verbraucher! Diese EO-Bestimmungen eröffnen dem Unternehmer, der sich über das billig erworbene Versäumungsurteil zu früh gefreut hat, einen schlagkräftigen – weil voraussetzungslosen – Racheakt gegen den Verbraucher in Form eines mitunter folgenschweren Eingriffs in dessen Vermögen.

Dass sich der anfangs säumige Verbraucher, der die Folgen seiner Säumnis zunächst nicht ernsthaft bedacht hatte, noch im Nachhinein zur Wehr setzen kann, indem er zügig einen Rechtsanwalt mit der Klagebeantwortung oder mit einem vorbereitenden Schriftsatz zum Zweck der Streiteinlassung betraut, gerade darin besteht der Sinn des Konsumentenschutzes.

Wenn der Unternehmer glaubt, durch die kurzfristig nachgeschobene Streiteinlassung in der geplanten Einbringung seiner angeblichen Geldforderung erheblich beeinträchtigt zu sein, kann er den Weg der Gefahrenbescheinigung beschreiten.

Ich habe nicht das geringste Verständnis dafür, dass im Fall einer zwar zeitverzögerten, sonst aber regulären Streiteinlassung des Beklagten dem betreibenden Gläubiger das Tor zu einer überfallsartigen Sicherstellungs-exekution aufgestoßen werden soll.

Darum empfehle ich dem Gesetzgeber dringend, jene widersinnigen no-vellarischen Einfügungen aus der EO zu entfernen und dadurch dem Wi-derspruch, soweit es die Sicherstellungsexekution betrifft, die gleiche Qua-lität zuzuerkennen wie dem Wiedereinsetzungsantrag.

De lege lata ist es Aufgabe des Interpreten, den legalisierten Freibrief des betreibenden Gläubigers so weit wie möglich zu entkräften. Wie vor-zugehen ist, wenn der Verpflichtete seine Rechtsbehelfe gegen das Ver-säumungsurteil gereiht hat, haben wir schon oben behandelt. Sollte er eine Reihung unterlassen haben, so zeigt sich uns im Wesentlichen kein anderes Bild.

Das Prozessgericht wird vorab den Wiedereinsetzungsantrag in einem summarischen Bescheinigungsverfahren erledigen (während bei ihm einer-seits noch die Berufung im Hinblick auf eine mögliche Berufungsbe-antwortung behängt und anderseits nach dem Widerspruch = der Klagebe-antwortung eine mindestens dreiwöchige Vorbereitungsfrist zwischen La-dung und mündlicher Streitverhandlung einzuhalten ist). Hier stimme ich *Deixler-Hübner* uneingeschränkt zu:

Begehrt der betreibende Gläubiger schon in der ohnehin nur kurzen Wiedereinsetzungsphase eine Sicherstellungsexekution, so kann ihm das Bewilligungsgericht die Gefahrenbescheinigung nicht kurzerhand erlassen, weil der daneben laufende Widerspruch eine solche erübrige.

Zu sagen: „wen kümmern schon Wiedereinsetzungsantrag und Beru-fung, es gilt allein, den Gläubiger vor dem verwerflichen Widerspruch zu schützen", hieße einem vom Gesetz nicht gedeckten Eklektizismus den Weg ebnen.

Wenn in den Materialien zum novellierten § 371 Z 1 EO anderes zu le-sen ist (ErläutRV 744 BglNR 14, GP 55 f), so versteht sich das daher, dass damals (1979) der Gesetzgeber im heftigen Widerstreit der Verbraucher- und Unternehmerinteressen sich gedrängt sah, einerseits den neuartigen Rechtsbehelf zu installieren, ihm anderseits womöglich die Stoßkraft zu nehmen.

Wenn man die daran anknüpfenden Bemerkungen des OGH (unter Be-rufung auf *Sailer* in Burgstaller/Deixler-Hübner, § 371 EO 7) studiert, ge-winnt man den fatalen Eindruck, die unbedingt wirksame Sicherstellungs-exekution nach § 371 EO sei das Normale und die Gefahrenbescheinigung nach § 370 EO die Ausnahme.

Dieses bizarre Resultat zeigt uns deutlich, dass weder der OGH noch jener Teil der Lehre den seinerzeitigen Interessenkonflikt mittlerweile im Sinn des Verbraucherschutzes durch eine Neubewertung des Widerspruchs zu bewältigen vermochten.

Ergebnis: Jeder Rechtsbehelf gegen ein Versäumungsurteil schafft für die Sicherstellungsexekution eigene Voraussetzungen, die sich durch keinerlei Häufung abschwächen oder beseitigen lassen. Solange ein Wiedereinsetzungsantrag behängt, kommt der betreibende Gläubiger um die Gefahrenbescheinigung nicht herum.

Scheitert die Wiedereinsetzung und behängt noch die Berufung, so kann der betreibende Gläubiger, der bislang keine Gefahrenbescheinigung erbracht hat, auf eine Sicherheitsleistung ausweichen.

Scheitert auch die Berufung und behängt noch der Widerspruch, so kann der betreibende Gläubiger eine Sicherheitsleistung zurückverlangen.

II. Einstweilige Verfügungen

Fall 101

Der aus einem Jagdverein ausgeschlossene Kläger begehrt die urteilsmäßige Feststellung (§ 228 ZPO), dass der von der Vollversammlung des beklagten Vereins beschlossene Ausschluss nichtig ist und ihm daher weiterhin sämtliche aus der Mitgliedschaft erfließenden Rechte und Pflichten zustehen.

Der Kläger begehrt zugleich den Erlass einer einstweiligen Verfügung mit dem Auftrag an den Gegner, für die Dauer des Rechtsstreits die Mitgliedschaft der gefährdeten Partei anzuerkennen und alle diese beeinträchtigenden Handlungen zu unterlassen, insbesondere die Verhinderung der Jagdausübung und die Nichtzuteilung des der gefährdeten Partei statutengemäß zustehenden Wildabschusses.

Kommentar

Sicherungsgrund können jedenfalls Leistungs- und Gestaltungsansprüche sein, selbst wenn sie nur betagt oder bedingt sind (§ 378 Abs 2 EO). Ob auch „bloße" Feststellungsansprüche durch einstweilige Verfügungen gesichert werden können, wird von der Lehre bejaht (*König* EV, 5. Aufl (2017) 2.37; *Konecny,* Der Anwendungsbereich der einstweiligen Verfügung (1992) 163 ff; *Rechberger/Simotta,* ExV 889), von der Rechtsprechung aber gelegentlich bezweifelt.

Der OGH (JBl 1993, 597 [abl *König*]; RS0005153) hat zwar in Übereinstimmung mit seiner früheren Rechtsprechung und mit der Lehre die Zulässigkeit einer Feststellungsklage auf Nichtigerklärung des Vereinsausschlusses bejaht, aber lange Zeit das Verfügungsbegehren abgewiesen, weil einstweilige Verfügungen nur die vorläufige Sicherung eines Hauptanspruchs bezwecken würden, der eine Zwangsvollstreckung ermögliche, was bei einem Feststellungsurteil nicht der Fall sei.

Die neuere Judikatur erachtet eine einstweilige Verfügung hingegen ausnahmsweise für zulässig, wenn hinter dem Feststellungsanspruch bedingte oder zukünftige Leistungsansprüche stecken (9 Ob 17/02v; RS0011598).

Da die Duldung der Ausübung der Mitgliedschaftsrechte in einem Verein einen solchen Leistungsanspruch darstellt, der hinter dem Feststellungsbegehren besteht, ist der Sicherungsantrag des Klägers nach der neuen Rechtsprechung begründet.

Die Änderung der Rechtsprechung ist zwar begrüßenswert, geht aber nicht weit genug. Gegen die Einschränkung der einstweiligen Sicherung von Feststellungsansprüchen ist nachwievor dreierlei einzuwenden:

→ Schon die einstweilige Sicherung von Individualleistungsansprüchen (§ 381 Z 1 EO) soll die Gefahr abwenden, dass die gerichtliche Verfolgung oder Verwirklichung des Anspruchs vereitelt oder erheblich erschwert werden würde. Diese Alternative zeigt deutlich, dass es nicht darauf ankommt, ob das Hauptverfahren mit einem Exekutionstitel endet, vielmehr ob insbesondere eine zwischenzeitliche Veränderung des bestehenden Zustands den mit jeglichem Anspruch (daher auch mit einem „bloßen" Feststellungsanspruch) verknüpften Rechtsschutz schmälern oder gar beseitigen würde.

→ Die einstweilige Sicherung von Rechten und Rechtsverhältnissen = sonstiger Rechtssphären (§ 381 Z 2 EO) betrifft nach wohl einhelliger Auffassung nicht die Geld- oder Individualleistungsansprüche selbst, sondern die rechtlichen Substrate, aus denen jene erwachsen können. Hier braucht der Hauptprozess (anders als nach § 379 und § 381 Z 1 EO) kein Leistungsprozess zu sein, er kann auch „bloß" Feststellungsprozess sein. Es sollen eben gefährdete Rechtslagen an sich geschützt werden, gleich welche Rechtsfolgen sich aus ihnen ergeben.

Es ist fraglich, ob hier die gefährdete Partei mit einer Sicherungsverfügung ihr Auslangen findet oder es aber einer tiefgreifenden Regelungsverfügung bedarf. Diese ergehen immer nur unter erschwerten Voraussetzungen, nämlich wenn sie „zur Verhütung drohender Gewalt oder zur Abwendung eines drohenden unwiederbringlichen Schadens nötig erscheinen" (§ 381 Z 2 EO).

→ Dass einerseits prozessrechtliche Feststellungsklagen (§ 228 ZPO) nur zulässig sind, wenn der Feststellungskläger ein Feststellungsinteresse, mithin eine aktuelle Gefährdung der Rechtslage beweist (nicht bloß bescheinigt!), andererseits ihm der einstweilige Schutz dieser gefährdeten Rechtslage aber teilweise versagt wird, ist ein unlösbarer Widerspruch.

Fall 102

Flott zieht zu seiner Freundin, um eine Scheidung nach § 55 Abs 1 oder Abs 3 EheG vorzubereiten. Er will seine Frau aus der ihm gehörenden Ehewohnung hinausekeln: Er müsse die Wohnung verkaufen, um seine Schulden zu bezahlen; sie solle sich rechtzeitig nach einer anderen Unterkunft umschauen, bevor der Käufer sie hinauswerfe, am besten zu ihrer Mutter ziehen; die Ehe bestehe ohnehin nur mehr auf dem Papier. Flotts Frau will an der Ehe festhalten.

Kommentar

§ 97 ABGB gewährt dem Ehegatten, dem die Ehewohnung nicht (oder nur teilweise) gehört, gegenüber dem verfügungsberechtigten Ehegatten ein Wohnrecht, das Teil des ehelichen Unterhaltsanspruchs ist, unter der Voraussetzung, dass ihm diese Ehewohnung zur Befriedigung seines dringenden Wohnbedürfnisses dient.

Diesen zivilrechtlichen Anspruch auf Erhaltung und Weiterbenützung der Ehewohnung kann sich der berechtigte Eheteil dadurch sichern lassen, dass er eine entsprechende einstweilige Verfügung erwirkt (§ 382h EO).

Der Wohnungserhaltungs- und -weiterbenützungsanspruch zählt zur dritten Gruppe der einstweiligen Verfügungen, nämlich zur Sicherung von Rechten und Rechtsverhältnissen (Sicherung sonstiger Rechtssphären), deren Voraussetzungen zu erfüllen sind (§ 381 Z 2 EO mit etlichen richterrechtlichen Ergänzungen), sofern nicht die Sonderregelungen des § 382h EO (BGBl I 1999/125; BGBl 40/2009) eingreifen.

§ 382h Abs 1 EO stellt klar, dass die im § 382 Abs 1 EO demonstrativ aufgezählten Sicherungsmittel primär anzuwenden sind, und nennt namentlich die gerichtlichen Handlungsgebote (Z 4), Handlungsverbote (Z 5), Veräußerungs- und Belastungsverbote (Z 6) sowie Drittverbote (Z 7).

Flotts Frau, welche die Ehewohnung braucht, um ihr dringendes Wohnbedürfnis zu befriedigen, kann insbesondere das einstweilige Verbot an Flott erwirken, sämtliche Verkaufsverhandlungen über die Wohnung zu unterlassen, und das einstweilige Verbot an konkrete Kaufwerber, sich in solche Gespräche einzulassen und Kaufanbote zu erstellen. Ein zur Sicherung des Anspruchs erlassenes Veräußerungsverbot ist von Amts wegen im Grundbuch anzumerken (SZ 50/105).

Die Sicherung beschränkt sich aber nicht auf die unmittelbare Befriedigung des dringenden Wohnbedürfnisses, sondern erfasst alle aus der Anspruchsverletzung erwachsenden, nicht in Geld bestehenden Forderungen, mithin den Anspruch auf Wiedereinsetzung in den vorigen Stand (zB. auf Herausgabe des Schlüssels zum geänderten Schloss) und den Anspruch auf Vornahme aller Handlungen zur Erhaltung der Wohnung (zB. notwendige Reparaturen, aber auch Fortzahlung der Betriebskosten und der Kreditrückzahlungsraten für die Wohnung), ja sogar zur Aufrechterhaltung jenes Wohnkomforts, der den ehelichen Verhältnissen vor der Beziehungskrise entsprach (EF 98.723).

Flotts Frau braucht sich nicht auf irgendeine andere Wohnmöglichkeit verweisen zu lassen. Eine Ersatzwohnung muss das angemessene Wohnbedürfnis im bisherigen Benützungsumfang befriedigen; sie muss zwar nicht gleichwertig sein, darf aber den bisherigen Wohnkomfort nicht erheblich unterschreiten. Eine Wohnmöglichkeit bei den Eltern ist niemals gleichwertig (EF 94.837; RS0006012).

Generell kann die gefährdete Partei eine einstweilige Verfügung schon erwirken, bevor der Hauptanspruch eingeklagt wird. Dann ist für das Verfügungsverfahren nicht das Gericht des Hauptprozesses, sondern das Bezirksgericht der Zwangsbereitschaft zuständig (§ 387 Abs 2 EO).

Allerdings ist in allen Verfügungen, die vor dem Hauptprozess ergehen, eine angemessene, meist einmonatige Rechtfertigungsfrist zu setzen, in der die gefährdete Partei die Rechtfertigungsklage einbringen muss (§ 391 Abs 2 EO).

Rechtzeitige Klagerhebung erhält die Sicherung für die Dauer des Hauptprozesses aufrecht. Wird der Rechtfertigungsklage stattgegeben, so löst das rechtskräftige vollstreckbare Urteil die einstweilige Verfügung ab. § 382h Abs 4 EO untersagt indes, die Verfügungsdauer zu verlängern.

Hauptverfahren könnte hier auch ein Scheidungsverfahren sein, gleich von welchem Eheteil eingeleitet. Dann hätte das Scheidungsgericht die einstweilige Verfügung für die Dauer des Hauptverfahrens zu erlassen.

Da in unserem Fall einerseits die gefährdete Partei an der Ehe festhalten will, andererseits ihr Gegner eine Scheidungsklage nach § 55 Abs 1 oder Abs 3 EheG erst nach drei- oder sechsjähriger Heimtrennung erheben kann, steht der gefährdeten Partei zur Rechtfertigung nur die Klage auf Erhaltung und Weiterbenützung der Ehewohnung nach § 97 ABGB offen.

Wenn ein Eheverfahren schon behängt, braucht die gefährdete Partei die konkrete Gefährdung nicht zu bescheinigen, weil eine solche schon vom Gesetz vermutet wird (§ 382h Abs 2 EO).

In unserem Fall, gleich ob die Klage auf Erhaltung und Weiterbenützung der Ehewohnung schon eingebracht ist, muss die gefährdete Partei nicht nur die Verfügungsberechtigung des Gegners an der Ehewohnung behaupten und bescheinigen, sondern auch dessen konkrete Verkaufsabsichten, zB. private Kaufgespräche oder Nichtbedienen der Kreditverbindlichkeiten, um dadurch eine Zwangsversteigerung herbeizuführen (EF 91.255).

Um zu vermeiden, dass der vom Verfügungsantrag verständigte und zur befristeten Äußerung hierüber aufgeforderte Antragsgegner die Gelegenheit nützt, um durch rasche Vermögensverschiebungen, insbesondere durch entsprechende Grundbuchshandlungen, der einstweiligen Verfügung zuvorzukommen und endgültige Rechtslagen zu schaffen, spricht § 382h Abs 3 EO ein grundsätzliches Anhörungsverbot aus. Das ist umso bedeutsamer, als die gefährdete Partei ihren Anspruch gegen einen gutgläubigen Dritten nicht geltend machen könnte.

Drittes Buch

Insolvenzrecht

Materielles Insolvenzrecht

I. Rechtshandlungen des Schuldners

Fall 103

Das Insolvenzedikt gegen Möbelgeier wird am 1. März um 10.00 Uhr in die Ediktsdatei eingestellt. Am 2. März um 9 Uhr schließt Möbelgeier mit dem Juwelier Pfeffersack einen Mietvertrag ab und übergibt ihm eine goldene Armbanduhr als Gegenwert für die ersten drei Monatsmietzinse.

Kommentar

a) Die Rechtswirkungen der Eröffnung des Insolvenzverfahrens treten mit Beginn des Tags ein, der der öffentlichen Bekanntmachung des Insolvenzedikts folgt (§ 2 Abs 1 IO).

Rechtshandlungen des Schuldners nach diesem Zeitpunkt sind den Insolvenzgläubigern gegenüber unwirksam (§ 3 Abs 1 IO), der Schuldner und sein Vertragspartner sind dagegen an das Geschäft gebunden (RIS-Justiz RS0063784). Allerdings ist zu prüfen, ob der Bestandvertrag überhaupt die Masse oder nur die persönlichen Wohnbedürfnisse des Schuldners betrifft:

Im zweiten Fall ist er voll wirksam, und die Mietzinsforderungen des Vermieters, die ja erst nach Eröffnung des Insolvenzverfahrens entstanden sind (Neuforderungen), richten sich ausschließlich gegen den Schuldner und dessen insolvenzfreies Vermögen (stR, ÖJZ 1989/70).

b) Falls der Mietvertrag im insolvenzfreien Bereich (wirksam) geschlossen wurde, müssen wir noch prüfen, ob die goldene Armbanduhr in die Insolvenzmasse oder in das insolvenzfreie Vermögen fällt. Das hängt davon ab, ob sie exekutionsunterworfen ist:

Sie ist unpfändbar, wenn der Verpflichtete über keine andere Uhr verfügt, kann allerdings nach § 251a EO gegen ein gleich funktionstüchtiges Ersatzstück erheblich geringeren Werts ausgetauscht werden (Austauschpfändung). Das geschieht im Exekutionsverfahren durch ein verwickeltes Zusammenwirken zwischen Vollstreckungsorgan und betreibendem Gläubiger.

Eine Analogie auf das Insolvenzverfahren lässt sich wohl nur in der Weise ziehen, dass die austauschbare Sache vorläufig dem Insolvenzbeschlag unterliegt, der Insolvenzverwalter aber binnen 14 Tagen ab Kenntnis der Sachlage dem Schuldner ein Ersatzstück oder den zur Ersatzbeschaffung erforderlichen Betrag überlässt, widrigenfalls die Sache endgültig aus der Insolvenzmasse ausscheidet.

• Verfügt Möbelgeier über mehrere funktionstüchtige Uhren, so gehört die goldene Armbanduhr jedenfalls zur Insolvenzmasse. Die Hingabe an Zahlungs Statt ist den Insolvenzgläubigern gegenüber unwirksam (§ 3 Abs 1 IO). Der Insolvenzverwalter muss die Uhr von Pfeffersack herausverlangen, allenfalls gegen ihn den Klage- und Exekutionsweg beschreiten.

• Ist die goldene Armbanduhr Pfeffersacks einziger Zeitmesser, so gehört sie vorläufig zur Insolvenzmasse und ist ihre Hingabe an Zahlungs Statt vorläufig unwirksam:

Der Insolvenzverwalter muss zunächst binnen 14 Tagen, nachdem er vom Geschäft erfahren hat, dem Möbelgeier eine brauchbare Ersatzuhr oder einen entsprechenden Geldbetrag übergeben und dann die goldene Armbanduhr von Pfeffersack herausverlangen. Fristversäumnis lässt den Insolvenzbeschlag erlöschen und die Hingabe an Zahlungs Statt ex tunc voll wirksam werden.

Fall 104

Möbelgeier hat eine Liege vor Eröffnung des Insolvenzverfahrens dem Adam geliehen und nach Eröffnung des Insolvenzverfahrens dem Bedam verkauft. Bedam verlangt von Adam die Herausgabe der Liege:

a) während des Insolvenzverfahrens,

b) nach Aufhebung des Insolvenzverfahrens.

Kommentar

a) Falls die Liege zur Insolvenzmasse gehört, ist ihr Verkauf durch den Schuldner „den Insolvenzgläubigern gegenüber unwirksam" (§ 3 Abs 1 S 1 IO). Es handelt sich um eine *relative Unwirksamkeit:*

Das Rechtsgeschäft bleibt zwar zwischen den Vertragspartnern aufrecht, doch braucht der Insolvenzverwalter die sich daraus für die Insolvenzmasse ergebenden Nachteile nicht gelten zu lassen.

Die Liege bleibt Massebestandteil; der Insolvenzverwalter kann sie sowohl von Adam – nach Beendigung der Leihe – , als auch von Bedam herausverlangen, allenfalls im Klageweg. Gelangt der Kaufpreis in die Masse, so hat der Insolvenzverwalter die Wahl zwischen der nachträglichen Genehmigung des Verkaufs, die ihn voll wirksam werden lässt, und der Rückstellung des Kaufpreises an Bedam, weil sich die Masse sonst bereichern würde (§ 3 Abs 1 S 2 IO).

Sobald Adam Kenntnis von der Eröffnung des Insolvenzverfahrens erlangt hat, darf er die Liege dem Bedam nicht mehr herausgeben. Dem entspricht auch § 97 Abs 2 IO: Der Drittdetentor muss seine Gewahrsame dem Insolvenzverwalter anzeigen sowie die Sache zur Verzeichnung und Schätzung für die Masseninventarisierung bereitstellen, dies „bei sonstiger Haftung für den durch sein Verschulden verursachten Schaden".

b) Wird das Insolvenzverfahren aufgehoben, ohne dass die Liege vom Insolvenzverwalter verwertet worden ist (zB. nach Annahme und rechtskräftiger Bestätigung eines Sanierungsplans), so erlangt der Kauf seine volle Wirksamkeit. Es erübrigt sich also ein neuer Vertragsabschluss zwischen Möbelgeier und Bedam.

Fall 105

Pinsel will sich in Kanada eine neue Existenz aufbauen. Er borgt sich von Möbelgeier 5.000 Euro für die Überfahrt. In Vancouver hat er als Anstreicher binnen kurzem solchen Erfolg, dass er die 5.000 Euro zur Rückzahlung beiseite legen kann.

Als Möbelgeier dem Pinsel schreibt, dass er selbst das Geld dringend benötige, weil ihm das Wasser bis zum Hals stehe, übermittelt Pinsel es ihm unverzüglich.

Kommentar

Auch die Rückzahlung eines Darlehens an den Schuldner nach Eröffnung des Insolvenzverfahrens ist eine Rechtshandlung im Sinn des § 3 Abs 1 IO und hat daher grundsätzlich keine schuldbefreiende Wirkung. Doch macht § 3 Abs 2 IO Ausnahmen in zweierlei Richtung:

▶ Wird das Geleistete der Insolvenzmasse zugewendet, so ist die Darlehensschuld getilgt (*Schubert* in Konecny/Schubert, zu § 3 KO Rz 64, 65).

Überweisungen im Post- oder Bankweg gelangen wegen der Post- und Banksperre (*Sicherungsmaßnahmen,* § 78 Abs 2 und 4 IO) ohnehin in die Hände des Insolvenzverwalters. Nur durch eine Bank des Pinsel oder durch einen Boten könnte das Geld unbemerkt dem Schuldner zukommen. Wenn dieser es nicht abliefert, muss der Insolvenzverwalter vom Darlehensnehmer *nochmals Zahlung verlangen.*

▶ In einem Zahlungsprozess hat der vom Insolvenzverwalter geklagte Darlehensnehmer die Sacheinrede der unverschuldeten Unkenntnis von der Eröffnung des Insolvenzverfahrens zur Zeit der Zahlung, trägt also, weil er sich auf eine Gegennorm stützt (§ 3 Abs 2 IO: „es sei denn"), die Beweislast für deren Verwirklichung:

Er muss *beweisen,* dass ihm die Eröffnung des Insolvenzverfahrens weder bekannt war noch bei Anwendung der gehörigen Sorgfalt bekannt sein musste; gelingt ihm dieser Beweis nicht – also auch bei einem non liquet –, so wird er zur Zahlung an die Masse verurteilt (stR, SZ 56/170).

► Da die Eröffnung des Insolvenzverfahrens durch die Einstellung des Edikts in die Ediktsdatei veröffentlicht wird, unterscheidet die gerichtliche Praxis zwischen Unternehmern und Nichtunternehmern:

Von *Unternehmern* wird erwartet, dass sie über die Geschäftslage ihrer Partner Bescheid wissen. Insbesondere Banken (wie auch Versicherungen) müssen eine auf die Insolvenzdatei gestützte aktuelle Insolvenzevidenz führen; sie können sich mithin nicht exkulpieren, wenn sie als Angewiesene an einen Schuldner zahlen.

Kleinunternehmer haben ab einer größeren Barleistung vor der Zahlung die Eintragungen in die Insolvenzdatei zu prüfen. (ZIK 2011/95, 64; dort war ein Betrag von 40.000 Euro Gegenstand der Entscheidung).

Nichtunternehmer, gleich ob sie im Inland oder im Ausland leben, brauchen sich hingegen nicht mit Hilfe elektronischer Medien darüber zu informieren, ob sich ihr Geschäftspartner gerade im Insolvenzverfahren befindet.

► § 3 Abs 2 IO erfasst an sich bloß die Fälle fahrlässiger Unkenntnis *der Verfahrenseröffnung.* Die *verschuldete Unkenntnis der Zahlungsunfähigkeit* des Schuldners steht letztlich jener der Eröffnung des Insolvenzverfahrens gleich (ÖJZ 1965/191; vgl. dazu *Schubert* in Konecny/Schubert, zu § 3 KO Rz 69 mwN; *Buchegger* in Bartsch/Pollak/Buchegger, InsR, I zu § 3 KO Rz 69 mwN; *Buchegger* InsR[3], 29 f).

Hat also Pinsel vor der Eröffnung des Insolvenzverfahrens von den finanziellen Bedrängnissen des Möbelgeier erfahren, so lässt er die gehörige Sorgfalt außer Acht, wenn er nach Eröffnung des Insolvenzverfahrens zahlt, ohne sich über die wirtschaftliche Lage seines Gläubigers zu vergewissern. Er riskiert damit die Pflicht zur nochmaligen Zahlung der Schuld an den Insolvenzverwalter.

II. Unterhalt des Schuldners

Fall 106

Über den vierzigjährigen Möbelgeier ist das Insolvenzverfahren eröffnet worden.

Da ihm das Insolvenzgericht die Weiterarbeit in seinem Unternehmen untersagt, arbeitet er halbtags als Bote in der Buchhandlung Altgebauer und verdient dort monatlich 500 Euro netto.

Er hat für seine uneheliche Tochter Tina zu sorgen.

a) Seine berufstätige Frau gibt ihm ein monatliches Taschengeld von 200 Euro und schenkt ihm außerdem zum Geburtstag 3000 Euro, damit er sich im Keller ein Fitnesscenter einrichten kann.

b) Möbelgeier ersucht den Insolvenzverwalter um einen Zuschuss aus der Masse, weil er mit seinem Verdienst und dem Taschengeld nicht das Auslangen findet, insbesondere um Tina zu unterhalten.

c) Wie geht Tina gegen Möbelgeier vor, der sie schon seit einem Jahr vor Eröffnung des Insolvenzverfahrens nicht mehr unterhält?

Kommentar

Vom Insolvenzverfahren erfasst werden zwar nicht die gegen den Schuldner entstehenden *Neuforderungen*, die gegen ihn unmittelbar im Klage- und Exekutionsweg geltend zu machen sind, wohl aber grundsätzlich sein *Neuerwerb*, gleich ob er ihn unentgeltlich bezieht oder als Entgelt für eigene Tätigkeit.

Zunächst ist das *Verhältnis zwischen § 2 und § 5 IO* zu klären:

• *§ 2 Abs 2 IO* bezieht exekutionsfreie Güter von vornherein nicht in die Insolvenzmasse ein; daher gehört auch exekutionsfreies Einkommen, welches das gesetzliche Existenzminimum nicht übersteigt, ipso iure zum insolvenzfreien Vermögen (SZ 28/86, RdW 1988, 394, ZIK 1995, 182).

• *§ 5 Abs 1 IO* betrifft nur jene entgeltlichen und unentgeltlichen Einkünfte, die das gesetzliche Existenzminimum übersteigen. Sie fallen ipso iure in die Insolvenzmasse.

Der *Insolvenzverwalter hat* aber von sich aus diese insolvenzunterworfenen Einkünfte dem Schuldner zu überlassen, soweit es zu einer bescheidenen Lebensführung für ihn und für seine Unterhaltsberechtigten unerlässlich ist. Erst durch die Überlassung scheiden sie aus der Insolvenzmasse aus, werden sie insolvenzfreies Vermögen.

Der Schuldner wie die einzelnen Insolvenzgläubiger haben die Beschwerde an das Insolvenzgericht (§ 84 IO), das mit unanfechtbarem Beschluss entscheidet (ZIK 1999, 57).

Allerdings reduziert die Judikatur seit der KO-Novelle 1993 den Begriff der „bescheidenen Lebensführung" auf das – ohnehin nach § 2 Abs 2 IO verbleibende – Existenzminimum und entleert § 5 Abs 1 IO auf diese Weise großenteils seines Sinnes; demnach dient die Norm nach stR nur der Gewährleistung des Existenzminimums (vgl. RPlSlgE 2000/115; ZIK 2007/223, 130).

An die Berechnung ist ein strenger Maßstab anzulegen *(Unentbehrlichkeitsgrundsatz):* Es ist nicht nur einzurechnen, was der Schuldner an insolvenzfreiem Einkommen bezieht, sondern auch jedes Einkommen der von ihm zu erhaltenden Personen.

Nur was danach noch fehlt, kann der Schuldner von den insolvenzunterworfenen Einkünften für sich verlangen. Unterhaltsberechtigte haben keinen unmittelbaren Anspruch auf Gewährung des Unterhalts aus der Masse (stR, ZIK 1995, 182; für Bezüge, die das Existenzminimum des § 291a EO nicht übersteigen: RIS-Justiz RS0013502).

Auf das nach § 5 Abs 1 IO überlassene Einkommen können zwar nicht die Insolvenzgläubiger, wohl aber die Neugläubiger des Schuldners greifen (ERS 1984/106).
Siehe unten c).

a) Da Möbelgeiers entgeltliche und unentgeltliche Einkünfte insgesamt nicht einmal das Existenzminimum erreichen, gibt es nichts, was ihm nach § 5 Abs 1 IO aus der Masse überlassen werden könnte.

Die zweckgebundene Schenkung von 3000 Euro dagegen ist ein Neuerwerb, der jedenfalls in die Insolvenzmasse fällt und nicht für eine „bescheidene Lebensführung unerlässlich ist". Daher kann er auch nicht nach § 5 Abs 1 IO überlassen werden.

Vielmehr hat der Insolvenzverwalter nach § 4 Abs 2 IO zu entscheiden, ob er die Schenkung annimmt oder – etwa wegen ihrer Unerheblichkeit – ablehnt; nur im zweiten Fall scheidet sie aus der Insolvenzmasse aus.

Die Annahme scheitert aber nicht an der Zweckwidmung, weil auch ein vom Schuldner eingerichtetes Fitnesscenter als Neuerwerb in die Masse fallen würde. Um dem zu entgehen, müsste die Frau des Schuldners selbst das Fitnesscenter einrichten lassen und das Eigentum daran behalten.

b) Zwar hat nach *§ 5 Abs 2 IO* der Insolvenzverwalter mit Zustimmung des Gläubigerausschusses dem Schuldner aus der Masse das zu gewähren, was zum Existenzminimum fehlt („soweit ... nichts zu überlassen ist"), aber nur soweit jener nach seinen Kräften zu einem Erwerb der Differenz durch eigene Tätigkeit nicht imstande ist *(Anspannungsgrundsatz)*. Von einem Vierzigjährigen ist im Normalfall eine ganztägige Beschäftigung zu erwarten.

c) Auch bei den gesetzlichen Unterhaltsansprüchen ist zwischen Altforderungen (Unterhaltsrückständen) und Neuforderungen zu unterscheiden. Die *Unterhaltsrückstände* sind als Insolvenzforderungen anzumelden.

Die nach Eröffnung des Insolvenzverfahrens entstehenden Ansprüche sind von Tina gegen Möbelgeier außerhalb des Insolvenzverfahrens zu verfolgen, daher allenfalls gerichtlich geltend zu machen und nur in das insolvenzfreie Vermögen zu vollstrecken (vgl. JBl 1977, 272, EFSlg 42.768, 50.423).

Es ist Sache des verpflichteten Möbelgeier gegen einen Exekutionstitel auf Zahlung des gesetzlichen Unterhalts im Weg der Oppositionsklage einzuwenden, dass er keine Tätigkeit auszuüben vermag, durch die er seinen gesetzlichen Unterhaltspflichten nachkommen kann (SZ 23/117).

III. Rechtsstreitigkeiten im Insolvenzverfahren

Fall 107

In der Insolvenzmasse des Möbelgeier befindet sich ein Haus, das mit Hypotheken überbelastet ist, so dass sich seine Verwertung im Insolvenzverfahren nicht lohnt. Auf Antrag des Insolvenzverwalters überlässt der Gläubigerausschuss mit Genehmigung des Insolvenzgerichts das Haus dem Möbelgeier zur freien Verfügung. Diesem gelingt es, das Haus zu einem Liebhaberpreis zu verkaufen, so dass ihm nach Tilgung der Hypothekarschulden noch 20.000 Euro verbleiben. Der Insolvenzverwalter klagt Möbelgeier auf Zahlung der 20.000 Euro an die Masse.

a) Welche prozessuale Stellung hat der Insolvenzverwalter in diesem Rechtsstreit?

b) Kann sich der Insolvenzverwalter auf eine „beschränkte Freigabe" stützen?

c) Wie können sich die Insolvenzgläubiger gegen die Freigabe wehren und wie können sie sonst auf die 20.000 Euro greifen?

Kommentar

Literatur: Nunner, Die Freigabe von Konkursvermögen (1998).

a) Der Streit über die Rechtsstellung des Insolvenzverwalters der Insolvenzmasse gegenüber (Amtstheorie, Vertretertheorie, Organtheorie, neutrale Theorie) ist rein akademisch. Der Organtheorie ist gegenüber der Vertretertheorie der Vorzug zu geben:

Gerade hier zeigt sich, dass der Insolvenzverwalter nicht für den Schuldner handelt, sondern als organschaftlicher Vertreter der Insolvenzmasse, nämlich einer rechts- und prozessfähigen Vermögensmasse. Der Beklagte ist seinerseits durch einen von ihm frei gewählten Rechtsanwalt vertreten.

b) Wenn eine Sache unbedeutenden Werts oder eine zweifelhafte Forderung rechtskräftig aus der Insolvenzmasse ausgeschieden und dem Schuldner zur freien Verfügung überlassen wurde, kann sie nicht wieder in die Insolvenzmasse einbezogen werden (stR, WBl 1988, 440: „Teilaufhebung des Insolvenzverfahrens"): Einmal frei, immer frei! Siehe dazu *Buchegger* InsR³, 152 f.

Zu den **Sachen unbedeutenden Werts** gehören auch *überbelastete Liegenschaften.* Vom Standpunkt der Insolvenzmasse aus lassen Liegenschaften, die mit Absonderungsrechten offensichtlich überlastet sind, von vorherein keinen Überschuss für die Masse erwarten (SZ 55/188, 61/172). Eine *offensichtliche Überbelastung* liegt allerdings erst dann vor, wenn die hypothekarisch gesicherten Forderungen den Schätzwert der Liegenschaft *erheblich* übersteigen (zB. den anderthalbfachen Schätzwert ausmachen).

Eine beschränkte Freigabe in der Weise, dass das Insolvenzgericht dem Schuldner aufträgt, einen etwaigen Überschuss an die Masse abzuliefern, ist in § 119 Abs 5 IO nicht vorgesehen (vgl. ZIK 2003/93, 69). Denkbar ist nur eine privatrechtliche Vereinbarung zwischen dem Insolvenzverwalter und dem Schuldner, wonach dieser sich aus freien Stücken verpflichtet, einen Überschuss abzuliefern. Einen solchen Anspruch kann der Insolvenzverwalter nur im Klageweg gegen den insoweit voll rechts- und prozessfähigen Schuldner geltend machen.

c) Der Antrag auf Freigabe kann vom Insolvenzverwalter, dem Gläubigerausschuss und vom Schuldner gestellt werden (SZ 69/124 = ZIK 1997, 186). Die Freigabe nach § 119 Abs 5 IO geschieht durch (unanfechtbaren) Beschluss des Gläubigerausschusses, der mit *anfechtbarem gerichtlichen Ausscheidungsbeschluss* genehmigt wird *oder dem mit ebenfalls anfechtbarem Ausscheidungsversagungsbeschluss* die Genehmigung versagt wird.

Der Insolvenzverwalter ist das für die Freigabe primär zuständige Organ (vgl. wobl 1999, 246 *Riel* = ZIK 1999, 62). Besteht kein Gläubigerausschuss, so gehen dessen Befugnisse zwar auf das Gericht über (§ 90 S 1 IO), Der Insolvenzverwalter hat aber auch in diesem Fall ein Mitwirkungsrecht.

Der insolvenzgerichtliche Beschluss ist allen potentiell **Rekursberechtigten** zuzustellen (*Nunner,* Freigabe 201), mithin

- dem Insolvenzverwalter,
- den Mitgliedern des Gläubigerausschusses und
- dem Schuldner.

Voraussetzung für einen Rekurs binnen 14 Tagen (§ 260 Abs 1 IO) ist materielle Beschwer (vgl. zum Verfahren *Kodek* in Bartsch/Pollak/Buchegger, IV, zu § 119 Abs 5 KO Rz 201 ff, zu Zustellung und Anfechtbarkeit *Kodek* aaO Rz 214, 215 ff).

Merke! Der Rekurs ist mehrseitig, weil die Entscheidung eine Teilaufhebung des Insolvenzverfahrens darstellt und daher in privatrechtliche Rechte eingreift (Art 6 MRK).

Dem Gläubigerausschuss als Verfahrensorgan steht keine Rekursbefugnis zu, nur den Mitgliedern (vgl. ZIK 2003/93, 69).

Insolvenzgläubiger haben kein Rekursrecht gegen den Ausscheidungsbeschluss (ZIK 2003/93, *Kodek* in Bartsch/Pollak/Buchegger IV, zu § 119 KO Rz 215 ff), und zwar unabhängig davon, ob im Verfahren ein Gläubigerausschuss besteht oder nicht oder ob eine Gläubigerversammlung mit der Ausscheidung befasst worden ist (SZ 69/124 = ZIK 1997, 186).

Eine fahrlässige Freigabe begründet einen Amtshaftungsanspruch gegen alle beteiligten Gerichtsorgane. Freilich verneint schon RZ 1988/53, dass der Insolvenzverwalter ein gerichtliches Organ im Sinn des § 1 Abs 1 AHG sei (vgl. auch SZ 59/35). Dieser haftet jedenfalls privatrechtlich als Sachverständiger (§ 81 Abs 1 IO verweist auf § 1299 ABGB) und kann daher von den geschädigten Insolvenzgläubigern direkt im Klageweg in Anspruch genommen werden. Auch eine Schadenersatzklage gegen die Mitglieder des Gläubigerausschusses ist möglich (§ 89 Abs 2 IO: „allen Beteiligten für Vermögensnachteile ... verantwortlich").

Da die 20.000 Euro zum insolvenzfreien Vermögen des Schuldners gehören, können die Insolvenzgläubiger ihre Forderungen gegen den Schuldner außerhalb des Insolvenzverfahrens geltend machen. *Allerdings gilt für sie das Verbot der Simultanhaftung von Masse und insolvenzfreiem Vermögen.*

Will ein Insolvenzgläubiger auf das insolvenzfreie Vermögen greifen, so hat er entweder einen Insolvenzteilnahmeverzicht abzugeben oder ist für die Inanspruchnahme des Schuldners auf die Zeit *nach der Aufhebung des Insolvenzverfahrens* verwiesen (*Buchegger,* InsR[3], 137).

Ist noch kein Exekutionstitel vorhanden, so muss der Schuldner zunächst geklagt werden: Aus dem Urteilsantrag muss hervorgehen, dass der Gläubiger sich mit dem Urteil nur aus dem insolvenzfreien Vermögen befriedigen will („bei sonstiger Exekution in das insolvenzfreie Vermögen des Beklagten"). Macht er gleichzeitig seine Insolvenzforderung in die Masse geltend, so bleibt ihm eine Exekution in das insolvenzfreie Vermögen bis zur Aufhebung des Insolvenzverfahrens verwehrt.

Ist bereits ein Exekutionstitel vorhanden, so kann bei gleichzeitiger Inanspruchnahme der Masse ebenfalls nicht sofort in das insolvenzfreie Vermögen vollstreckt werden. Allenfalls lässt sich schon im Zusammenhang mit dem Klageverfahren der Zugriff auf die 20.000 Euro durch eine einstweilige Verfügung sichern.

Ein Insolvenztitel nach § 61 IO steht dem am Insolvenzverfahren teilnehmenden Insolvenzgläubiger aufgrund des Simultanhaftungsverbots nach hR erst nach Verfahrensaufhebung zur Verfügung; der Auszug aus dem Anmeldungsverzeichnis wird erst am Ende des Insolvenzverfahrens ausgestellt (vgl. ZIK 1999, 167).

Fall 108

Möbelgeier führt gegen den Tischler Hobel einen Gewährleistungsprozess mit höchst zweifelhaftem Ausgang, als er in Insolvenz fällt. Der Insolvenzverwalter ist zwar am Prozessgewinn sehr interessiert, möchte sich aber nicht den Unwägbarkeiten einer Prozessführung aussetzen.

Kommentar

Auch die Aktivprozesse des Schuldners, die die Insolvenzmasse betreffen, werden durch die Eröffnung des Insolvenzverfahrens ipso iure unterbrochen (§ 7 Abs 1 IO). Der Insolvenzverwalter kann zwischen Übernahme oder Ablehnung des Rechtsstreits wählen; auf Antrag einer Prozesspartei ist ihm eine Erklärungsfrist zu setzen (§ 8 Abs 2 IO).

Lehnt der Insolvenzverwalter ab oder erklärt er sich nicht fristgemäß, so scheidet der Anspruch aus der Insolvenzmasse aus, und das Verfahren kann von jeder Prozesspartei aufgenommen werden (§ 8 Abs 3 IO). Dann agiert der Schuldner selbständig ohne rechtliche Beschränkungen im Rahmen des insolvenzfreien Vermögens.

Die Ablehnung nach § 8 Abs 2 IO unterscheidet sich von der Freigabe nach § 119 Abs 5 IO dadurch, dass sie in jeder Form erklärt werden kann und keiner ausdrücklichen Beschlussfassung durch das Gericht bedarf.

Auch hier ist eine bloß beschränkte Freigabe in dem Sinn möglich, dass der Schuldner vereinbarungsgemäß einen Prozesserlös an den Insolvenzverwalter abliefert (siehe den vorhergehenden Fall).

Um aber nicht auf die Vertragstreue des Schuldners angewiesen zu sein und einen Prozessgewinn unmittelbar für die Insolvenzmasse nutzbar zu machen, könnte der Insolvenzverwalter dem Schuldner auch bloß die Prozessführungsbefugnis (ohne Sachbefugnis) rückübertragen. Dann agiert der Schuldner als gewillkürter Prozessstandschafter im eigenen Namen über eine Forderung der Insolvenzmasse.

Sein für solche Fälle erforderliches rechtliches Interesse an der Prozessführung liegt in der Mehrung der Insolvenzmasse zum Abbau seiner Schulden. Den von Möbelgeier erwirkten Exekutionstitel kann der Insolvenzverwalter in Verbindung mit dem Beschluss auf Eröffnung des Insolvenzverfahrens (öffentliche Urkunde iSd § 9 EO) einem Exekutionsantrag gegen Hobel zugrunde legen.

Die gewillkürte Prozessstandschaft ist allerdings nur in Deutschland anerkannt (BGHZ 35 180, *Lüke* 66 f). Vom OGH wird sie abgelehnt. Zu Unrecht, wie dieser Fall zeigt.

Fall 109

Der Autohändler AU hat Möbelgeier einen Lieferwagen geliehen, den dieser nicht zurückgeben will. AU klagt Möbelgeier auf Herausgabe des Lieferwagens und auf Schadenersatz von 1.500 Euro wegen Beschädigung der Karosserie. Darauf fällt Möbelgeier in Konkurs. AU will seine Schadenersatzforderung nicht zum Insolvenzverfahren anmelden, weil er einen Prozessvergleich anstrebt, in dem sich Möbelgeier an Zahlungs Statt zu Arbeitsleistungen verpflichten soll.

Kommentar

▶ Der dem AU gehörende Lieferwagen ist zwar nicht rechtlicher, aber faktischer Bestandteil der Insolvenzmasse. Daher bestimmen §§ 6 Abs 2, 7 Abs 1 IO, dass auch Aussonderungsprozesse gegen den Schuldner durch die Eröffnung des Insolvenzverfahrens unterbrochen und nur gegen den Insolvenzverwalter fortgesetzt werden können. Auch hier kann der Insolvenzverwalter zwischen Aufnahme und Ablehnung des Rechtsstreits wählen (§ 8 Abs 1 IO). Lehnt er ab oder erklärt er sich nicht innerhalb der auf Gegenantrag vom Insolvenzgericht festgesetzten Erklärungsfrist, so scheidet der Lieferwagen – auch faktisch – aus der Insolvenzmasse aus, und das Verfahren kann vom AU oder vom Schuldner aufgenommen werden.

Der Insolvenzverwalter wird die Aufnahme nur dann wählen, wenn er den Lieferwagen im berechtigten Besitz der Masse wähnt. Die sechsmonatige Zwangsstundung des Aussonderungsanspruchs ab Eröffnung des Insolvenzverfahrens (§ 11 Abs 2 IO) kann er nicht im Erkenntnisverfahren einwenden; vielmehr ist, wenn sonst die Fortführung des Unternehmens gefährdet wäre, die Aussonderungsexekution vom Exekutionsgericht auf Antrag des Insolvenzverwalters oder auf Ersuchen des Insolvenzgerichts aufzuschieben (§ 11 Abs 3 IO).

▶ Da die eingeklagte Schadenersatzforderung eine Insolvenzforderung ist, gilt § 7 Abs 3 IO: Die Unterbrechung währt jedenfalls bis zum Abschluss der Prüfungstagsatzung, selbst wenn die Forderung nicht im Konkursverfahren angemeldet wird.

Die insolvenzmäßige Feststellung der angemeldeten Klageforderung in der Prüfungstagsatzung erübrigt die Aufnahme des Prozesses, macht sie aber nicht unzulässig:

Wer sich zusätzlich zum Insolvenztitel auf ein Urteil stützen will, um einerseits in das insolvenzfreie, andererseits nach Aufhebung des Insolvenzverfahrens - doppelt gesichert - in das gesamte Schuldnervermögen vollstrecken zu können, darf später den Prozess aufnehmen.

Wer seine Forderung nicht in einem Insolvenzverfahren anmelden, aber auch nicht den Ablauf der Sperrfrist abwarten will, kann einen ***Insolvenzteilnahmeverzicht*** erklären; dann verliert die Forderung ihren rechtlichen Bezug zur Insolvenzmasse. AU kann diese Verzichtserklärung im unterbrochenen Prozess abgeben und damit die Unterbrechung beseitigen; dann gilt § 6 Abs 3 IO:

Der Prozess geht gegen den Schuldner ungehindert weiter (RdW 1988, 388). Der Schuldner kann über seine *persönliche Arbeitskraft* auch nach der Eröffnung des Insolvenzverfahrens beliebig verfügen (SZ 53/92).

Fall 110

Zum Insolvenzverfahren des Möbelgeier melden A seine Kaufpreisforderung, B seine vollstreckbare Schadenersatzforderung, C seine Mietzinsforderung und D ihre Sozialbeitragsforderung an. In der Prüfungstagsatzung bestreiten der Insolvenzverwalter und C die Forderungen des A und B. Welche Streitgenossenschaften und Nebeninterventionen kommen in den folgenden Prüfungsprozessen in Frage?

Kommentar

Literatur: Buchegger, Mehrere Parteien im Prüfungsprozeß nach der österreichischen KO, Dike International, Athen, Heft August 1995.

▶ Zuerst sind die *Parteirollen in den Prüfungsprozessen* zu ermitteln:

• Die Inhaber bestrittener nichtvollstreckbarer Insolvenzforderungen klagen alle Bestreitenden, hier also A den Insolvenzverwalter und den C (§ 110 Abs 1 IO).

• Die Inhaber bestrittener vollstreckbarer Insolvenzforderungen werden von den Bestreitenden geklagt, hier B vom Insolvenzverwalter und vom C (§ 110 Abs 2 IO).

▶ Weil rechtskräftige Entscheidungen in Prüfungsprozessen gegenüber allen Insolvenzgläubigern wirksam sind (§ 112 Abs 1 IO), bilden mehrere Kläger und Beklagte jedenfalls eine *einheitliche Streitpartei* (§ 14 ZPO):

• Eine *obligatorische Gemeinschaftsklage* sieht allerdings nur § 110 Abs 1 IO in der Weise vor, dass der Inhaber einer bestrittenen nichtvollstreckbaren Insolvenzforderung alle Bestreitenden zusammen klagen muss, die deshalb eine anspruchsgebundene einheitliche Streitpartei bilden.

• Mehrere Bestreitende einer vollstreckbaren Insolvenzforderung müssen dagegen nicht zu einer gemeinsamen Klage zusammenfinden (§ 110 Abs 2 IO); es genügt, wenn einer von ihnen klagt (hier der Insolvenzverwalter oder C); das von ihm erwirkte Urteil erstreckt sich ohnehin auf alle Insolvenzgläubiger.

Wenn mehrere Bestreitende klagen wollen *(fakultative Gemeinschaftsklage),* so können sie dies freilich wegen der einheitlichen Urteilswirkung nur gemeinsam tun; dann bilden sie eine wirkungsgebundene einheitliche Streitpartei.

▶ Wenn einer von mehreren Bestreitenden nach § 110 Abs 2 IO klagt, verlieren die anderen ihr Klagerecht, weil es nur eine Klage geben kann.

Die Konstruktion eines nachträglichen Parteibeitritts mit der Wirkung notwendiger Streitgenossenschaft erübrigt sich, weil § 20 ZPO für solche Fälle ohnehin die *streitgenössische Nebenintervention* anbietet.

Allerdings sind deren Wirkungen umstritten:

• Die herrschende Meinung (*Deixler-Hübner,* Die Nebenintervention im Zivilprozeß 199 ff) sieht den streitgenössischen Nebenintervenienten als gleichberechtigten notwendigen Streitgenossen mit der Maßgabe an, dass er den Rechtsstreit in der Lage übernehmen muss, in der sich dieser zur Zeit des Beitritts befindet.

• Wer im streitgenössischen Nebenintervenienten nur einen verstärkten Streithelfer sieht, bestraft ihn einerseits dafür, dass er nicht rechtzeitig (mit)geklagt hat, begünstigt ihn anderseits, indem er ihn im Fall des Prozessverlusts von der Kostenersatzpflicht ausnimmt.

Streitgenössischer Nebenintervenient ist nur,

• wer von den Rechtswirkungen des Urteils unmittelbar erfasst wird und
• ein selbständiges Klagerecht hat oder gehabt hat (*Deixler-Hübner* PraktZPR 116, insbes 123).

Beide kumulativen Voraussetzungen treffen auf Beitretende nach § 110 Abs 2 IO zu: Das Klagerecht haben sie durch die Bestreitung erworben und nur durch nicht rechtzeitiges Ausüben wieder verloren; die Rechtskrafterstreckung normiert § 112 Abs 1 IO.

Anders verhält es sich allerdings, wenn D einem Prüfungsprozess beitreten möchte. Sie ist zwar am Prozessausgang wegen der Rechtskrafterstreckung (§ 112 Abs 1 IO) rechtlich interessiert, hat aber, weil sie in der Prüfungstagsatzung nicht bestritten hat, weder im einen noch im anderen Prüfungsprozess eine Sachlegitimation. Darum kann sie dort immer nur die Position eines *einfachen Nebenintervenienten* einnehmen (§ 17 ZPO).

IV. Exekutionen neben dem Insolvenzverfahren

Fall 111

Gegen Möbelgeier, über dessen Vermögen am 3. Mai das Insolvenzverfahren eröffnet wird, laufen mehrere Exekutionen:

a) Der Tischler Adam lässt am 1. März aufgrund eines rechtskräftigen Zahlungsurteils einen PKW pfänden.

b) Der Darlehensgeber Bedam lässt am 1. April aufgrund eines vollstreckbaren Notariatsakts ein Biedermeierschlafzimmer pfänden.

c) Der betreibende Vermieter Cedam erwirkt am 2. Mai wegen zweijähriger Mietzinsrückstände eine Exekutionsbewilligung, aufgrund deren er die vom Möbelgeier ins Mietlokal eingebrachten Gegenstände pfänden lassen möchte.

d) Bedam will auf die Klageforderung des Schuldners, die der Insolvenzverwalter ohne jede Beschränkung freigegeben hat, Exekution führen.

Kommentar

a) Hier liegt ein ***älteres Pfändungspfandrecht*** vor, das durch die Eröffnung des Insolvenzverfahrens nicht berührt wird; das Exekutionsverfahren läuft neben dem Insolvenzverfahren weiter; der Insolvenzverwalter kann sich daran in der Stellung eines betreibenden Gläubigers beteiligen (§ 119 Abs 4 IO).

Das Auto bildet im Insolvenzverfahren des Möbelgeier eine Sondermasse, deren Verkaufserlös in erster Linie der Befriedigung des Adam dient; nur eine hyperocha fließt in die allgemeine Masse.

b) Hier liegt ein ***jüngeres Pfändungspfandrecht*** vor: In den letzten sechzig Tagen vor Eröffnung des Insolvenzverfahrens begründet, erlischt es durch sie ***(Rückschlagsperre, § 12 Abs 1 IO)***. Dass der Titel durch Vertrag (vollstreckbarer Notariatsakt) und nicht durch Urteil geschaffen wurde, ist belanglos (ÖJZ 1948/745).

Das Biedermeierschlafzimmer ist in die Masse zu ziehen und insolvenzmäßig zu verwerten; allerdings ist der Erlös erst auszuschütten (zur Befriedigung der Massegläubiger und der Insolvenzgläubiger), wenn feststeht, dass das Insolvenzverfahren nicht nach § 123a IO aufgehoben wird (vgl. schon SZ 59/35).

c) Hier ist bei Eröffnung des Insolvenzverfahrens noch gar kein Pfändungspfandrecht, wohl aber ein ***gesetzliches Vermieterpfandrecht*** begründet.

Im allgemeinen bewirkt die Eröffnung des Insolvenzverfahrens eine Exekutionssperre und daher Nichtigkeit anlaufender Exekutionsverfahren, so dass einerseits der Insolvenzverwalter einen Nichtigkeitsrekurs gegen die Exekutionsbewilligung erheben könnte, anderseits das Exekutionsgericht auch von Amts wegen ein schon im Vollzug befindliches Exekutionsverfahren einstellen müsste.

Im vorliegenden Fall kann sich aber der betreibende Gläubiger auf ein vor der Eröffnung des Insolvenzverfahrens begründetes gesetzliches Vermieterpfandrecht stützen, das, gleich wie ein vertragliches Pfandrecht, insolvenzfest ist.

Dass die gerichtliche Pfändung der eingebrachten Sachen erst nach Eröffnung des Insolvenzverfahrens stattfinden wird, spielt keine Rolle (ERS 1989/67). Das Exekutionsverfahren läuft wie im Fall a) weiter.

Der betreibende Gläubiger einer privilegierten Mietzinsforderung kann den Exekutionsantrag auch erst während des Insolvenzverfahrens stellen und auf die eingebrachten Einrichtungsgegenstände und Fahrnisse des Schuldners Exekution führen (stR, JBl 1980, 480). Die *sofortige gerichtliche Beschreibung* der eingebrachten Sachen kann er ab Gerichtshängigkeit der Mietzinsklage verlangen (HfD JGS 1819/1621).

Ab Eröffnung des Insolvenzverfahrens ist zwar wegen der Prozesssperre keine Mietzinsklage zulässig (anmeldepflichtige Insolvenzforderung), wohl aber eine gegen den Insolvenzverwalter gerichtete Klage auf Duldung der Zwangsvollstreckung in die eingebrachten Sachen (insolvenzfestes Absonderungsrecht).

Allerdings ist hier noch zu beachten, dass das gesetzliche Vermieterpfandrecht im Insolvenzverfahren nur für einjährige Mietzinsrückstände besteht (§ 48 Abs 4 IO); eine Exekution wegen überjähriger Mietzinsrückstände ist jedenfalls unzulässig und daher das Exekutionsverfahren dementsprechend einzuschränken (Teileinstellung); die überjährigen Mietzinsforderungen sind als gewöhnliche Insolvenzforderungen zum Insolvenzverfahren anzumelden.

d) Die Exekution auf eine Forderung, die vom Insolvenzverwalter unbeschränkt freigegeben wurde, ist jedenfalls zulässig, da sie zum insolvenzfreien Vermögen des Schuldners gehört und die Insolvenzmasse nicht mehr berührt. Bedam kann aufgrund seines vollstreckbaren Notariatsakts ohne weiteres eine Forderungsexekution gegen den Schuldner führen und, da das Verfahren über dessen Klageforderung gerade anhängig ist, als Überweisungsgläubiger den Prozess weiterführen, der dann einen Drittschuldnerprozess vorstellt.

Fall 112

Möbelgeier hat dem Kleingastwirt G einen Billardtisch gegen Anzahlung unter Rücktrittsvorbehalt geliefert. Als G die fällige Restschuld nicht bezahlt, klagt ihn Möbelgeier auf Herausgabe wegen Rücktritts. Sowohl über das Vermögen des G als auch über jenes des Möbelgeier wird das Insolvenzverfahren eröffnet. Den Billardtisch lässt der Verpächter des G wegen seiner Pachtzinsforderungen pfandweise beschreiben.

Kommentar

▶ Der von Möbelgeier eingeklagte Individualleistungsanspruch verwandelt sich durch die Eröffnung des Insolvenzverfahrens in eine Geldforderung (§ 14 Abs 1 IO). Diese muss der Insolvenzverwalter des Möbelgeier im Insolvenzverfahren des G zur quotenmäßigen Befriedigung anmelden.

Bestreitet der Insolvenzverwalter des G in der Prüfungstagsatzung, so wird der durch die Eröffnung des Insolvenzverfahrens unterbrochene Herausgabeprozess zwischen den beiden Massen als Prüfungs(Feststellungs)-prozess über den Wertersatzanspruch fortgesetzt.

Unterscheide: Der *Rücktrittsvorbehalt* ermöglicht auch bei Dauerschuldverhältnissen (hier: Miete) eine Rückabwicklung mit obligatorischer ex-tunc-Wirkung: Möbelgeier macht einen schuldrechtlichen Anspruch auf Rückübereignung geltend (Verschaffungs-anspruch), der zur Insolvenzforderung wird. Ein *Eigentumsvorbehalt* würde dagegen die Rückabwicklung erübrigen und einen insolvenzfesten Aussonderungsanspruch begründen.

▶ Der Insolvenzverwalter des G muss die Ausscheidung des Billard-tischs aus der pfandweisen Beschreibung wegen Unpfändbarkeit nach § 251 Z 6 EO beantragen: Solange die Gastwirtschaft betrieben wird, ist das unternehmensgebundene Gut auch einer abgesonderten Verwertung zugunsten eines gesetzlichen Pfandrechts unzugänglich (ÖJZ 1956/195).

• Die Gastwirtschaft wird durch die Eröffnung des Insolvenzverfahrens nicht selbsttä-tig geschlossen, sondern grundsätzlich weiterbetrieben, womöglich von G selbst unter Aufsicht des Insolvenzverwalters. Dieser kann sie nur schließen, wenn das Insolvenzge-richt die Schließung anordnet (§ 114a Abs 2 IO; zur Gesamtveräußerung siehe § 114a Abs 4 IO).

• Als Kleingewerbetreibender, der seine Kundschaft persönlich bedient, genießt G den Pfändungsschutz des § 250 Z 2 EO: Der Billardtisch samt Zubehör fällt unter die un-pfändbaren, weil „zur persönlichen Fortsetzung der Erwerbstätigkeit erforderlichen Ge-genstände" (GlU 14.170).

• Der Billardtisch ist zwar der Exekution entzogen, gehört aber entgegen der allge-meinen Regel des § 2 Abs 2 IO nicht zum insolvenzfreien Vermögen des Schuldners, sondern zur Insolvenzmasse. An das Unternehmen gebunden, ist er vor einer insolvenzmä-ßigen Verwertung geschützt, solange jenes weiterbetrieben wird. Erst eine gerichtliche Schließung des Unternehmens würde den Pfändungsschutz des § 250 Z 2 EO beseitigen.

V. Aufrechnung im Insolvenzverfahren

Fall 113

a) Der Taxiunternehmer T kauft am 1. Feber vom Gebrauchtwagen-händler G einen gebrauchten Mercedes um 15.000 Euro Listenpreis. Bei Eröffnung des Insolvenzverfahrens gegen G am 1. März ist der Kaufpreis voll bezahlt, aber der Mercedes noch nicht übergeben. Welchen Anspruch hat T gegen die Insolvenzmasse?

b) T kauft und übernimmt am 2. Feber von G außerdem vier Winterrei-fen um 1.500 Euro, hat sie aber bei Eröffnung des Insolvenzverfahrens noch nicht bezahlt. Kann er mit seinem Anspruch gegen die Insolvenzmas-se (oben a) aufrechnen?

c) T kauft und übernimmt am 20. März von der Insolvenzmasse vier Winterreifen um 1.500 Euro, ohne sie zu bezahlen. Kann er mit seinem Anspruch gegen die Insolvenzmasse (oben a) aufrechnen?

Kommentar

a) T hat gegen G einen Individualleistungsanspruch. Zum Insolvenzverfahren können aber nur Geldforderungen angemeldet werden, weil eine Befriedigung aus der Masse nur durch Zahlung erfolgt.

Aus diesem Grund ermöglicht § 14 Abs 1 IO, *Individualleistungsansprüche als Geldforderungen* anzumelden, und zwar mit ihrem Schätzwert zur Zeit der Eröffnung des Insolvenzverfahrens.

Die Schätzung obliegt dem Gläubiger. Eine Überschätzung wird in der Prüfungstagsatzung dazu führen, dass die Forderung der Höhe nach bestritten und T mit ihr auf den Rechtsweg (Prüfungsklage) verwiesen wird.

Die Judikatur spricht bisweilen von einer Umwandlung des Individualleistungsanspruchs in eine Geldforderung durch die Eröffnung des Insolvenzverfahrens (SZ 49/98). Diese Umwandlung ist aber in Schwebe, bis die Geldforderung in der Prüfungstagsatzung insolvenzmäßig festgestellt oder durch ein Urteil im Prüfungsprozess erwiesen ist. Erst dann ist sie endgültig in dem Sinn, dass sie für und gegen alle Beteiligten wirkt.

Endet das Insolvenzverfahren vor dieser Feststellung (zB. durch Aufhebung mangels Masse) oder zieht T die Anmeldung rechtzeitig zurück (etwa weil er einen Sanierungsplan befürchtet, in dem er sich nicht mit einer geringfügigen Sanierungsplanquote abspeisen lassen möchte), so bleibt ihm der Individualleistungsanspruch erhalten.

Siehe auch *Roth* Individualleistung und Geldersatz (1993) 162, insbes 168: Nicht die Eröffnung des Insolvenzverfahrens, sondern die Anmeldung bewirkt eine Verwandlung des ursprünglichen Individualleistungsanspruchs in einen insolvenzrechtlichen Geldersatzanspruch, freilich auflösend bedingt durch eine spätere Aktivierung des Individualleistungsanspruchs außerhalb des Insolvenzverfahrens, etwa durch Klageführung gegen den Schuldner. Nach dieser Ansicht müsste dann ein mittlerweile erlangter Insolvenztitel seine Wirksamkeit verlieren.

b) Da sich der Individualleistungsanspruch des T durch die Eröffnung des Insolvenzverfahrens in eine Geldforderung umgewandelt hat, steht dieser bei Eröffnung des Insolvenzverfahrens eine Geldforderung der Insolvenzmasse gegenüber, was eine Aufrechnung ermöglicht.

Aufrechnungsgläubiger sind gegenüber anderen Insolvenzgläubigern insofern bevorrechtet, als sie durch Aufrechnung *in der Höhe der Aufrechnungssumme voll befriedigt* werden. Bewertet T seinen Verschaffungsanspruch mit 15.000 Euro und rechnet er ihn gegen die 1.500-Euro-Forderung der Masse auf, dann ist er in dieser Höhe voll befriedigt, so dass er nur noch 13.500 Euro zum Insolvenzverfahren anmelden muss.

Die aufrechenbare Forderung wird nicht zum Insolvenzverfahren angemeldet (§ 19 Abs 1 IO): T gibt seine Aufrechnungserklärung unbefristet (SZ 56/128) unmittelbar gegenüber dem Insolvenzverwalter ab. Es bleibt ihm aber von vornherein unbenommen, neben der Aufrechnungserklärung die ganzen 15.000 Euro zum Insolvenzverfahren anzumelden (SZ 58/169).

Kennen oder Kennenmüssen der Zahlungsunfähigkeit des (späteren) Schuldners bei Erwerb der Gegenforderung in den letzten sechs Monaten vor Eröffnung des Insolvenzverfahrens macht die Aufrechnung unzulässig (§ 20 Abs 1 S 2 iVm 2 IO), weil dann vermutet wird, dass der Erwerber sich die Gegenforderung nur verschafft hat, um gegenüber den anderen Insolvenzgläubigern das Vorrecht der Aufrechnung zu erlangen.

Der Insolvenzverwalter kann die ihm gegenüber geltend gemachte Aufrechnung aner- kennen oder ablehnen. Im Ablehnungsfall muss er den Prozessweg bestreiten, nämlich T auf Zahlung von 1.500 Euro klagen. Es trifft ihn die Beweislast dafür, dass T die Zah- lungsunfähigkeit des G kannte oder kennen musste (SZ 56/128).

c) Damit nicht nach Eröffnung des Insolvenzverfahrens bevorrechtete Aufrechnungslagen geschaffen werden, sieht § 19 Abs 1 IO vor, dass die beiden Forderungen schon bei Eröffnung des Insolvenzverfahrens einander aufrechenbar gegenübergestanden sein müssen. Mit anderen Worten: *Nur Altforderungen gegen Altforderungen sind aufrechenbar.*

T ist aber erst nach Eröffnung des Insolvenzverfahrens „Schuldner der Insolvenzmas- se" geworden (§ 20 Abs 1 S 1 IO) und genießt daher als solcher kein Vorrecht: Er muss einerseits die 15.000-Euro-Forderung zum Insolvenzverfahren anmelden, anderseits die 1.500 Euro an die Masse zahlen. Allenfalls kann er mit der auf ihn entfallenden Insol- venzquote aufrechnen, wenn sie nach §§ 129 f IO zu Verteilungszwecken festgestellt wor- den ist (vgl. JBl 1959, 635).

Fall 114

Der Drucker Blau liefert dem Verleger Grün ein Druckwerk um 50.000. Kurz darauf springt Grün dem Blau für 100.000 als Bürge und Zahler bei. Als über das Vermögen des Blau Anfang August das Insolvenzverfahren als Konkurs eröffnet wird, hat Grün die 50.000 noch nicht beglichen; an- derseits löst er während des Insolvenzverfahrens seine Bürgschaftsver- pflichtung ein. Grün will nun mit seiner Regressforderung gegen Blau auf- rechnen. Macht es einen Unterschied, ob er die Bürgschaftsverpflichtung Anfang Jänner oder Anfang März eingegangen ist?

Kommentar

Grün ist Altschuldner und Neugläubiger des Schuldners. Nach der all- gemeinen Regel des § 19 Abs 1 IO ist hier eine Aufrechnung unzulässig, zumal Neuforderungen gegen den Schuldner in dessen Insolvenzverfahren nicht geltend gemacht werden können (SZ 53/92).

Von dieser Regel macht § 20 Abs 2 IO eine Ausnahme für Forderungs- übernehmer, die sich vor Eröffnung des Insolvenzverfahrens in unver- schuldeter Unkenntnis von der Zahlungsunfähigkeit des späteren Schuld- ners zur Forderungseinlösung verpflichtet haben. Wer also zu einer Zeit, da er von der Zahlungsunfähigkeit des Schuldners keine Kenntnis hatte oder haben musste, die Verbindlichkeit zur Zahlung von Schulden des Gemeinschuldners als Mitschuldner oder Bürge übernommen hat, kann die in Erfüllung dieser Verpflichtung bezahlten Beträge gegen eine Forderung des Schuldners (der Insolvenzmasse) auch dann aufrechnen, wenn die Zahlung für den Schuldner erst nach Eröffnung des Insolvenzverfahrens erfolgt ist (SZ 49/137).

Nach der allgemeinen Regel bleiben *Kenntnis oder Kennenmüssen der Zahlungsunfähigkeit* außer Betracht, wenn der Schuldner die Gegenforderung früher als sechs Monate vor der Eröffnung des Insolvenzverfahrens erworben hat (§ 20 Abs 2 Anfang IO).

Wenn hingegen mit einer neuen Regressforderung (genauer: legalzedierten Forderung, § 1422 ABGB) aufgrund einer alten Einlösungsverpflichtung aufgerechnet wird, ist die unverschuldete Unkenntnis der Zahlungsunfähigkeit immer Tatbestandsmerkmal.

Anerkennt der Insolvenzverwalter die Aufrechnung nicht, so muss er den Grün auf Zahlung der 50.000 für das gelieferte Druckwerk klagen; es trifft ihn die Behauptungs- und Beweislast dafür, dass Grün die Zahlungsunfähigkeit des Blau bei Eingehen der Bürgschaftsverpflichtung kannte oder kennen musste (SZ 56/128).

Fall 115

Der Tischler Hobel liefert auf Bestellung des Insolvenzverwalters im Insolvenzverfahren des Möbelgeier eine Esszimmereinrichtung um 30.000 Euro. Als der Insolvenzverwalter wegen (absoluter) Erschöpfung der Masse nicht zahlen kann, rechnet Hobel gegen einen Gewährleistungsanspruch von 20.000 Euro auf, den die Insolvenzmasse gegen ihn geltend macht.

Spielt es eine Rolle, ob dieser Gewährleistungsanspruch vor oder nach Eröffnung des Insolvenzverfahrens entstanden ist?

Kommentar

Zwar spricht § 20 Abs 1 IO von einer „Forderung gegen den Schuldner erst nach der Eröffnung des Insolvenzverfahrens", meint aber damit wohl nur Masseforderungen, denn Neuforderungen, die nach der Eröffnung des Insolvenzverfahrens unmittelbar gegen den Schuldner entstehen, haben mit der Insolvenzmasse nichts zu schaffen und können, weil auch die Parteienidentität ein Erfordernis der Gegenseitigkeit iSd § 1438 ABGB ist, schon deshalb nicht zum Gegenstand einer Aufrechnung gegenüber der Insolvenzmasse gemacht werden (SZ 53/92).

Hobel ist Massegläubiger, mithin Neugläubiger der Insolvenzmasse, und als solcher vorweg (vor den Insolvenzgläubigern) voll aus der Masse zu befriedigen (§ 46 Z 5 IO).

Der durch die Insolvenzrechts-Novelle BGBl I 2002/75 eingefügte § 124a IO nimmt Rücksicht auf die „Masseunzulänglichkeit", wenn nämlich die Insolvenzmasse auf Dauer nicht ausreicht, um die Masseforderungen zu erfüllen:

Der Insolvenzverwalter hat dies dem Insolvenzgericht anzuzeigen und mit der Befriedigung der Massegläubiger innezuhalten. Das Insolvenzgericht hat die Masseunzulänglichkeit öffentlich bekannt zu machen. Der Insolvenzverwalter hat den Masserest zu verwerten und den Erlös nach einem dem Insolvenzgericht vorgelegten Verteilungsentwurf (iSd § 47 Abs 2 IO) zu verteilen. Danach hat das Insolvenzgericht das Insolvenzverfahren aufzuheben (§ 123a IO).

• Ist Hobel zugleich Altschuldner, so ist eine Aufrechnung unzulässig, weil bei Eröffnung des Insolvenzverfahrens noch keine Aufrechnungslage (Gegenseitigkeit) bestanden hat: Hobel muss einerseits voll zahlen, anderseits als Massegläubiger die Erschöpfung der Masse erdulden.

• Ist Hobel hingegen Neuschuldner der Masse, so gelten die allgemeinen zivilrechtlichen Aufrechnungsregeln: Er zahlt seine Schuld mit einem Teil seiner Masseforderung, ohne von der Erschöpfung der Masse oder von bevorrechteten Masseforderungen (§ 47 Abs 2 IO) berührt zu werden. Hier zeigt sich der Vorteil der Aufrechnungsbefugnis in vollem Ausmaß.

VI. Abwicklung schwebender Rechtsgeschäfte

Fall 116

Der in Zahlungsschwierigkeiten steckende Zimmermann Z erneuert den Dachstuhl im Haus des H gegen einen fixen Werklohn von 30.000. Während dieser Arbeit fällt er nach Gläubigerantrag in Konkurs. Der Insolvenzverwalter lehnt die Beendigung der Arbeit ab und verlangt für das bislang Geleistete den halben Werklohn von 15.000. H muss die restlichen Arbeiten von einem anderen Zimmermann ausführen lassen, der dafür 25.000 verlangt. H möchte den Mehrbetrag von 10.000 gegen die Forderung der Masse aufrechnen.

Kommentar

Bei Eröffnung des Insolvenzverfahrens – in diesem Fall als Konkurs (§ 180 IO) – ist der Vertrag noch von keiner Seite erfüllt, der Insolvenzverwalter macht von seinem Wahlrecht nach § 21 IO Gebrauch, indem er vom Vertrag zurücktritt.

Diese Rücktrittserklärung hebt aber nicht den Vertrag ex tunc auf, sondern unterbindet nur dessen weitere Erfüllung (*ex-nunc-Wirkung des Rücktritts;* stR, SZ 39/147, RZ 1988/61, ZIK 2003/34, 23, ecolex 2006/214, 487, ZIK 2010/102, 72).

Darum kann einerseits der Insolvenzverwalter für das bereits Geleistete vom Besteller Teilzahlung, anderseits der Besteller für den durch den Rücktritt verursachten Schaden in der Höhe von 10.000 Ersatz verlangen.

Grundsätzlich kann der Insolvenzverwalter nur einen Bereicherungsanspruch geltend machen, wenn der andere Teil hinsichtlich des ihm vom Schuldner bereits Geleisteten auf Kosten der Masse bereichert erscheint; da bei Werkverträgen eine Naturalrestitution nicht in Betracht kommt, ist Wertersatz für den Vorteil zu leisten, den der Besteller aus dem bereits Geleisteten bezieht (SZ 61/170).

Lassen sich aber die Leistungen des Schuldners in der Weise teilen, dass die Teilleistungen insgesamt den Wert der ganzen Leistung ausmachen, wobei eine wirtschaftliche Betrachtungsweise angemessen ist (RdW 1992, 342), so kann der zurücktretende Insolvenzverwalter den entsprechenden Teil des Werklohns verlangen.

Die - von einem Verschulden des Schuldners unabhängige (SZ 56/78) – *Schadenersatzforderung* ist zwar erst während des Insolvenzverfahrens entstanden, wird aber vom Gesetzgeber ausdrücklich als Insolvenzforderung eingestuft (§ 21 Abs 2 S 3 IO); als solche ist sie zum Insolvenzverfahren anzumelden, insolvenzmäßig festzustellen und quotenmäßig zu befriedigen.

Die Lehre konstruiert hier eine schon vor Eröffnung des Insolvenzverfahrens entstandene, durch Rücktrittserklärung und Schadensfall aufschiebend bedingte Forderung (Altforderung). Mit ihr kann H gegen die Altforderung der Masse für die bis zur Eröffnung des Insolvenzverfahrens von Z geleisteten Arbeiten aufrechnen, so dass er nur mehr 5.000 an die Masse zu zahlen hätte.

Allerdings kann der Insolvenzverwalter gegen die Aufrechnung des H dessen Kenntnis oder Kennenmüssen der Zahlungsunfähigkeit des Z zur Zeit des Vertragsabschlusses (innerhalb von sechs Monaten vor Eröffnung des Insolvenzverfahrens) geltend machen (§ 20 Abs 1 und 2 IO).

Fall 117

Die Platten-GmbH verlegt auf Bestellung Platten im und um das Haus des H und fällt nach Abschluss dieser Arbeiten in Konkurs. Bei Eröffnung des Insolvenzverfahrens hat H den Werklohn noch nicht gezahlt, sondern die Verbesserung diverser Mängel verlangt. Der Insolvenzverwalter klagt H auf Zahlung des Werklohns mit der Behauptung, die Arbeiten seien von der Schuldnerin mängelfrei durchgeführt worden. Das Gericht weist die Klage ab: Es bejaht in seiner Sachverhaltsfeststellung das Vorliegen verbesserungsfähiger Mängel und in seiner rechtlichen Beurteilung die mangelnde Fälligkeit des Werklohns und Gewährleistungsansprüche des H. Nunmehr klagt der Insolvenzverwalter den H auf Zahlung aus Bereicherung. H wendet Rechtskraft des Ersturteils ein.

Kommentar

Vom Rechtsstandpunkt des Insolvenzverwalters aus war der Vertrag bei Eröffnung des Insolvenzverfahrens vom Schuldner voll erfüllt und daher H zur Zahlung des Werklohns verpflichtet. Aus dem Urteil ergibt sich aber, dass der Vertrag bei Eröffnung des Insolvenzverfahrens auch vom Schuldner noch nicht voll erfüllt war, weil dieser zur Nachbesserung verpflichtet ist. In dieser für ihn neuen Situation macht der Insolvenzverwalter von seinem Wahlrecht nach § 21 Abs 1 IO Gebrauch (wozu er während des ganzen Insolvenzverfahrens berechtigt ist, solange ihm nicht das Insolvenzgericht eine Erklärungsfrist nach § 21 Abs 2 IO gesetzt hat; SZ 61/170).

Wählt nun der Insolvenzverwalter, offenbar nicht fähig oder nicht willens nachzubessern, den Rücktritt, so entbindet er wegen der ex-nunc-Wirkung des Rücktritts sich selbst von seiner weiteren Leistungspflicht und den H von der Werklohnzahlungspflicht. Anderseits erscheint H wegen der vom Schuldner bereits geleisteten Arbeiten als bereichert.

Diesem Bereicherungsanspruch der Masse steht der vom § 21 Abs 2 S 3 IO als Insolvenzforderung (Altforderung) eingestufte Anspruch des H gegenüber, den Schaden zu ersetzen, der ihm durch den Rücktritt entstanden ist (Kosten der Mängelbehebung durch einen Dritten); die beiden Ansprüche sind gegeneinander aufrechenbar nach §§ 19, 20 IO.

Zunächst ist die Frage zu klären, ob nicht der Insolvenzverwalter schon durch Erheben der Erstklage sein Wahlrecht nach § 21 Abs 1 IO ausgeübt hat, zumal diese Willenserklärung an keine bestimmte Form gebunden ist und auch stillschweigend abgegeben werden kann (einhellige Meinung, vgl. schon *Petschek/Reimer/Schiemer* 279, *Wegan/Reiterer* 31, *Gamerith* in Bartsch/Pollak/Buchegger I, zu § 21 Rz 16; *Widhalm-Budak* in Konecny/Schubert, zu § 21 KO Rz 148, SZ 61/170).

Dass ein auf Zahlung des Kaufpreises oder Werklohns klagender Insolvenzverwalter damit konkludent zu verstehen gibt, die Erfüllung iSd § 21 Abs 1 IO gewählt zu haben, hat die Judikatur schon vielfach ausgesprochen (zB. ÖJZ 1981/223); damit ist aber das Wahlrecht konsumiert und die Erklärung bindend (soweit sie nicht wegen Irrtums oder anderer Willensmängel angefochten werden kann, vgl. *Widhalm-Budak* in Konecny/Schubert, zu § 21 KO Rz 150).

Dabei muss es dem Insolvenzverwalter gar nicht bewusst sein, das Wahlrecht ausgeübt zu haben; er kann sogar irrige Erwägungen darüber angestellt haben (zB. schon BGH WM 1958 430, 432; vgl. *Gamerith* in Buchegger, InsR I, zu § 21 Rz 16; *Wegener* in Uhlenbruck/Hirte/Vallender, InsO[14], zu § 103 InsO Rz 115).

Nun stehen aber bei Eröffnung des Insolvenzverfahrens der Rechtsstandpunkt des Masseverwalters, es sei voll erfüllt, und der Rechtsstandpunkt des H, es sei mangelhaft erfüllt, einander ungeklärt gegenüber. Der

Insolvenzverwalter muss nach allgemeiner Lebenserfahrung damit rechnen, dass bei einem aus mehreren Teilarbeiten bestehenden Werk Mängel unterlaufen sind und, wenn sich auch nur ein (erheblicher) Mangel mit geringen Behebungskosten erweist, keine vollständige Erfüllung vorliegt. Es kann nicht Sinn der Regel des § 21 Abs 1 IO sein, dass der Insolvenzverwalter zuvor in einem aufwändigen Gerichtsverfahren klären lässt, ob volle oder mangelhafte Erfüllung vorliegt, um dann im zweiten Fall zurücktretend einen Bereicherungsprozess nachzuschieben.

Über diesen Gesamtkomplex kann es überhaupt nur einen Prozess geben. Was in ihm nicht behandelt worden ist, kann nicht mehr zum Gegenstand eines Folgeprozesses mit letztlich gleichwertigem Begehren auf Zahlung gemacht werden. Es ist eben Sache des Insolvenzverwalters, den Klagegrund solcherart umfassend darzulegen, dass das Gericht im Mängelfall einen Eventualrücktritt erschließen und dann die Bereicherungssumme berechnen kann.

Auf die Rechtsstandpunkte der Parteien kommt es dabei gar nicht an: Es ist Sache des Gerichts, die begehrte Summe - allenfalls reduziert - aus dem Titel des Werklohns oder der Bereicherung zuzusprechen (iura novit curia).

Es besteht also *Identität des Streitgegenstands* in beiden Prozessen in konsumtiver (idealer) Rechtsfolgenkonkurrenz, was den Zweitprozess wegen res iudicata unzulässig macht.

Aus einem *einheitlichen Lebensvorgang mit mehreren Sachverhaltsteilen* ergeben sich *mehrere Rechtsfolgen* mit gleichem Inhalt und gleichem Ziel. *Einheitlich* ist der Lebensvorgang, wenn seine Sachverhaltsteile bei natürlicher Betrachtungsweise nach der Verkehrsauffassung zusammengehören. Dann stehen auch die mehreren Ansprüche in einem entsprechenden Naheverhältnis, so dass sie sich letztlich als unselbständige Teile eines einheitlichen Anspruchs darstellen (*Holzhammer* PraktZPR 172 f; *Buchegger/Markowetz,* ZPR 230).

Hat der Insolvenzverwalter es in Verletzung seiner prozessualen Wahrheits- und *Vollständigkeitspflicht* (§ 178 ZPO) unterlassen, sämtliche Fakten im Erstprozess dem Gericht zu unterbreiten – schon die bloße Erklärung, die Masse sei nicht in der Lage, etwaige Mängel zu beheben oder beheben zu lassen, würde genügen, um daraus im Mängelfall einen Rücktritt zu erschließen –, so muss er die Folgen des Prozessverlusts endgültig tragen (was mangels Masse eine Bevorschussung der Mängelbehebung aus eigener Tasche bedeuten würde).

Auch wenn der Insolvenzverwalter unmissverständlich zum Ausdruck bringt, dass der Werkvertrag von seiner Seite voll erfüllt sei und er dafür volle Bezahlung verlange, wenn er es also ablehnt, die Eventualität eines Prozessverlusts wegen mangelhafter Erfüllung ins Auge zu fassen und vorbeugende Prozesshandlungen zu setzen, muss er wegen der Einheitlichkeit des Lebensvorgangs in Verbindung mit seiner Diligenzpflichtverletzung die Mängelbehebung als alleinverbleibenden Weg in Kauf nehmen (irrig SZ 61/170).

Fall 118

Der Metzger Hackl hat vom Elektrohändler Frost eine Tiefkühltruhe unter Eigentumsvorbehalt gekauft, zahlbar in 15 Raten zu 200 Euro. Nach Zahlung von zehn Raten wird das Insolvenzverfahren eröffnet:

a) gegen Hackl,

b) gegen Frost.

Welche Möglichkeiten bieten sich dem Insolvenzverwalter im einen und im anderen Insolvenzverfahren?

Kommentar

a) Im *Hackl-Insolvenzverfahren* hat der Insolvenzverwalter das Wahlrecht zwischen Erfüllung und Rücktritt vom Vertrag (§ 21 IO):

▶ Die *Erfüllung* durch Zahlung der restlichen 1.000 Euro verschafft der Insolvenzmasse das Eigentum an der Tiefkühltruhe, was bei Fortführung des Schuldnerunternehmens unumgänglich ist.

▶ Der *Rücktritt vom Vertrag* hingegen befreit einerseits die Masse von weiteren Zahlungen und lässt anderseits das Anwartschaftsrecht erlöschen. Die von beiden Seiten bis zur Eröffnung des Insolvenzverfahrens erbrachten Leistungen bleiben nach allgemeiner Regel aufrecht *(ex-nunc-Wirkung des Rücktritts)*, es gibt keine Rückabwicklung in dem Sinn, dass jede Seite das von ihr Geleistete zurückfordern könnte.

Allerdings sind im gegenständlichen Fall zwei Besonderheiten zu beachten:

▶ Frost ist zur Zeit der Rücktrittserklärung Vorbehaltseigentümer der Tiefkühltruhe. Durch die Ablehnung weiterer Erfüllung entfällt für ihn der vertragliche Grund, die Sache in der Masse zu belassen. Eigentum bildet im Insolvenzverfahren einen *Aussonderungsanspruch*, den Frost jederzeit gegen den Insolvenzverwalter geltend machen kann.

▶ Die von Hackl an Frost gezahlten 2.000 Euro kann der Insolvenzverwalter nicht aus dem Titel des Rücktritts nach § 21 IO zurückfordern.

Anderseits erscheint Frost insbesondere im Hinblick darauf, dass er die Tiefkühltruhe aus dem Insolvenzverfahren aussondert, auf Kosten der Masse bereichert. Deshalb kann der Insolvenzverwalter gegen Frost einen *Bereicherungsanspruch* geltend machen:

Die von beiden Seiten erbrachten Leistungen sind zu bewerten, insbesondere auch der Schaden, der dem Frost durch die zehnmonatige Benützung der Tiefkühltruhe sowie durch die Ablehnung weiterer Erfüllung entstanden ist (aufrechenbare Insolvenzforderung). Die Differenz bildet die Bereicherungssumme (etwa WBl 1988, 203 und 439).

b) Auch im *Frost-Insolvenzverfahren* sind wir auf den ersten Blick geneigt, dem Insolvenzverwalter das Wahlrecht nach § 21 IO zuzubilligen, weil bei Eröffnung des Insolvenzverfahrens der Kauf noch von keiner Seite voll erfüllt ist.

▶ Wählt der Insolvenzverwalter die Erfüllung, so geht das Eigentum problemlos an den die Restschuld zahlenden Hackl über.

Lehnte der Insolvenzverwalter die weitere Erfüllung ab, so müsste Hackl die ihm noch nicht gehörende Tiefkühltruhe zurückstellen und den Schaden, der ihm daraus erwächst, als Insolvenzforderung geltend machen (§ 21 Abs 2 S 3 IO); ein Bereicherungsanspruch gegen die Masse würde ihm nicht zustehen (§ 46 Z 6 IO betrifft nur neue Forderungen).

▶ Allerdings kollidiert die Rücktrittserklärung mit dem *Anwartschaftsrecht des Vorbehaltskäufers,* das im Insolvenzverfahren des Verkäufers Aussonderungsqualität hat, zumal es durch Bezahlung der Restschuld selbsttätig Eigentum am Vorbehaltsgut verschafft (*autonomes Gestaltungsrecht*).

Aussonderungsansprüche genießen aber Vorrang auch in dem Sinn, dass der Berechtigte volle Erfüllung verlangen kann; daher hat hier das Wahlrecht des Insolvenzverwalters zurückzustehen.

Fall 119

Grau hat bei Schwarz Kohle zu 150.000 bestellt, die in monatlichen Teilmengen zu je 15.000 zu liefern waren. Erst eine Lieferung ist erfolgt, aber nicht bezahlt, als über Grau das Insolvenzverfahren als Konkurs eröffnet wird.

Kommentar

Auch für *Verträge auf teilbare Leistungen,* insbesondere für Dauerschuldverhältnisse, bei denen periodisch wiederkehrende Leistungen auf längere Zeit zu erbringen sind, bildet die Eröffnung des Insolvenzverfahrens eine Zäsur: Teilleistungen, die zu diesem Zeitpunkt von einer Seite voll erbracht sind, werden wie selbständige Leistungen behandelt:

• Schwarz, der zunächst einmal Kohle für 15.000 geliefert hat, ist mit seiner entsprechenden Gegenforderung gewöhnlicher Insolvenzgläubiger (§ 21 Abs 4 IO).

• Hinsichtlich der bei Eröffnung des Insolvenzverfahrens als Konkurs (§ 180 IO) noch ausstehenden Teilleistungen - 11 x Kohle zu je 15.000 - hat der Insolvenzverwalter das Wahlrecht zwischen Erfüllung und Rücktritt nach § 21 Abs 1 IO.

Das entspricht der allgemeinen Privatrechtslehre, die sich bei Dauerschuldverhältnissen im Rücktrittsfall für eine *Aufhebung ex nunc ohne
Rückabwicklung* einsetzt (vgl. *Bollenberger* in Koziol/Bydlinski/Bollen-
berger, ABGB[5], zu § 871 ABGB Rz 20). Schwarz kann den Ersatz des ihm
durch den Rücktritt verursachten Schadens als Insolvenzgläubiger verlangen (§ 21 Abs 2 S 3 IO).

Da der Wert des Geschäfts 100.000 Euro übersteigt, greift § 116 IO (§ 116 Abs 2 IO):
Der Insolvenzverwalter muss über die getroffene Wahl die Äußerung sowohl des Schuldners (§ 118 Abs 1 IO) als auch des Gläubigerausschusses einholen und all dies binnen
acht Tagen vor der Ausübung des Wahlrechts dem Insolvenzgericht mitteilen (§ 116
Abs 1 Z 4 IO).

Die Wahl gilt als getroffen, wenn nicht das Insolvenzgericht dem Insolvenzverwalter
eine gegenteilige Weisung erteilt (§ 84 Abs 1 IO).

Ist im Insolvenzverfahren kein Gläubigerausschuss bestellt worden, so ist ein mittei-
lungspflichtiges Rechtsgeschäft nach § 116 IO auch nicht Anlass zu seiner Bestellung.
Vielmehr hat das Gericht in Abwesenheit eines Gläubigerausschusses dessen Aufgaben
wahrzunehmen; dabei kann es – muss nicht – einen Beschluss der Gläubigerversammlung
einholen (§ 90 IO; vgl. *Buchegger*, InsR[3], 107).

VII. Bestandverträge im Insolvenzverfahren

Fall 120

Möbelgeier, über den auf Gläubigerantrag am 3.4.2013 das Insolvenzverfahren eröffnet wird, hat zu diesem Zeitpunkt von Pfeffersack gemietet:

a) ein Geschäftslokal bis 31.12.2013; mit der Mietzinszahlung ist er seit
1.2.2012 rückständig; der Insolvenzverwalter kündigt auf den 30.9.2013;

b) eine Dreizimmerwohnung auf unbestimmte Zeit.

Kommentar

Bestandverträge werden durch die Eröffnung des Insolvenzverfahrens
nicht unmittelbar berührt: Die Insolvenzmasse rückt in alle Bestandverträge des Gemeinschuldners ipso iure als Mieterin ein (MietS 34.890).

Allerdings hat der Insolvenzverwalter zu prüfen, ob das Mietverhältnis
• aufrecht bleiben,
• außerordentlich gekündigt oder
• aus der Masse ausgeschieden werden soll.

Soll das Mietverhältnis mit der Insolvenzmasse als Mieterin fortdauern, so braucht
sich der Insolvenzverwalter nicht eigens darüber zu erklären, weil dies ohnehin der gesetzliche Normalfall ist.

Dem Vermieter steht ein außerordentliches Kündigungsrecht seit dem
IRÄG 2010 nicht mehr zu.

a) Außerordentliches Kündigungsrecht des Insolvenzverwalters

In unserem Fall macht der Insolvenzverwalter hinsichtlich des Geschäftslokals von seinem außerordentlichen Kündigungsrecht Gebrauch und kündigt den Vertrag *unter Einhaltung der gesetzlichen Kündigungsfrist* (§ 23 IO).

Die außerordentliche Kündigung erfolgt nach den im § 560 ZPO geregelten Kündigungsterminen und Kündigungsfristen: Mietverträge über Geschäftsräumlichkeiten sind zum 31. März, 30. Juni, 30. September oder 31. Dezember derart aufzukündigen, dass die Aufkündigung dem Gegner spätestens drei Monate vor dem Kündigungstermin zugestellt wird (§ 560 Abs 1 lit e ZPO).

Die *Mietzinsforderungen* des Bestandgebers haben unterschiedliche Rechtsqualität:

• Die bis zur Eröffnung des Insolvenzverfahrens aufgelaufenen *Mietzinsrückstände* sind Altforderungen und als solche zum Insolvenzverfahren anzumelden.

• Mietzinsrückstände aus dem letzten Jahr vor Eröffnung des Insolvenzverfahrens sind zudem durch das gesetzliche *Vermieterpfandrecht (Illatenpfandrecht)* gesichert:

Die bei Eröffnung des Insolvenzverfahrens im Geschäftslokal befindlichen Sachen des Schuldners bilden ein Absonderungsgut zur separaten Verwertung und Vollbefriedigung des Bestandgebers. Dieser kann ihre pfandweise Beschreibung (§ 1101 ABGB) erwirken. Überjährige Mietzinsrückstände genießen keinen solchen Schutz (§ 48 Abs 4 IO).

Die *pfandweise Beschreibung der eingebrachten Sachen (Illaten)* geschieht durch eine *einstweilige Verfügung.* Diese setzt entweder das Erheben der Bestandzinsklage oder die Bescheinigung des Anspruchs und einer Gefährdung voraus (JBl 1980, 480).

• Die nach Eröffnung des Insolvenzverfahrens fällig werdenden Mietzinsforderungen sind *Masseforderungen* und voll zu erfüllen (§ 46 Z 4 IO).

• Die nach dem Gesetz zu einem früheren als dem vertraglichen Zeitpunkt vorgenommene Kündigung begründet einen vom Verschulden des Schuldners unabhängigen *Schadenersatzanspruch,* den der Bestandgeber als Insolvenzforderung anmelden kann; er lautet auf Ersatz dessen, was dem Bestandgeber dadurch entgeht, dass er das Geschäftslokal innerhalb der ursprünglichen Vertragsdauer nicht mehr oder nur zu einem geringeren Zins neuvermieten kann (SZ 49/109).

b) Ausscheidung des Bestandverhältnisses aus der Insolvenzmasse

Von der außerordentlichen Kündigung des Bestandvertrags durch den Insolvenzverwalter ist die Ausscheidung des Bestandverhältnisses aus der Insolvenzmasse zu unterscheiden. Sie geschieht

• durch das Insolvenzgericht, wenn es sich um *Wohnräume* handelt, die für den Schuldner und seine mit ihm im gemeinsamen Haushalt lebenden Familienangehörigen *unentbehrlich* sind (§ 5 Abs 4 IO);

• durch den Gläubigerausschuss mit Genehmigung des Insolvenzgerichts, wenn das Miet- oder sonstige Nutzungsrecht *nicht oder schlecht verwertbar* ist (§ 119 Abs 5 IO).

In beiden Fällen geschieht die Ausscheidung durch einen *gerichtlichen Ausscheidungsbeschluss,* der das Mietverhältnis dem Schuldner zur freien Verfügung überlässt (stR).

Bis zur Ausscheidung sind die laufenden Mietzinsforderungen vom Insolvenzverwalter als Masseforderungen aus der Insolvenzmasse, ab Ausscheidung vom Schuldner aus seinem insolvenzfreien Vermögen zu begleichen. Bewohnt zB. Möbelgeier mit seiner Frau eine Sechszimmerwohnung, so muss der Insolvenzverwalter prüfen, ob sich Teile dieser Wohnung durch Untervermietung für die Masse nutzbar machen lassen; gegebenenfalls sind Möbelgeier & Frau auf die unentbehrlichen Wohnräume zu beschränken. Der Schuldner muss sich an den Wohnungskosten entsprechend beteiligen, wie wenn ihm die unentbehrlichen Wohnräume zur freien Verfügung überlassen worden wären.

VIII. Aus- und Absonderungsrechte

Fall 121

Die Papierfabrik Weiß hat dem Buchdrucker Blau Plakatpapier um 10.000 Euro unter Eigentumsvorbehalt geliefert. Blau gerät nach Gläubigerantrag in Konkurs. Wie verhält es sich, wenn bei Eröffnung des Insolvenzverfahrens

a) das Plakatpapier noch nicht bedruckt ist,
b) die Plakate schon gedruckt sind,
c) die gedruckten Plakate schon veräußert sind?

Kommentar

a) Bei Eröffnung des Insolvenzverfahrens hat Weiß wegen seines Eigentumsvorbehalts noch nicht voll erfüllt. Der Insolvenzverwalter muss nach § 21 Abs 1 IO zwischen Erfüllung und Rücktritt wählen.

Ein Rücktritt würde den Weiß als Vorbehaltseigentümer veranlassen, die Aussonderung des Plakatpapiers aus der Insolvenzmasse des Blau zu verlangen.

b) Die Verarbeitung des Vorbehaltsguts durch Blau verwandelt – mangels besonderer Abreden – das Vorbehaltseigentum in Miteigentum im Verhältnis des Papierwerts zum Arbeitswert (§ 415 ABGB; JBl 1982, 88; *Eccher/Riss* in Koziol/Bydlinski/Bollenberger, ABGB[5] zu § 415 ABGB Rz 3).

Damit entfällt das Wahlrecht nach § 21 Abs 1 IO. Erfüllt der Insolvenzverwalter nicht, so kann Weiß seine rechtliche Doppelstellung nützen:

Einerseits meldet er seine 10.000-Euro-Forderung zum Insolvenzverfahren an, andererseits verlangt er vom Insolvenzverwalter die Aussonderung, und zwar entweder die Veräußerung (Zivilteilung) der Plakate und Aufteilung des Erlöses oder, wenn der Insolvenzverwalter die Plakate mittlerweile schon veräußert hat, die Ersatzaussonderung des Erlöses (§ 44 Abs 2 IO) bzw. Abtretung des Erlösanspruchs gegen den Käufer jeweils entsprechend seinem Papierwertanteil. Insoweit erlischt seine Insolvenzforderung.

c) Die Veräußerung der Plakate lässt das Miteigentum erlöschen, wenn Weiß dem Blau eine entsprechende Verfügungsermächtigung erteilt oder der Käufer gutgläubig Eigentum erworben hat (§§ 367, 368, 371 ABGB), was in der Regel zutrifft.

Ist dies bei Eröffnung des Insolvenzverfahrens bereits geschehen, so steht Weiß als einfacher Insolvenzgläubiger da; eine Ersatzaussonderung kommt für ihn nicht in Betracht (§ 44 Abs 2 IO: „nach der Eröffnung des Insolvenzverfahrens veräußert worden"; SZ 14/56, 34/113, 39/163; vgl. auch *Schulyok* in Konecny/Schubert, zu § 44 KO Rz 70 ff).

Fall 122

Der Hotelier Nobelprotz aus St. Anton am Arlberg beauftragt den Wiener Antiquitätenhändler Holzwurm, ihm ein Rokokoschlafzimmer zusammenzustellen und nach St. Anton zu senden. Holzwurm übergibt das Frachtgut der ÖBB. Zwei Tage darauf liest er im Standard vom Insolvenzverfahren des Nobelprotz.

Kommentar

Es liegt *Einkaufskommission mit Versendung* vor: Der Kommissionär versendet die auftragsgemäß eingekaufte Ware vom Erfüllungsort Wien an den Kommittenten.

Es liegt ein Fall des Verfolgungsrechts vor (§ 45 IO): Holzwurm kann die Waren, die von Wien nach St. Anton am Arlberg abgesendet wurden zurückfordern, wenn

- sie noch nicht vollständig bezahlt wurden,
- sie noch nicht am Bestimmungsort angelangt sind oder
- zwar am Bestimmungsort angelangt aber weder in die Gewahrsame des Schuldners noch einer für ihn handelnden anderen Person gelangt sind.

Grundsätzlich gehen Eigentum (§ 429 Hs 1 ABGB) und Gefahr (§§ 905 Abs 3, 1051, 1064, 1168a S 1 ABGB) mit der Übergabe an den Transporteur über. Nur bei vereinbarungswidriger oder nicht verkehrsüblicher Versendungsart gehen Eigentum und Gefahr erst mit Einlangen beim Käufer auf diesen über (*Eccher/Riss* in Koziol/Bydlinski/Bollenberger, ABGB[5], zu § 429 Rz 1 f). § 429 ABGB ist dispositives Recht.

Nach überwiegender Meinung verschafft das Verfolgungsrecht aber keinen dinglichen Rückübereignungsanspruch, sondern einen **obligatorischen Rückforderungsanspruch**, der Aussonderungscharakter hat (überwiegende Lehre, vgl. *Schulyok* in Konecny/Schubert zu § 45 KO Rz 6 bis 6 mwN); nach *Spielbüchler* in Rummel, ABGB I[3], zu § 429 ABGB Rz 7 und Holzner in Rummel/Lukas, ABGB[4], zu § 429 ABGB Rz 7 führt es dagegen zu einem automatisches Zurückfallen des Eigentums.

Bei Vereinbarung eines Eigentumsvorbehalts in einem solchen Fall beruht die Aussonderungsberechtigung ebenfalls auf dem obligatorischen Rückforderungsanspruch, der vom Insolvenzverwalter des Nobelprotz nur durch Vollzahlung abgewehrt werden könnte, um die Rokoko-Möbel einer gewinnbringenden Verwertung im Insolvenzverfahren zuzuführen.

Hier ist zu beachten, was mit dem *Frachtbriefdoppel* nach dem EisenbahnbeförderungsG (EBG) BGBl 1988/180 im Verein mit den Bestimmungen der CIM geschieht:

Behält der Versender das Doppel zurück, so kann er noch nachträglich Verfügungen über das Frachtgut treffen, die er ins Frachtbriefdoppel einzutragen, zu unterschreiben und der Eisenbahn vorzulegen hat; insbesondere kann er die Fracht rücksenden oder einer anderen Person als dem Kommittenten aushändigen lassen (*Sperrwirkung des Frachtbriefdoppels,* § 79 Abs 5 EBG). Übermittelt er das Doppel hingegen dem Übernehmer, so begibt er sich seines Verfügungsrechts.

• Befindet sich das Frachtbriefdoppel bei Eröffnung des Insolvenzverfahrens noch in den Händen des Versenders, so ist er noch Eigentümer und kann als solcher die Aussonderung des Guts aus der Insolvenzmasse verlangen.

• Befindet sich das Frachtbriefdoppel zum Zeitpunkt der Eröffnung des Insolvenzverfahrens nicht mehr in den Händen des Versenders, so ist der Übernehmer Eigentümer geworden.

Hier kommt es darauf an, wo sich das Frachtgut *bei Eröffnung des Insolvenzverfahrens* befindet: Ist es zu dieser Zeit *unterwegs* (noch nicht in die Hände des Übernehmers gelangt), so hat der Versender trotz des Eigentumsübergangs einen Aussonderungsanspruch.

Korrespondierende Vorschriften enthalten die CIM (Einheitliche Rechtsvorschriften für den Vertrag über die internationale Eisenbahnbeförderung von Gütern, Anhang B zum COTIF, dem Übereinkommen über den internationalen Eisenbahnverkehr, BGBl 1985/225); die CIM definieren in Art 7 den Inhalt des Frachtbriefs, in Art 18 die Ausübung des Verfügungsrechts und in Art 19 die Sperrwirkung Frachtbriefdoppels. COTIF und CIM sind bei einem grenzüberschreitenden Transport (hier von Salzburg über Rosenheim nach Kufstein) anzuwenden.

Nach überwiegender Meinung verschafft das Verfolgungsrecht einen obligatorischen Rückübereignungsanspruch, der Aussonderungscharakter hat (überwiegende Lehre, vgl. *Schulyok* in Konecny/Schubert zu § 45 KO Rz 6 bis 6 mwN); nach *Spielbüchler* in Rummel, ABGB I³, zu § 429 ABGB Rz 7 führt es dagegen zu einem automatisches Zurückfallen des Eigentums.

Damit die Ware nicht einmal faktisch in die Insolvenzmasse gelangt, kann der Versender die Sendung auch durch einstweilige Verfügung stoppen lassen.

Das letzte Wort hat allerdings der Insolvenzverwalter: Da bei Eröffnung des Insolvenzverfahrens der Vertrag noch von keiner Seite (voll) erfüllt ist, muss er zwischen Erfüllung und Rücktritt wählen (§ 21 IO). Der Aussonderungsanspruch kommt daher nur beim Rücktritt zum Tragen.

Nicht zur Anwendung kommen im vorliegenden Fall §§ 425 UGB und damit auch nicht das Verfügungsrecht des Versenders nach § 433 UGB, da das Frachtgeschäft des UGB nicht für den Eisenbahntransport gilt (*Schütz* in Straube/Ratka/Rauter, UGB I⁴ zu § 425 UGB Rz 1, 3 bis 11).

Fall 123

Adam hatte dem Bedam für ein Darlehen von 20.000 Euro seinen gebrauchten PKW mit Listenwert von 17.000 Euro zur Sicherheit übereignet.

Welches Schicksal haben Sicherungseigentum und Darlehensforderung im Insolvenzverfahren des Adam?

Kommentar

Adam hat hinsichtlich seiner durch das Sicherungseigentum (teilweise) gedeckten Darlehensforderung eine *Doppelstellung:* Einerseits ist er Insolvenzgläubiger und kann den vollen Forderungsbetrag von 20.000 Euro anmelden (gleich wie weit dieser gesichert ist); er muss gemäß § 103 Abs 3 IO nur die voraussichtliche Höhe seiner Deckung durch den PKW angeben (17.000 Euro). Anderseits genießt er als Absonderungsgläubiger (§ 10 Abs 3 IO) die vorzugsweise Befriedigung aus dem Erlös des abgesondert verwerteten PKW.

Die Darlehensforderung wird in der Prüfungstagsatzung insolvenzmäßig festgestellt, aber bei der Verteilung erst berücksichtigt, wenn aufgrund der Verwertung des Sicherungsguts feststeht, welchen Ausfall Adam erlitten hat. Beträgt der Verkaufserlös 17.000 Euro, so wird Adam mit dem Ausfall von 3.000 Euro noch quotenmäßig berücksichtigt.

Bestreitet der Insolvenzverwalter zwar nicht die Darlehensforderung, aber das Sicherungseigentum, so müsste Adam gegen ihn eine Eigentumsfeststellungsklage oder überhaupt eine *Absonderungsklage* erheben: Hierfür besteht Wahlzuständigkeit des Insolvenzgerichts (§ 262 Z 1 IO); es entscheidet grundsätzlich ein Einzelrichter (§ 263 Z 1 IO). Die

Bestimmungen über das bezirksgerichtliche Verfahren sind auch vor dem LG (Insolvenz-gericht in der Unternehmensinsolvenz: § 63 Abs 1 IO) anzuwenden, es sei denn, die Klage fiele auch ansonsten in die sachliche Zuständigkeit der Landesgerichte (§ 263 Z 2 IO), was in diesem Fall bei einem Streitwert von 17.000 auch zutrifft (§ 49 Abs 1 JN). Die Be-stimmungen über das Verfahren gemäß §§ 252 bis 261 IO sind in Verfahren gemäß § 262 IO nicht anzuwenden (§ 263 Z 3 IO).

Bestreitet der Insolvenzverwalter zwar nicht das Absonderungsrecht, aber die Höhe der besicherten Forderung und somit die des Ausfalls, so hat er das in der Prüfungstagsat-zung zu tun. Adam müsste diesfalls binnen richterlicher (meist einmonatiger Frist) gegen den Insolvenzverwalter *Prüfungsklage* auf Feststellung der Höhe seines Insolvenzteilnah-meanspruchs (§ 110 Abs 1 IO) erheben. Die Rechtskraft des erfließenden Feststellungsur-teils aus diesem *Prüfungsprozess* erstreckt sich nicht nur auf die Prozessparteien, sondern kraft gesetzlicher Vorschrift auf alle Insolvenzgläubiger (§ 112 Abs 1 IO).

Beachte! Der Insolvenzteilnahmeanspruch ist öffentlich-rechtlicher Natur, er misst sich an der Begründetheit und Höhe des materiell-rechtlichen Anspruchs, ist mit diesem aber nicht zu verwechseln (vgl. *Buchegger,* InsR[3], 26 ff).

Da Adam den PKW in der Hand hat, ist er selbst zur Verwertung be-rechtigt, sobald die gesicherte Forderung insolvenzmäßig oder in einem Prüfungsprozess festgestellt ist (was eine Schuldklage erübrigt; § 120 Abs 3 IO).

Die Verwertung geschieht durch *freihändigen Verkauf,* wenn dies schon mit Bedam vereinbart war (HS 7257/38) oder der Insolvenzverwal-ter zustimmt; sonst müsste Adam eine *exekutive Verwertung* beantragen.

Auf Antrag des Insolvenzverwalters bestimmt das Insolvenzgericht nach Einverneh-mung des untätigen Adam eine angemessene Verwertungsfrist und ordnet nach deren fruchtlosem Verstreichen unanfechtbar und vollstreckbar die Herausgabe des PKW an (§ 120 Abs 3 IO).

Der Insolvenzverwalter verwertet den in seine Hände gelangten PKW entweder kridamäßig (nämlich mithilfe des Exekutionsgerichts) oder zum laufenden Preis (weil es hier einen Listenpreis = Marktpreis gibt).

Bei Waren mit einem Markt- oder Börsenpreis ist es nicht nötig, den Absonderungsbe-rechtigten vom beabsichtigten Freihandverkauf zu verständigen, sofern die Veräußerung zum laufenden Preis erfolgt, da eine solche Veräußerung als gerichtliche gilt (§ 120 Abs 2 S 4 IO).

Fall 124

Der Produzent P verkauft und übergibt unter Eigentumsvorbehalt seine Waren dem Zwischenhändler Z, der ihm in der Höhe des Kaufpreises seine künftigen Forderungen aus dem Weiterverkauf der Waren zur Sicherheit abtritt.

Macht es einen Unterschied, ob die Waren vor oder nach der Eröffnung des Insolvenzverfahrens gegen Z weiter veräußert werden?

Kommentar

Es handelt sich um eine *Veräußerungsermächtigung* des Vorbehaltsverkäufers an den Vorbehaltskäufer *mit einer Vorausabtretung* der Forderung aus dem Weiterverkauf (der meist verbrauchbaren Ware).

Dieser verwandelt das Vorbehaltseigentum in eine Sicherungszession *(verlängerter Eigentumsvorbehalt),* die im Insolvenzverfahren ein *Absonderungsrecht* begründet.

Die Sicherungszession wird erst wirksam, sobald der debitor cessus (hier der Drittschuldner) verständigt ist (vgl. *Neumayr* in Koziol/Bydlinski/Bollenberger, ABGB[5], zu § 1392 ABGB Rz 7, bei buchführungspflichtigen Sicherungsgebern müsste ein Vermerk in den Geschäftsbüchern hinzutreten; bei Globalzessionen würde eine bloße Vorausverständigung genügen [str]).

Wurde ein verlängerter Eigentumsvorbehalt vereinbart, so kann der Vorbehaltsverkäufer vom Insolvenzverwalter Auskunft darüber verlangen, ob, an wen, wann und zu welchem Preis die Ware weiterveräußert wurde (WBl 1989, 194).

• Ist die Ware bei Eröffnung des Insolvenzverfahrens noch nicht weiter veräußert, so wählt der Insolvenzverwalter zwischen Erfüllung und Rücktritt. Der Rücktritt aktiviert das Aussonderungsrecht des Vorbehaltseigentümers.

Die Erfüllung hingegen gibt dem nunmehrigen Sicherungszessionar einen Anspruch auf abgesonderte Befriedigung aus der ihm abgetretenen Weiterverkaufsforderung (WBl 1989, 194).

• Ist die Ware bei Eröffnung des Insolvenzverfahrens schon weiter veräußert, so ist der Vorbehaltsverkäufer sogleich absonderungsberechtigt (vgl. WBl 1989, 194).

Zweifel können darüber bestehen, wer zur Einziehung der Weiterverkaufsforderung befugt ist, zumal diese in der Regel höher sein wird als die Kaufpreisforderung des Sicherungszessionars:

•• Wurde vereinbarungsgemäß die ganze Weiterverkaufsforderung zur Sicherung zediert oder handelt es sich um eine unteilbare Forderung (Wertpapierforderung), so zieht sie der Zessionar als ihr Inhaber gemäß § 120 Abs 3 IO iVm § 304 Abs 1 EO ein und liefert den Überschuss an die Masse ab.

•• Bei teilbaren Weiterverkaufsforderungen zieht – mangels anderer Abreden – der Zessionar nur bis zur gesicherten Höhe, der Insolvenzverwalter den Rest ein (vgl. § 303 Abs 1 EO).

IX. Masseforderungen

Fall 125

Obwohl der Autohändler AU seinen Anspruch auf Aussonderung des ihm gehörenden Lieferwagens gegenüber dem Insolvenzverwalter geltend gemacht hat, veräußert dieser den Wagen und verwendet den Erlös, um verschiedene Massegläubiger zu befriedigen. Dem auf Leistung drängenden AU erklärt er, die Masse sei erschöpft.

Macht es einen Unterschied, ob eine voraussichtlich unüberwindbare (absolute) oder eine voraussichtlich überwindbare (relative) Masseunzulänglichkeit vorliegt?

Kommentar

a) Masseforderung

Da die auszusondernde Sache sich nicht mehr in der Masse befindet, tritt an den Aussonderungsanspruch allenfalls ein Anspruch auf Ersatzaussonderung; das Aussonderungsbegehren des AU ist daher abzuweisen (SZ 24/138; MietS 17.937).

Nur solange der Verkaufserlös noch unterscheidbar („ausscheidbar gesondert") in der Masse vorhanden ist, kann AU dessen individuelle *Ersatzaussonderung* verlangen (§ 44 Abs 2 IO; vgl. *Schulyok* in Konecny/Schubert zu § 44 KO Rz 73).

Ist der Verkaufserlös bereits in der Masse aufgegangen, so besteht nur mehr ein *Bereicherungsanspruch,* der schlechthin auf Zahlung lautet; es handelt sich um eine *Masseforderung* (§ 46 Z 6 IO), die gleichfalls unmittelbar gegenüber dem Insolvenzverwalter geltend zu machen ist (JBl 1980, 258; vgl. *Schulyok* in Konecny/Schubert zu § 44 KO Rz 75 ff mwN).

Wie die Aussonderungsansprüche so unterliegen auch die Masseforderungen keiner Anmeldungspflicht im Insolvenzverfahren (JBl 1987, 332).

Masseforderungen sind, sofern sie feststehen (unbestritten und ziffernmäßig bestimmt) und fällig sind, vom Insolvenzverwalter unverzüglich zu befriedigen (§ 124 IO).

Bei Nichtzahlung stehen dem Massegläubiger der Abhilfeantrag beim Insolvenzgericht, die Leistungsklage (§ 124 Abs 3 IO) und die Zwangsvollstreckung in die Masse offen (siehe unten c).

b) Absolute Masseunzulänglichkeit

Absolute Masseunzulänglichkeit liegt vor, wenn der Insolvenzverwalter aufgrund einer *Insolvenzprognose* zu besorgen hat, dass nicht alle Masseforderungen bei Fälligkeit befriedigt werden können (§§ 47 Abs 2, 124a IO) und dieser Zustand nicht ein bloß vorübergehender ist.

Dies hat der Insolvenzverwalter bei sonstiger Schadenersatzpflicht (s. unten d) dem Insolvenzgericht anzuzeigen; gleichzeitig hat er die weitere Befriedigung der Massegläubiger auszusetzen (§ 124a Abs 1 IO). Hat der Insolvenzverwalter dem Insolvenzgericht die Masseunzulänglichkeit angezeigt, so hat dieses die **Anzeige in die Insolvenzdatei** einzuschalten. Der auf Befriedigung dringende AU muss sich die erfolgte Anzeige der Masseunzulänglichkeit entgegen halten lassen.

Die Anzeige entfaltet mit ihrer Kundmachung folgende Wirkungen (*G. Kodek* in Bartsch/Pollak/Buchegger IV zu § 124a KO Rz 15 ff):

Es ist zwischen **Altmassegläubigern** und **Neumassegläubigern** zu unterscheiden.

Altmassegläubiger sind solche, die zum Zeitpunkt der Unzulänglichkeitsanzeige bereits eine Masseforderung innehaben. Für sie gilt:

• Es herrscht *Zahlungsstop* den Massegläubigern gegenüber; das Fälligkeitsprinzip des § 124 Abs 1 IO tritt außer Kraft. Auch jede andere Form der Befriedigung (zB. Aufrechnung) bleibt den Massegläubigern verwehrt.

• Den Massegläubigern ist *die Begründung von richterlichen Pfand- oder Befriedigungsrechten verboten.*

• Es herrscht indes *keine Prozesssperre;* allerdings wird in der Lehre mitunter die Ansicht vertreten, dass angesichts von Zahlungs- und Exekutionsverbot keine Leistungsklagen mehr zulässig sind, sondern nur Feststellungsklagen (so *Mohr,* Insolvenzrecht 2002, 86 und auch *Kodek* aaO; aA *Konecny,* Insolvenzforum 2002, 82; der OGH hat sich für die Zulässigkeit der Leistungsklage ausgesprochen: ZIK 2011/204, 149, zust. *Konecny* ZIK 2011/175, 122).

• Abhilfeanträge iSd § 124 Abs 3 IO sind zwar zulässig, angesichts der erfolgten Anzeige aber abschlägig zu bescheiden.

• Materiellrechtliche Ansprüche der Massegläubiger bleiben unberührt (Verzugszinsen, Schadenersatzansprüche).

• Der Insolvenzverwalter hat einen Verteilungsentwurf nach § 47 Abs 2 IO zu erstellen und diesen dem Gericht vorzulegen. Nach erfolgter Verteilung ist das Insolvenzverfahren aufzuheben.

Massegläubiger, die aufgrund der in § 47 Abs 2 IO angeordneten Rangordnung leer ausgegangen sind, können ihre Forderungen nach Aufhebung des Insolvenzverfahrens gegen den ehemaligen Schuldner geltend machen (§§ 60, 61 IO).

AU ist Altmassegläubiger und wird daher von den Rechtswirkungen des § 124a IO erfasst.

Neumassegläubiger sind solche Massegläubiger, die ihre Forderungen erst nach der Unzulänglichkeitsanzeige aufgrund von Rechtshandlungen des Insolvenzverwalters erworben haben, die zur Verwaltung und zur Verwertung der Masse geboten sind.

Sie werden von den oben dargestellten Rechtsfolgen nicht erfasst; für sie gelten weder Prozesseinschränkung, Zahlungsstop noch Exekutionsverbot. Ihre Forderungen sind vielmehr iSd § 124 Abs 1 IO vom Insolvenzverwalter unverzüglich zu befriedigen.

Fällt die Masseunzulänglichkeit aufgrund geänderter Umstände nach erfolgter Anzeige weg, so hat dies der Insolvenzverwalter wiederum dem Insolvenzgericht anzuzeigen, das diese *Massezulänglichkeitsanzeige* ebenfalls in der Insolvenzdatei kundmacht.

Darauf ist mit der Befriedigung aller Massegläubiger nach § 124 IO wieder fortzufahren: Es entfallen damit alle für Altmassegläubiger verhängten Sperren (§ 124a Abs 4 IO).

c) Relative Masseunzulänglichkeit

Bei einer bloß relativen (überwindbaren) Masseunzulänglichkeit ist der Insolvenzverwalter zu einer Anzeige iSd § 124a IO nicht verpflichtet.

Um Haftungsfolgen zu vermeiden macht die Praxis auch bei bloß relativer Unzulänglichkeit von der Anzeige Gebrauch.

aa) Zahlungsklage und Unzulänglichkeitseinrede

Dem Massegläubiger steht der Rechtsweg offen, er kann auf Zahlung der Schuld samt Prozesskosten binnen vierzehn Tagen bei sonstiger Exekution klagen (§ 124 Abs 3 IO; SZ 43/34, 50/82, 56/148).

Die Einwendung des Insolvenzverwalters, die Masse sei erschöpft, ist im Erkenntnisverfahren nicht zu berücksichtigen, da es sich nicht um eine dauernde Unmöglichkeit der Leistung handelt (vgl. ERS 1986/95).

Das einzig wirksame Verteidigungsmittel wäre die Anzeige der Masseunzulänglichkeit beim Insolvenzgericht und die Geltendmachung der erfolgten Anzeige im Erkenntnisverfahren.

Auch die Oppositionsklage (irrig ERS 1986/95) und die Impugnationsklage (irrig SZ 56/148, 60/201, ERS 1988/70) sind keine geeigneten Rechtsbehelfe, um die *Unzulänglichkeit der Masse* einzuwenden:

Man mag es drehen und wenden, wie man will, der Sachverhalt passt unter keinen der in §§ 35, 36 EO genannten Klagegründe: Leistungsunfähigkeit ist keine den Anspruch hemmende oder aufhebende Neutatsache iSd § 35 EO, sie beeinträchtigt auch nicht den Vollstreckungsanspruch (§ 36 EO).

Vielmehr verhält es sich wie sonst, wenn der Verpflichtete kein die Exekutionskosten übersteigendes Vermögen hat:

Die bewilligte Exekution ist auf Antrag des Insolvenzverwalters oder von Amts wegen nach § 39 Abs 1 Z 8 EO einzustellen (allenfalls nach Vernehmung des betreibenden Massegläubigers; vgl. ERS 1984/13, ERS 1995/74; siehe dazu *Jakusch* in Angst/Oberhammer, EO³, zu § 39 EO Rz 44 ff).

Im Fall einer erfolglosen Fahrnisexekution kann der betreibende Massegläubiger die Offenlegung der Insolvenzmasse nach § 47 Abs 2 EO verlangen.

bb) Abhilfeantrag

Der Massegläubiger muss nicht sofort den Klageweg beschreiten, er kann sich zunächst an das Insolvenzgericht mit einem Abhilfeantrag wenden (§ 124 Abs 3 IO). Das Insolvenzgericht hat die Sach- und Rechtslage zu prüfen und, wenn hierüber keine Zweifel bestehen, dem Insolvenzverwalter die Liquidierung der Masseforderung aufzutragen (allenfalls hat es auch von Amts wegen in Ausübung seiner Aufsichtspflicht in gleicher Weise vorzugehen; *Mohr* IO¹¹, zu § 124 KO E 47 sowie E 51 und 53, mit Hinweis auf den Rekursausschluss des § 84 Abs 3 KO/IO).

Bei unklarer Sach- oder Rechtslage verweist es den Massegläubiger auf den Klageweg (stR seit SZ 35/39). Es ist für die Klage wahlzuständig (§ 262 Z 2 IO).

Der Massegläubiger kann den Abhilfeantrag nicht mit der Klage häufen, weil hierfür das Rechtsschutzinteresse fehlt, wohl aber zwischen beiden Rechtsbehelfen wählen sowie nach gescheitertem Abhilfeantrag klagen und Exekution führen (stR seit SZ 10154).

d) Schadenersatzklage gegen den Insolvenzverwalter

Der Insolvenzverwalter haftet allen Beteiligten (mithin auch einem Aussonderungsberechtigten) für alle Vermögensnachteile, die er ihnen durch pflichtwidrige Führung seines Amts verursacht (§ 81 Abs 3 IO), nach dem erhöhten Sorgfaltsmaßstab der Sach- und Kunstverständigenhaftung des bürgerlichen Rechts (§§ 81 Abs 1 IO, 1299 ABGB; vgl. *Mohr,* IO¹¹, zu § 81 IO E 1 ff, 11 ff). Im Schadenersatzprozess trifft ihn die Beweislast für die von ihm behauptete Einhaltung der gehörigen Sorgfalt (vgl. etwa ÖBA 2007/1433, 735 *Riedler*).

Es handelt sich um eine Primärhaftung (ZIK 2002/192, 137), als AU den Insolvenzverwalter nicht bloß hilfsweise, sondern sofort in Anspruch nehmen kann, sobald sich die absolute Unzulänglichkeit der Masse herausstellt (JBl 1987, 53) und der Insolvenzverwalter eine Anzeige nach § 124a IO verabsäumt hat.

X. Insolvenzanfechtung

Fall 126

Möbelgeier nimmt von seinem Schwager S ein Darlehen von 10.000 Euro auf und übergibt ihm dafür als Pfand einen chinesischen Seidenteppich im selben Wert. Aus dem Darlehen schafft er sich eine Teppichkehrmaschine an (2.000 Euro), borgt er dem Pinsel Geld für die Überfahrt nach Kanada (3.000 Euro) und finanziert er seinen Sommerurlaub. Drei Monate später wird gegen ihn das Insolvenzverfahren eröffnet. Der Insolvenzverwalter erhebt gegen S eine Anfechtungsklage.

a) Wie lautet die Anfechtungsklage?
b) Welche Anfechtungstatbestände kommen in Frage?
c) Welche Ansprüche hat S gegen die Masse?

Kommentar

a) Die **Judikatur** zum Inhalt des Anfechtungsanpruchs war früher uneinheitlich (vgl. die umfangreichen Nachweise von *Koziol/Bollenberger* in Bartsch/Pollak/Buchegger I zu § 43 Rz 2):

Das Begehren auf Unwirksamerklärung war nach überwiegender Judikatur (allein oder zusammen mit einem Leistungsbegehren) stets erforderlich (SZ 57/87; ÖBA 1988, 1120; ZIK 1996, 133; ZIK 1998, 97).

Die heutige, vom Anfechtungssenat des OGH gefestigte Judikatur lässt teilweise das bloße Leistungsbegehren genügen, wenn die Rechtsgestaltung in der Geltendmachung des Leistungsbegehrens liegt (SZ 59 Abs 216; ÖBA 1988, 283 und 836; ÖBA 1991, 215 *Schumacher;* ÖBA 1996, 385 *Bollenberger;* ZIK 1997, 101 ua).

Teilweise hält die Judikatur aber auch an der Unverzichtbarkeit des Rechtsgestaltungsbegehrens fest (SZ 60/21; SZ 61/47; AnwBl 1989, 44 *König*).

Über den Inhalt des Anfechtungsbegehrens herrscht auch in der **Lehre** Uneinigkeit:

Die frühere Lehre ging davon aus, die Anfechtungsklage habe stets ein Rechtsgestaltungsbegehren zu enthalten (vgl. *König,* Anfechtung[4] Rz 2/13, 2/14, 15/1 ff; *König* in FS Fasching 291; *Holzhammer,* InsR 94 f), ein Leistungsbegehren nur dann, wenn anders der Anfechtungserfolg nicht erreichbar wäre (*Doppelbegehren*). *König,* Anfechtung[5] Rz 2/14 ff, 15/1 ff, 15/8 ff hält mE zu Recht an dieser Position fest.

Dagegen sieht die heutige Lehre ebenso wie die hR das Rechtsgestaltungsbegehren zugunsten einer bloß außergerichtlichen oder in der Klage sonst zum Ausdruck kommenden Gestaltungserklärung für entbehrlich an und begnügt sich mit dem bloßen Leistungsbegehren (*Koziol/Bollenberger* in Bartsch/Pollak/Buchegger I zu § 43 KO Rz 2; vgl. schon *Bartsch/Pollak* I §§ 39, 40 Anm 1 f sowie § 43 Anm 1 ff vgl. aber auch *Bartsch/Heil* InsR Rz 264; *Wegan/Reiterer* 60 ff; *G. Wilhelm* WBl 1987, 76).

Diese Position bestreitet mithin ebenso wenig die Rechtsnatur der Anfechtung als Rechtsgestaltung wie der Gegenpol in der Lehre, sieht die ausdrückliche Geltendmachung der Rechtsgestaltung indes als verzichtbar und nur im Ausnahmefall für geboten. Vgl. dazu mit *Rebernig* in Konecny/Schubert, zu § 43 KO Rz 2 bis 4 mit zahlreichen Hinweisen auf die Rsp.

Nur in den Fällen, wo die bloße Rechtsgestaltung den Anfechtungserfolg realisiert (weil etwa der Anfechtungsgegner noch keine Leistung erlangt hat), spricht sich die Lehre für ein reines Rechtsgestaltungsbegehren aus (*Koziol/Bollenberger* in Bartsch/Pollak/ Buchegger I zu § 39 KO Rz 2, zu § 43 KO Rz 3).

König, Anfechtung[5], Rz 2/13 ff, 15/1 ff, 15/8 ff erachtet das Rechtsgestaltungsbegehren für unverzichtbar, das Leistungsbegehren für allenfalls zur Verwirklichung des Anfechtungserfolgs erforderlich, eine Meinung, der ich mich durchaus anschließe.

Da der Anfechtungserfolg mit einem bloßen Rechtsgestaltungsbegehren im vorliegenden Fall nicht erreicht wird, da die Pfandsache sich bei S befindet, wird der Insolvenzverwalter daher gegen S Anfechtungsklage erheben auf:

• Relative Unwirksamerklärung der Pfandbestellung *und*
• Herausgabe der Pfandsache

Nach stR dagegen würde die Leistungsklage auf Herausgabe der Pfandsache genügen.

b) Weil der Anfechtungsgegner S zur „familia suspecta" des Schuldners angehört (naher Angehöriger iSd § 32 Abs 1 IO), kommen alle drei Familienanfechtungstatbestände in Betracht:

• die Familienpauliana (§ 28 Z 3 IO),
• die Familienbegünstigung (§ 30 Abs 1 Z 2 IO),
• die Familienkenntnis (§ 31 Abs 1 Z 1 IO).

In allen drei Fällen ist die Behauptungs- und Beweislast des Insolvenzverwalters auf die objektiven Tatbestandelemente reduziert: auf die gläubigerbenachteiligende (§ 28 Z 3 IO) oder speziell gläubigerbegünstigende (§ 30 Abs 1 Z 2 IO) Rechtshandlung, allenfalls nach Eintritt der Zahlungsunfähigkeit oder nach Antrag auf Eröffnung eines Insolvenzverfahrens (§ 31 Abs 1 Z 1 IO), stets gegenüber einem nahen Angehörigen des

Schuldners, wobei die Anfechtungsfristen sich wie konzentrische Kreise verengen, von zwei auf höchstens ein und schließlich auf höchstens ein halbes Jahr.

In allen drei Fällen ist der Anfechtungsgegner mit der Sacheinrede fehlender subjektiver Merkmale, nämlich mit dem negativen Erstbeweis der unverschuldeten Unkenntnis der Schuldnerabsicht(en) oder der Zahlungsunfähigkeit (des Antrags auf Eröffnung eines Insolvenzverfahrens) beweisbelastet. Ein non liquet auch nur hinsichtlich eines Tatbestands führt zu seiner Verurteilung.

c) Die Darlehenshingabe stellt die Gegenleistung für die Pfandbestellung dar (vgl. *König* ÖJZ 1982, 231).

• Wenn zur Zeit der Anfechtung die Gegenleistung oder ihr Surrogat (was der Schuldner durch Weitergabe empfangen hat) noch in der Masse unterscheidbar vorhanden ist (hier: die Teppichkehrmaschine), hat der Anfechtungsgegner der einen in der Lehre vertretenen Auffassung zufolge einen *Aussonderungsanspruch,* (§ 41 Abs 1 Fall 1 IO, *König,* Anfechtung[5] Rz 16/9), einer anderen Ansicht zufolge einen *Naturalrestitutionsanspruch* aufgrund allgemeiner Rückabwicklungsregeln (§§ 877, 1431 ABGB; vgl. *Koziol/Bollenberger* in Bartsch/Pollak/Buchegger I zu § 41 KO Rz 8 bis 14, insbes 9, 10).

Beide kommen zum gleichen Ergebnis: S hat gegenüber der Masse einen Anspruch auf Rückgabe der Teppichkehrmaschine.

• Wird die Masse *nach Eröffnung des Insolvenzverfahrens* durch Rückleistung des Weitergegebenen bereichert, so hat der Anfechtungsgegner eine *Masseforderung (§ 46 Z 6 IO),* hier hinsichtlich des vom Pinsel zurückgezahlten Darlehens, das in die Masse gelangt ist (§ 41 Abs 1 Fall 2 IO, *König,* Anfechtung[5] Rz 16/10, 16/11; vgl. *Koziol/Bollenberger* in Bartsch/Pollak/Buchegger I zu § 41 KO Rz 8 bis 14, insbes 9, 10).

Die Berechnung der Höhe der Masseforderung des S erfolgt nach allgemeinen zivilrechtlichen Regeln.

• Hinsichtlich des „verbrauchten" (nunmehr ungedeckten) Rests ist S gewöhnlicher Insolvenzgläubiger (§ 41 Abs 2 IO; vgl. *Koziol/Bollenberger* in Bartsch/Pollak/Buchegger I zu § 41 KO Rz 15 f; s. *Rebernig* in Konecny/Schubert, zu § 41 Rz 15 ff).

Wann die Erstattungsansprüche (Aussonderungsansprüche und Masseforderungen) des Anfechtungsgegners entstehen, ob schon mit der Geltendmachung oder erst mit der Erfüllung des Anfechtungsanspruchs, ist nicht gesichert.

Im einen Fall hätte der Anfechtungsgegner nur Zug um Zug gegen Erstattung der Gegenleistung zu erfüllen und bis dahin ein Zurückbehaltungsrecht (*Karollus* ÖBA 1988, 123).

Fall 127

Die Sparkasse Sp räumt dem Hauseigentümer H einen Kontokorrentkredit bis zu 20.000 Euro gegen hypothekarische Sicherstellung auf die Dauer von sechs Monaten ein und belastet damit das Kreditkonto des H. Nach drei Monaten wird über das Vermögen des H das Insolvenzverfahren als Konkurs eröffnet. Bis dahin hatte er den Kredit voll ausgeschöpft, indem er die Sp beauftragt hatte, den andrängenden Gläubigern G1 15.000 Euro und G2 5.000 Euro zu überweisen. Mittlerweile waren 2.000 Euro Mietzinszahlungen auf das Girokonto des H eingegangen, die Sp zur Teildeckung des Kredits auf das Kreditkonto umbuchte, so dass noch 18.000 Euro offenstehen. Die Insolvenzquote beträgt 10 %.

Welche Rechtshandlungen kann der Insolvenzverwalter anfechten?

Kommentar

Durch die hypothekarische Sicherstellung, die im Insolvenzverfahren ein Absonderungsrecht begründet, ist Sp gegenüber den anderen Insolvenzgläubigern begünstigt, aber kongruent gedeckt, weil es sich um eine synallagmatische Gegenleistung für die Einräumung des Kontokorrentkredits handelt.

Der anfechtende Insolvenzverwalter muss daher die fahrlässige Unkenntnis der Bank von der Begünstigungsabsicht des H beweisen (*subjektive Begünstigung, § 30 Abs 1 Z 3 IO*).

Die zeitliche Nähe der Kreditgewährung zum Antrag auf Eröffnung eines Insolvenzverfahrens lässt allerdings darauf schließen, dass die Sp die wirtschaftlichen Verhältnisse des H nicht sorgfältig geprüft hat.

Teile der Judikatur wollen allerdings jene Sicherstellungen, die gleichzeitig mit der Begründung der Schuld gewährt werden und sich daher als Teil des die Schuld begründenden Rechtsgeschäfts darstellen, überhaupt aus dem Bereich der Begünstigungsanfechtung ausscheiden (RdW 1984, 43, 242). Dann bliebe der Sachverhalt nur mehr auf die Kenntnisanfechtung hin zu prüfen.

Das Kontokorrentkreditkonto eröffnet dem Schuldner die Möglichkeit, innerhalb des Kreditrahmens und der Laufzeit beliebig Beträge zu entnehmen.

Sofern nicht von vornherein vereinbart war, dass der Kreditnehmer alle geschäftlichen Geldumsätze über das Kreditkonto zu führen hat (SZ 58/213), ist die Sp nicht befugt, Eingänge vom Girokonto auf das Kreditkonto umzubuchen und so eine Aufrechnungslage zu schaffen.

Dieses vertragswidrige Vorgehen stellt eine *inkongruente Teilbefriedigung* der Sp iSd § 30 Abs 1 Z 1 IO dar (keine subjektiven Tatbestandsmerkmale).

Allerdings kann die Sp im vorliegenden Fall einwenden, nicht vor den anderen Insolvenzgläubigern begünstigt zu sein, weil die abweichende Deckung nicht das übersteigt, was der Sp aufgrund der Insolvenzquote zusteht (2.000 Euro).

Sonach geht die Sp mit ihrer 18.000-Euro-Darlehensforderung im Insolvenzverfahren des H leer aus. Immerhin verschafft ihr die insolvenzmäßige Feststellung mangels Widerspruchs des Schuldners einen Insolvenztitel (§ 61 IO).

Die Befriedigung zweier Gläubiger mit Hilfe des Bankkredits stellt nach tlw. vertretener Ansicht einen *nicht befriedigungstauglichen* und damit *anfechtungsneutralen Gläubigerwechsel* dar, der die Insolvenzmasse nicht schmälert, sofern der neue Gläubiger seine Forderung nicht aus einer besseren Rechtsstellung wie der alte zu realisieren imstande ist (etwa als Absonderungs- oder Aufrechnungsberechtigter, HS 29.812; vgl. *König,* Anfechtung[5] Rz 5/14 ff, insbes. 5/15, 5/17; *Koziol/Bollenberger* in Bartsch/Pollak/Buchegger I § 27 Rz 51; *Rebernig* in Konecny/Schubert, zu § 27 Rz 91, 95 bis 98; vgl. dazu auch ecolex 1999/13 sowie ÖBA 2000, 932).

Dagegen hege ich ernsthafte Bedenken: Steht dem Schuldner ein Kredit zur Verfügung, der nicht hinreicht, um alle Gläubiger voll zu befriedigen, so kann er unter diesen nicht eine Auswahl treffen, welche die einen begünstigt und die anderen benachteiligt. Ein insolventer Schuldner hat einen Antrag auf Eröffnung eines Insolvenzverfahrens zu stellen und dem Insolvenzverwalter die verhältnismäßige Befriedigung aller Gläubiger zu überlassen. Eine ungleichmäßige Befriedigung ist anfechtbar (vgl. AnwBl 1989, 44 Anm *König;* siehe auch *König,* Anfechtung[5] Rz 5/14).

Es kommt mE lediglich darauf an, *ob auch bei G1 und G2 Anfechtungstatbestände verwirklicht sind* und nicht, ob der neue Gläubiger eine bessere Rechtsstellung innehat.

Daher ist dem Insolvenzverwalter anzuraten, neben der hypothekarischen Sicherstellung der Bank auch die Zahlung an G1 und G2 anzufechten, nach hM deshalb, weil durch den Gläubigerwechsel an die Stelle zweier unbesicherter Gläubiger ein Absonderungsberechtigter getreten ist, mE zur Ermittlung des entscheidenden Umstands, ob ein Anfechtungstatbestand bei G1 und G2 verwirklicht ist.

Fall 128

Der Produzent P hat gegen den Zwischenhändler Z offene Forderungen für gelieferte Waren von insgesamt 72.000 Euro. Da gegen Z schon mehrere Exekutionen laufen, kommt er mit ihm überein, dessen Unternehmen um 3.000 Euro monatlich gegen Aufrechnung der Warenforderungen auf zwei Jahre zu pachten. Drei Monate später wird gegen Z das Insolvenzverfahren eröffnet.

Was kann der Insolvenzverwalter mit dem lebensfähigen Unternehmen machen?

Kommentar

a) Anfechtung nach § 31 Abs 1 Z 2 IO

§ 31 Abs 1 Z 2 IO enthält zwei Tatbestände, die streng voneinander zu trennen sind (WBl 1987, 96; vgl. *Mohr*, IO[11] zu § 31 IO E 112 ff sowie E 122 ff):

* Rechtshandlungen, durch die ein anderer Insolvenzgläubiger Sicherstellung oder Befriedigung erlangt;
* alle vom Schuldner mit anderen Personen eingegangenen, für die Gläubiger **unmittelbar nachteiligen** Rechtsgeschäfte.

Beachte: Bloß mittelbare Nachteiligkeit, so wie in den Tatbeständen der §§ 28 bis 30 IO, reicht bei § 31 Abs 1 Z 2 IO *nicht hin.*

Allerdings stellt § 31 Abs 1 Z 1 IO neben Fällen mittelbarer auch auf solche unmittelbarer Nachteiligkeit ab.

Den vorliegenden Fall können wir unter beide Tatbestände subsumieren: Einerseits erlangt P durch Aufrechnung der Pachtzinse mit seinen Warenforderungen Befriedigung (vgl. WBl 1988, 87), andererseits stellt die Verpachtung des Unternehmens ein unmittelbar gläubigerbenachteiligendes Rechtsgeschäft dar (MietS 7.778).

Es ist Sache des Insolvenzverwalters, entweder nur die Aufrechnung oder überhaupt die Verpachtung (samt Aufrechnung) anzufechten (RdW 1989, 100).

Ficht der Insolvenzverwalter bloß die Aufrechnung an, so fließt zwar die Pachtsumme (rückwirkend) in die Masse, doch tritt die Masse in den Bestandvertrag, den der Schuldner als Bestandgeber abgeschlossen hat, ipso iure ein, ohne ein außerordentliches Kündigungsrecht zu haben (§ 24 Abs 1 IO, vgl. *Bartsch/Pollak* I 137 sowie *Gamerith* in Bartsch/Pollak/Buchegger I zu § 24 KO Rz 7 und 8; vgl. *Oberhammer* in Konecny/Schubert, zu § 24 KO Rz 1 f).

Ein solches Kündigungsrecht stünde erst einem Käufer des verpachteten Unternehmens zu, sofern das Bestandrecht für den Bestandnehmer nicht grundbücherlich eingetragen ist (§ 24 Abs 2 IO; vgl. *Gamerith* in Bartsch/Pollak/Buchegger I zu § 24 KO Rz 8 und 14).

Der Unternehmenskäufer müsste zum 30. Juni oder 31. Dezember derart aufkündigen, dass die Aufkündigung dem Pächter spätestens sechs Monate vor dem Kündigungstermin zugestellt wird (§ 560 Abs 1 Z 2 lit c ZPO). Eine Übernahme der Geschäftsschulden schließen §§ 1409a ABGB, 38 Abs 5 UGB aus.

Sieht der Insolvenzverwalter eine Möglichkeit, das Schuldnerunternehmen zu reorganisieren und weiterzuführen – etwa mit Blick auf einen Sanierungsplan –, so wird er den Pachtvertrag anfechten, was auch die Aufrechnung rückwirkend beseitigt.

Beiden Tatbeständen des § 31 Abs 1 Z 2 IO sind als *subjektive Elemente* Kenntnis oder Kennenmüssen der Zahlungsunfähigkeit oder des Antrags auf Eröffnung eines Insolvenzverfahrens zugeordnet.

Die Kenntnis des Gläubigers, dass mehrere Exekutionsverfahren gegen den Schuldner laufen, können wir nicht ohne weiteres mit der Kenntnis von der Zahlungsunfähigkeit gleichsetzen, zumal in der Unternehmerpraxis insbesondere öffentliche Abgaben häufig erst nach Zwangsmaßnahmen entrichtet werden (SozSi 1988, 545). Doch ist dann der Gläubiger verpflichtet, Nachforschungen über die Zahlungsfähigkeit des Schuldners anzustellen (WBl 1988, 431).

Unterlässt er dies, so ist ihm die fahrlässige Unkenntnis der Zahlungsunfähigkeit anzulasten. Sollten einzelne Exekutionen mit zwangsweiser Befriedigung enden, so ist dies ein hinreichendes Indiz für die Zahlungsunfähigkeit des Schuldners. Vgl. zum Fahrlässigkeitsmaßstab *Koziol/Bollenberger* in Bartsch/Pollak/Buchegger I zu § 31 KO Rz 28 bis 30 mwN.

b) Anfechtung nach § 31 Abs 1 Z 3 IO

§ 31 Abs 1 Z 3 IO (angefügt durch das IRÄG 2010) macht auch solche Rechtsgeschäfte anfechtbar, die bei Kenntnis oder fahrlässiger Unkenntnis der Insolvenz mit dem Schuldner eingegangen wurden, wenn der Eintritt eines *Nachteils für die Insolvenzmasse objektiv vorhersehbar* war.

Das Gesetz nennt in § 31 Abs 1 Z 3 S 2 demonstrativ als Beispiel für eine objektive Vorhersehbarkeit eines Nachteils für die Insolvenzmasse die *offensichtliche* Untauglichkeit eines Sanierungskonzepts.

Weder die Anfechtung des Pachtvertrags noch die der Zahlung scheitert am Erfordernis eines objektiv vorhersehbaren Nachteils für die Insolvenzmasse, wurde das Geschäft doch gerade zu diesem Zweck geschlossen.

Zweiter Teil

Insolvenzverfahren als Konkurs

I. Insolvenzverfahrensvoraussetzungen

Fall 129

Die beiden Architekten Frank & Frei stellen einen Antrag auf Eröffnung eines Insolvenzverfahrens gegen den zahlungsunwilligen Immobilienhändler Häusl wegen eines fälligen Planungshonorars von 300.000 Euro. Der Schuldner bleibt der Vernehmungstagsatzung fern; an seinem Auslandsaufenthalt scheitert auch eine zwangsweise Vorführung zur erstreckten Tagsatzung. Amtliche Erhebungen ergeben noch eine Exekutionsführung gegen Häusl mit Vertragspfanddeckung. Nach Erlag eines Kostenvorschusses durch die Antragsteller wird gegen Häusl das Insolvenzverfahren als Konkurs eröffnet.

Kommentar

Das Insolvenzverfahren (als Konkurs gegen eine natürliche Person) wird nur unter *drei Voraussetzungen* eröffnet: Kostendeckung, Insolvenzforderung oder nachrangige Forderung (§ 57a IO) des Antragstellers und Zahlungsunfähigkeit.

1. Ob *Deckung der Kosten des Insolvenzverfahrens* vorliegt, wird von Amts wegen ermittelt. Die Deckung muss bis zu dem Zeitpunkt reichen, wo der Insolvenzverwalter durch Versilberung der Masse in der Lage ist, für die weiteren Kosten aufzukommen (*Insolvenzanlaufkosten;* vgl. EvBl 1936/213; zum Begriff siehe *Schumacher* in Bartsch/Pollak/Buchegger II/2 zu § 71 KO Rz 6 ff sowie *Schneider* in Konecny/Schubert, zu § 71 IO Rz 15 ff).

Zwar hätte das Insolvenzgericht die Vermögenslage des Schuldners näher prüfen müssen, insbesondere ob das in Exekution gezogene Pfand einen den vollstreckbaren Anspruch übersteigenden Wert hatte (wobei Zweifel einer Eröffnung des Insolvenzverfahrens nicht im Weg stehen, SZ 47/86), doch erübrigt ein Kostenvorschuss weitere Prüfungen (§ 71a IO; vgl. schon EvBl 1937/557; siehe *Schneider* in Konecny/Schubert, zu § 71a IO Rz 24 ff).

Eine Eröffnung des Insolvenzverfahrens ohne Kostenvorschuss und einstweiliger Kostenbestreitung aus Amtsgeldern (§ 184 IO) ist nur bei einem den Voraussetzungen des § 183 IO entsprechenden Schuldnerantrag möglich, nicht beim Gläubigerantrag.

2. Frank & Frei müssen ihre eigene *Honorarforderung* bescheinigen. Unterlassen sie das, so ist der Antrag auf Eröffnung eines Insolvenzverfahrens als unbegründet abzuweisen.

Da die Forderung den beiden als solidarisch berechtigte zusteht, handelt es sich nicht um zwei, sondern um eine Forderung gegen Häusl.

Eine Forderung eines weiteren Gläubigers ist nicht zu bescheinigen, da Gläubigermehrheit keine Insolvenzvoraussetzung ist.

3. Die Antragsteller haben es unterlassen, die *Zahlungsunfähigkeit* ihres Schuldners ernsthaft zu behaupten; auch die amtlichen Erhebungen des Insolvenzgerichts bieten hierfür keinen Anhaltspunkt. Der Erlag des Kostenvorschusses erwirkt die Eröffnung des Insolvenzverfahrens nur, wenn alle übrigen Insolvenzvoraussetzungen gegeben sind (EvBl 1934/605). Dass der Schuldner sich auf die Mahnungen der Antragsteller hin ins Ausland abgesetzt hat, ist kein hinreichendes Indiz für seine Zahlungsunfähigkeit.

Zwar kommt es grundsätzlich auf die Vermögenslage des Schuldners im Inland an, doch ist auch auf ausländisches Vermögen innerhalb des Geltungsgebiets der EuInsVO Bedacht zu nehmen, wenn es ohne besondere Hindernisse zur Tilgung inländischer Schulden verwendet werden kann, vor allem wenn die inländischen Gläubiger aufgrund eines europäischen Vollstreckungstitels oder aufgrund von Vollstreckungsverträgen mit Drittstaaten außerhalb der EU ohne weiteres im Ausland exequieren können.

Das Insolvenzverfahren ist kein geeignetes Mittel, selbst hohe Forderungen gegen zahlungsunwillige Schuldner durchzusetzen; hierfür ist das – freilich aufwändigere – Klage- und Exekutionsverfahren vorgesehen.

Nichterfüllung eines Vertrags und Insolvenz sind nicht dasselbe; diese liegt nur vor, wenn der Schuldner nicht in der Lage ist, alle fälligen Geldschulden in angemessener Frist zu erfüllen (JBl 1973, 47 *Sprung,* JBl 1983, 654 *Koziol; Schumacher* in Bartsch/Pollak/Buchegger II/2 zu § 66 KO Rz 18 ff). Das zu bescheinigen ist Sache des Antragstellers; Zweifel führen zur Abweisung des Antrags.

4. Dem Schuldner ist der *Antrag samt Ladung zur Vernehmungstagsatzung zuzustellen; die Ersatzzustellung ist zulässig* (§ 70 Abs 2 S 1 IO iVm § 16 ZustG). Zustellmängel bewirken die Nichtigkeit des Beschlusses auf Eröffnung des Insolvenzverfahrens wegen Verletzung des rechtlichen Gehörs (§ 477 Abs 1 Z 4 ZPO), doch ist mit Ersatzzustellung oder sonst der Hinterlegung an einen ortsabwesenden Schuldner dann wirksam zugestellt, wenn der Zusteller Grund zu der Annahme hatte, dass sich Häusl regelmäßig an der Abgabestelle aufhält (§ 17 Abs 1 ZustG).

Es kommt – legistisch wenig geglückt – auf die begründete Annahme des Zustellers an (vgl. *Stumvoll* in Fasching/Konecny², Ergänzungsband Zustellgesetze, zu § 17 ZustG Rz 6 und 18; vgl. OGH 3 Ob 92/87 RdW 1987, 374); das Schriftstück gilt nur dann als nicht zugestellt, wenn eine Ersatzzustellung nicht möglich war (§ 16 ZustG) und wenn der Empfänger wegen Abwesenheit von der Zustelladresse auch nicht rechtzeitig von der Hinterlegung Kenntnis erlangen konnte (§ 17 Abs 3 S 4 ZustG).

Nur wenn keine zur Ersatzzustellung geeignete Person vorhanden oder nicht zur Übernahme bereit war *und* Häusl seinen Auslandsaufenthalt entgegen der Annahme des Zustellers schon vor dem Zustellversuch angetreten hatte *und* von der Hinterlegung nicht rechtzeitig Kenntnis erlangen konnte, wäre durch die Hinterlegung nicht ordnungsgemäß zugestellt.

Folgt der Antritt des Auslandsaufenthalts jedoch dem Zustellversuch samt Hinterlegung, so hat dies Häusl zu vertreten; die Zustellung wäre wirksam.

Wenn die Antragsteller in ihrem Antrag auf Eröffnung des Insolvenzverfahrens die Zahlungsunfähigkeit nicht hinreichend behauptet und bescheinigt haben, so versagt die überwiegende Rechtsprechung die Komplettierung im Rahmen der Vernehmungstagsatzung; das bloße Anbieten von Bescheinigungsmitteln im Antrag wird von Teilen der Rsp als unzureichend angesehen (ZIK 1996, 29, ZIK 2010/290, 189), von Teilen erlaubt (vgl. bei *Mohr,* IO[11] zu § 70 IO E 135); nach der letztgenannten Ansicht wären die Antragsteller zur Vorlage der Bescheinigungsmittel in der Vernehmungstagsatzung selbst in Abwesenheit des Schuldners zu verhalten (RZ 1978/102).

5. Der Schuldner kann gegen den Beschluss auf Eröffnung des Insolvenzverfahrens einen **Rekurs** erheben und darin seine finanzielle Bonität bescheinigen (Zulässigkeit von nova reperta und neuen Beweismitteln: § 260 Abs 2 IO; vgl. *Mohr,* IO[11] zu § 260 IO E 70 ff).

Für die Beschlussfassung des Rekursgerichts maßgebend ist die Sachlage zur Zeit der Entscheidung erster Instanz und die Bescheinigungslage zur Zeit der Entscheidung zweiter Instanz (*Mohr,* IO[11] zu § 70 IO E 279). Der Schuldner kann daher ohne weiteres neue Bescheinigungsmittel anführen.

Aufschiebende Wirkung kommt dem Rekurs nicht zu, sie kann ihm hier auch nicht zuerkannt werden.

Ist der *Antrag auf Eröffnung eines Insolvenzverfahrens offenbar missbräuchlich gestellt* worden (vgl. dazu *Schumacher* in Bartsch/Pollak/Buchegger II/2 zu § 70 KO Rz 61 ff; *Schneider* in Konecny/Schubert, zu § 70 IO Rz 82 ff), nämlich nur um den Schuldner einem Zahlungsdruck auszusetzen, dann haftet der Bund nach dem AHG für die Schäden, die dem Schuldner aus der Eröffnung des Insolvenzverfahrens aufgrund des Antrags entstanden sind (SZ 64/65).

Da dem Rekurs gegen den Beschluss auf Eröffnung des Insolvenzverfahrens keine aufschiebende Wirkung zukommt (§ 71c Abs 2 IO), kann der Schaden durch das Rechtsmittel nicht mehr zur Gänze abgewendet werden (ÖJZ 1990/47).

Auch trifft die Gegner keine Kostenersatzpflicht, so dass der Rekurswerber den Aufwand zur Herstellung des rechtmäßigen Zustands selbst tragen müsste (SZ 59/141).

Der Schuldner hat sogar ein rechtliches Interesse an der alsbaldigen Feststellung, dass ihm der Bund für alle künftigen Nachteile aus der – zu Unrecht verfügten und veröffentlichten – Eröffnung des Insolvenzverfahrens ersatzpflichtig sei (SZ 64/65).

Fall 130

Reich stellt gegen Arm einen Antrag auf Eröffnung des Insolvenzverfahrens als Konkurs. Das Gericht erlegt ihm nach amtswegigen Erhebungen einen Kostenvorschuss in der Höhe von 4.000 Euro auf, weil das Vermögen des Schuldners nicht ausreiche, um die Verfahrensanlaufkosten zu decken (§ 71 Abs 2 IO).

a) Reich erhebt Rekurs gegen die Höhe des Kostenvorschusses und macht geltend, es lägen hinreichende Anhaltspunkte dafür vor, dass 2.500 Euro bar in der Insolvenzmasse verfügbar seien.

b) Reich macht geltend, ein Kostenvorschuss sei nicht erforderlich, weil Arm in den letzten fünf Monaten anfechtbare Zahlungen an Dritte geleistet habe.

c) Reich zieht seinen Antrag auf Eröffnung eines Insolvenzverfahrens zurück. Das Gericht verpflichtet ihn zur Zahlung von 150 Euro Gebühren für die amtswegige Ermittlung der Kostendeckung.

Kommentar

Sind alle anderen Insolvenzvoraussetzungen gegeben (Insolvenzbescheinigung, Forderungsbescheinigung; siehe den vorigen Fall), so hat das Gericht von Amts wegen die Kostendeckung zu prüfen (Untersuchungsgrundsatz § 254 Abs 5 IO); ein eigener Antrag oder gar Bescheinigungsmittel des Gläubigers sind hierzu nicht erforderlich.

Allerdings liegt es im Interesse des Antragstellers, das Gericht gegebenenfalls zu unterstützen (OLG Wien EvBl 1935/289; OLG Innsbruck ZIK 1995, 155 sowie ZIK 1995, 189).

Bei der Beurteilung der Kostendeckung hat das Gericht nicht bloß auf Barvermögen abzustellen, sondern auch andere Vermögenswerte heranzuziehen; diese müssen weder sofort noch ohne Aufwand verwertbar sein (§ 71 Abs 2 S 2 IO).

So wurden Kundenforderungen des Schuldners (OLG Wien 24.6.1998, 28 R 69/98t) ebenso wie eine Ablebensversicherung (OLG Wien 30.4.1993, 6 R 71/92) als Mittel zur Bestreitung der Kostendeckung angesehen wie das Vorliegen eines Warenlagers.

Mangelt es zwar an einem kostendeckenden Vermögen, erlegt der Antragsteller aber einen vom Gericht auferlegten Kostenvorschuss binnen richterlicher Frist, so ist das Insolvenzverfahren dennoch zu eröffnen.

Der Betrag des Kostenvorschusses ist vom Gericht festzusetzen (§ 71a Abs 1 IO). Die Rückerstattung des Kostenvorschusses kann vom Antragsteller im Verfahren als Masseforderung geltend gemacht werden (§§ 71a Abs 3, 46 Z 1 IO).

§ 71a Abs 1 IO spricht vom „Fehlen" eines zur Kostendeckung „hinreichenden" Vermögens.

Das ließe sich auch so verstehen, dass nicht nur die Fälle des gänzlichen Fehlens der Kostendeckung, sondern auch solche des teilweisen Fehlens erfasst sind.

Der Gesetzgeber hat dem Gericht die Bestimmung der Vorschusshöhe überlassen, um nicht bei Gebührenanpassungen auch einen Eurobetrag in der IO ändern zu müssen.

Ob damit auch *ergänzende Vorschüsse* ermöglicht werden sollen (*Teilbevorschussung*) bleibt in der Judikatur offen: Der Auftrag enthält eine richterlich festgesetzte, die Betragshöhe des § 72a Abs 1 IO nicht übersteigende Summe (vgl. *Schneider* in Konecny/Schubert, zu § 71a IO Rz 18 ff).

Zweck eines Kostenvorschusses ist es, die Insolvenzanlaufkosten (bis zur Prüfungstagsatzung) zu bestreiten (nicht die gesamten Verfahrenskosten; vgl. OLG Innsbruck 13.11. 1991, 1 R 306/91). Die Anlaufkosten belaufen sich derzeit auf 4.000 Euro (arg § 72a Abs 1 IO, der die Deckelung als Schutzvorschrift für die organschaftlichen Vertreter einer juristischen Person vorsieht; Gleiches gilt iVm § 72d IO für Mehrheitsgesellschafter; s sogleich).

Handelte es sich bei Arm um eine juristische Person, so bestimmt § 72 Abs 2 IO, dass der Gläubigerantrag mangels kostendeckenden Vermögens erst dann gemäß § 71a Abs 2 IO abzuweisen ist, wenn

• die *organschaftlichen Vertreter* der juristischen Person keinen Kostenvorschuss erlegen und
• kein Vermögen feststeht, aus dem er hereingebracht werden kann.

Die organschaftlichen Vertreter wären zur Vorlage eines Vermögensverzeichnisses und zum Erlag eines Vorschusses mit Beschluss zu verpflichten (§§ 72a, 72b IO).

Eine Vorschusspflicht trifft neben den organschaftlichen Vertretern der juristischen Person auch die *Mehrheitsgesellschafter*; die Bestimmungen der §§ 72 bis 72c IO gelten auch für sie (§ 72d IO).

§ 72 ist indes mit § 71a IO zusammen zu lesen: Ist die Bevorschussung durch die organschaftlichen Vertreter der juristischen Person nicht möglich, so kann der Gläubiger immer noch selbst einen Vorschuss erlegen. § 72 IO am Anfang spricht davon, dass mangels Kostendeckung *auch* nach Bevorschussung durch die organschaftlichen Vertreter die Eröffnung des Insolvenzverfahrens möglich sei.

a) Höhe des Kostenvorschusses

Die Anordnung eines Kostenvorschusses erfolgt mit Beschluss. Dieser ist nicht abgesondert anfechtbar und auch nicht vollstreckbar (§ 71a Abs 1 S 3 IO). Der Rekurs des Reich ist daher mit einem Rekurs gegen den nächsten abgesondert anfechtbaren Beschluss (gegen die Abweisung des Antrags auf Eröffnung des Insolvenzverfahrens infolge Nichtzahlung des vollen Kostenvorschusses; § 71c Abs 1 IO) zu verbinden.

Bejahte man die Möglichkeit einer Teilbevorschussung so würde gelten:

Hat der Antragsteller bereits dem Insolvenzgericht hinreichende Anhaltspunkte für das Vorhandensein von Barvermögen in der Höhe von 2.500 Euro gegeben, so hat das Gericht im Rahmen seiner Ermittlungspflicht auch darüber Untersuchungen anzustellen (OLG Linz EvBl 1991/161).

Wurden die Angaben Reichs vom Insolvenzgericht nicht näher hinterfragt, so ist sein Rekurs berechtigt und es würden dem Insolvenzgericht nach Aufhebung und Zurückverweisung nähere Ermittlungen zu den Angaben Reichs aufzutragen sein, auf deren Grundlage dann ein neuer insolvenzgerichtlicher Beschluss zu ergehen hätte, wenn das Rekursgericht nicht selbst nach Prüfung eine reformatorische Entscheidung fällt und den Kostenvorschuss auf 1.500 Euro herabsetzt.

Kann Reich das Vorhandensein der 2.500 Euro erstmals im Rekursweg darlegen, so steht dem nichts im Weg: Nova reperta sind in zweiter Instanz zulässig (§ 260 Abs 2 IO), vorausgesetzt, diese Mittel waren schon zum Zeitpunkt der insolvenzgerichtlichen Beschlussfassung vorhanden (novum repertum); § 260 Abs 2 IO erlaubt nur die Geltendmachung von Tatsachen, „soweit sie bereits zur Zeit der Beschlussfassung in erster Instanz entstanden waren"; neue Beweismittel zu Alttatsachen, zu nova reperta sind zulässig.

Die Geltendmachung von nova producta ist ausgeschlossen. Erweisen sich die Hinweise des Reich als hinreichend, dann wird das Rekursgericht den Kostenvorschuss auf 1.500 Euro herabsetzen.

Das Rekursgericht kann und wird aber folgenden Rechtsstandpunkt einnehmen:

• 2.500 Euro sind keine die Verfahrensanlaufkosten deckenden Mittel. Der Tatbestand des § 71a Abs 1 IO (Fehlen eines zur Deckung der Kosten des Insolvenzverfahrens voraussichtlich hinreichenden Vermögens) ist damit erfüllt. Eine Bevorschussung ist daher aufzutragen.

• Die *Höhe des Kostenvorschusses ist vom Gericht festzulegen* (§ 71a Abs 1 S 1 IO).

• Reichs Rekurs gegen die Abweisung seines Antrags auf Eröffnung des Insolvenzverfahrens (der Vorschussbeschluss ist abgesondert nicht anfechtbar; § 71a Abs 1 S 3 IO) würde somit der Erfolg versagt bleiben.

Ein Erfolg wäre Reichs Rekurs indes dann beschieden, wenn er dem Insolvenzgericht hinreichende Anhaltspunkte für eine **volle Kostendeckung** geliefert hätte, die aber von diesem nicht näher geprüft wurden, oder wenn er solche Anhaltspunkte erst im Rahmen des Rekurses als nova reperta geltend zu machen imstande ist.

Revisionsrekurse gegen Vorschussbeschlüsse sind als Rekurse über den Kostenpunkt generell unzulässig (§ 528 Abs 2 Z 3 ZPO). Sollte das Rekursgericht Reichs Rekurs abweisen, so steht ihm kein Rechtsmittel mehr zur Verfügung.

b) Vorliegen eines Anfechtungsanspruchs

Mit einer erfolgreichen Insolvenzanfechtung werden gläubigerbenachteiligende Vermögensverschiebungen rückgängig gemacht und so die Masse gemehrt.

Der aussichtsreiche Anfechtungsanspruch stellt einen zur Kostendeckung heranziehbaren Vermögenswert iSd § 71 Abs 2 IO dar (*Schneider* in Konecny/Schubert, zu § 71 IO Rz 36 ff; *Schumacher* in Bartsch/Pollak/ Buchegger, II/2, zu § 71 KO Rz 17 f). Daher ist neben einem solchen Anfechtungsanspruch der Erlag eines Kostenvorschusses zur Deckung der Verfahrensanlaufkosten grundsätzlich überflüssig (OLG Linz 17.3.1994, 2 R 29/94).

Allerdings kann das Gericht dem Antragsteller einen Kostenvorschuss zur Bestreitung der Pauschalgebühren für die Klageführung des Insolvenzverwalters auferlegen (§ 71a Abs 1 letzter Satz IO; siehe *Schumacher* in Bartsch/Pollak/Buchegger II/2 zu § 71a KO Rz 13; vgl. RVEB des IRÄG 1997, 734 BeilNR XX GP).

Reichs Rekurs gegen die Abweisung des Antrags auf Eröffnung des Insolvenzverfahrens (§ 71a Abs 1 S 3 IO) wird daher allenfalls teilweiser Erfolg beschieden sein.

Die sechsmonatige Rahmenanfechtungsfrist bei der Kenntnisanfechtung (§ 31 Abs 2 IO) gebietet im vorliegenden Fall eine rasche Verfahrenseröffnung.

Das Rekursgericht kann und wird dem Reich aber einen Kostenvorschuss zur *Deckung der Pauschalgebühr* für die Anfechtungsklage auferlegen, weil der vorliegende Vermögenswert in der Masse nur mit Kosteneinsatz zu realisieren ist.

c) Gebührenfestsetzung

Die Kosten der amtswegigen Erhebungen zur Ermittlung der Kostendeckung sind vorläufig aus Amtsgeldern zu bestreiten (§ 1 Z 5 iVm § 2 Abs 1 GEG).

Selbst wenn Reich seinen Antrag auf Eröffnung eines Insolvenzverfahrens zurückzieht, hat er doch die Erhebungskosten veranlasst, und ist daher zum Ersatz zu verhalten (OLG Graz 13.12.1995, 3 R 267/95 sowie 6.11.1998 ZIK 1999, 27).

Das Gericht fasst keinen Gebührenbeschluss, sondern erlässt, falls die Summe nicht bei Gericht bezahlt wird, einen nach Ablauf der Leistungsfrist vollstreckbaren Zahlungsauftrag (*Mandatsbescheid,* §§ 6, 6a GEG).

Dieser ist mit Vorstellung anfechtbar; wenn ein solcher aber mutwillig eingebracht wird, so kann eine Mutwillensstrafe verhängt werden (s. § 7 Abs 4 GEG).

Die Kosten werden, sofern Reich binnen Leistungsfrist nicht bezahlt, zwangsweise von ihm hereingebracht (mit Einbringungskosten von 8 Euro, § 6a Abs 1 GEG).

II. Gesellschaftsinsolvenzverfahren

Fall 131

Beinhart & Hartbein betreiben eine Anwaltei in Form einer GesBR. In das Gesellschaftsvermögen hat Beinhart die ganze Hardware und Hartbein die ganze Fachbibliothek eingebracht. Ein Gesellschaftsgläubiger stellt gegen die Gesellschaft einen Konkursantrag. Beinhart, der noch separate Gläubiger hat, gibt bald darauf die Zahlungseinstellung bekannt.

Kommentar

Die Ausübung der Rechtsanwaltschaft in Form einer GesBR ist ausdrücklich gestattet (§ 1a RAO).

Rechtsprechung und überwiegende Lehre (vgl. *Riedler* in *Koziol/Bydlinski/Bollenberger* ABGB[5] zu § 1175 ABGB Rz 5 und die dortigen Belegstellen) verneinen die Insolvenzfähigkeit der GesBR (HS 10.334; 5 Ob 297/05). Gleichzeitig ist das Gesellschaftsvermögen rechtlich vom Gesellschaftervermögen zu trennen, sind die Anteile der Gesellschafter an der Gesellschaft als Sondervermögen zusammen zu fassen; dieses bildet dann das Vermögen der GesBR (S. *Riedler* in Koziol/Bydlinski/Bollenberger, ABGB[5] zu § 1178 ABGB Rz 2). Das hat folgende Konsequenzen:

• Es müssten von vornherein über die Vermögensteile des Beinhart und des Hartbein an der GesBR zwei getrennte Insolvenzverfahren eröffnet werden.

• Die gemeinschaftlichen Gläubiger der GesBR müssten ihre Forderungen zu beiden Insolvenzverfahren anmelden.

• Die beiden Insolvenzmassen hätten gegeneinander Aussonderungsansprüche hinsichtlich der Aktiven des Gesellschaftsvermögens, das – allenfalls im Klage- und Exekutionsweg – natural oder zivil geteilt werden und dessen Erlös an die einzelnen Massen abgeführt werden müsste.

• Die Gesellschaftsgläubiger könnten ihre Forderungen auch nicht in der Höhe ihres Ausfalls im Insolvenzverfahren des Beinhart geltend machen, weil § 57 IO nicht anwendbar ist. Das Insolvenzverfahren des Hartbein bliebe dessen Privatgläubigern vorbehalten.

Folgte man der Ansicht, dass – zumindest – die Unternehmer-GesBR rechtsfähig und mithin auch insolvenzfähig ist *(Holzhammer, K. Schmidt)*, so hätte dies folgende Konsequenzen:

• über das Gesellschaftsvermögen würde ein eigenes Insolvenzverfahren eröffnet, an dem sich nur die Gesellschaftsgläubiger, nicht aber auch Beinharts Privatgläubiger beteiligen können.

•   Da die Versilberung des Gesellschaftsvermögens eine Zwangsliquidation darstellt, wären, wie bei jeder Liquidation, zuerst die gemeinschaftlichen Schulden (mithin auch die Forderungen der Gesellschaftsgläubiger) zu tilgen und erst ein verbleibender Rest an Beinhart und Hartbein abzuführen. Nur insoweit hätte Beinharts Insolvenzmasse einen Aussonderungsanspruch.

•   Auf ein GesBR-Insolvenzverfahren müsste § 57 IO sinngemäß anzuwenden sein. Die Gesellschaftsgläubiger müssten ihre Befriedigung primär im Gesellschaftsinsolvenzverfahren (Konkurs oder Sanierungsverfahren) suchen. Nur soweit sie dort nicht befriedigt werden, wären sie auch im Gesellschafterinsolvenzverfahren zu berücksichtigen.

Die GesBR ist auch im Rahmen des UGB kein eintragungsfähiges Gebilde.

Ein Antrag auf Eröffnung des Insolvenzverfahrens über das Vermögen der GesBR wird nach der eingangs referierten hM mangels Insolvenzfähigkeit der GesBR zurückgewiesen werden.

Um der Problematik der Insolvenzfähigkeit der GesBR auszuweichen, wäre es Beinhart und Hartbein anzuraten, von den weiteren Möglichkeiten, die ihnen *§ 1a Abs 1 RAO* bietet Gebrauch zum machen und die Kanzlei als GmbH zu führen. Ihre Insolvenzfähigkeit ist unbestritten.

III. Genehmigungspflichtige Geschäfte

Fall 132

Der Masseverwalter im Konkurs der A&B GesmbH möchte einerseits die Beteiligung der Schuldnerin an der C&D AG veräußern, da deren Aktien derzeit einen hohen Erlös erzielen, den er zur Verbesserung der Quoten verwenden will, andererseits ein Grundstück der Schuldnerin veräußern.

Kommentar

Grundsätzlich ist in einem Konkursverfahren iSd § 180 IO der Insolvenzverwalter als Masseverwalter bei der Führung von Verwaltungs- und Verwertungsgeschäften eigenständig, dem Insolvenzgericht allerdings rechenschaftspflichtig. Dieser Grundsatz erfährt indes mehrere Ausnahmen:

Die *Schließung oder Wiedereröffnung des schuldnerischen Unternehmens* oder eines Teils davon darf nur mit Gerichtsbeschluss erfolgen;

§ 116 IO beinhaltet einen Katalog *mitteilungspflichtiger Rechtsgeschäfte:* Der Insolvenzverwalter hat dem Gericht den beabsichtigten Abschluss – zusammen mit der Stellungnahme des Gläubigerausschusses – mindestens acht Tage im Vorhinein mitzuteilen, wenn der Wert des betreffenden Geschäfts 100.000 Euro übersteigt.

§ 117 IO zählt die *genehmigungspflichtigen Rechtsgeschäfte* auf: Sie sind an die Genehmigung des Gläubigerausschusses und des Insolvenzgerichts gebunden. Die Genehmigung setzt eine vierzehntägige (in dringenden Fällen eine achttägige) Ankündigung des Abschlusses in der Ediktsdatei voraus.

Dem Schuldner ist bei Geschäften nach §§ 116 und 117 IO Gelegenheit zur Äußerung zu geben (§ 118 IO).

Die Veräußerung von Anteilen des Schuldners an einem Unternehmen iSd § 189a Z 2 UGB sowie die Veräußerung einer unbeweglichen Sache (§ 117 Abs 1 Z 3 IO) gehören zu den *genehmigungspflichtigen Rechtsgeschäften.*

Die Veräußerung oder Verpachtung des gesamten beweglichen Anlage- oder Umlaufvermögens oder eines fortbetriebsnotwendigen Teils davon ist ebenfalls ein genehmigungspflichtiges Rechtsgeschäft (§ 117 Abs 1 Z 2 IO).

a) Veräußerung des Unternehmensanteils

§ 189a Z 2 UGB umschreibt den Begriff der „Beteiligung" an Kapitalgesellschaften. Eine solche liegt vor, wenn die Unternehmensanteile, die ein anderes Unternehmen hält

- dazu bestimmt sind, dem eigenen Geschäftsbetrieb durch eine dauernde Verbindung zu diesem Unternehmen zu dienen, oder

- insgesamt 20% des Kapitals beträgt oder darüber liegt (mindestens 70.000 Euro Grundkapital bei der AG, § 7 AktG, 35.000 Euro Stammkapital bei der GmbH, § 6 GmbHG) erreichen; dann wird eine Beteiligung vermutet.

Es ist dabei unerheblich, ob die Unternehmensanteile in Wertpapieren verbrieft sind. Für die Anteilsberechnung sind die Bestimmungen des § 244 Abs 4 und 5 UGB anzuwenden.

§ 189a Z 2 UGB bestimmt, dass der unbeschränkt haftende Gesellschafter einer unternehmerisch tätigen Personengesellschaft stets als Beteiligung anzusehen ist. Ein Insolvenzschuldner, der neben seinem eigenen Unternahmen Gesellschafter in einer anderen OG oder KG ist, fällt etwa unter diese Bestimmung.

Handelt es sich bei den gegenständlichen Aktien um Geldanlagen, die mit dem Betrieb der GmbH in keinem Zusammenhang stehen und die auch nicht 20% des Nennkapitals der C&D AG ausmachen, so ist das Geschäft nicht genehmigungspflichtig.

Freilich unterliegt der Insolvenzverwalter auch hier der allgemeinen Kontrolle durch das Insolvenzgericht und den Gläubigerausschuss.

Hat die Schuldnerin indes die Anteile an der C&D AG deshalb erworben, weil ihre unternehmerische Tätigkeit mit der der AG in einem engen Zusammenhang steht und die Beteiligung daher dem eigenen Geschäftsbetrieb dienen sollte (zB. Schuldnerin ist Produzent, C&D ist Zulieferer), oder übersteigt die Beteiligung einfach nur den Betrag von 20% des Grundkapitals der C&D AG (das Minimum für die AG ist 70.000 Euro, § 7 AktG), so wird das Rechtsgeschäft genehmigungspflichtig iSd § 117 Abs 1 Z 1 IO.

Fällt die Beteiligung unter § 189a Z 2 UGB, so besteht Genehmigungspflicht für das Rechtsgeschäft. Der Insolvenzverwalter hat die beabsichtigte Veräußerung auf die Dauer von vierzehn Tagen in die Ediktsdatei einschalten zu lassen (§ 117 Abs 2 IO).

Die Genehmigung setzt voraus, dass seit dem Beginn der Bekanntmachung der beabsichtigten Veräußerung (oder Verpachtung) mindestens vierzehn Tage (nur acht Tage bei drohendem beträchtlichen Wertverlust des Objekts) vergangen sind (§ 117 Abs 3 IO).

Da der *Gläubigerausschuss* grundsätzlich nur dann eingerichtet wird, wenn die Eigenart oder der besondere Umfang des Unternehmens des Schuldners dies geboten erscheinen lassen, entfällt außer in „Großinsolvenzen" oder komplexen Verfahren die Genehmigung des Ausschusses iSd § 117 IO mangels Existenz dieses Organs. Dann übernimmt das Insolvenzgericht die Aufgaben des Gläubigerausschusses (§ 90 IO) und die Genehmigungspflicht wird zu einer rein gerichtlichen.

Allerdings bilden die Geschäfte iSd *§ 117 Abs 1 Z 1 und 2 IO* hier eine *Ausnahme:* Sind solche Geschäfte ins Auge gefasst, so ist *stets ein Gläubigerausschuss zu bestellen* (§ 88 Abs 1 S 2 IO: *ad-hoc-Bestellung*).

In kleineren Insolvenzverfahren, die sonst eine Ausschussbestellung nicht rechtfertigen, wird ein Gläubigerausschuss mithin erst dann und zu dem Zweck bestellt, die geplante Transaktion zu überprüfen und über die Genehmigung zu entscheiden. Allerdings bleibt er auch nach der Entscheidung über ein Rechtsgeschäft nach § 117 Abs 1 Z 1 oder 2 IO im Amt.

Handelt es sich im vorliegenden Fall um keine größere oder komplexere Insolvenz, fällt die Beteiligung der Schuldnerin an der C&D AG aber unter §§ 189a Z 2 UGB, 117 Abs 1 Z 1 IO, so ist nach § 88 Abs 1 S 2 IO ein Gläubigerausschuss zu bestellen, der über die Genehmigung zu entscheiden hat.

Das letzte Wort hat freilich das Insolvenzgericht.

b) Veräußerung des Grundstücks

Die Veräußerung einer unbeweglichen Sache ist stets genehmigungspflichtig nach § 117 Abs 1 Z 3 IO. Wiederum ist nach § 117 Abs 2 und 3 IO (Ediktalverfahren und Wartefrist) vorzugehen.

Besteht im vorliegenden als Konkurs eröffneten Insolvenzverfahren mangels der Voraussetzungen des § 88 Abs 1 S 1 IO kein Gläubigerausschuss, so ist für dieses Geschäft ein solcher ad hoc nicht zu bestellen. Die Genehmigungserteilung liegt hier allein beim Insolvenzgericht, das hier auch die Obliegenheiten des Gläubigerausschusses wahrzunehmen hat (§ 90 S 1 IO).

Das Insolvenzgericht kann allerdings, wenn die Zustimmung des Gläubigerausschusses vorgeschrieben ist, den Beschluss der Gläubigerversammlung einholen (§ 90 S 2 IO, *Ermessensbestimmung*).

IV. Verlassenschaftsinsolvenzverfahren – Geringfügiges Insolvenzverfahren

Fall 133

Der Einsiedler Ei hinterlässt außer schlecht verwertbarem Hausrat eine Bibliothek im Wert von 40.000 Euro und mehreren Gläubigern gegenüber Schulden in der Höhe von 80.000 Euro. Gesetzliche Erben sind seine beiden Töchter. Eine von ihnen stellt den Antrag auf Eröffnung eines Insolvenzverfahrens.

Kommentar

a) Verlassenschaftsinsolvenzverfahren

Auf Antrag eines Gläubigers, eines erberklärten Erben oder des Verlassenschaftskurators ist nach den allgemeinen Regeln das Insolvenzverfahren über die Verlassenschaft zu eröffnen (arg § 154 Abs 1 AußStrG) mit der Maßgabe, dass nicht erst die Zahlungsunfähigkeit, sondern schon die *Überschuldung* eine Insolvenzvoraussetzung ist: Das gilt für die ruhende Verlassenschaft (hereditas iacens, § 546 ABGB) ebenso wie auch für andere juristische Personen sowie für eingetragene Personengesellschaften, bei denen kein persönlich haftender Gesellschafter eine natürliche Person ist (§ 67 IO).

Beachte! Seit dem ErbRÄG 2015 BGBl I 2015/87 ist die Verlassenschaft im Gegensatz zur früheren Rechtslage eine juristische Person (§ 546 ABGB) und nicht bloß ein rechts- und parteifähiges Gebilde.

Ein Erbe vermag das Verlassenschaftsinsolvenzverfahren nur dadurch abzuwehren, dass er eine *unbedingte Erbantrittserklärung* abgibt. Mit Übernahme der vollen Haftung für die Erbschaftsschulden entfällt gewöhnlich der Insolvenzgrund der Überschuldung; denn bei der Überschuldungsprüfung hat das Insolvenzgericht nicht nur das rechnerische Überwiegen der Passiven über die Aktiven zu ermitteln, sondern auch eine *Sanierungsprognose* zu erstellen. Falls eine Schuldentilgung durch den Erben erwartet werden kann, ist der Antrag auf Eröffnung eines Insolvenzverfahrens abzuweisen (vgl. die *Fortbestehensprognose* bei Handelsgesellschaften, SZ 59/216, RdW 1988, 44; siehe dazu *Schumacher* in Bartsch/Pollak/Buchegger II/2 zu § 67 KO Rz 29 ff).

Die Eröffnung des Verlassenschaftsinsolvenzverfahrens bewirkt eine *Sperre des Verlassenschaftsverfahrens* (§ 8a IO), soweit dieses die Insolvenzmasse betrifft. Hinsichtlich der unpfändbaren Verlassenschaftsgegenstände und jener, die gemäß § 119 Abs 5 IO der Verlassenschaft zur freien Verfügung überlassen werden (hier „der schlecht verwertbare Hausrat"), bleibt ein Wirkungsbereich für das Verlassenschaftsgericht sowie für einen Verlassenschaftskurator oder erberklärten Erben übrig (JBl 1965, 626; 1968, 522).

Gewöhnlich pflegt das Verlassenschaftsgericht die Abhandlung insgesamt auszusetzen und das Ergebnis des Insolvenzverfahrens abzuwarten. Dieser Aussetzungsbeschluss ist angesichts der ex-lege-Unterbrechung des § 8a IO bloß deklarativ.

Falls das Verlassenschaftsinsolvenzverfahren nicht durch Liquidation, sondern aus anderen Gründen, insbesondere durch Sanierungsplan endet, wird die Abhandlung wieder insgesamt fortgesetzt; sonst ist nur das insolvenzfreie Verlassenschaftsvermögen einzuantworten oder, bei Vorliegen der Voraussetzungen des § 153 AußStrG, von einer amtswegigen Abhandlung abzusehen.

Der Verlassenschaftskurator nimmt die Rechte der Verlassenschaft im Insolvenzverfahren wahr; daher ist über seine Enthebung (und Entlohnung) gewöhnlich erst nach Aufhebung des Insolvenzverfahrens zu befinden (was stets Sache des Verlassenschaftsgerichts ist; hR, NZ 1936 67, SZ 22/169). Vgl. zu iure-crediti-Einantwortung und Verlassenschaftsinsolvenz auch *Reckenzaun* NZ 2007/31 97. Siehe *Grün* in Rechberger AußStrG[2] zu § 156 Rz 5 ff.

Die gleichfalls vom Verlassenschaftsgericht zu bestimmenden Gebühren des Gerichtskommissärs für die Errichtung des Inventars sind *Massekosten* (§ 46 Z 1 IO), zumal das Inventar im Insolvenzeröffnungsverfahren der Überschuldungsprüfung dienlich ist (stR, ÖJZ 1967/461).

Wird der Antrag auf Eröffnung eines Insolvenzverfahrens von *allen* erbantrittserklärten Erben gestellt, so ist das Verlassenschaftsinsolvenzverfahren nach amtswegiger Kostendeckungsprüfung – allenfalls nach Erlag eines Kostenvorschusses – ohne weiteres zu eröffnen: ohne Erbantrittserklärung kein Antrag auf Eröffnung eines Insolvenzverfahrens (vgl. schon *Bartsch/Pollak* II 670).

Wird das Insolvenzverfahren von *einzelnen* erbantrittserklärten Erben § 189a Z 2 UGB beantragt, so sind die übrigen zu einer ***Vernehmungstagsatzung*** zu laden. Wird dort kein Einverständnis über den Antrag erzielt oder ist die rechtzeitige Vernehmung nicht möglich, so ist das Insolvenzverfahren nur zu eröffnen, wenn der oder die Antragsteller die Zahlungsunfähigkeit oder Überschuldung bescheinigen (§ 69 Abs 4 S 3 IO, vgl. zur juristischen Person SZ 59/225).

Der Erbenantrag ist sinnvoll, wenn die Erben einen Sanierungsplan anstreben. Dann bewahren sie das Erbgut, das für sie auch einen ideellen Wert haben kann, vor der Liquidation, indem sie es um einen Bruchteil seines Werts „loskaufen".

Geht es dagegen den beiden Erbtöchtern gar nicht um die Erhaltung der väterlichen Bibliothek noch des Hausrats, so sollten sie sich gleich der Erbschaft entschlagen (*Sailer* in Koziol/Bydlinski/Bollenberger, ABGB[5] zu § 800 Rz 9 ff).

Dann wäre der Weg frei für eine kostensparende Überlassung an die Gläubiger an Zahlungs statt (§§ 154 f AußStrG), die bei verschuldeten Nachlässen jeder Größenordnung möglich ist und nur unterbleibt, wenn

• ein Insolvenzverfahren (Konkurs oder Sanierungsverfahren) eröffnet wurde (arg „Verlassenschaftsinsolvenzverfahren", § 154 Abs 1 AußStrG),
  • eine unbedingte Erbantrittserklärung abgegeben wurde, oder
  • ein Übergabeantrag seitens der Finanzprokuratur wegen Erblosigkeit gestellt wurde (§ 184 AußStrG).

Auch der *Sanierungsplanantrag* kann von einzelnen erberklärten Erben gestellt werden. Dem Sanierungsplan selbst müssen aber alle erberklärten Erben zustimmen, deren Anwesenheit es mithin in der Sanierungsplantagsatzung bedarf (§§ 164 Abs 1 iVm 145 Abs 3 IO).

Die Einstimmigkeit ist erforderlich, weil die Erben solidarisch für die Erfüllung des Sanierungsplans haften (§ 164 Abs 2 IO).

Bei qualifiziertem Erfüllungsverzug (§ 156a IO) kann der Verlassenschaftsgläubiger wegen seiner wiederaufgelebten Forderung mithilfe des Insolvenztitels gegen jeden einzelnen Erben Exekution führen.

Ist aber die Sanierungsplanquote rechtzeitig erfüllt, so können die Erben wegen des Forderungsausfalls nicht mehr in Anspruch genommen werden (§ 156a Abs 3 S 1 Hs 1 IO). Vgl. *Buchegger* InsR[3], 177 ff.

b) Geringfügiges Insolvenzverfahren

Das Verlassenschaftsinsolvenzverfahren über das Vermögen des Ei ist als *geringfügig* anzusehen, weil die Aktivenmasse nicht mehr als 50.000 Euro beträgt (§ 180a IO).

Was den Verfahrensaufwand angeht, liegt das geringfügige Insolvenzverfahren zwischen dem ordentlichen Insolvenzverfahren einerseits und der iure-crediti-Einantwortung andererseits. Während diese von vornherein keinen strengen Regeln unterliegt, gilt für das geringfügige Insolvenzverfahren das materielle Insolvenzrecht uneingeschränkt, aber ein erheblich vereinfachter Verfahrensablauf (vgl. *Bartsch/Pollak* I 680; *Senoner* in Konecny/Schubert, zu § 169 KO Rz 3 f).

Es sind zwei *Besonderheiten* zu beachten:

• Das *Inventar* wird durch ein hauseigenes *Vollstreckungsorgan, in aller Regel einen Gerichtsvollzieher,* errichtet, dessen Vergütung § 15 VGebG regelt.

Liegt bereits ein Inventar aus dem Verlassenschaftsverfahren vor, so ist dieses nur mehr einer summarischen Überprüfung zu unterziehen.

• Bei der allgemeinen Prüfungstagsatzung kann über alle der Beschlussfassung der Gläubigerversammlung unterliegenden Fragen und, soweit dies zweckmäßig ist, auch über die Verteilung verhandelt und entschieden werden (§ 180a IO).

Wenn die Erben den Sanierungsplanvorschlag frühzeitig einbringen, ist auch über dessen Annahme in der kombinierten Tagsatzung abzustimmen.

Dritter Teil

Sanierungsplan und Sanierungsverfahren

Literatur: Mohr, Sanierungsplan und Sanierungsverfahren (2010).

I. Annahme des Sanierungsplans

Fall 134

Über das Vermögen des Schuldners S ist das Insolvenzverfahren auf Gläubigerantrag als Konkurs eröffnet worden. S hat acht Gläubiger. Am 10.1.2014 reicht er einen Sanierungsplanvorschlag ein. In der Sanierungsplantagsatzung am 17.2.2014 erscheinen G1 bis G6; die Gläubiger G7 und G8 bleiben der Tagsatzung fern. Vorgeschlagen ist ein Sanierungsplan zu 20% binnen zwei Jahren ab Annahme. G1 bis G5, die Forderungen von je 100.000 Euro gegen S haben, stimmen dem Sanierungsplan zu, G6 stimmt dagegen. Die Forderung des G6 beträgt 500.000 Euro, die des G7 und des G8 je 50.000 Euro.

a) Zu prüfen ist, ob in der Tagsatzung am 17.2.2014 der Sanierungsplanvorschlag angenommen wurde.

b) Der Insolvenzverwalter hat die Forderung des G6 in der Prüfungstagsatzung der Höhe nach bestritten: G6 sei mit 240.000 Euro pfandrechtlich gesichert.

c) In der auf Schuldnerantrag erstreckten Sanierungsplantagsatzung am 3.3.2014 drängen die Gläubiger S, sein Gebot zu erhöhen. Dieser ist dazu nicht in der Lage. Darauf wird sein Sanierungsplan von G1 bis G4 und G8 angenommen, G5 mit seiner Forderung von 100.000 Euro stimmt dagegen, G6 und G7 bleiben der Tagsatzung fern.

Kommentar

a) Zur Annahme des Sanierungsplans ist eine *Kopf-Summen-Mehrheit* erforderlich:

Die Mehrheit der in der Tagsatzung erschienenen bzw. vertretenen Gläubiger muss dem Vorschlag zustimmen, gleichzeitig müssen ihre Stimmen mehr als die Hälfte der Gesamtsumme derjenigen Forderungen erreichen, die die anwesenden bzw. vertretenen Gläubiger repräsentieren (§ 147 Abs 1 IO).

Nicht zur Abstimmung berechtigt sind diejenigen Gläubiger, die durch den Sanierungsplan keine Einbußen erleiden: Massegläubiger, Aussonderungs- sowie Absonderungsberechtigte und Aufrechnungsberechtigte, die beiden letztgenannten nach Maßgabe der Deckung ihrer Forderung (arg. e contr. § 93 Abs 1 IO).

Bei einer in der Sanierungsplantagsatzung repräsentierten Gesamtsumme von 1 Million Euro Insolvenzforderungen ist daher eine Summenmehrheit von mehr als 500.000 Euro zu erreichen.

G1 bis G5 haben zwar die Kopfmehrheit erreicht, nicht aber die Summenmehrheit, da sie zusammen nur 500.000 Euro repräsentieren und nicht „mehr als die Hälfte" der Forderungssumme. G6 ist allein in der Lage, den Sanierungsplanvorschlag zu sperren (§ 147 Abs 1 IO).

Ein Beschluss ist daher in dieser Gläubigerversammlung mangels Forderungsmehrheit nicht zustande gekommen (§ 92 Abs 1 IO).

b) Ist G6 mit 240.000 Euro pfandrechtlich abgesichert, dann besteht in dieser Höhe für ihn ein Absonderungsrecht: G6 würde in der Höhe von 240.000 Euro sein Stimmrecht verlieren. Seine verbleibende Insolvenzforderung von 260.000 Euro würde nicht mehr ausreichen, das Zustandekommen der Summenmehrheit zu verhindern, sofern G1 bis G5 eine erstreckte Sanierungsplantagsatzung wiederum besuchen und ihr Stimmverhalten nicht ändern und G7 und G8 wieder fernbleiben.

Der Insolvenzverwalter hat S vor der Prüfungstagsatzung oder anlässlich einer nachträglichen Anmeldung unter Fristsetzung zur Äußerung darüber aufzufordern, ob er die angemeldeten Forderungen bestreitet oder anerkennt (§ 105 Abs 4 IO). Hat S bisher die Forderung des G8 in voller Höhe als Insolvenzforderung anerkannt, so ist er an diese seine Erklärung gebunden und kann keine Bestreitungen mehr nachschieben.

Tut er dies außerhalb des Insolvenzverfahrens in einem Titelbeschaffungsprozess gemäß § 60 Abs 2 IO, so trifft ihn die Kostenersatzpflicht.

• Wenn *der Insolvenzverwalter oder ein anderer Gläubiger* die Höhe des Stimmrechts des G6 schon in der Prüfungstagsatzung bestritten hat, so nimmt G8 nur auf seinen Antrag und nur in der mutmaßlich unbesicherten Höhe seiner Forderung an der Abstimmung teil (§ 93 Abs 2 IO).

Das Gericht wäre dazu verhalten, eine Stimmrechtsentscheidung zu treffen, wenn G6 die entscheidende Stimme für den Sanierungsplan darstellte (§ 93 Abs 4 IO). Das ist hier nicht der Fall, weil G6 aufgrund der erfolgten Bestreitung nur mit einer Forderung von 260.000 Euro zu berücksichtigen ist, die Forderungssumme in der Tagsatzung mithin 760.000 Euro betrug und mit den Stimmen von G1 bis G5 sowohl Kopf- wie auch eine Summenmehrheit von 500.000 Euro erreicht wurden.

c) Wird nur eine der beiden Mehrheiten erreicht und stellt der Schuldner vor Schluss der Tagsatzung einen **Erstreckungsantrag** (§ 147 Abs 2 IO), so hat das Gericht hat sogleich den Termin für eine erstreckte Sanierungsplantagsatzung anzusetzen und öffentlich bekannt zu machen (§ 148a Abs 1 Z 1 bis 3 IO).

Die Summe der in der erstreckten Sanierungsplantagsatzung nunmehr repräsentierten Forderungen beträgt 550.000 Euro.

Erforderlich für die Annahme des Sanierungsplans ist die Kopfmehrheit der erschienenen Gläubiger; ihre Stimmen haben dann mehr als 275.000 Euro auszumachen (mehr als 50% von 550.000 Euro).

Beide Mehrheiten wurden hier erreicht, der Sanierungsplanvorschlag des AU ist mit den Stimmen von G1, G2, G3, G4 und G8 gegen die Stimme des G5 angenommen, die Mehrheit kontrolliert 450.000 Euro der Forderungssumme der anwesenden/vertretenen Insolvenzgläubiger (550.000 Euro).

Die Absenz des Großgläubigers G6 sowie des G7 ist für die Quotenermittlung unerheblich (§ 147 Abs 1 IO).

Die Tatsache, dass G5 in der ersten Sanierungsplantagsatzung für und in der zweiten gegen den Sanierungsplanvorschlag gestimmt hat, ist kein Verfahrensfehler, da er an seine Erklärungen und somit auch an sein Stimmverhalten in der ersten Tagsatzung nicht gebunden ist (§ 147 Abs 3 IO).

Wird ein Sanierungsplanvorschlag nicht binnen 90 Tagen angenommen, so entfällt die bis dahin geltende Verwertungssperre und es kommt zur konkursweisen Liquidation des Schuldnervermögens (§§ 114b Abs 2, 114c Abs 1 IO).

Seit der Vorlage des Sanierungsplans am 19.1.2014 sind bei Annahme in der Tagsatzung am 3.3.2014 noch keine 90 Tage verstrichen.

Der Sanierungsplan wurde fristgerecht angenommen.

Das Gericht hat über die Erteilung oder Versagung der Bestätigung zu entscheiden (§§ 152a, 153, 154 IO). Mit Rechtskraft des Bestätigungsbeschlusses ist das Insolvenzverfahren ex lege aufgehoben (§ 152b Abs 2 S 1 IO).

II. Sanierungsplanbestätigung

Fall 135

S schließt mit seinen Gläubigern einen Sanierungsplan zu 20% binnen Zweijahresfrist ab Annahme bei sofortiger Ausschüttung des halben Sanierungsplanerfordernisses nach Rechtskraft der Sanierungsplanbestätigung. Im Bestätigungsverfahren gelangt das Gericht zu der Überzeugung, dass der Insolvenzverwalter sich kein gründliches Bild von der Leistungsfähigkeit des S gemacht hat und dass dieser 30% erbringen könnte, ohne sein Unternehmen zu schließen.

Wie hat das Gericht zu entscheiden?

Kommentar

Jeder angenommene Sanierungsplan bedarf der gerichtlichen Bestätigung; sie nimmt Maß an dem angenommenen Sanierungsplanvorschlag und stattet ihn hoheitlich mit Außenseiterwirkung, Bindungswirkung und Vollstreckbarkeitswirkung aus.

Der Beschluss hat dessen wesentliche Bestimmungen anzugeben, ist öffentlich bekannt zu machen und allen Insolvenzgläubigern sowie den übrigen Beteiligten zuzustellen (§ 152 IO).

Die Bestätigung darf erst erteilt werden, wenn die Voraussetzungen des § 152a IO vorliegen und der Insolvenzverwalter dem Gericht deren Erfüllung berichtet hat.

Das Gericht hat vor der Bestätigung des Sanierungsplans zu untersuchen, ob nicht ein zwingender Versagungsgrund des § 153 IO oder ein Versagungsgrund nach Ermessen des Gerichts iSd § 154 IO vorliegt.

Gemäß § 154 Z 1 IO *kann* die Bestätigung versagt werden, „wenn die dem Schuldner im Sanierungsplan gewährten Begünstigungen in Widerspruch mit dessen Verhältnissen stehen".

§ 154 IO ist eine Ermessensnorm. Im vorliegenden Fall hat das Gericht zu wählen:

a) Bestätigt das Insolvenzgericht den Sanierungsplan, so sanktioniert es gleichzeitig eine dem **insolvenzrechtlichen Anspannungsgrundsatz** nicht gerecht werdende Insolvenzbereinigung. S müsste seine Mittel nicht in den Dienst einer *bestmöglichen* Gläubigerbefriedigung stellen.

Zum Anspannungsgrundsatz im Insolvenzrecht siehe grundlegend *Buchegger,* Ausgleichserfüllung 225 ff mwN sowie *Buchegger,* InsR³, 31 f, 175 f, 177 ff, 231, 237 ff.

Jeden Schuldner, der einen Sanierungsplan anstrebt, trifft vor dem Hintergrund der bestehenden zivilrechtlichen Schuld eine *Obliegenheit zur Quotenmaximierung.*

b) Versagt das Insolvenzgericht die Bestätigung und erwächst diese in Rechtskraft, so ist damit auch der Sanierungsplan gescheitert und das (als Konkurs eröffnete) Insolvenzverfahren mündet wegen Entfall der Verwertungssperre (§ 114c Abs 1 S 2 IO) in die Liquidation des Schuldnervermögens (§§ 114 ff, 119 ff, 124 ff, 128 ff IO).

Es steht zu erwarten, dass die Gläubiger bei Zerschlagung und Versilberung des Schuldnervermögens auf die bekanntermaßen niedrigen Insolvenzquoten bei Liquidation verwiesen werden und weniger erhalten als im angebotenen Sanierungsplan.

Lediglich bei lukrativen Gesamtveräußerungen kann es dazu kommen, dass die Gläubiger in der Verwertung mehr erhalten als im angebotenen Sanierungsplan.

Ratio legis ist es freilich, dem Schuldner größtmögliche Quoten bei sonstiger Insolvenzdrohung abzuringen, aber gerade das kann, wie im Fall des S, in vielen Fällen nicht zweckentsprechend sein. § 154 Z 1 IO kann also zu einer Abstrafung der Gläubiger führen, sofern sie einem „billigen" Sanierungsplan die Zustimmung erteilt haben.

Der Gesetzgeber des IRÄG 2010 hat weder die von mir andernorts vorgeschlagene Schaffung einer richterlichen Befugnis zur Neubehandlung des Sanierungsplans in einer erstreckten Sanierungsplantagsatzung (siehe dazu *Buchegger,* Ausgleichserfüllung 65ff mwN) noch, wenn dem nicht näher getreten werden kann, die Streichung des § 154 Z 1 IO aufgegriffen.

III. Sanierungsplan mit Erfüllung durch einen Treuhänder

Fall 136

Der insolvente Unternehmer U bietet in seinem Sanierungsplanvorschlag 22% binnen zwei Jahren. In der Sanierungsplantagsatzung berichtet der Insolvenzverwalter, dass U, bestimmte Reorganisationsmaßnahmen vorausgesetzt, ohne Weiteres 35% binnen zwei Jahren erfüllen könne. Daraufhin lehnen die Gläubiger U's Sanierungsplanvorschlag ab. U möchte einerseits das Unternehmen retten, sieht sich anderseits aber außerstande, es selbst zu reorganisieren.

Kommentar

a) Den Beteiligten ist anzuraten, im *Sanierungsplan selbst* vorzusehen, dass die Erfüllung von einem Treuhänder der Gläubigerschaft übernommen werden soll. Dieser hat dann auch die nötigen, im Sanierungsplan vorgesehenen Maßnahmen zu treffen, um das Unternehmen des U zu sanieren *(Sanierungstreuhand).*

Schon im Sanierungsplan erteilt daher U dem Treuhänder die unwiderrufliche Ermächtigung, das *Unternehmen* zum Zweck der Erfüllung des Sanierungsplans zu verwalten (§ 157g Abs 1 IO) und die geforderten 35% zu erwirtschaften. Mit Eintritt der Rechtskraft der Sanierungsplanbestätigung ist das Insolvenzverfahren ex lege aufgehoben (§ 152b Abs 2 S 1 IO), es schließt sich jedoch ein *Nachverfahren* an, der *Treuhandsanierungsplan mit Vermögensübergabe,* in dem das Unternehmen ein *Treugut* bildet.

Die Vermögensübernehmerhaftung (§§ 1409 ABGB, 38 UGB) trifft den Treuhänder hierbei nicht (§§ 1409a ABGB, 38 Abs 5 UGB, 157g Abs 2 IO), wohl aber die Sach- und Kunstverständigenhaftung für allen den Beteiligten verschuldeten Schaden nach § 1299 ABGB (§§ 157b Abs 4 iVm 81 Abs 2 und 3 IO).

b) Für den Treuhandsanierungsplan gelten die Bestimmungen der §§ 157a bis 157f IO, wenn der Treuhänder die Erfüllungstätigkeit des S bloß überwachen soll (*Überwachungstreuhand*).

Der Treuhänder hat die Rechtsstellung eines Sanierungsverwalters im Sanierungsverfahren mit Eigenverwaltung: Die dort für den Schuldner geltenden Verfügungsbeschränkungen gelten auch im treuhänderischen Nachverfahren (§ 157b Abs 1 iVm 171, 172 IO), insbesondere für nicht übergebenes Gut. Gleiches gilt für richterlich erlassene Verfügungsbeschränkungen nach § 157a IO (Sicherungsmaßnahmen) und nach § 172 Abs 2 IO.

Treuhänder und Schuldner sind berechtigt, die Abänderung (Neuerlassung, Aufhebung) gerichtlicher Sicherungsmaßnahmen nach § 157a zu beantragen. Richterliche Beschränkungen nach § 172 Abs 2 IO werden von Amts wegen erlassen, in dringenden Fällen vom Treuhänder selbst. Zuwiderhandlungen gegen Verfügungsbeschränkungen machen das Rechtsgeschäft der Gläubigerschaft gegenüber bei fahrlässiger Unkenntnis oder gar Kenntnis des Geschäftspartners von der Verbotswidrigkeit *ipso iure* relativ unwirksam (§ 171 Abs 3 IO).

S hat dem Treuhänder jederzeit Zutritt zu seinen Geschäftsräumlichkeiten und Einsicht in seine Bücher zu gestatten; überdies haben er und seine Bediensteten (etwa seine Belegschaft) dem Treuhänder alle erforderlichen Auskünfte zu erteilen (§ 157b Abs 3 IO).

Im Verhältnis zu Dritten ist der Treuhänder zu allen Rechtsgeschäften und Rechtshandlungen befugt, die im Rahmen seiner Tätigkeit notwendig sind, es sei denn, das Insolvenzgericht hat eine Beschränkung seiner Befugnisse verfügt und diese dem Dritten bekanntgegeben (§ 157b Abs 2 IO).

Der Treuhänder hat Anspruch auf Ersatz von Barauslagen und Entlohnung seiner Mühewaltung (§ 157c IO sowie § 157k IO bei Übergabe von Vermögen zur Verwertung).

c) Sieht der Sanierungsplan die *Übergabe von Vermögen an einen Treuhänder zur Erfüllung* vor, so gelten gemäß § 157 Abs 1 IO zusätzlich zu §§ 157a bis 157f die §§ 157g bis 157m IO. Dabei ist zu unterscheiden:

▪ Erfolgt die Übergabe von Vermögen zu Sanierungszwecken, so sprechen wir von *Sanierungstreuhand*. Um eine solche handelt es sich im vorliegenden Fall.

▪ Hat der Schuldner dem Treuhänder das Vermögen zu Verwertungszwecken übergeben, so handelt es sich um eine *Liquidierungstreuhand.* Das Gesetz sieht in §§ 157i bis 157m IO eine gesonderte Regelung dieser Rechtsfigur vor, wobei allerdings *§§ 157j und 157m IO für Sanierungs- und Liquidationstreuhand gleichermaßen zur Anwendung kommen.*

d) Der Treuhänder hat dem Gericht jährlich zu einer im Sanierungsplan festzusetzenden Zeit und am Ende seiner Tätigkeit Rechnung zu legen und erforderlichenfalls einen die Rechnung erläuternden Bericht zu erstatten (§ 157g Abs 4 IO). Von diesen Rechnungslegungsbestimmungen kann im Sanierungsplan nicht zum Nachteil des Schuldners abgewichen werden (relativ zwingendes Recht, § 157 Abs 2 IO).

Mangels einer Regelung im Sanierungsplan hat der Treuhänder binnen 14 Tagen nach Abschluss jedes Rechnungsjahres Rechnung zu legen, wobei das erste Jahr bis zum Ende des Kalendermonats läuft, in das der Beginn der Treuhandschaft gefallen ist (§ 157g Abs 4 S 2 und 3 IO).

e) Rechtshandlungen des U, die das Treugut betreffen, sind den Gläubigern gegenüber unwirksam (*relative Unwirksamkeit,* § 157g Abs 3 IO), es sei denn der Treuhänder hat ihn dazu ermächtigt.

Prozesse, die das Treugut betreffen, werden vom Treuhänder geführt; Entscheidungen entfalten Rechtskraftwirkung auch gegenüber U (*Rechtskrafterstreckung,* § 157h Abs 1 IO).

Zur verfassungsrechtlichen Problematik der Treuhänderprozesse vgl. *Buchegger,* Ausgleichserfüllung 205 und ihm zustimmend *Schumacher* JBl 1990, 14.

f) Im vorliegenden Fall wird dem Treuhänder Vermögen zu Sanierungszwecken übergeben *(Sanierungstreuhand);* es gilt die zweijährige Erfüllungsfrist des § 141 Abs 1 IO ab Annahme des Sanierungsplans. Eine Erstreckung ist nicht möglich.

Beim Treuhandsanierungsplan mit Vermögensübergabe *zur Verwertung (Liquidationstreuhand)* tritt an die Stelle des § 141 Abs 1 IO die Frist des § 157i Abs 2 IO; dies gilt indes nicht schlechthin, sondern nur *soweit Vermögen übergeben* wurde (siehe § 157i Abs 2 IO am Anfang; vgl. *Mohr* in Konecny/Schubert, zur Vorgängerregelung des § 157g KO Rz 21 ff):

Der Treuhänder hat grundsätzlich 2 Jahre Erfüllungsfrist zur Verfügung (§ 157i Abs 2 S 1 IO). Er kann eine Erstreckung der Erfüllungsfrist beantragen. Das Insolvenzgericht hat einem Erstreckungsantrag stattzugeben, wenn dies dem überwiegenden Interesse der Beteiligten entspricht. Die Frist kann gemäß § 157i Abs 2 S 3 IO auch mehrmals, jedoch höchstens insgesamt um drei Jahre erstreckt werden.

Über Rekurse gegen Verlängerungsanträge entscheidet das OLG final (§ 157i Abs 2 letzter Satz IO). Ein liquidierender Treuhänder kann also bestenfalls fünf Jahre Erfüllungsfrist in Anspruch nehmen.

Eine solche Fristerstreckung ist dem sanierenden Treuhänder versagt. Eine bedenkliche Differenzierung vor dem Hintergrund der Begünstigung der Sanierung, die Hauptanliegen des IRÄG 2010 war.

g) Der Treuhandsanierungsplanvorschlag zu Sanierungszwecken hat sich an einem autonomen Schuldnergebot zu messen. Daher gilt:

Der Treuhänder hat bei *Vermögensübergabe zu Sanierungszwecken* das letzte Gebot des Schuldners zu erwirtschaften (§ 145a IO). Gelingt ihm dies nicht, so trifft den U eine Nachzahlungshaftung für die Differenz (arg. § 157j IO).

Beachte! Der Treuhandplan mit Vermögensübergabe zu Sanierungszwecken wird in der Praxis kaum angewendet.

Anders verhält es sich bei einem Treuhandsanierungsplan *mit Vermö-gensübergabe zu Verwertungszwecken;* dieser kann auch ein Primärantrag des Schuldners sein (§ 157j IO; vgl. *Mohr,* Sanierungsplan und Sanie-rungsverfahren Rz 314 ff), insbes. wenn der Schuldner sein *gesamtes Ver-mögen* zu Liquidationszwecken übergibt.

Hat der Schuldner sein gesamtes Vermögen dem Treuhänder übergeben, so gilt: Während und auch nach Beendigung der Tätigkeit des Treuhänders kann ein Wiederaufleben nicht eintreten. Während der Tätigkeit des Treu-händers ist ein qualifizierter Schuldnerverzug (s. unten V.) ausgeschlossen, weil die Erfüllungstätigkeit nicht in seinen Händen liegt; eine Differenz-haftung bei Nichterreichen der bei einem *allfälligen* Erstantrag vom Schuldner gebotenen Quote entfällt (§ 157m IO).

Das Insolvenzgericht überwacht den Treuhänder gleich einem Insolvenzverwalter (§§ 157b Abs 5 iVm 84 IO). Es kann ihn aus wichtigen Gründen auf Antrag oder von Amts wegen seines Amts entheben und einen anderen Treuhänder bestellen (§§ 157b Abs 5 iVm 87 IO). Ein Enthebungsantrag kann jederzeit vom Schuldner und von jedem Insolvenzgläubiger gestellt werden; der Antrag ist zu begründen (§ 87 Abs 2 S 3 IO). Die Bestellung eines anderen Treuhänders ist ediktal bekanntzumachen (§ 157b Abs 5 IO).

Enthebungsgründe sind etwa: Untätigkeit, Vernachlässigung der Pflichterfüllung, Schadenszufügung durch ungenügende Überwachung des U.

h) Das Nachverfahren wird mit Beschluss für beendet erklärt, wenn U oder der Treuhänder die vollständige Erfüllung oder den Eintritt einer im Sanierungsplan festgesetzten Bedingung, mit der das Nachverfahren endi-gen soll, glaubhaft macht (§ 157d Abs 1 IO). U kann dann über sein Rest-vermögen wieder frei verfügen. Gegen den Beendigungsbeschluss ist der Rekurs an das OLG zulässig (§ 157d Abs 3 IO).

Der Beendigungsbeschluss ist öffentlich bekannt zu machen. Der Eintritt der Rechts-kraft ist in der Insolvenzdatei anzumerken. Im Übrigen gelten die Bestimmungen des § 79 Abs 2 und 3 IO (§ 157d Abs 2 IO).

i) Das Nachverfahren ist als gescheitert einzustellen,

• wenn binnen 14 Tagen nach Ablauf der letzten im Sanierungsplan bestimmten Zahlungsfrist kein Beendigungsantrag vorliegt (§ 157e Abs 1 Z 1 IO),
• wenn U Verfügungsbeschränkungen derart zuwiderhandelt, dass die Erfüllung gefährdet wird (§ 157e Abs 1 Z 1 IO),
• oder sich herausstellt, dass die Überwachung nicht zu einer Beendi-gung führen wird; bei Besorgung dieses Einstellungsgrunds trifft den Treu-händer die Pflicht, dies dem Gericht unverzüglich anzuzeigen (§ 157e Abs 2 IO).
Gegen den Einstellungsbeschluss ist der Rekurs zulässig (§ 157f Abs 2 IO).

Auch hier entscheidet, obwohl eine gesetzliche Regelung aufgrund eines Redaktionsversehens im IRÄG 2010 unterblieb, die zweite Instanz final (vgl. *Mohr,* Sanierungsplan und Sanierungsverfahren Rz 351).

Nach Rechtskraft des Einstellungsbeschlusses nach § 157e Abs 2 IO hat das Gericht von Amts wegen darüber zu entscheiden, ob das Insolvenzverfahren neuerlich zu eröffnen ist, in allen anderen Einstellungsfällen dagegen nur auf Antrag (§ 157f Abs 2 IO).

Die Gläubiger sind nicht verpflichtet, das in gutem Glauben Erworbene zurückzuerstatten (§ 163 Abs 1 IO). Gläubiger, die die Sanierungsplanquote zur Gänze erhalten haben, sind als voll befriedigt anzusehen. Für Gläubiger, die beim Einstellungszeitpunkt bloß einen Teil der Sanierungsplanquote erhalten hatten, ist die Bruchteilsregelung des § 156a Abs 3 IO anzuwenden (§§ 156a Abs 3 S 1 Hs 2 iVm 163 Abs 2 Hs 2 IO).

IV. Überquotenvereinbarung

Fall 137

Der Schuldner S legt einen Sanierungsplan mit 25% Quote vor. Nach rechtskräftiger Bestätigung verspricht er seinem wichtigsten Geschäftspartner, dem Gläubiger G1, eine Superquote von 35%. Nach plangemäßer Befriedigung aller Gläubiger bezahlt er an G1 den Mehrbetrag. G2 stellt S zur Rede und verlangt schließlich klageweise ebenfalls weitere 10% seiner Forderung.

Kommentar

a) § 150a IO macht Vereinbarungen, wodurch einem Gläubiger vor den anderen besondere Vorteile eingeräumt werden, ungültig, solange sie vor Abschluss des Sanierungsplans oder zwischen Annahme und Rechtskraft der Sanierungsplanbestätigung eingegangen werden. Das ist hier nicht der Fall. Die Vereinbarung ist gültig, die erfolgte Leistung korrekt.

Eine Ungleichbehandlung ist nur dann zulässig, wenn die Mehrheit der zurückgesetzten, in der Tagsatzung anwesenden stimmberechtigten Insolvenzgläubiger zustimmt und die Gesamtsumme der Forderungen der zustimmenden Insolvenzgläubiger wenigstens 75% der Gesamtsumme der Forderungen der anwesenden zurückgesetzten Insolvenzgläubiger beträgt (§ 150 Abs 2 IO).

Zwar wird für S die Frage der Kooperationsbereitschaft des G1 in der Zeit nach der Insolvenz schon im Verfahren zur Diskussion stehen, gelingt es ihm aber, G1 zur Sanierungsplanannahme ohne konkrete Besserstellungsversprechen zu bewegen, so greift § 150a IO nicht: Auch G1 ist bewusst, dass eine bis zur Rechtskraft der Sanierungsplanbestätigung getroffene Vereinbarung ipso iure ungültig ist.

Klagt G2 den S auf die Leistung des gleichen Prozentsatzes, so muss er sich zu Recht die Einrede des gültig angenommenen und rechtskräftig bestätigten Sanierungsplans entgegenhalten lassen. Die Klage des G2 muss daher abgewiesen werden.

b) Die hM erblickt in dem im Rahmen des rechtskräftig bestätigten Sanierungsplans gewährten Nachlass die Reduzierung einer einklagbaren Schuld auf eine nicht einklagbare: Der Ausfall werde zur *Naturalobligation,* es entfiele für S bloß die Haftung, nicht aber die Schuld *(Naturalobligationstheorie):*

Wenn S aber einem Gläubiger im Nachhinein mehr bezahlt als den anderen, so sei das gerechtfertigte Bezahlung einer – wenngleich unklagbaren – Schuld.

Dieses Ergebnis kann nicht befriedigen, spottet es doch dem insolvenzrechtlichen Gläubigergleichbehandlungsgrundsatz Hohn und weiß es auf die Situation in unserem Fall als Antwort nur den Antrag des G2 auf Eröffnung eines Insolvenzverfahrens als Konkurs.

Als Rechtfertigung für diese Lösung führt die hM vier Argumente an:

1. Schuld bleibe eben Schuld. Diese Haltung ist angesichts des Bemühens der Insolvenzgesetze um Insolvenzbereinigung schlechterdings weltfremd.

2. Die Akzessorietät von Sicherheiten (Pfand, Bürgschaft) sei bei der Betrachtung des Sanierungsplans als Stundungs- und Erlassvertrag in Frage gestellt. Dieser Argumentation lässt ist entgegenzuhalten, dass auch bei einem zivilrechtlichen Erlassvertrag die akzessorische Haftung eben vermindert wird (s. unten c.).

3. Die Naturalobligation werde benötigt, um das quotenmäßige Wiederaufleben der Insolvenzforderung bei qualifiziertem Verzug des Schuldners zu erklären (§ 156a IO; siehe unten V.). Um das Wiederaufleben einer Forderung vorzusehen, benötigt der Gesetzgeber gar nichts als Voraussetzung, auch keine Naturalobligation.

4. Den Gläubigern verbleibe das Klage- und Exekutionsrecht auf den Ausfall nach Aufhebung des Insolvenzverfahrens (§ 60 iVm § 61 IO). Dem ist § 62 IO entgegenzuhalten, der klarstellt, dass der Schuldner, der sich dem Sanierungsplan unterzogen und ihn vollständig erfüllt hat, auch besser gestellt werden soll, als der bloße Schuldner einem Insolvenzverfahren mit Liquidation: Der Sanierungsplan soll Möglichkeit für einen Unternehmensneustart sein, er dient dazu die Ausfälle zu erlassen.

c) Das Insolvenzprivatrecht verdrängt vielmehr das allgemeine Privatrecht. Der Insolvenzfall ist eine Notsituation mit eigenen Gesetzen. Ziel des Sanierungsplans ist es, einem Schuldner, der sich noch um die bestmögliche Befriedigung seiner Gläubiger bemüht und diese nicht einer Insolvenzabwicklung überlässt, einen Bonus zu verschaffen, indem man ihm die Ausfälle *erlässt.*

Auf diese Weise ermöglicht man dem Unternehmer einen Neustart. Hier kleinlich an Systemdetails des allgemeinen bürgerlichen Rechts festzuhalten ist für eine effektive und gläubigergerechte Insolvenzbereinigung ebenso kontraproduktiv wie insolvenzfördernd.

Daher ist im Sanierungsplan ein *mehrseitiger Stundungs- und Erlass-vertrag* zu erblicken (***Erlasstheorie;*** vgl. *Holzhammer, Karollus*).

Vgl. dazu beim Ausgleich ausführlich *Buchegger,* Ausgleichserfüllung 42 ff: Wird der von S vorgelegte Sanierungsplanvorschlag von den Gläubigern angenommen und rechts-kräftig bestätigt, so haftet der Bürge in vollem Ausmaß weiter. Wenn aber schon nach den allgemeinen Regeln über den Erlassvertrag (§ 1363 S 1 ABGB) sich die Bürgschaft oder Pfandschuld entsprechend der Hauptschuld vermindert, wieso nicht auch im gerichtlich bestätigten, mithin hoheitlich abgesegneten Sanierungsplan?

Auf zwei Systemwidrigkeiten im Zusammenhang mit der Restschuldbefreiung für na-türliche Personen sei an dieser Stelle hingewiesen:

▪ Wenn schon dem Schuldner, der im Abschöpfungsverfahren *keine Mindestquote* zu erbringen hat, die Restschuldbefreiung gewährt werden soll, so versteht sie sich im Rah-men des Schuldenregulierungsverfahrens natürlicher Personen für den Zahlungs- und den Sanierungsplan umso mehr, leisten doch diese Schuldner höhere Prozentsätze zur Befrie-digung ihrer Gläubiger *(insolvenzrechtlicher Anspannungsgrundsatz).* Dem meist schlech-testen Zahler die beste rechtliche Position zu verschaffen bleibt unverständlich.

▪ Aber selbst dort, wo der Gesetzgeber von Restschuldbefreiung (und nicht Resthaf-tungsverlust) spricht, trifft einen Gläubiger, der befriedigt wurde, obwohl er nach erteilter *Restschuldbefreiung* nichts mehr zu verlangen hätte, keine Verpflichtung zur Rückleistung (§ 214 Abs 3 IO). Das bedeutet: Selbst dort wo der Gesetzgeber von „Schuldbefreiung" spricht, findet nur eine Haftungsentkleidung ihren legistischen Niederschlag.

Die ***Erlasstheorie*** findet ihren gesetzlichen Niederschlag in § 156 Abs 1 IO: „Durch den rechtskräftig bestätigten Sanierungsplan wird der Schuld-ner von der Verbindlichkeit befreit, seinen Gläubigern den Ausfall, den sie erleiden, nachträglich zu ersetzen ...". Mithin wird der Schuldner nicht bloß von der Haftung befreit, sondern von der Verbindlichkeit als solcher. Das bedeutet:

1. Das Sanierungsplanverfahren wird vom *insolvenzrechtlichen An-spannungsgrundsatz* beherrscht: S hat seine Gläubiger bestmöglich zu be-friedigen, es trifft ihn die *Obliegenheit zur Quotenmaximierung.*

2. § 70 IO ist nach vollständig erfülltem Sanierungsplan für solche Gläubiger nicht in Anwendung zu bringen, die am Verfahren teilgenom-men haben.

3. Nachträgliche Mehrleistungen sind Leistungen von nicht (mehr) Ge-schuldetem und daher Schenkungen. G2 hat daher keinen Anspruch auf Bezahlung einer Superquote, wie sie dem G1 wirksam geleistet wurde.

Eine klageweise Unwirksamerklärung des Sanierungsplans gemäß § 161 IO scheitert am Mangel eines Verstoßes gegen § 150a IO: Die Klage auf Unwirksamerklärung des Sanierungsplans stellt darauf ab, dass der Sanierungsplan durch betrügerische Handlungen oder durch unzulässige Einräumung besonderer Vorteile an einzelne Gläubiger *zustande gebracht* wurde. Das ist hier nicht der Fall.

V. Qualifizierter Verzug und quotenmäßiges Wiederaufleben

Fall 138

Der Unternehmer U schließt mit seinen Gläubigern am 1. März einen Sanierungsplan, wonach sie 20% ihrer Forderungen in 24 gleichen Monatsraten jeweils zum Monatsersten erhalten:

Die Bestätigung erwächst nach Rekurs an das OLG am 20. Mai in Rechtskraft. Der Gläubiger G hat eine angemeldete und in der Prüfungstagsatzung festgestellte Forderung von 120.000 Euro, somit eine Sanierungsplanforderung von 24.000 Euro. Am 25. Mai mahnt G den U wegen Nichtzahlung der ersten Monatsrate vom 1. April mit eingeschriebenem Brief unter Setzung einer vierzehntägigen Nachfrist. Mangels Zahlung erwirkt G gegen U eine Exekutionsbewilligung wegen voll wieder aufgelebter 120.000 Euro.

Kommentar

G ist Inhaber einer insolvenzmäßig festgestellten und nicht von U bestrittenen Forderung (§§ 61, 156c IO). Daher kann G „zur Hereinbringung der nach Maßgabe des Sanierungsplans geschuldeten Beträge" Exekution führen. Der Titel nach §§ 61, 156c IO umfasst auch nach § 156a IO wiederauflebende Beträge.

Bezahlt U nach Mahnung und Fristversäumnis nicht einmal die erste Rate, so lebt die Forderung des G in vollem Umfang wieder auf, mithin die ganzen 120.000 Euro.

Für U beginnt die Erfüllungsfrist von höchstens zwei Jahren mit der Annahme des Sanierungsplanvorschlags in der Sanierungsplantagsatzung zu laufen (1. März). Der Sanierungsplan kann keine andere Regelung treffen, § 141 Abs 1 IO ist zwingendes Recht.

Der Sanierungsplan setzt neue Fälligkeiten fest. Obendrein schiebt das Gesetz diese vereinbarten Fälligkeiten durch eine *qualifizierte Stundung* hinaus (zur Stundung s. *Bollenberger* in Koziol/Bydlinski/Bollenberger, ABGB[5] zu § 904 ABGB Rz 4): Der Schuldner gerät erst nach Ablauf gewisser Fristen in Verzug.

Zahlt er nicht zum vereinbarten Termin, so kann der Ratengläubiger die Zahlung erst fordern, nachdem die daraufhin vom Gläubiger in einer schriftlichen Mahnung gesetzte mindestens vierzehntägige Nachfrist verstrichen ist (§ 156a Abs 2 IO).

U hat das Sanierungsplanerfordernis in 24 Monatsraten *ab Annahme* zu begleichen. G hat ihn fünf Tage nach Eintritt der Rechtskraft des Bestätigungsbeschlusses (25. Mai) gemahnt. Zwar sind der 1.4. („Fälligkeit" der ersten Rate) und die Nachfrist fruchtlos verstrichen, dennoch kann G die Rate noch nicht einfordern:

Der Sanierungsplan bedarf der gerichtlichen Bestätigung (§ 152 IO). Sonst bleibt er ein rechtliches Nullum, weil ihm die Außenseiterwirkung für überstimmte oder nicht beteiligte Gläubiger ebenso fehlt wie die Vollstreckbarkeit des gemäß dem Sanierungsplan Geschuldeten nach §§ 61, 156c IO.

Der OGH hat (noch zum Ausgleich nach der AO) zutreffend ausgesprochen, dass der Schuldner vor Rechtskraft der Sanierungsplanbestätigung nicht in Verzug geraten kann, weil bis dahin der Sanierungsplan noch nicht zustande gekommen ist.

Daraus ergibt sich, dass die Fälligkeit erst nach diesem Zeitpunkt eintreten kann (vgl. bereits SZ 15/36, 19/282, 22.7.1953 1 Ob 603/53, SZ 64/25, ERS 1992/144 sowie zum Ausgleich JBl 1992, 193 *Buchegger*). Die Frist des § 141 Abs 1 IO kann daher frühestens ab Rechtskraft der Sanierungsplanbestätigung zu laufen beginnen.

Dem Schuldner ist anzuraten, bei einem in Monatsraten zu erfüllenden Sanierungsplan die Erfüllungsmittel für Fälligkeitstermine vor der Rechtskraft der Bestätigung anzusparen; sie sind spätestens zum ersten Fälligkeitszeitpunkt nach Rechtskraft der Bestätigung auszuzahlen, meist wird jedoch in solchen Fällen Zahlung der aufgelaufenen Raten bei Rechtskraft der Sanierungsplanbestätigung vorgesehen.

G hat also vorzeitig gemahnt. Diesen Mangel kann U mit ***Impugnationsklage*** gemäß § 36 Abs 1 Z 1 EO geltend machen: Er bestreitet, dass die für die Fälligkeit des Anspruchs maßgebenden Tatsachen eingetreten seien (§ 7 Abs 2 EO, JBl 1992, 193, 195).

Da es sich um Tatsachen handelt, die das Exekutionsgericht vor Fällung des Bewilligungsbeschlusses hätte prüfen müssen, steht im Exekutionsbewilligungsverfahren auch der ***Nichtigkeitsrekurs*** zur Verfügung.

Fall 139

Pfeffersack hat gegen Möbelgeier eine Insolvenzforderung von 120.000 Euro. Möbelgeier erwirkt einen Sanierungsplan von 20%, zahlbar in 24 Monatsraten ab Annahme. Nachdem er dem Pfeffersack vier Raten gezahlt hat, gerät er in Verzug. Wann und wie wirkt sich der Verzug auf die Insolvenzforderung des Pfeffersack aus?

Kommentar

§ 156a Abs 2 IO sieht einen ***qualifizierten Verzug*** bei der Erfüllung des Sanierungsplans vor: Nicht schon die bloße Fälligkeit und Nichtzahlung einer Sanierungsplanrate, sondern erst die Nichtbeachtung der vom Gläubiger in einer schriftlichen Mahnung gesetzten – mindestens vierzehntägigen – Nachfrist bewirkt den Verzug.

Die schriftliche Mahnung muss nicht nur die Höhe des geforderten Betrags nennen und die Forderung als Sanierungsplanverbindlichkeit bezeichnen, sondern auch ausdrücklich eine Nachfrist enthalten; das bloße Verstreichenlassen von vierzehn Tagen reicht nicht hin (unabdingbares Bestimmtheitserfordernis gemäß § 156a Abs 2 IO; anders RZ 1989/44).

Anderseits muss der betreibende Gläubiger nicht die Behauptung und den Nachweis der Mahnung führen (ÖJZ 1988/54), vielmehr der Verpflichtete durch Impugnationsklage (§ 36 Abs 1 Z 1 Fall 1 EO) geltend machen, nicht gemahnt worden zu sein. Mit der Hinterlegung des Mahnschreibens bei der Post ist die Mahnung ordnungsgemäß zugestellt (ERS 1970/161).

Der Verzug lässt die Insolvenzforderung wiederaufleben. Da aber Möbelgeier einen Teil seiner Sanierungsplanverbindlichkeit bereits erfüllt hat, kommt ihm die *Bruchteilsregelung* des § 156a Abs 3 IO zugute:

Die Insolvenzforderung des Pfeffersack beträgt 120.000 Euro, 20 Prozent davon 24.000 Euro, die Monatsraten je 1.000 Euro. Davon sind 4 x 1.000 = 4.000 Euro bezahlt. Das entspricht einer Tilgung der angemeldeten Forderung in der Höhe von 20.000 Euro, mithin einem Sechstel von 120.000 Euro.

Da Möbelgeier seine Erfüllungstätigkeit gänzlich einstellt, lebt die Insolvenzforderung von 120.000 Euro aufgrund des mit dem Wiederaufleben verbundenen *Terminverlusts* zu fünf Sechstel wieder auf, das sind 100.000 Euro. Mithin gelten nicht bloß 4.000 Euro, sondern 20.000 Euro als getilgt.

Um aufgrund der wiederaufgelebten Insolvenzforderung gegen den Schuldner Exekution zu führen, genügt die *Vorlage eines Auszugs aus dem Anmeldungsverzeichnis* beim Exekutionsbewilligungsgericht (§ 1 Z 7 EO).

Falls Pfeffersack nicht von sich aus den vollstreckbaren Anspruch mit bloß 100.000 Euro beziffert, sondern von der Forderung die geleisteten Sanierungsplanzahlungen abzieht und 116.000 Euro zwangsvollstrecken will, muss Möbelgeier die Bruchteiltilgung von 20.000 Euro mit Oppositionsklage geltend machen (novum productum, § 35 EO; AnwBl 1988, 423), die auf teilweise Unzulässigerklärung der Exekution (in Höhe von überschießenden 16.000 Euro) gerichtet ist.

VI. Exekution gegen Plangaranten

Fall 140

Der Sanierungsplan des Möbelgeier wurde angenommen, weil die Tischlerei Hobel eine Zahlungsbürgschaft erklärt hatte. Unter welchen Voraussetzungen und in welcher Höhe kann Pfeffersack wegen seiner ursprünglichen Insolvenzforderung von 120.000 Euro nach dem Erfüllungsverzug des Möbelgeier gegen Hobel Exekution führen?

Kommentar

Die Bürgschaft des Sanierungsplangaranten kommt auf jeden Fall erst zum Tragen, sobald der Schuldner gemäß § 156a IO in Verzug geraten ist, mithin erst nach fruchtlosem Ablauf der vom Gläubiger in einer schriftlichen Mahnung gesetzten (mindestens vierzehntägigen) Nachfrist.

Die „gewöhnliche" Zahlungsbürgschaft (§ 1357 ABGB, vgl. *G. Neumayer/Th. Rabl* in Kletečka/Schauer, ABGB-ON[1.04], zu § 1357 ABGB Rz 1 ff, 5) begründet zwar eine Primärhaftung, erspart aber dem Gläubiger nicht den Klageweg:

Pfeffersack könnte sich direkt an Hobel wenden, müsste aber, wenn dieser sich als zahlungsunwillig erweist, gegen ihn erst ein Zahlungsurteil erwirken, um gegen ihn vollstrecken zu können.

Um den Sanierungsplanbürgen in gleich wirksamer Weise wie den Schuldner in Anspruch nehmen zu können, nämlich durch sofortigen exekutiven Zugriff, muss gegen ihn schon im Zusammenhalt mit dem Abschluss des Sanierungsplans ein Exekutionstitel geschaffen werden. Das geschieht dadurch, dass sich der Zahlungsbürge dem Insolvenzgericht gegenüber in einer schriftlichen Erklärung ausdrücklich verpflichtet, die übernommene Verbindlichkeit „bei Vermeidung unmittelbarer Zwangsvollstreckung" zu erfüllen (***Unterwerfungsklausel***, § 156c Abs 1 IO).

Dieser ***Exekutionsklausel*** entspricht jener des vollstreckbaren Notariatsakts (vgl. ZBl 1930/284).

Pfeffersack bleibt es aber trotz einer Exekutionsklausel unbenommen, gegen Hobel einen Zahlungsprozess zu führen. Sein ***Bürgschaftstitel*** weist nämlich dieselbe Rechtsqualität auf wie der Insolvenztitel gegen den Schuldner: Bindungswirkung, aber keine Einmaligkeitswirkung. Auch gilt die gleiche Prozesskostenregelung (§ 156c Abs 3 verweist auf § 60 Abs 2 IO).

„Nach Maßgabe des Sanierungsplans geschuldete Beträge" (§ 156c Abs 1 IO) bedeutet, dass der Sanierungsplanbürge gleich wie der Schuldner für den wiederaufgelebten Teil der Forderung haftet, mithin Hobel für 100.000 Euro (siehe den vorhergehenden Fall), sofern er nicht ausdrücklich seine Haftung auf einen bestimmten Höchstbetrag oder auf die Sanierungsplanquote beschränkt (SZ 42/164, 33/89).

Pfeffersack muss seinem Exekutionsantrag gegen Hobel beilegen: den Auszug aus dem Anmeldungsverzeichnis, die rechtskräftige Bestätigung des Sanierungsplans sowie die von Hobel unterfertigte Exekutionsklausel (vgl. ERS 1988/136).

Der Erfüllungsverzug des Möbelgeier (ausdrücklich § 156c Abs 2 IO) sowie der wiederaufgelebte Betrag (SZ 60/181) sind vom Gläubiger nicht einmal zu behaupten; im einen Fall ist Hobel auf die Impugnationsklage (§ 36 Abs 1 Z 1 Fall 1 EO), im anderen Fall auf die Oppositionsklage (§ 35 EO) verwiesen.

VII. Neuerliches Insolvenzverfahren

Fall 141

Nachdem Pfeffersack wegen seiner wiederaufgelebten Insolvenzforderung gegen Möbelgeier und dessen Sanierungsplanbürgen Exekutionsbewilligungen erwirkt hat, wird über das Vermögen des Möbelgeier neuerlich das Insolvenzverfahren als Konkurs eröffnet. Pfeffersack meldet seine Restforderung in der vollen Höhe von 116.000 Euro zum neuerlichen Insolvenzverfahren an. Danach erfährt er, dass Möbelgeier im vorigen Insolvenzverfahren, um den Abschluss des Sanierungsplans zu sichern, dem Gläubiger Stemmeisen für dessen Forderung von 500.000 Euro eine Superquote von 40% versprochen und bezahlt hatte.

Kommentar

Von der Wiederaufnahme des Insolvenzverfahrens infolge Nichtigkeit des Sanierungsplans (§§ 158 Abs 2, 159 IO) ist das **neuerliche Insolvenzverfahren** (§ 163 IO) zu unterscheiden:

Es ist ein gewöhnliches Insolvenzverfahren mit der Maßgabe, dass es einem durch Sanierungsplan aufgehobenen Insolvenzverfahren nachfolgt, bevor der Sanierungsplan vollständig erfüllt wurde. An ihm können sich die noch nicht vollständig befriedigten Gläubiger aus dem Sanierungsplan sowie neue Gläubiger beteiligen. Wer mittlerweile seine Sanierungsplanquote erhalten hat, ist voll befriedigt und darum nicht mehr teilnahmeberechtigt (§ 163 Abs 2 IO).

Die Insolvenzforderung des Pfeffersack von ursprünglich 120.000 Euro ist wegen nicht vollständiger Erfüllung des Sanierungsplans in der Höhe von 100.000 Euro wiederaufgelebt (siehe Fall 138) und kann mit diesem Betrag zum neuerlichen Insolvenzverfahren angemeldet werden. Von Amts wegen wird sie nicht berücksichtigt.

Auch ist Pfeffersacks Insolvenzforderung, obschon durch einen Insolvenztitel gesichert, in der neuerlichen Prüfungstagsatzung einer neuerlichen Prüfung zu unterziehen. Insbesondere müsste sie, von Pfeffersack entgegen der **Bruchteilsregelung** des § 163 Abs 2 IO zur Gänze (abzüglich gezahlter 4.000 Euro) angemeldet, vom Insolvenzverwalter der Höhe nach bestritten werden; diesem obliegt auch die Klagerhebung im Prüfungsprozess (§ 110 Abs 2 IO).

Das neuerliche Insolvenzverfahren hat auf die Exekutionsführung gegen den Sanierungsplanbürgen (siehe Fall 140) keinen Einfluss.

Entsprechend der Befriedigung durch den Sanierungsplanbürgen verringert sich oder erlischt die zum neuerlichen Insolvenzverfahren des Möbelgeier angemeldete Forderung des Pfeffersack.

Überquotenvereinbarungen mit einzelnen Gläubigern verletzen den Grundsatz der Gleichbehandlung der Insolvenzgläubiger und sind unzulässig, wenn sie vor Abschluss oder zwischen Abschluss und rechtskräftiger Bestätigung des Sanierungsplans getroffen werden (§ 150a S 1 IO), es sei denn, dass die zurückgesetzten Gläubiger in der Sanierungsplantagsatzung mit Kopf- und Summenmehrheit zustimmen.

Das Insolvenzgericht muss die Bestätigung des Sanierungsplans versagen, wenn dieser durch eine unzulässige Gläubigerbegünstigung zustande gekommen ist (§ 153 Z 3 IO).

Wird eine Superquotenvereinbarung erst nach rechtskräftiger Bestätigung des Sanierungsplans bekannt, so ist es Sache jedes einzelnen Gläubigers, die *Unwirksamkeit des Sanierungsplans* für seine Person binnen drei Jahren nach rechtskräftiger Bestätigung des Sanierungsplans durch Klage gegen den Schuldner geltend zu machen (relative Unwirksamkeit, § 161 Abs 1 IO), ohne die Rechte zu verlieren, die ihm der Sanierungsplan gegen Schuldner und Bürgen einräumt (zB. den Insolvenztitel).

Die *Unwirksamkeitsklage nach § 161 Abs 1 IO* ist eine kombinierte Rechtsgestaltungs- und Leistungsklage: Sie geht einerseits auf Unwirksamerklärung der dem Schuldner gewährten Begünstigungen, andererseits auf Zahlung des Ausfalls.

Wegen der Prozesssperre im neuerlichen Insolvenzverfahren erübrigt sich für Pfeffersack, gegen Möbelgeier eine Unwirksamkeitsklage zu erheben.

Meldet er nicht bloß eine Insolvenzforderung von 100.000 Euro, sondern eine von 116.000 Euro unter Hinweis auf die unzulässige Gläubigerbegünstigung an, so überlässt er es dem Insolvenzverwalter (und den übrigen Insolvenzgläubigern), die Höhe seiner Forderung zu bestreiten und einen Prüfungsprozess zu eröffnen, in dem über die Unwirksamkeit des Sanierungsplans zu entscheiden ist.

Sonst ist auch sein Anspruch auf Bezahlung des Ausfalls von 16.000 Euro insolvenzmäßig festgestellt.

Auch der Schuldner selbst kann das aufgrund eines ungültigen Vertrags über die Sanierungsplanquote hinaus Geleistete vom begünstigten Gläubiger zurückverlangen; hierfür dient ihm die *Klage nach § 150a IO* binnen drei Jahren ab Leistung.

Im neuerlichen Insolvenzverfahren ist es Sache des Insolvenzverwalters, anstelle des Möbelgeier die Unwirksamkeitsklage nach § 150a IO gegen Stemmeisen zu erheben, mithin Zahlung von 100.000 Euro zu begehren (unzulässige 40% Überquote von 200.000 Euro anstatt der Sanierungsplanquote von 20%, mithin 100.000 Euro Mehrzahlung für die Forderung von 500.000 Euro), unbeschadet weitergehenden Schadenersatzes (§ 150a IO).

Muss Stemmeisen die Überquote an die Insolvenzmasse zurückzahlen, so steht ihm seinerseits kein Anspruch auf Bezahlung des Ausfalls zu, da er „an den unzulässigen Abmachungen teilgenommen hat" (ausdrücklich § 161 Abs 2 IO).

VIII. Sanierungsverfahren

Fall 142

Der Geschäftsführer G einer insolventen GmbH möchte das Unternehmen retten. Er errechnet eine Quote von 32% für alle Insolvenzgläubiger. Da die Gesellschaft zahlreiche Auslandskontakte hat, möchte G eine Insolvenzverwalterbestellung vermeiden und stellt den Antrag auf Eröffnung eines Sanierungsverfahrens gemäß § 169 IO und legt auf einem Zettel einen Sanierungsplan bei, in dem er 32% anbietet und verspricht, Aus-, Absonderungs- und Massegläubiger vollständig zu befriedigen. Zu prüfen sind

a) wie das Insolvenzgericht zu entscheiden hat,

b) wann die erste Tagsatzung anzuberaumen ist,

c) ob G auf Weisung des Sanierungsverwalters vor jeder Bestellung mit einem Wert über 5.000 Euro dessen Zustimmung einholen muss,

d) was G, dem die Eigenverwaltung letztendlich zu viel wird, tun kann, um die Sanierung zu retten.

Kommentar

Das Sanierungsverfahren setzt einen Eigenantrag des Schuldners bei gleichzeitiger Vorlage eines zulässigen Sanierungsplans voraus.

Merke! Auf Gläubigerantrag wird das Insolvenzverfahren als Konkurs eröffnet (§ 180 IO), sofern der Schuldner im Eröffnungsstadium nicht mit einem zulässigen Sanierungsverfahrensantrag samt Sanierungsplan kontert.

Zum Konkurs kommt es auch, wenn das Insolvenzverfahren auf Antrag des Schuldners eröffnet wird, nicht aber gleichzeitig ein zulässiger Sanierungsplan vorgelegt wird.

Das Sanierungsverfahren steht nur den in § 166 IO genannten Schuldnern offen:

- natürlichen Personen, die ein Unternehmen betreiben,
- juristischen Personen,
- Personengesellschaften und
- Verlassenschaften.

Die GmbH ist daher zum Sanierungsverfahren legitimiert.

Das Sanierungsverfahren tritt uns in zwei Formen entgegen:

- als Sanierungsverfahren ohne Eigenverwaltung mit Insolvenzverwalter, wenn der Schuldner nur die Erfordernisse des § 167 IO erfüllt;
- als Sanierungsverfahren mit Eigenverwaltung unter Aufsicht eines Sanierungsverwalters, wenn der Schuldner darüber hinaus auch die Erfordernisse des § 169 IO erfüllt.

Beachte! Ein Sanierungsverfahren kann auch bei bloß drohender Zahlungsunfähigkeit eröffnet werden (§ 167 Abs 2 IO).

a) Erfüllung der Voraussetzungen der §§ 167 Abs 1 und 169 IO

Das *von G angestrebte Sanierungsverfahren mit Eigenverwaltung* baut auf der Erfüllung der Voraussetzungen des § 167 IO auf und statuiert in § 169 IO zusätzliche, die dem Schuldner die Eigenverwaltung eröffnen. Daher muss der *Schuldner*

- *selbst den Antrag auf Verfahrenseröffnung* stellen (§ 167 Abs 1 Z 1 IO),

- *zugleich einen zulässigen Sanierungsplan vorlegen* (§ 167 Abs 1 Z 2 IO) und

- *dessen Annahme beantragen* (Z 2).

Der Sanierungsplanantrag darf bei Eröffnung des Insolvenzverfahrens nicht als unzulässig zurückgewiesen werden (§§ 167 Abs 1 Z 2 aE iVm 141, 142, 149 bis 152 IO).

Zusätzlich hat der Schuldner die **Erfordernisse des § 169 IO** zu erfüllen:

▶ *Vorzulegende Urkunden*

Der Schuldner hat *vor Verfahrenseröffnung* folgende *Urkunden* vorzulegen:

- einen *Sanierungsplanvorschlag*, der den Erfordernissen des § 167 Abs 1 IO entspricht, den Vorschriften der §§ 141, 142, 149 bis 152 IO genügt, mit einem *Mindestgebot von 30% binnen 2 Jahren ab Annahme* (§ 169 Abs 1 Z 1 lit a IO);

- ein genaues vom Schuldner eigenhändig unterschriebenes *Vermögensverzeichnis* (§ 100a IO iVm § 169 Abs 1 Z 1 lit b IO);

Der Schuldner muss sich zugleich bereit erklären, vor Gericht zu unterfertigen, dass seine Angaben über den Aktiv- und Passivstand richtig und vollständig seien und dass er von seinem Vermögen nichts verschwiegen habe (§ 169 Abs 3 IO).

- einen *Status,* mithin eine aktuelle und vollständige Übersicht über den Vermögens- und Schuldenstand, in der die Bestandteile des Vermögens auszuweisen und zu bewerten sind; Verbindlichkeiten sind mit dem Rückzahlungsbetrag anzusetzen (§ 169 Abs 1 Z 1 lit c IO);

- einen *Finanzplan:* eine Gegenüberstellung der voraussichtlichen Einnahmen und Ausgaben für die folgenden 90 Tage (Annahmefrist für den Sanierungsplan), aus der sich ergibt, wie die zur Fortführung des Unternehmens und zur Bezahlung der Masseforderungen notwendigen Mittel aufgebracht und verwendet werden sollen (§ 169 Abs 1 lit d IO);

- ein *Verzeichnis der Personen und Stellen,* die nach § 75 IO von der Insolvenzverfahrenseröffnung und nach § 145 Abs 2 IO vom Sanierungsplanantrag zu verständigen sind bzw. denen zuzustellen ist (§ 169 Abs 1 lit e IO);

- sofern der Schuldner nach Unternehmensrecht verpflichtet ist, Jahresabschlüsse aufzustellen, die Abschlüsse der letzten drei Jahre (§ 169 Abs 3 IO).

▶ *Notwendiger Antragsinhalt*

Der Sanierungsplanantrag hat folgende Angaben zu enthalten (§ 169 Abs 1 Z 2 IO):

- Angaben, wie die zur Erfüllung des Sanierungsplans erforderlichen Mittel aufgebracht werden sollen (§ 169 Abs 1 Z 2 lit a IO),

▪ Angaben über die Anzahl der Beschäftigten und deren Belegschaftsorgane (zB. Betriebsräte),

▪ über die zur Erfüllung des Sanierungsplans nötigen Reorganisationsmaßnahmen (insbesondere Finanzierungsmaßnahmen).

► *Belege*

Soweit zumutbar, hat der Schuldner die Angaben nach § 169 Abs 1 IO zu belegen (§ 169 Abs 4 IO).

Mangelhaftes Vorbringen und seine Rechtsfolgen:

Im vorliegenden Fall fehlen außer dem Sanierungsplanvorschlag die übrigen beizulegenden Urkunden (§ 169 Abs 1 Z 1 lit b, c, d, e, Abs 2 und 3 IO), und deren Belege (§ 169 Abs 4 IO). Außerdem weist der Antrag nicht den notwendigen Inhalt auf (§ 169 Abs 1 Z 2 IO).

Daher ist der Antrag des G für die GmbH nach § 84 ff ZPO iVm § 252 IO fristwahrend (§ 69 Abs 2 und 2a IO) *zur Verbesserung zurückzustellen* und G eine Verbesserungsfrist aufzutragen. Nur wenn G das Fehlende fristgerecht nachreicht, wird das Sanierungsverfahren mit Eigenverwaltung eröffnet.

Kommt G dem Verbesserungsauftrag binnen Frist nicht oder nicht hinreichend nach, so ist entweder

▪ ein Insolvenzverwalter als Masseverwalter zu bestellen und das Verfahren als *Sanierungsverfahren ohne Eigenverwaltung* (§§ 166 bis 168 IO) fortzusetzen, oder, wenn auch die Voraussetzungen dafür nicht vorliegen,

▪ das *Konkursverfahren* (§§ 180 iVm 63 ff IO) zu eröffnen (§ 169 Abs 5 IO).

b) Das Gericht hat binnen drei Wochen ab Verfahrenseröffnung eine erste Gläubigerversammlung oder eine Berichtstagsatzung anzuberaumen (§ 179 Abs 1 IO).

Spätestens zu diesem Zeitpunkt hat der Sanierungsverwalter zu berichten (§ 178 Abs 2 IO)

▪ über die wirtschaftliche Lage des Schuldners,
▪ ob der Finanzplan (§ 169 Abs 1 Z 1 lit d IO) eingehalten werden kann und
▪ ob der Sanierungsplan erfüllbar ist.

c) Die GmbH vertreten durch G unterliegt im Verfahren den Verfügungsbeschränkungen der §§ 171, 172 IO:

Zum einen erfordern Geschäfte, die nicht zum gewöhnlichen Unternehmensbetrieb gehören, der Zustimmung des Sanierungsverwalters, zum andern sind auch Geschäfte, die zum gewöhnlichen Unternehmensbetrieb gehören, einspruchsgefährdet: Der Sanierungsverwalter kann sie untersagen (§ 171 Abs 1 IO).

Verletzt G diese Verfügungsbeschränkungen, so ist das Rechtsgeschäft den Insolvenzgläubigern gegenüber unwirksam, wenn der Dritte wusste oder wissen musste, dass das Geschäft über den gewöhnlichen Unternehmensbetrieb hinausgeht und der Sanierungsverwalter keine Zustimmung erteilt hat oder dass gegen ein Geschäft innerhalb des gewöhnlichen Unternehmensbetriebs Einspruch erhoben wurde (§ 171 Abs 3 IO).

Überdies hat das Gericht dem G die Eigenverwaltung zu entziehen, wenn Umstände bekannt werden, die erwarten lassen, dass die Eigenverwaltung zu Nachteilen der Gläubiger führen wird; das Gesetz nennt als Beispiel auch die Verletzung von Verfügungsbeschränkungen (§ 170 Abs 1 Z 1 IO).

Das Gericht kann dem Schuldner bestimmte Rechtshandlungen verbieten oder an die Zustimmung des Sanierungsverwalters binden (§ 172 Abs 2 IO).

In dringenden Fällen kann die Anordnung auch der Sanierungsverwalter treffen (§ 172 Abs 2 letzter Satz IO).

Die generelle Zustimmungsbindung aller Bestellungen mit einem Wert von mehr als 5.000 Euro bleibt dem Gericht vorbehalten. Die vom Sanierungsverwalter ausgesprochene Weisung betrifft nicht nur dringende Fälle und ist ihrem Wesen nach eine vorläufige Maßnahme.

Der Sanierungsverwalter hat dem Gericht zu berichten, dieses kann die Maßnahme auf längere Zeit anordnen.

Kommt der Sanierungsverwalter seiner Berichtspflicht nicht nach, so kann G sich mit einer Beschwerde an das Insolvenzgericht wenden, das dem Sanierungsverwalter Weisungen erteilen kann (§ 84 IO; vgl. *Mohr, Sanierungsplan und Sanierungsverfahren* Rz 653).

d) G kann selbst den Antrag stellen, es möge der Schuldnerin die Eigenverwaltung entzogen werden (§ 170 Abs 1 Z 4 IO). Als organschaftlicher Vertreter ist er dazu legitimiert.

Falls die Voraussetzungen des § 167 IO vorliegen, wird das Verfahren als Sanierungsverfahren ohne Eigenverwaltung weiter geführt, die Befugnisse des Sanierungsverwalters erstarken zu denen eines Masseverwalters, allerdings mit vorläufiger Verwertungssperre (§ 168 Abs 2 IO).

Erst wenn der Sanierungsplan nicht innerhalb von 90 Tagen ab Verfahrenseröffnung in der Sanierungsplantagsatzung angenommen wird, ist das Verfahren als Konkursverfahren weiter zu führen (§ 167 Abs 3 Z 3 IO). Gleiches gilt bei Anzeige der Masseunzulänglichkeit durch den Insolvenzverwalter, Sanierungsplanantragszurücknahme, Zurückweisung des Sanierungsplanantrags durch das Gericht als unzulässig oder rechtskräftiger Versagung der Bestätigung (§ 167 Abs 3 Z 1, 2, 4 IO).

G kann für die GmbH im Konkurs nun einen *neuen Sanierungsplan* vorlegen, um die sonst drohende Verwertung abzuwenden.

Vierter Teil

Internationales Insolvenzrecht

Fall 143

Die AirTEC Europe ist ein internationaler Zulieferer von Flugzeuginnenausstattungen und hat ihren Sitz in Rotterdam. Das Unternehmen hat Niederlassungen und Tochtergesellschaften in Deutschland, Frankreich, Spanien und Österreich. AirTEC Products GmbH, die österreichische Tochter, hat ihre einzige Produktionsstätte in Linz. Gesellschafter der AirTEC Products GmbH sind zu 30% an AirTEC Europe beteiligt.

a) Auf Antrag der Schuldnerin eröffnet das Amtsgericht Essen das Insolvenzverfahren und führt aus, aufgrund der vorliegenden Beweise handle es sich um ein Hauptinsolvenzverfahren nach der EuInsVO 2015. Dagegen erhebt ein Gläubiger Beschwerde. Die Verfahrenseröffnung wird durch das Amtsgericht Essen aufgehoben. Tags darauf stellt der siegreiche Beschwerdeführer einen Insolvenzantrag in Rotterdam.

b) Das LG Linz eröffnet kurz nach Eröffnung des Essener Verfahrens auf Gläubigerantrag das Konkursverfahren über die AirTEC Products GmbH. Der niederländische Insolvenzverwalter im nunmehr in Rotterdam eröffneten Verfahren stellt den Antrag, es möge das Konkursverfahren, in eventu jegliche Verwertung in Österreich ausgesetzt werden.

c) Der Verwalter im Rotterdamer Verfahren beantragt beim LG Linz, es möge dem Verwalter im Sekundärverfahren den Abschluss einer Kooperationsvereinbarung auftragen.

d) Nachdem mittlerweile über alle Töchter und Niederlassungen der AirTec Europe Insolvenzverfahren eröffnet wurden, stellt der niederländische Verwalter den Antrag, ihn zum Verfahrenskoordinator der AirTec Europe Gruppeninsolvenzverfahren zu bestellen.

Kommentar

a) Haupt-, Sekundär- und Partikularinsolvenzverfahren

aa. Das im Geltungsgebiet der EuInsVO 2015 eröffnete Insolvenzverfahren über AirTec Europe ist ein ***Hauptinsolvenzverfahren*** (Art 3 Abs 1 EuInsVO 2015). Zuständig für seine Eröffnung sind die Gerichte des Staates, in denen der Schuldner den Mittelpunkt seiner hauptsächlichen Interessen hat (center of main interests – COMI); bei juristischen Personen vermutet die EuInsVO 2015, dass dieser sich am Sitz der juristischen Person befindet (Art 3 Abs 1 UA 2 EuInsVO 2015). Es ist das Recht des Eröffnungsstaats anzuwenden (Art 7 EuInsVO 2015).

Eröffnet ein Mitgliedsstaat, in dessen Grenzen sich das COMI nicht befindet, ein Erstverfahren, so sind dessen Wirkungen auf den Eröffnungsstaat beschränkt (Art 3 Abs 2 EuInsVO 2015). Wird ein solches Verfahren vor einem Hauptinsolvenzverfahren eröffnet, so handelt es sich um ein *Partikularinsolvenzverfahren* (Art 3 Abs 4 EuInsVO 2015, anwendbares Recht das des Eröffnungsstaats, Art 7 EuInsVO 2015), wird es nach dem Hauptverfahren eröffnet, so liegt ein *Sekundärinsolvenzverfahren* vor, das die Interessen der lokalen Gläubiger bestmöglich wahrzunehmen sucht (Art 3 Abs 3 iVm 19 Abs 2 sowie Art 34 ff EuInsVO 2015); legitimiert zur Antragstellung sind alle nach dem Recht des Eröffnungsstaats zur Verfahrensantragstellung befugten Personen sowie der Verwalter im Hauptinsolvenzverfahren (Art 37 Abs 1 EuInsVO 2015). Es ist das Recht des Eröffnungsstaats anzuwenden (Art 35 EuInsVO 2015).

Das Essener Verfahren ist fälschlicherweise als Hauptinsolvenzverfahren qualifiziert worden, da sich das COMI des Schuldners kraft Sitz der Gesellschaft in Rotterdam befindet. Der Sitz einer Tochtergesellschaft oder der Betrieb einer Niederlassung in Essen rechtfertigt nur die Eröffnung eines Partikularverfahrens. Zuständig für die Eröffnung des Hauptinsolvenzverfahrens wären die holländischen Gerichte gewesen.

Gläubiger und Schuldner können die internationale Unzuständigkeit des Amtsgerichts Essen nach Art 5 Abs 1 EuInsVO 2015 anfechten, andere Verfahrensbeteiligte nur, sofern dies das nationale Recht des Eröffnungsstaats vorsieht (Art 5 Abs 2 EuInsVO).

Aber auch der rein europarechtliche Rechtsbehelf des Art 5 Abs 1 EuInsVO 2015 bedarf der innerstaatlichen Ausführungsgesetzgebung. Bei der Beurteilung, ob die deutsche Entscheidung rechtskräftig geworden ist, sind die Bestimmungen der sofortigen Beschwerde nach § 6 dInsO anzuwenden. Die Entscheidung des Amtsgerichts Essen wird gemäß § 6 Abs 3 S 1 dInsO nicht sofort rechtskräftig. Die Antragstellung in Rotterdam ist verfrüht.

bb. Nach ihrer Rechtskraft haben alle anderen Mitgliedsstaaten eine *Zuständigkeitsentscheidung ohne Nachprüfung anzuerkennen* (Art 19 Abs 1 EuInsVO 2015), selbst wenn sie der Überzeugung sind, dass eine Fehlentscheidung vorliegt.

Das österreichische Verfahren ist ein *Sekundärinsolvenzverfahren* und als solches auch kundzumachen (Art 34 EuInsVO 2015). Im österreichischen Verfahren ist österreichisches Recht anzuwenden (Art 35 EuInsVO 2015).

b) Verwertungsaussetzung – Verfahrensaussetzung

Das Rechtsinstitut der gänzlichen Aussetzung des Sekundärinsolvenzverfahrens ist der EuInsVO 2015 unbekannt.

Wohl aber kennt die Verordnung die Aussetzung eines Sekundär*verwertungs*verfahrens auf Antrag des Verwalters im Hauptinsolvenzverfahren (Art 46 Abs 1 EuInsVO 2015).

Eine *Verwertung* im Sekundärinsolvenzverfahren kann vom Gericht des Sekundärinsolvenzverfahrens auf Antrag des Hauptverwalters für drei Monate teilweise oder gänzlich *ausgesetzt* werden.

Die Aussetzung kann nach neuerlichem Antrag um diesen Zeitraum verlängert oder erneuert werden. Das Gericht kann allerdings die Stattgabe des Antrags an die Leistung einer Sicherheit zum Schutz der Gläubiger im Sekundärinsolvenzverfahren binden.

Der Antrag kann nur abgewiesen werden, wenn die Aussetzung *offensichtlich* für die Gläubiger des Hauptinsolvenzverfahrens nicht von Interesse ist (Art 46 Abs 1 EuInsVO 2015).

Die *Aussetzung wird wieder aufgehoben*

• auf Antrag des Hauptverwalters
• auf Antrag eines Gläubigers oder des Verwalters im Sekundärinsolvenzverfahren oder von Amts wegen, wenn sich herausstellt, dass die Aussetzung insbesondere nicht mehr mit dem Interesse der Gläubiger des Haupt- oder des Sekundärinsolvenzverfahrens zu rechtfertigen ist (Art 46 Abs 2 EuInsVO 2015).

Das Linzer Gericht hat den Antrag auf Verfahrensaussetzung daher abzuweisen. Zur Verwertungsaussetzung hat es Erhebungen durchzuführen (*Untersuchungsgrundsatz*, § 254 Abs 5 IO).

c) Kooperations- und Unterrichtspflicht

Verwalter in Haupt- und Sekundärinsolvenzverfahren haben einander über den jeweiligen Stand des Verfahrens, soweit dies für das andere Verfahren von Bedeutung sein könnte, zu unterrichten und sind zur Zusammenarbeit verpflichtet. Diese kann formlos oder auf der Basis einer Kooperationsvereinbarung erfolgen.

Der Verwalter im Sekundärinsolvenzverfahren hat dem Verwalter des Hauptinsolvenzverfahrens Gelegenheit zu geben, Vorschläge zur Verwendung oder Verwertung der Sekundärmasse zu unterbreiten (Art 41 Abs 2 lit c. EuInsVO 2015).

Das Rechtsinstitut der *Kooperationsvereinbarung* ist der EuInsVO 2015 nicht fremd. Der Antrag des holländischen Verwalters, es möge der österreichische Insolvenzverwalter angewiesen werden, einen solchen abzuschließen, wird daher Erfolg beschieden sein (Art 41 EuInsVO 2015).

Die Erfüllung der Kooperations- und Informationspflichten kann der Hauptverwalter beim österreichischen Gericht mit Antrag auf Weisung an den Insolvenzverwalter (§ 84 Abs 1 IO) durchsetzen.

d) Konzerninsolvenz

Im vorliegenden Fall liegt eine *Konzerninsolvenz* vor. Die EuInsVO 2015 kennt dafür, anders als ihre Vorgängerin, ein Regelungsgebäude.

Angesichts der Insolvenzen auch aller Töchter (und Niederlassungen) der AirTec Europe liegen Insolvenzverfahren über mehr als zwei Mitglieder einer Konzerngruppe vor. Die Bestimmungen über das *Gruppenverfahren* (Art 56 ff EuInsVO 2015) sind anzuwenden, die verstärkte Informationen und Kooperationen zwischen Gerichten, zwischen Verwaltern sowie zwischen Verwaltern und Gerichten vorsehen (Art 56 bis 59 EuInsVO 2015).

Merke! Einen besonderen *Konzerngerichtsstand* kennt die EuInsVO ebenso wenig wie die Zusammenführung von Massen.

Ein Gruppenverfahren kann dann in ein ***Gruppen-Koordinationsverfahren*** (Art 61 ff EuInsVO) umgewandelt werden, wenn ein Verwalter dies bei einem Gericht beantragt, das ein Verfahren im Rahmen der Unternehmensgruppe führt, und dieser Antrag samt Beilagen den Erfordernissen des Art 61 EuInsVO 2015 entspricht und insbesondere einen Koordinatorvorschlag zu enthalten hat.

Die Verwalter der Gruppenverfahren haben sich mit einer Zweidrittel-Mehrheit auf ein Gericht zu einigen, das am besten für die Führung des Koordinationsverfahrens geeignet erscheint (Art 66 EuInsVO). Dieses hat dann den namhaft gemachten Koordinator zu bestellen, dem die Aufgaben nach Art 72 EuInsVO zukommen. Die Verwalter haben sowohl gegen die Einbeziehung des eigenen Verfahrens in das Gruppen-Koordinationsverfahren wie auch gegen die vorgeschlagene Person des Koordinators ein Einwendungsrecht (Art 64 EuInsVO).

Koordinator kann nur sein, wer nach dem Recht eines Mitgliedsstaats geeignet ist, Insolvenzverwalter zu sein und wer nicht als Insolvenzverwalter in einem Insolvenzverfahren eines Mitglieds der Gruppe bestellt ist (Art 71 EuInsVO 2015). Dem Antrag des niederländischen Verwalters ist daher, gleich bei welchem Gruppen-Insolvenzgericht er gestellt wird, mangels Neutralität des vorgeschlagenen Koordinators der Erfolg versagt.

Fall 144

Das Hauptverfahren über die deutsche, grenzüberschreitend tätige Centrix Pharma wird in Hamburg eröffnet.

Der Insolvenzverwalter klagt den Anfechtungsgegner G1 an seinem Sitz in Belgien. G1 wendet Unzuständigkeit ein. Wo ist das Insolvenzanfechtungsverfahren zu führen?

Der Verwalter des Sekundärinsolvenzverfahrens einer Centrix-Tochter in Wien klagt den Anfechtungsgegner G2 in Marseille. Der Massegläubiger M klagt den österreichischen Verwalter auf Zahlung.

Kommentar

Literatur: *Buchegger,* Insolvenzanfechtung und EuInsVO 2015 - Internationale Zuständigkeit und Kollisionsrecht, in Smid/Zeuner/Schmidt, Schriften zum deutschen, europäischen und internationalen Insolvenzrecht (S-INSO) Band 16, Aktuelle Probleme des geltenden deutschen Insolvenzrechts (2009).

Braun, InsO mit EuInsVO, Kommentar, 7. Auflage (München 2017); *Mankowski/ Müller/J. Schmidt,* EuInsVO 2015, Kommentar (München 2016).

► Ein ähnlich gelagerter Fall wurde nach einem Vorabentscheidungsersuchen des BGH am 12.2.2009, C-339/07, vom EuGH entschieden *(Seagon/Deko Marty Belgium)*. Vgl. oben *Buchegger* aaO; *Cranshaw* DZWiR 2009, 353.

a) Nach **deutschem nationalem Zuständigkeitsrecht** gehören Insolvenzanfechtungsverfahren zu den *bürgerlich-rechtlichen Streitigkeiten* (§ 13 dGVG). Örtlich zuständig war – bis zum Erkenntnis des EuGH vom 12.2.2009, C-339/07 – das Gericht des *allgemeinen Gerichtsstands* des Anfechtungsgegners (§§ 13 ff dZPO).

Das **österreichische Insolvenzrecht** sah und sieht dagegen die ausschließliche Zuständigkeit des Insolvenzgerichts für Insolvenzanfechtungsklagen vor, wenn der Insolvenzverwalter oder ein Gläubiger im Schuldenregulierungsverfahren Kläger ist (§ 43 Abs 5 IO).

b) Die **internationale Zuständigkeit** für Anfechtungsklagen, wenn der Anfechtungsgegner seinen Sitz in einem anderen Mitgliedsstaat der EU hat, regelt **Art 6 EuInsVO 2015.** Dieser betrifft generell die Zuständigkeit für „Klagen, die unmittelbar aus dem Insolvenzverfahren hervorgehen und in engem Zusammenhang damit stehen". Zuständig sind die Gerichte des Eröffnungsstaats, mithin ohne Möglichkeit eines Verweises auf einen ausländischen Gerichtsstand hier *die deutschen Gerichte.*

Wir bezeichnen solche Verfahren **Insolvenzannexverfahren.** Für die Anerkennung und Vollstreckung gelten grundsätzlich die Bestimmungen der Brüssel Ia-VO, allerdings in modifizierter Form.

Die sperrige Überschrift des Art 6 hat ihre Wurzeln: Den Begriff der *Annexverfahren* prägte der EuGH erstmals in seinem Urteil vom 22.2.1979, Rechtssache 133/78 *(Gourdain/Nadler)* zum damaligen Europäischen Gerichtsstands- und Vollstreckungsübereinkommen (EuGVÜ), dem Vorgänger der Brüssel I-VO und der Brüssel Ia-VO. Dort entstand folgendes Axiom:

„Einzelverfahren sind nur dann von der Anwendung des EuGVÜ ausgeschlossen, wenn sie unmittelbar aus diesem Verfahren hervorgehen und sich eng innerhalb des Rahmens eines Konkurses oder Vergleichsverfahrens halten. "

Schon die Entscheidung in *Deko Marty* und – folgend – die Entscheidung in *Schmid/Hertel,* C-328/12 stellen den Rechtsanwender immer wieder vor die Frage, ob eine Annexmaterie vorliegt. Der Verordnungsgeber hat in Art 6 EuInsVO die unzulängliche, weil aus normativen Elementen bestehende *Gourdain/Nadler-Regel* fortgeschrieben und es versäumt, klarere und in der Praxis leichter handhabbare Worte zu finden.

c) Wo aber klagt der deutsche Insolvenzverwalter? Der BGH sah in Beantwortung des *Deko Marty*-Erkenntnisses die *entsprechende Anwendung des § 19a dZPO* (allgemeiner Gerichtsstand des Insolvenzverwalters) auch für den klagenden Insolvenzverwalter vor: ausschließliche örtliche Zuständigkeit des Insolvenzgerichts (seit BGH IX ZR 39/06 ZIP 2009, 1287).

Diese Judikatur fand ihren Niederschlag in Art 102c § 6 Abs 1 EGInsO (eingefügt mit dem Gesetz zur Durchführung der EuInsVO 2015, dBGBl 2017, 1476), der an den Sitz des Insolvenzgerichts anknüpft – allerdings kraft Vorbehalt anderer Bestimmungen nicht ausschließlich.

d) Annexverfahren iSd Art 6 EuInsVO werden vom österreichischen Gesetzgeber als *insolvenznahe Verfahren* bezeichnet, für die das *Insolvenzgericht ausschließlich zuständig* ist (§ 63a IO, eingefügt durch das IRÄG 2017 BGBl 2017/122).

Der Anpassungsbestimmung des § 63a IO bedarf es bei österreichischen Insolvenzanfechtungsklagen des Insolvenzverwalters nicht:

Nach § 43 Abs 5 IO ist für solche Prozesse das Insolvenzgericht ausschließlich zuständig. Dies galt schon vor der *Deko Marty*-Entscheidung des EuGH.

Die gleiche Zuständigkeitsnorm gilt für Insolvenzanfechtungsklagen von Gläubigern nach § 189 IO im Schuldenregulierungsverfahren.

e) Die *Klage des Massegläubigers* eröffnet zweifellos ein *Annexverfahren*, weil sie unmittelbar aus dem Insolvenzverfahren hervorgeht und mit diesem in engem Zusammenhang steht (Art 6 EuInsVO).

Allerdings besteht für solche Klagen in Abkehr von der allgemeinen Ausführungsbestimmung des § 63a IO für Art 6 - Materien eine gesonderte Zuständigkeitsbestimmung:

§ 262 Z 2 IO sieht für Klagen aus Masseforderungen eine *Wahlzuständigkeit des Insolvenzgerichts* vor, was der Diktion des Art 6 EuInsVO keinesfalls widerspricht. Es ist aber festzuhalten, dass der neu geschaffene § 63a IO, der zur Ausführung des Art 6 EuInsVO geschaffen wurde, in den schon früher in der IO bestehenden Wahlzuständigkeiten des Insolvenzgerichts seine Grenzen findet: Die Klage des M *kann,* muss nicht vor das Insolvenzgericht gebracht werden.

Viertes Buch

Außerstreitverfahrensrecht

Erster Teil

Ehe- und Familiensachen

I. Einvernehmliche Scheidung

Fall 145

Anton und Monika aus Linz sind vier Monate verheiratet und haben seit einem Monat nur noch eine gemeinsame Adresse. Das Paar möchte sich scheiden lassen: Monika ist vor kurzem in Liebe zu Kuno entflammt, während Anton seither bei Kunigunde Trost sucht. Das Paar beschließt, sich scheiden zu lassen und geht am 21.11.2017 am Amtstag zum Bezirksgericht Steyr, weil Monika nach der Scheidung dorthin zu Kuno ziehen will. Zu prüfen sind

a) ob das BG Steyr zuständig ist,

b) wie es zu entscheiden hat

c) was zu geschehen hat, wenn Anton in der am 23.5.2018 anberaumten mündlichen Verhandlung nicht erscheint.

Kommentar

a) Das Paar strebt eine Scheidung im Einvernehmen nach § 55a EheG an. Sachlich zuständig ist das BG (§ 104a JN), örtlich zuständig das Gericht, in dessen Sprengel die Ehegatten ihren gemeinsamen Aufenthalt haben (oder zuletzt gehabt haben): § 114a Abs 1 JN verweist auf § 76 Abs 1 JN.

Zuständig ist das BG Linz.

Da die Ehegatten aber vereinbart haben, sich in Steyr scheiden zu lassen, können sie eine *Prorogation* eingehen, wenn sie diese Vereinbarung entweder schriftlich festhalten oder vor dem angerufenen Gericht zu Protokoll erklären (§ 114a Abs 1 JN verweist auf § 104 JN).

Das Gericht trifft hierbei die Manuduktionspflicht: Es hat die Parteien über seine Unzuständigkeit zu belehren und ihnen die Möglichkeit einer Prorogation vor Gericht aufzuzeigen (§§ 14 AußStrG iVm 432 Abs 1, 439 ZPO).

b) Tatsächlich wird das BG Steyr die beiden Eheleute darüber belehren, dass sie die Voraussetzungen für eine Scheidung im Einvernehmen nicht erfüllen, und ihnen raten, ihren Scheidungsantrag später zu stellen, bei Bestehen auf dem Antrag diesen als – derzeit – unzulässig zurückweisen:

§ 55a EheG nennt für die einvernehmliche Scheidung vier Voraussetzungen:

• einen gemeinsamen Antrag; dieser muss bis zur Rechtskraft des Scheidungsbeschlusses von beiden Eheleuten aufrecht erhalten werden.

• die Aufhebung der ehelichen Lebensgemeinschaft seit sechs Monaten

• das Zugeständnis der unheilbaren Zerrüttung des ehelichen Verhältnisses und

• den Abschluss eines Scheidungsfolgenvergleichs, der dem Gericht schriftlich zu unterbreiten oder vor diesem zu schließen ist (Protokollsbestandteil).

Anton und Monika sind noch keine sechs Monate verheiratet, ihre eheliche Lebensgemeinschaft ist seit einem und nicht seit sechs Monaten aufgehoben. Sie müssen noch mindestens fünf Monate zuwarten, bevor sie einen zulässigen Scheidungsantrag stellen können. Stellen sie ihren Antrag etwa im April, so erfüllen sie die Wartefrist.

Freilich können Anton und Monika vor Gericht angeben, dass ihre eheliche Lebensgemeinschaft schon seit drei Monaten aufgehoben ist, um so die Wartezeit zu verkürzen. Dass aber die eheliche Lebensgemeinschaft schon seit vier Monaten aufgehoben ist, widerspricht der allgemeinen Lebenserfahrung, hätte dann das Glück doch unmittelbar nach der Eheschließung zerbrechen müssen.

c) In Eheangelegenheiten besteht relative Anwaltspflicht; die Vertretung beider Eheleute durch ein- und denselben Rechtsanwalt ist unzulässig (§ 93 Abs 1 AußStrG).

Eine obligatorische mündliche Verhandlung ist vorgeschrieben (§ 94 Abs 1 AußStrG).

Anton wäre in der mündlichen Verhandlung über das Vorliegen einer unheilbaren Zerrüttung der Ehe sowie über die Dauer der Auflösung der ehelichen Lebensgemeinschaft befragt worden und hätte am Abschluss eines Scheidungsfolgenvergleichs mitwirken müssen.

Da Anton aber zur mündlichen Verhandlung nicht erschienen ist, geht das Gesetz von einem mangelnden Scheidungswillen aus (*favor matrimonii*): Das Gericht hat den Antrag von Amts wegen als zurückgenommen zu erklären (§ 94 Abs 2 AußStrG).

Die weiterhin scheidungswillige Monika ist auf den streitigen Zivilrechtsweg zu verweisen: Sie muss die Scheidungsklage gegen Anton erheben.

II. Obsorgestreit

Fall 146

Hannes und Sigrid sind frisch geschieden und üben derzeit noch die gemeinsame Obsorge für ihre vierjährige Tochter Clarissa aus. Sie können sich weder über die künftige Obsorge noch über den Wohnsitz Clarissas einigen. Da Hannes arbeitsscheu und dem Alkohol nicht abgeneigt sei, beantragt Sigrid die alleinige Obsorge für Clarissa. Hannes bestreitet, beantragt ebenfalls die alleinige Obsorge und führt aus, die ganztägig berufstätige Mutter sei nicht in der Lage, sich entsprechend um Clarissa zu kümmern. Das Gericht erster Instanz trifft eine endgültige Obsorgeentscheidung zugunsten des Kindesvaters. Sigrid erhebt Rekurs und legt gleichzeitig die schriftliche Einschätzung eines befreundeten Arztes vor: Hannes sei schwerer Alkoholiker und nicht in der Lage, sich um die Tochter zu kümmern.

Zu prüfen sind

a) ob sich die Parteien im Rekursverfahren vertreten lassen müssen,

b) ob das Rekursgericht das Schreiben des Arztes bei seiner Entscheidung zu berücksichtigen hat,

c) wie sich Hannes im Rekursverfahren zur Wehr setzen kann.

Kommentar

Eine kurze materiellrechtliche Einleitung sei vorangestellt:

Die **gemeinsame Obsorge** beider Eltern bleibt nach der Scheidung oder Auflösung der häuslichen Gemeinschaft aufrecht (§ 179 Abs 1 S 1 ABGB). Die Eltern können jedoch vor Gericht eine Vereinbarung schließen, wonach ein Elternteil allein mit der Obsorge betraut wird oder die Obsorge eines Elternteils auf bestimmte Angelegenheiten beschränkt wird (§ 179 Abs 1 S 2 ABGB).

Die Eltern haben eine Vereinbarung darüber zu schließen, in **wessen Haushalt das Kind überwiegend betreut** wird (§ 179 Abs 2 ABGB).

Kommt binnen angemessener Frist (wohl zwei bis drei Wochen) nach der Scheidung oder Auflösung der häuslichen Gemeinschaft eine solche Vereinbarung nicht zustande oder wird ein Antrag auf Alleinobsorgeübertragung oder auf Beteiligung an einer bestehenden Alleinobsorge gestellt, so kommt es zur **Phase der vorläufigen elterlichen Verantwortung** (§ 180 Abs 1 ABGB; vgl. *Deixler-Hübner* in Kletečka/Schauer, ABGB-ON[1.05], zu § 180 ABGB Rz 1 ff, deren kritischen Worten zu diesem Rechtsinstitut ich mich anschließe):

Das Gericht bestimmt – bei Weitergeltung der bisherigen Obsorgeverhältnisse – einen Kindesbetreuungshaushalt und trifft alle weiteren Anordnungen für ein Kontaktrecht des anderen Elternteils, so dass auch dieser die Pflege und Erziehung wahrnehmen kann. Diese Phase dauert vorerst sechs Monate, sie kann allerdings verlängert werden.

Auf der Basis der dort gewonnenen Erfahrungen entscheidet das Gericht über die Obsorge: **Obsorgebeschluss.** Es kann auch beiden Elternteilen die Obsorge zusprechen, hat aber auch und gerade in diesem Fall den Haushalt festzulegen, in dem das Kind überwiegend betreut wird (§ 180 Abs 2 ABGB).

Es soll eine Hauptbezugsperson bestimmt werden, deren Obsorge nicht eingeschränkt sein darf (§ 177 Abs 4 ABGB; vgl. *Deixler-Hübner* in Kletečka/Schauer, ABGB-ON[1.05], zu § 180 ABGB Rz 21 ff).

Die gerichtliche Entscheidung hat primär das Kindeswohl zu berücksichtigen, wobei unter Anderem nicht bloß materielle Komponenten, sondern seelische Bindung, Kontinuität der Erziehung und das Maß zeitlicher Zuwendung eine maßgebliche Rolle spielen (vgl. dazu *Deixler-Hübner* in Kletečka/Schauer, ABGB-ON[1.05], zu § 180 ABGB Rz 21; sowie *Weitzenböck* in Schwimann/Neumayr, ABGB[4], zu § 180 ABGB Rz 13, 16).

a) Clarissas Interessen sind im Verfahren zu schützen:

▪ Da sowohl Sigrid wie auch Hannes einen Antrag auf Zuspruch der Alleinobsorge gestellt haben (§ 180 Abs 1 Z 2 ABGB) hat das Gericht die Phase der vorläufigen elterlichen Verantwortung unter Wahrung des Kindeswohls einzuleiten (s. dazu RIS-Justiz RS0128 813): Bei Aufrechterhaltung der bisherigen Obsorgeverhältnisse (gemeinsame Obsorge: § 177 Abs 1 ABGB) trägt es einem Elternteil für die Dauer von sechs Monaten die überwiegende Kindesbetreuung in seinem Haushalt auf und trifft alle erforderlichen Anordnungen für ein Kontaktrecht des anderen Elternteils, so dass auch dieser die Pflege und Erziehung wahrnehmen kann (§ 180 Abs 1 ABGB). Dies erfolgt mit einer vorläufigen Entscheidung gemäß § 107 Abs 2 AußStrG: Kindeswohl sichernde Maßnahmen iSd § 107 Abs 3 AußStrG können unter einem erlassen werden. Auf der Basis der gewonnenen Erfahrungen in diesen sechs Monaten entscheidet das Gericht endgültig über Obsorge und Haushalt der überwiegenden Betreuung (§ 180 Abs 2 ABGB).

▪ Über Obsorge und persönliche Kontakte entscheidet der Richter (§ 19 Abs 2 Z 2 RPflG); lediglich die Unterhaltsfestsetzung ist Rechtspflegersache.

▪ Es hat der Kinder- und Jugendhilfeträger einzuschreiten.

Für die endgültige Entscheidung ist zu beachten:

▪ Das Gericht hat Minderjährige zu hören. Diese Anhörung kann auch durch den Jugendwohlfahrtsträger, durch Einrichtungen der Jugendgerichtshilfe oder in anderer geeigneter Weise, etwa durch Sachverständige geschehen, insbesondere wenn der Minderjährige das zehnte Lebensjahr noch nicht vollendet hat und auf andere Weise eine ernsthafte und unbeeinflusste Meinungsäußerung nicht zu erwarten ist (§ 105 Abs 2 AußStrG).

Die Befragung unterbleibt allerdings, wenn aufgrund der Verständnisfähigkeit der Minderjährigen eine überlegte Äußerung zum Verfahrensgegenstand nicht zu erwarten ist (§ 105 Abs 3 AußStrG).

Es hängt mithin von Clarissa selbst ab, ob sich eine besondere Bindung zu einem Elternteil feststellen lässt; Clarissa kann auch durch den Kinder- und Jugendhilfeträger, durch Einrichtungen der Jugendgerichtshilfe gehört werden. Hier hat wohl der Sachverständige, insbesondere ein Kinderpsychologe, ein Verhaltensmuster festzustellen oder dem Gericht zu berichten (§ 105 Abs 1 AußStrG).

Die Befragung hat zu unterbleiben, wenn mangels geistiger Reife eine verwertbare ernsthafte Äußerung oder Regung des Kindes nicht erwartet werden kann (§ 105 Abs 2 AußStrG).

▪ Der Kinder- und Jugendhilfeträger kann vor Verfügungen über die Pflege und Erziehung oder über persönliche Kontakte gehört werden (§ 106 AußStrG).

▪ Ob ein Kinderbeistand für Clarissa bestellt wird, ist im vorliegenden Fall eher zweifelhaft, geht dieses Rechtsinstitut doch von einer bestimmten geistigen Reife aus: Der Kinderbeistand hätte den Minderjährigen über den Gang des Verfahrens zu informieren, ihn auf Wunsch bei Beweisaufnahmen zu begleiten (§ 104a AußStrG).

▪ Die Familiengerichtshilfe unterstützt das Gericht auf dessen Auftrag bei der Sammlung von Entscheidungsgrundlagen (§ 106a Abs 1 AußStrG). Sie ist zur Befragung Dritter berechtigt, kann den Kontakt zum Minderjährigen herstellen. Die Person, in deren Obhut sich das Kind befindet, hat einen solchen Kontakt zu dulden und bei der Ermittlung der Entscheidungsgrundlagen behilflich zu sein, all dies bei sonstiger Anwendung von Zwangsmitteln durch das Gericht (§§ 106a Abs 2, 79 Abs 2 AußStrG).

Im Verfahren über die Obsorge und über die persönlichen Kontakte müssen Hannes und Sigrid sich weder im erstinstanzlichen Verfahren noch im Rekursverfahren vertreten lassen, wenn sie sich aber dazu entscheiden, ist – *in erster Instanz wie in der Rekursinstanz* (!) – nur ein Rechtsanwalt vertretungsbefugt (§§ 6 Abs 1 und 107 Abs 1 Z 1 AußStrG, *relative Anwaltspflicht*).

Eine Reformatio in peius ist möglich, wenn dies das Kindeswohl erfordert (§ 107 Abs 1 Z 3 AußStrG). Ein Abänderungsverfahren findet nicht statt (§ 107 Abs 1 Z 4 AußStrG), vielmehr können die Elternteile bei geänderten Verhältnissen eine neue Obsorgeentscheidung erwirken. Auf Antrag sind Beschlussausfertigungen ohne Begründung oder Urkunden, aus denen der Umfang der Betrauung mit der Obsorge hervorgeht, auszustellen (§ 107 Abs 1 Z 2 AußStrG).

b) Im außerstreitigen Rekursverfahren herrscht grundsätzlich Neuerungserlaubnis, allerdings mit Einschränkungen:

• Neuerungen, die Unangefochtenes betreffen, sind unzulässig (§ 49 Abs 1 AußStrG; Grundsatz der *Teilrechtskraft*).

• *nova producta* werden nur dann berücksichtigt, wenn sie nicht ohne wesentlichen Nachteil für die Partei zum Gegenstand eines neuen Antrags (und damit eines neuen Verfahrens) gemacht werden können; das gilt nicht für den Abänderungsantrag nach §§ 72 ff AußStrG.

• Tatsachen und Beweismittel, die in erster Instanz schon hätten vorgebracht werden können, sind nur dann als Neuerungen zugelassen, wenn die Partei dartut, dass die Verspätung auf einer entschuldbaren Fehlleistung beruht (§ 49 Abs 2 AußStrG).

Dabei handelt es sich nicht um nova reperta, weil diese die Benützbarkeit oder Beweisbarkeit erst nach Verfahrensschluss in erster Instanz voraussetzen, die entscheidungserhebliche Tatsache muss aber schon im Verfahren erster Instanz vorgebracht worden sein.

Nach hA ist neues Vorbringen dann ausgeschlossen, wenn das Gericht erster Instanz die Partei zur Äußerung aufgefordert hat und diese sich verschweigt (vgl. *Kodek* in Gitschthaler/Höllwerth, AußStrG, zu § 49 AußStrG Rz 18 ff, 21; aM *Klicka* in Rechberger, AußStrG, zu § 49 AußStrG Rz 1).

Wenn aber Tatsachen, die in erster Instanz bekannt und auch beweisbar waren unter der Voraussetzung des § 49 Abs 2 AußStrG als Neuerungen vorgebracht werden können, so hat dies umso mehr für echte nova reperta zu gelten.

Ergebnis: War das Beweismittel in erster Instanz bereits vorhanden, so hat Sigrid darzutun, dass die Unterlassung der Vorlage auf einer entschuldbaren Fehlleistung beruht.

Wurde es der Rekurswerberin erst nach Verfahrensschluss in erster Instanz zugänglich, so handelt es sich um ein novum repertum und die Bescheinigungspflicht zur culpa levissima entfällt.

c) Rekurse gegen Sach- und Kostenbeschlüsse in Außerstreitsachen sind *zweiseitig:* Das Gericht erster Instanz hat Sigrids Rekurs dem Hannes zuzustellen. Diesem steht es frei, binnen 14 Tagen ab Zustellung eine Rekursbeantwortung zu erstatten (§ 48 Abs 1 AußStrG), in der er zum Vorwurf des Alkoholismus, der in der schriftlichen Äußerung des Arztes neuerlich erhoben wurde, Stellung nimmt.

Im Rahmen von Rekurs und Rekursbeantwortung sind Neuerungen zur Dartuung und Widerlegung geltend gemachter Rekursgründe uneingeschränkt zulässig (*Klicka* in Rechberger, AußStrG[2], zu § 49 AußStrG Rz 2; vgl. aber *Kodek* in Gitschthaler/Höllwerth, AußStrG, zu § 49 AußStrG Rz 18 ff, 21, der mE unzutreffend eine restriktive Auslegung auf Dartuung oder Widerlegung von Nichtigkeiten oder Mangelhaftigkeiten des Verfahrens vergleichbar der hR zu § 482 Abs 2 ZPO geboten sieht; eine dem § 482 Abs 2 ZPO vergleichbare Neuerungsverbotsregel findet sich mit § 66 Abs 2 AußStrG erst im außerstreitigen Revisionsrekursverfahren).

Hannes' Rekursbeantwortung ist Sigrid zuzustellen (§ 48 Abs 3 AußStrG).

Merke! In Verfahren über die Obsorge oder den persönlichen Kontakt findet *kein Kostenersatz* statt (§ 107 Abs 5 AußStrG).

Zweiter Teil

Verlassenschaftsverfahren

I. Vorverfahren

Fall 147

Der Auszugbauer Kleinhäusler hinterlässt ein Sparbuch mit 4.200 Euro, abgewohntes Mobiliar und persönliche Kleidungsstücke.

Nach Übergabe seines Hofes an seinen Sohn Fritz und dessen Ehefrau Maria waren ihm im Ausgedingevertrag Naturalienleistungen zugestanden und sein Wohnrecht im Auszughaus auf Lebenszeit im Grundbuch eingetragen worden.

Wie gestaltet sich das Verlassenschaftsverfahren wenn keine Schulden vorhanden sind, wie wenn zur Enttäuschung von Fritz und Maria festgestellt wird, dass Kleinhäusl auch 15.000 Euro Schulden hinterlässt?

Kommentar

Das Verlassenschaftsverfahren gliedert sich in ein *Vorverfahren* und ein *Hauptverfahren.* Zunächst ist zu prüfen, ob die Verlassenschaftssache Kleinhäusler im Vorverfahren erledigt werden kann (§§ 143 bis 155 AußStrG; §§ 67, 69 IO).

a) Eine Verlassenschaftsabhandlung unterbleibt gemäß § 153 AußStrG, wenn:

- entweder gar keine oder aber 5.000 Euro übersteigende Aktiven nicht vorhanden sind, und
- Eintragungen in öffentliche Bücher nicht erforderlich sind.

Ist nach der EuErbVO ausländisches Recht anzuwenden und sieht dieses eine Universalsukzession ex lege vor, so unterbleibt ebenfalls die amtswegige Verlassenschaftsabhandlung, wenn Eintragungen in öffentliche Bücher nicht erforderlich sind.

Liegen diese Voraussetzungen vor und ist auf die Rechtsnachfolge von Todes wegen österreichisches Recht anzuwenden, so unterbleibt eine amtswegige Verlassenschaftsabhandlung. Allerdings kann der Antrag auf Fortsetzung der Verlassenschaftsabhandlung gestellt werden.

Geschieht das nicht, so hat das Gericht demjenigen, dessen Recht auf die geringe Verlassenschaft nach der Aktenlage bescheinigt ist, die Ermächtigung zu erteilen, das Vermögen zu übernehmen, dazu gehörende Rechte geltend zu machen oder aufzugeben, über erhaltene Leistungen rechtswirksam zu quittieren und Löschungserklärungen auszustellen.

Zum fristungebundenen Fortsetzungsantrag sind nur die Parteien des Verfahrens, zB. die Erben, nicht aber Gläubiger legitimiert (*Grün* in Rechberger, AußStrG², zu § 153 AußStrG Rz 6).

Zwar weist die Verlassenschaft Aktiven auf, die den Betrag von 5.000 Euro nicht übersteigen, doch ist eine Verlassenschaftsabhandlung deshalb durchzuführen, weil das Wohnrecht des Häusl aus dem Grundbuch zu tilgen ist. Franz ist als gesetzlicher Erbe zur Abgabe einer Erbantrittserklärung aufzufordern.

Abgewohntes Mobiliar – es sei denn es wären Antiquitäten enthalten – und getragene Kleidung sind bei der Aktivenfeststellung vom Gerichtskommissär als wertlos anzusetzen.

b) Im zweiten Fall liegt eine *überschuldete Verlassenschaft* vor.

Antragspflichtig zum **Insolvenzverfahren über die Verlassenschaft** ist der potentielle Erbe, mithin Franz. Da die Anlaufkosten von 4.000 Euro vorliegen, wäre die Eröffnung dieser Privatinsolvenz zwar auch ohne vorläufiger Kostenbestreitung aus Amtsgeldern möglich (§ 183 IO), die Verlassenschaftsaktiven durch die Kosten aber weitgehend erschöpft.

Beachte! Verlassenschaften sind juristische Personen (§§ 531, 546 ABGB idF ErbRÄG BGBl I 2015/87).

Im vorliegenden Fall wird indes eher das Einvernehmen mit den zahlenmäßig wohl sehr leicht überschaubaren Verlassenschaftsgläubigern gesucht werden. Diese können einen Antrag auf **Überlassung der Verlassenschaft an Zahlungs statt** stellen, wenn nicht Franz eine unbedingte Erbantrittserklärung abgibt oder die Finanzprokuratur einen Überlassungsantrag hinsichtlich der Erbschaft wegen Erblosigkeit einbringt.

Ein Überlassungs- oder Übergabeantrag (§ 184 AußStrG) der Finanzprokuratur wird bei einer überschuldeten Verlassenschaft kaum gestellt werden. Im Übrigen hätte im vorliegenden Fall die Finanzprokuratur einen solchen Antrag mit der Behauptung zu verbinden, Franz habe keinen validen Erbrechtstitel und mit ihm einen Erbrechtsstreit (Verfahren über das Erbrecht) zu führen (§§ 160 ff AußStrG).

Das Gericht hat einen *Überlassungsbeschluss* an die Gläubiger zu fällen (iure-crediti-Einantwortung); die Inhaltserfordernisse eines solchen Beschlusses regelt § 155 Abs 3 AußStrG.

Zunächst sind die nach dem Todesfall entstandenen Forderungen so wie Masseforderungen in einem Insolvenzverfahren zu befriedigen (§ 154 Abs 2 Z 1 AußStrG iVm §§ 46, 47 IO).

Hätte Kleinhäusl einen gerichtlichen Erwachsenenvertreter gehabt, so wären dann dessen offene, vom Gericht zuerkannte Beträge zu berichtigen (§ 154 Abs 2 Z 2 AußStrG).

Ob Kleinhäusel einen Erwachsenenvertreter hatte, ermittelt der Gerichtskommissär im Erhebungsverfahren durch Abfrage des Österreichischen Zentralen Vertretungsverzeichnisses (§ 145 Abs 3 AußStrG).

Aus dem verbleibenden Rest sind dann die Erbschaftsgläubiger so wie Insolvenzgläubiger zu befriedigen: Es kommt zur Forderungskürzung auf die Quote (§ 154 Abs 2 Z 3 AußStrG).

Da es sich um eine **Überlassung an Zahlungs statt** handelt, verlieren die Gläubiger jeden Anspruch auf nachträglichen Ausfallersatz.

Übersteigen die Aktiva der überschuldeten Verlassenschaft den Betrag von 5.000 Euro, so ist vor der Beschlussfassung den Erben, Pflichtteilsberechtigten und Gläubigern auf dem Weg einer Verständigung Gelegenheit zur Äußerung zu geben.

Übersteigen die Aktiva den Betrag von 25.000 Euro, so ist eine Verlassenschaftsgläubigeraufforderung durchzuführen (§§ 155 Abs 2, 174 AußStrG, 813 ff ABGB). Die Gläubiger haben dann binnen richterlicher Frist ihre Forderungen beim Verlassenschaftsgericht anzumelden. Zur Gläubigeraufforderung siehe auch den nächsten Fall.

II. Erbantrittserklärungen – Verfahren über das Erbrecht

Fall 148

Der sparsame Witwer Siegfried hinterlässt zwei eheliche Kinder, Tristan und Isolde, sowie ein Grundstück samt Haus im Wert von 850.000 Euro sowie Sparbücher mit Einlagen von insgesamt 150.000 Euro. Als sich die Neuigkeit von Siegfrieds Tod verbreitet, taucht plötzlich Erik auf, der behauptet, ein außereheliches Sohn Siegfrieds zu sein. Tatsächlich findet sich im Testamentsregister eine letztwillige Verfügung, mit der dem Erik als Wiedergutmachung für jahrelange Vernachlässigung die Hälfte seines Vermögens bekommen solle.

Tristan und Isolde beanspruchen die Verlassenschaft für sich allein, bestreiten die Gültigkeit des Testaments und geben eine Erbantrittserklärung zur vollen Verlassenschaft aus Gesetz, Erik dagegen eine zur halben Verlassenschaft aus Testament ab. Zu prüfen sind:

a) welche Wirkungen die unbedingte und die bedingte Erbantrittserklärung hat,

b) wie das Gericht vorzugehen hat,

c) welche Ansprüche Tristan und Isolde haben, wenn Erik als rechtmäßiger Erbe festgestellt wird.

Kommentar

Das ABGB reiht die Erbrechtstitel nach ihrer Stärke: Der – nur zwischen Eheleuten zulässige – Erbvertrag verdrängt das Testament, dieses das Erbrecht aus dem Gesetz (§ 533 ABGB; vgl. dazu *Apathy/Neumayr* in Koziol/Bydlinski/Bollenberger, ABGB[5], zu § 533 ABGB Rz 2; *Welser* in Rummel/Lukas, ABGB[4] zu §§ 533, 534 ABGB Rz 3).

Ob aber der Inhaber eines stärkeren Titels auch einen gültigen Titel hat (und nicht etwa ein gefälschtes Testament), ob er erbunwürdig ist (§§ 539 bis 541 ABGB), ist eine völlig andere Frage.

Die Entscheidung über widerstreitende Erbantrittserklärungen lässt sich daher nicht einfach mit einem Blick auf den in Anspruch genommenen Titel lösen.

Notariell oder gerichtlich errichtete Testamente werden im Österreichischen Zentralen Testamentsregister gespeichert (§§ 140b und 140c NO). Testamente, die in einem anwaltlichen Urkundenarchiv gespeichert sind, können ebenfalls elektronisch abgerufen werden (§ 36 Abs 1 Z 9 RAO). Beide Register sind vom Gerichtskommissär im Erhebungsverfahren abzurufen (§ 145a Abs 2 AußStrG).

Der am Beginn des von Amts wegen einzuleitenden Verlassenschaftsverfahrens (§ 143 Abs 1 AußStrG) als Gerichtskommissär nach der jeweiligen Verteilungsordnung zuständige Notar (§§ 1, 4 und 5 GKG) hat das Testament zu übernehmen und ein Übernahmeprotokoll zu erstellen, die Urschrift an das Gericht weiter zu leiten, eine beglaubigte Abschrift zum Akt zu nehmen und unbeglaubigte Abschriften Tristan und Isolde sowie Erik zuzustellen (§ 152 AußStrG).
Eine Zustellung an Erik entfällt, wenn er das Testament selbst vorgelegt hat. Eine unbeglaubigte Abschrift ist ihm aber auch in diesem Fall zu überlassen.

a) Da die Verlassenschaftsaktiven den Betrag von 200.000 Euro überschreiten, ist dieses Abhandlungsverfahren *Richtersache* (§ 18 Abs 2 lit a RPflG).
Tristan und Isolde haben eine **unbedingte Erbantrittserklärung** zur ganzen Verlassenschaft abgegeben.

Der unbedingt Erbantrittserklärte **haftet** *für die* **Schulden** *des Erblassers* **wie für eigene:** mit seinem gesamten, der Pfändung unterworfenen Vermögen (§§ 548 S 1, 801 ABGB).

Im Verfahren hat der unbedingt Erbantrittserklärte eine **Vermögenserklärung** abzugeben: Tristan und Isolde müssen die Verlassenschaft nach allen Bestandteilen wie in einem Inventar (§ 165 AußStrG, siehe unten) beschreiben und bewerten sowie die Richtigkeit der Erklärung durch ihre Unterschrift bekräftigen. Wahrheitswidrige Erklärungen ziehen strafrechtliche Folgen nach sich, worauf die unbedingt Erbantrittserklärten hinzuweisen sind (§ 170 AußStrG).

Eine Vermögenserklärung ist nur abzugeben, wenn es im Verfahren nicht zur Errichtung eines Verlassenschaftsinventars durch das Gericht kommt. Die Vermögenserklärung tritt dann an die Stelle des Inventars (§ 170 S 3 AußStrG); nach ihr berechnen sich etwa Pflichtteilsansprüche.

Tristan und Isolde bilden eine Erbengemeinschaft. Mangels anderer Erklärung ist jeder von beiden zur Hälfte der Verlassenschaft Quotenerbe.

Da es eine widersprechende Erbantrittserklärung des Erik gibt, ist eine etwa abgegebene Vermögenserklärung indes noch nicht eindeutige Grundlage des Verfahrens.

Durch seine *bedingte Erbantrittserklärung* beschränkt Erik seine Haftung auf die Höhe des Werts der Verlassenschaftsaktiva (§ 802 ABGB, *Haftung pro viribus hereditatis*).

Merke! Der bedingt Erbantrittserklärte haftet nicht *mit* den Verlassenschaftsgegenständen, sondern *in der Höhe des Werts der Verlassenschaftsaktiva,* er kann also Gegenstände an sich nehmen, sofern er deren Schätzwert in die Verlassenschaft einzahlt.

Das Verlassenschaftsgericht hat von Amts wegen

- ein *Inventar* zu errichten (§ 531 ABGB, § 165 Abs 1 Z 1 AußStrG),
- eine *Gläubigeraufforderung* durchzuführen (§§ 813 bis 815 ABGB, 165 Abs 2, 174 AußStrG).

Das *Inventar* ist ein Verzeichnis aller Aktiven (Geld, körperlicher Gegenstände und vererblicher Rechte) und Passiven zum Zeitpunkt des Todes des Erblassers (§ 166 Abs 1 AußStrG).

Bewegliche Sachen sind mit ihrem Verkehrswert, unbewegliche mit dem dreifachen Einheitswert anzusetzen. Auf Parteienantrag oder im Interesse eines Pflegebefohlenen von Amts wegen erfolgt die Bewertung einer Immobilie nach den Bestimmungen des Liegenschaftsbewertungsgesetzes.

Bei Hausrat, Gebrauchsgegenständen und anderen Sachen offensichtlich geringen Werts können die unbestrittenen Angaben aller Parteien zugrunde gelegt werden, es sei denn, der Gerichtskommissär hegt dagegen Bedenken oder das Interesse eines Pflegebefohlenen oder andere besondere Umstände erfordern die Beiziehung eines Sachverständigen (§ 167 Abs 1 S 2 AußStrG).

Siegfrieds Sparbucheinlagen sind mit Kapital und Zinsen zum Zeitpunkt seines Todes anzusetzen. Nach den üblichen AGB sperrt ein Kreditinstitut Sparbücher und sonstige Einlagen beim Tod des Kunden und wartet das Ergebnis der Verlassenschaftsabhandlung ab (§ 149 AußStrG).

Mit der *Gläubigeraufforderung (Gläubigerkonvokation, Gläubigereinberufung)* werden die Verlassenschaftsgläubiger aufgefordert, ihre Forderungen binnen einer vom Verlassenschaftsgericht festzusetzenden Frist anzumelden.

Die Anmeldenden werden aus den Verlassenschaftsaktiva befriedigt; überstiegen die Passiva die Aktiva, so erfolgt eine quotenweise Kürzung. Gläubiger die nicht rechtzeitig anmelden, sind, wenn die Verlassenschaftsaktiva erschöpft sind, nicht mehr zu berücksichtigen.

Beachte! Der Gläubiger, der seine Forderung von 50.000 Euro zu spät anmeldet, nachdem Verbindlichkeiten angemeldeter Gläubiger befriedigt und eine Verlassenschaftsaktivensumme von 10.000 Euro übrig geblieben ist, erhält nur den verbliebenen Rest, ohne weitergehende Ansprüche gegen den bedingt erbantrittserklärten Erben oder gegen andere Gläubiger zu haben.

Merke! Die Regelung des § 165 Abs 2 AußStrG entzieht der Bestimmung des § 815 ABGB die Grundlage, weil es eine Unterlassung der Gläubigeraufforderung bei der bedingten Erbantrittserklärung nicht mehr gibt.

b) Der Erbe, dessen Erbrecht hinreichend ausgewiesen ist, hat das Recht, die Verlassenschaft zu benützen, zu verwalten und zu vertreten, es sei denn das Verlassenschaftsgericht ordnet Anderes an (§ 810 Abs 1 ABGB).

Bei einem Streit um das Erbe hat das Gericht indes einen *Verlassenschaftskurator* zu bestellen (NZ 2001 381; vgl. *Spruzina* in Kletečka/ Schauer, ABGB-ON[1.02], zu § 810 ABGB Rz 9 ff; *Sailer* in Koziol/Bydlinski/Bollenberger, ABGB[5], zu § 810 ABGB Rz 4).

Der Verlassenschaftskurator vertritt die Verlassenschaft, die eine juristische Person darstellt (§ 546 ABGB). Sein Amt endet nicht mit der Einantwortung, sondern mit seiner Enthebung (EvBl 2003/46).

Das Verlassenschaftsgericht hat – sofern eine gütliche Einigung vor dem Gerichtskommissär nicht zustande kommt (§ 160 AußStrG) – nach Aktenvorlage über die widerstreitenden Erbantrittserklärungen im Rahmen des Vorbringens der Parteien und ihrer Beweisanbote (*Beibringungsgrundsatz)* zu entscheiden (*Verfahren über das Erbrecht – Erbrechtsfeststellungsverfahren*).

Es stellt das Erbrecht des/der Berechtigten fest und weist die andere(n) Erbantrittserklärungen ab. Der Feststellungsbeschluss kann entweder getrennt ergehen oder aber mit dem Einantwortungsbeschluss an die obsiegende Partei gekoppelt werden (§ 161 Abs 1 AußStrG).

Es gelten die allgemeinen *Beweislastregeln* des Zivilprozesses (vgl. *Holzhammer,* Außerstreitverfahrensrecht[5] 151; *Grün* in Rechberger, AußStrG[2], zu § 161 AußStrG Rz 7; *Höllwerth* in Gitschthaler/Höllwerth, AußStrG, zu § 161 AußStrG Rz 25 f).

Das Verfahren über das Erbrecht ist – auch in Verfahren mit Rechtspflegerzuständigkeit (§ 18 Abs 1 RPflG) – stets *Richtersache* (§ 18 Abs 2 Z 2 lit b RPflG). Im Verfahren ist *mündlich zu verhandeln;* bei Verlassenschaftaktiven von mehr als 5.000 Euro herrscht *absolute Anwaltspflicht:*

Tristan, Isolde und Erik müssen sich daher anwaltlich vertreten lassen; sie sind postulationsunfähig (§ 162 AußStrG).

Nach Feststellung des Erbrechts hat das Gericht entweder Tristan und Isolde das Vermögensbekenntnis abzufordern oder aber für Erik ein Inventar zu errichten und die Gläubiger einzuberufen.

c) Entscheidet das Gericht zugunsten Eriks, so haben Tristan und Isolde einen Pflichtteilsanspruch gegen ihn, es sei denn er kann beweisen (gesetzliche Beweislastregel des § 774 ABGB), dass Siegfried seine beiden ehelichen Kinder bewusst übergehen und ihnen so aus einem Grund des § 770 ABGB den Pflichtteil entziehen wollte *(Enterbung)*.

So sieht etwa § 770 Z 5 ABGB einen Enterbungsgrund bei gröblicher Vernachlässigung familienrechtlicher Pflichten gegenüber dem Verstorbenen vor.

Liegt keine rechtmäßige Enterbung vor, so haben Tristan und Isolde Anspruch auf die Hälfte dessen, was ihnen nach gesetzlicher Erbfolge zugefallen wäre (§ 759 ABGB).

Da das Gesetz keinen Unterschied zwischen unehelichen und ehelichen Kindern macht (§ 732 ABGB), wäre die Verlassenschaft bei gesetzlicher Erbfolge in drei Teile aufgeteilt worden. Der Pflichtteilsanspruch von Tristan und Isolde beträgt daher je ein Sechstel der Verlassenschaft. Erik verbleiben dagegen zwei Drittel.

Entscheidet das Gericht zugunsten von Tristan und Isolde, so kann – ausgenommen im Fall der Erbunwürdigkeit des Erik (§ 770 ABGB), dieser von Tristan und Isolde ein Sechstel der Verlassenschaft fordern.

Der Pflichtteil ist auf dem streitigen Zivilrechtsweg mit *Pflichtteilsklage* geltend zu machen.

III. Absonderung der Verlassenschaft

Fall 149

Der leichtsinnige Fritz hat von seinem Erbonkel Adalbert 500.000 Euro aber auch einige Schulden geerbt. Seiner langjährigen Haushälterin Anna hat Adalbert in seinem Testament ein Vermächtnis von 10.000 Euro ausgesetzt. Da Fritz regelmäßig das Casino aufsucht, fürchten Anna und die Gläubiger G1, G2 und G3 um ihr Geld.

Kommentar

a) Fritz hat, sobald sein testamentarisches Erbrecht hinreichend ausgewiesen ist, das Recht, die Verlassenschaft zu benützen, zu verwalten und zu vertreten, solange das Abhandlungsgericht nicht Anderes verfügt (§ 810 Abs 1 ABGB).

Für Rechtshandlungen, die nicht zum ordentlichen Wirtschaftsbetrieb gehören, bedarf er freilich der gerichtlichen Genehmigung; diese ist dann zu versagen, wenn die Handlung für die Verlassenschaft offenbar nachteilig wäre (§ 810 Abs 2 ABGB).

Wenn sie bei Vermengung des Verlassenschaftsvermögens mit dem Erbenvermögen Sorge um die Berichtigung ihrer Forderungen haben, können Erbschaftsgläubiger eine *Absonderung der Verlassenschaft vom Erbenvermögen* (§ 812 ABGB) beantragen.

Auch die Vermächtnisnehmerin Anna ist Gläubigerin und daher antragsberechtigt.

b) Die Entscheidung über die gestellten Absonderungsanträge ist *Richtersache* (§ 18 Abs 2 Z 2 lit a RPflG). Zur Sicherung der Verlassenschaft kann das Gericht schon vor der Beschlussfassung über den Antrag dem Erben die Benützung und Verwaltung der Verlassenschaft entziehen und einem einstweiligen Kurator übertragen (§ 175 AußStrG).

Die Antragsteller haben ihre Forderungen zu bescheinigen und zu begründen, warum sie eine Verkürzung ihrer Forderungen besorgen (*Bittner* in Rechberger, AußStrG², zu § 175 AußStrG Rz 3).

Gibt das Abhandlungsgericht den Absonderungsanträgen statt, so wird die Verlassenschaft (endgültig) der Verfügung des Fritz entzogen.

Das Gericht bestellt einen *Absonderungskurator (Separationskurator),* der allein das abgesonderte Gut vertritt. Gleichzeitig ist die Verlassenschaft zu inventarisieren (siehe § 165 Abs 1 Z 3 AußStrG).

Die Absonderung der Verlassenschaft kann auch über die Einantwortung an den Erben hinaus wirksam bleiben, sie endet nicht mit der Einantwortung, sondern mit ihrer Aufhebung (vgl. dazu *Bittner* in Rechberger, AußStrG², zu § 175 AußStrG Rz 7 mwN; *Sailer* in Gitschthaler/Höllwerth, AußStrG, zu § 175 AußStrG Rz 13; RIS-Justiz RS0008318, RS0008316).

c) Der Erbe haftet den Antragstellern dann nur mehr aus dem separierten Gut (***Haftung cum viribus hereditatis,*** § 812 ABGB):

Fritz haftet daher mit den separierten Verlassenschaftsgegenständen. Daraus allein werden die Forderungen der vier Antragsteller befriedigt.

Reicht die Verlassenschaft für die vollständige Befriedigung der Forderungen der Vermächtnisnehmerin und der drei Gläubiger nicht hin, so ist quotenmäßig zu kürzen.

Selbst wenn Fritz sich unbedingt zum Erbe erklärt, haftet er den Absonderungsgläubigern nicht weiter aus eigenem Vermögen (§ 812 aE ABGB), anderen Gläubigern aber nur mit dem Wert verbleibender Verlassenschaftsaktiva (pro-viribus-Haftung, § 812 Abs 2 Hs 2 ABGB) gleich einem bedingt Erberklärten.

Dritter Teil

Abstammungsverfahren

Fall 150

Belinda aus Salzburg bringt Ende Mai den kleinen Fridolin zur Welt, gibt ihn zu ihrer Tante Anna in Schärding in Pflege und zieht zu Lars nach Stockholm. Als potentielle Väter nennt sie die Österreicher Nikolaus (Weihnachtsfeier) und Sylvester (Silvesterfete) sowie den Deutschen Hans-Dieter (Kölner Karneval Ende Feber).

a) Welches Gericht ist für die Feststellung der Abstammung zuständig?

b) Welches Recht ist anzuwenden?

c) Alle drei Kindsväter machen Mehrverkehr der Kindsmutter geltend.

d) Lars gibt während des Verfahrens vor Gericht ein Vaterschaftsanerkenntnis ab: Fridolin sei durch medizinisch unterstützte Fortpflanzung mit seinem Samen gezeugt worden.

Kommentar

a) In Abstammungssachen (§§ 81 bis 85 AußStrG) ist das BG *sachlich zuständig* (§ 104a JN).

Für die *örtliche Zuständigkeit* reiht § 108 JN folgende Anknüpfungspunkte:

- das zur Pflegschaft berufene Gericht,
- sonst den gewöhnlichen Kindesaufenthalt,
- mangels eines gewöhnlichen Kindesaufenthalts in Österreich der gewöhnliche Aufenthalt der Mutter,
- sonst der gewöhnliche Aufenthalt eines Mannes, zu dem die Abstammung oder Nichtabstammung festgestellt werden soll,
- das BG Innere Stadt Wien.

International zuständig sind österreichische Gerichte dann, wenn das Kind, der potenzielle Kindsvater oder die Mutter österreichischer Staatsbürger ist oder wenn das Kind oder der potentielle Kindsvater seinen gewöhnlichen Aufenthalt in Österreich hat (§ 108 Abs 3 JN).

Der primäre Verweis des § 108 JN auf das Pflegschaftsgericht führt zu § 109 JN idF 2. ErwSchG BGBl I 2017/59. Nach dessen örtlicher Zuständigkeitsbestimmung ist primär der gewöhnliche in Ermangelung eines solchen der bloße Aufenthalt des Kindes heranzuziehen

§ 109 Abs 2 JN, der die internationale Zuständigkeit bei mangelnden Aufenthalt in Österreich regelt, kommt in unserem Fall nicht zum Tragen: Fridolin befindet sich in Österreich.

Merke! Die Brüssel IIa-Verordnung über die Zuständigkeit und Anerkennung von Entscheidungen in Ehesachen und in Sachen elterlicher Verantwortung hat Abstammungssachen nicht zum Gegenstand (Art 1 Abs 3 lit a Brüssel IIa-VO).

Zum Wirkungskreis des Rechtspflegers in Kindschafts-, Erwachsenenschutz- und Kuratelsangelegenheiten zählen auch die Pflegschaftssachen (§§ 109 JN, 19 Abs 1 Z 1 RPflG). Abstammungssachen (§ 108 JN) sind dagegen stets *Richtersache* (§ 19 Abs 2 Z 1 JN).

Ergebnis: Das BG Schärding ist für das Abstammungsverfahren zuständig (§§ 108 Abs 1 und 3 iVm 109 JN). Es entscheidet der Richter.

b) Fridolin ist Sohn einer Österreicherin und daher von Geburt her österreichischer Staatsbürger (§ 7 Abs 1 Z 1 StbG).

Primär ist in Abstammungssachen für uneheliche Kinder deren *Personalstatut zum Zeitpunkt der Geburt* heranzuziehen (§ 25 IPRG).

Ein späteres Personalstatut käme dann zur Anwendung, wenn erst nach dem späteren, nicht aber nach dem Geburtspersonalstatut eine Feststellung der Abstammung zulässig wäre, was hier freilich nicht zutrifft.

Es ist *österreichisches Recht* anzuwenden.

c) Die *Abstammung ist gerichtlich auf Antrag* (§ 82 Abs 1 AußStrG) des Kindes gegen den Mann oder auf Antrag des Mannes gegen das Kind zulässig (§ 148 Abs 1 ABGB). Parteien sind Fridolin, die potentiellen Väter und Belinda (§ 82 Abs 2 AußStrG).

Eine amtswegige Verfahrenseinleitung findet grundsätzlich nicht statt (§ 82 Abs 1 aE AußStrG). In Abstammungssachen schreitet der Kinder- und Jugendhilfeträger als Vertreter kraft Amts ein (§§ 207 ff ABGB).

Belinda ist im Verfahren als Partei zu hören, hat aber keine Antragsbefugnis, es sei denn als gesetzliche Vertreterin des Fridolin (arg. § 148 Abs 1 ABGB).

Auf Antrag des durch den Kinder- und Jugendhilfeträger ex lege vertretenen Fridolin ist der Mann als Vater festzustellen, der Belinda zwischen dem 300. und dem 180. Tag vor der Geburt beigewohnt hat (§ 148 Abs 2 S 1 ABGB). Für ihn streitet die Vermutung der Vaterschaft.

Das gilt auch für den Mann, mit dessen Samen an der Kindesmutter eine medizinisch unterstützte Fortpflanzung in der kritischen Zeit durchgeführt wurde (§ 148 Abs 2 S 1 ABGB). Siehe dazu unten d.

Die Vaterschaftsvermutung trifft gleichermaßen auf Nikolaus, Sylvester und Hans-Dieter zu, weshalb Fridolin Anträge auf Feststellung der Abstammung gegen alle zu richten hat.

Die *Verfahren* gegen die drei potentiellen Väter sind zu *verbinden* (§ 84 Abs 1 AußStrG).

Die bloße *Einrede des Mehrverkehrs* reicht nicht hin, die Vaterschaftsvermutung des § 148 Abs 2 ABGB zu entkräften, vielmehr ist der (medizinische) *Nachweis der Nichtabstammung* zu erbringen. Nikolaus, Sylvester oder Hans-Dieter kann dem durch Vorlage eines medizinischen Gutachtens nachkommen.

Es ist im übrigen Aufgabe des Außerstreitgerichts, selbst bei Untätigkeit der potentiellen Kindsväter aufgrund des *Untersuchungsgrundsatzes im Interesse Fridolins* die Vaterschaft durch medizinisches Gutachten (genetischen Fingerprint) festzustellen (§ 16 AußStrG), wobei die Parteien nicht bloß die generelle Unterstützungspflicht nach § 16 Abs 2 AußStrG trifft.

Vielmehr treffen die Parteien und alle Personen, die nach den bisherigen Verfahrensergebnissen zur Aufklärung des Sachverhalts beitragen können (etwa Eltern oder Geschwister) die *Mitwirkungspflichten des § 85 AußStrG:*

- Insbesondere ist der gerichtlich bestellte Sachverständige bei der Gutachtenserstellung (Untersuchung) zu unterstützen, die Entnahme von Gewebeproben, Körperflüssigkeiten und Blutproben zu dulden, sofern damit keine ernste oder dauernde Gefahr für Leben und Gesundheit verbunden ist (§ 85 Abs 1 und 2 AußStrG).
- Bei der Gewinnung von Gewebeproben sind Methoden anzuwenden, bei denen körperliche Integrität nicht verletzt wird. Dabei kann erforderlichenfalls die zwangsweise Vorführung angeordnet werden. Die Sicherheitsorgane sind dabei zur Hilfeleistung verpflichtet. Die Kosten der zwangsweisen Vorführung ersetzt die renitente Partei (§ 85 Abs 3 AußStrG).
- Soweit die Beweismittel nicht unmittelbar zu erbringen sind, kann das Gericht die Herausgabe erforderlicher Gewebeproben, Körperflüssigkeiten und Blutproben von jedermann (etwa Ärzte, Laboratorien, Blutspendedienst, Krankenanstalten) verlangen, *sofern besondere gesetzliche Regelungen nicht entgegenstehen.* Dies ist selbst noch nach dem Tod der betreffenden Person möglich (§ 85 Abs 4 AußStrG).

In Abstammungssachen *ist mündlich zu verhandeln* (§ 83 Abs 1 AußStrG).

Wird die *Vaterschaft mit Beschluss festgestellt,* so sind die Anträge gegen die übrigen namhaft gemachten Männer abzuweisen; die Entscheidungen sind zu verbinden (§ 84 Abs 3 S 1 AußStrG).

Ein *Kostenersatz* im Abstammungsverfahren minderjähriger Kinder findet nicht statt (§ 83 Abs 4 AußStrG).

d) Das *Anerkenntnis des Lars* (§§ 145 ff ABGB iVm § 81 AußStrG) ist nach den Bestimmungen des § 81 AußStrG vom Gericht zu protokollieren und zum Akt zu nehmen.

Es ist aber im Rahmen des Beweisverfahrens klar zu stellen, welcher von zwei Fällen vorliegt:

- Lars kann, wenn mit seinem Samen an der Kindesmutter eine medizinisch unterstützte Fortpflanzung durchgeführt wurde, *als Vater festgestellt werden,* sofern dies *in der kritischen Zeit vor der Geburt* geschah (§ 148

Abs 2 S 1 ABGB); das Gesetz verlangt hierbei den *Willen zur gezielten medizinisch unterstützten Fortpflanzung mit einer bestimmten Frau,* eben mit Belinda.

Das Vaterschaftsanerkenntnis ist in diesem Fall **gültig.** Belinda und Fridolin haben aber das Recht, gegen das Anerkenntnis binnen zwei Jahren ab seiner Wirksamkeit Widerspruch zu erheben. Liegt ein Fall des § 154 Abs 1 ABGB vor, so hat das Gericht das Anerkenntnis für unwirksam zu erklären.

Das Anerkenntnis *wirkt* sogleich, allerdings unter der aufschiebenden Bedingung der *Übermittlung der Urschrift oder einer öffentlich beglaubigten Abschrift an die zuständige Personenstandsbehörde* (§ 81 Abs 3 AußStrG; vgl. dazu *Deixler-Hübner* in Rechberger, AußStrG², zu § 81 AußStrG Rz 2; § 145 ABGB, der das Anerkenntnis seit dem Kind-NamRÄG 2013 regelt, spricht hier vom Standesamt, was die gesetzgeberische Absicht nicht regelrecht widerspiegelt, sind doch Anerkenntnisse bei Auslandsgeburten an die Gemeinde Wien zu übermitteln).

Solange das Vaterschaftsanerkenntnis nicht *für rechtsunwirksam erklärt* wurde, kann die Vaterschaft eines anderen Mannes nicht festgestellt werden (§ 84 Abs 2 AußStrG).

• Hat Lars dagegen einer für medizinisch unterstützte Fortpflanzungen zugelassenen Krankenanstalt eine Samenspende mit dem Willen überlassen, nicht selbst als Vater festgestellt zu werden, so ist er *keine Verfahrenspartei, sondern Dritter* und kann nicht als Vater des – wenn auch mit seinem Samen – medizinisch unterstützt gezeugten Kindes festgestellt werden (§ 148 Abs 4 ABGB).

Das Vaterschaftsanerkenntnis ist in diesem Fall **rechtsunwirksam,** *weil ein Dritter ein gültiges Anerkenntnis nicht abgeben kann.* Das ist von **Amts wegen mit Beschluss auszusprechen** (§ 154 Abs 1 Z 1 lit a ABGB) und das Verfahren mit Nikolaus, Sylvester und Hans-Dieter unbeirrt fortzusetzen. Eines Widerspruchs Fridolins oder Belindas bedarf es hier gar nicht. Wenn allerdings Fridolin mit Larsens Samenspende medizinisch unterstützt gezeugt wurde, kann dieser nicht als Vater festgestellt werden. Fridolin bliebe in diesem Fall nach österreichischem Recht *vaterlos,* weil naturgemäß weder Nikolaus noch Sylvester noch Hans-Dieter genetisch feststellbar wären.

Sachverzeichnis

Über die Autoren

Univ.-Prof. Dr. Walter Buchegger

Vorstand des Instituts für Zivilprozessrecht, Insolvenzrecht und Vergleichendes Prozessrecht an der Rechtswissenschaftlichen Fakultät der Johannes-Kepler-Universität Linz, Herausgeber und Mitautor des im gleichen Verlag erschienenen Großkommentars zum Österreichischen Insolvenzrecht, Verfasser zahlreicher Veröffentlichungen zum Zivilverfahrensrecht mit einer langjährigen Lehrerfahrung im Zivilverfahrensrecht und insbesondere im Insolvenzrecht sowie mit internationaler rechtsvergleichender Vortragstätigkeit in Deutschland, Griechenland, Japan, USA

Univ.-Prof. Dr. Marianne Roth, LL.M. (Harvard)

Professorin für Zivilverfahrensrecht, Bürgerliches Recht und Rechtsvergleichung an der Paris-Lodron-Universität Salzburg, zahlreiche Veröffentlichungen in allen Bereichen des Zivilprozessrechts, der Schiedsgerichtsbarkeit und Mediation sowie im nationalen und vergleichenden Familienrecht, Mitglied der Commission on European Family Law und Schiedsrichterin in nationalen und internationalen Schiedsverfahren, Professuren an der Humboldt-Universität Berlin (1994–96) und der Christian-Albrechts-Universität Kiel (1996–98), Gastprofessuren in den USA, Ukraine, Thailand und Puerto Rico